Foto da página anterior:
RÓNAI, Paulo. A loja de curiosidades
de R. Magalhães Junior.
Estado de S. Paulo, Suplemento
literário. São Paulo, 18/08/1974.

Mariza Guerra de Andrade

ANEL ENCARNADO:
BIOGRAFIA & HISTÓRIA EM RAIMUNDO MAGALHÃES JUNIOR

autêntica

Copyright © 2013 Mariza Guerra de Andrade
Copyright © 2013 Autêntica editora

PROJETO GRÁFICO DA CAPA
Diogo Droschi

EDITORAÇÃO ELETRÔNICA
Christiane Morais de Oliveira

REVISÃO
Ana Carolina de Andrade Aderaldo
Lizete Mercadante Machado

EDITORA RESPONSÁVEL
Rejane Dias

Revisado conforme o Acordo Ortográfico da Língua Portuguesa de 1990, em vigor no Brasil desde janeiro de 2009.

Todos os direitos reservados pela Autêntica Editora. Nenhuma parte desta publicação poderá ser reproduzida, seja por meios mecânicos, eletrônicos, seja via cópia xerográfica, sem a autorização prévia da Editora.

AUTÊNTICA EDITORA LTDA.

Belo Horizonte
Rua Aimorés, 981, 8º andar . Funcionários
30140-071 . Belo Horizonte . MG
Tel.: (55 31) 3214 5700

Televendas: 0800 283 13 22
www.autenticaeditora.com.br

São Paulo
Av. Paulista, 2073, Conjunto Nacional,
Horsa I, 23º andar, Conj. 2301
Cerqueira César . São Paulo . SP .
01311-940
Tel.: (55 11) 3034 4468

Dados Internacionais de Catalogação na Publicação (CIP)
(Câmara Brasileira do Livro, SP, Brasil)

Andrade, Mariza Guerra de
Anel encarnado : biografia e história, Raimundo Magalhães Junior / Mariza Guerra de Andrade. -- Belo Horizonte : Autêntica Editora, 2013.

Bibliografia
ISBN 978-85-8217-068-7

1. Autores brasileiros - Crítica e interpretação 2. Biografia (Gênero literário) 3. História - Filosofia 4. Magalhães Júnior, Raimundo, 1907-1981 - Crítica e interpretação I. Título.

12-12092   CDD-907.2

Índices para catálogo sistemático:
1. Autores brasileiros : Obras biográficas : Gênero biográfico e suas ligações com a história : Biografia e história   907.2

Para minha mãe, Marita, inteligente, cética e leitora curiosa de biografias. Para ela, companheira, que não pode mais rir de algumas suposições e histórias sobre o Brasil.

Agradecimentos

Desenvolvi grande parte deste trabalho de pesquisa no curso de doutorado em História do Programa de Pós-Graduação da Faculdade de Filosofia e Ciências Humanas da Universidade Federal de Minas Gerais, a partir de 2004. Motivos extraordinários, contudo, explicariam a sua indesejada suspensão, em 2007, mesmo após o meu cumprimento dos créditos formais de todas as disciplinas daquele programa, incluindo a etapa da qualificação. Nesse particular, agradeço sinceramente aos professores doutores José Carlos Reis (orientador), Regina Horta, Eliana de Freitas Dutra, Wander Melo Miranda, ao Programa de Pós-Graduação e à Capes pelo período em que recebi uma bolsa de estudos.

Pela presença calorosa e estimulante agradeço aos amigos (da História ou da história deste trabalho) José Maria Cançado, Francisca Gonçalves, Francisco Eduardo de Andrade, Marcus Marciano Gonçalves da Silveira, Inês Assunção de Castro Teixeira, Virgínia Trindade Valadares, Ângela Vaz Sampaio, Margareth Cordeiro Franklin, Júnia Sales Pereira e Roberta Romagnoli. E também a Ana Carolina de Andrade Aderaldo, minha filha, companheira e revisora predileta.

Meus agradecimentos também a Rosa Magalhães, filha de Raimundo Magalhães Junior, que me concedeu uma longa e importante entrevista; a Alberto Dines, grande jornalista e biógrafo, pelo incentivo e disponibilidade em me atender; a Antônio Olinto, escritor humanista e paciente interlocutor. Sou grata à historiadora Márcia de Almeida Gonçalves, pelos diálogos que o seu trabalho me proporcionou sobre as biografias de Octávio Tarquínio de Sousa. E aos colaboradores, diretos e indiretos, nas diversas instituições em que pesquisei, como a Academia Brasileira de Letras, Arquivo-Museu de Literatura Brasileira/Casa de Rui Barbosa, Arquivo Público Mineiro, Sociedade Brasileira de Autores Teatrais, Biblioteca Nacional, Biblioteca da Faculdade de Filosofia e Ciências Humanas da Universidade Federal de Minas Gerais, Biblioteca Pública Luís de Bessa, Biblioteca da Pontifícia Universidade Católica de Minas Gerais e a alguns dos devotados sebistas brasileiros no Rio de Janeiro e em Belo Horizonte.

Sumário

11 Introdução

27 Itinerários de Magalhães

71 A escrita biográfica
    71 Desacordo de modelos
    92 A biografia no Brasil

129 Retratos biográficos
    129 O biógrafo na coxia: Carlota Joaquina em cena
    152 O tablado – trincheira de Arthur Azevedo
    183 Machado de Assis político

225 Magalhães e os estudos históricos
    225 Sobre História e historiadores
    265 O biógrafo revisor

285 Rubricas identitárias sobre o Brasil

301 Fontes e referências

Siglas

ABL – Academia Brasileira de Letras
AMLB – Arquivo-Museu de Literatura Brasileira, Casa de Rui Barbosa
Anpuh – Associação Nacional dos Professores Universitários de História
APM – Arquivo Público Mineiro
BL – Biblioteca Nacional
DIP – Departamento de Imprensa e Propaganda
IHGB – Instituto Histórico e Geográfico Brasileiro
INL – Instituto Nacional do Livro
Sbat – Sociedade Brasileira de Autores Teatrais
UBE – União Brasileira de Escritores
UTI – União dos Trabalhadores Intelectuais

Introdução

Neste volume, serão discutidos aspectos da obra biográfica de Raimundo Magalhães Junior (1907-1981), um autor que foi bem recebido, depois esquecido, e que, hoje, chega a ser praticamente desconhecido, sobretudo, pelas novas gerações de pesquisadores e de interessados na história e na cultura brasileiras.

A trajetória intelectual de Raimundo Magalhães Junior se inscreve no percurso de certo modo comum aos escritores polígrafos de sua época que, desde os anos 1930, já constituíam suas redes por diversos periódicos e editoras, o que lhes proporcionou algum prestígio e até reconhecimento nacional, a partir da cidade do Rio de Janeiro.

Na década de 1970, então recém-saída do curso de História da Faculdade de Filosofia da Universidade Federal de Minas Gerais, tomei contato casual, e na minha própria estante, com um livro de título sedutor, *O Império em chinelos*, de Raimundo Magalhães Junior, na sua primeira edição, de 1957, ilustrada e com muitas notas. Soube, tempos depois, que esse livro fora deixado ali por um militante de esquerda que se distraía com o volume enquanto fazia algum "ponto" clandestino na cidade de São Paulo.

Li *O Império em chinelos* atraída pela sua narrativa ágil e pela viva aproximação com histórias individuais e com a cultura material, além das tentativas de revisão historiográfica e de alargamento do campo documental – tudo isso construído ao gosto do autor, ou seja, por um tom polemista e crítico. Aos poucos, passei a procurar por outros livros de Magalhães Junior, encontrando alguns títulos em bibliotecas e em sebos.

Como a leitura é uma experiência singular, conformando um ato de confiança ao pensamento, mantive, apesar das incertezas, alguma perseverança na tentativa de compreender significados historiográficos sobre essa biografia histórica construída por Magalhães Junior até arcar, depois, com os desdobramentos que essa empreitada me propôs.

A impressão, hoje, é que Raimundo Magalhães Junior estava comprometido com alguma contramaré, com alguns desacordos ou mesmo com certa dissonância interpretativa sobre o gênero biográfico no painel da crítica literária e dos estudos históricos de sua época. Ele parece revisar uma memória e uma História sobre o Brasil e teria tentado isso – andando como gostava, isto é, sozinho, mesmo que no turbilhão dos contatos do mundo e contando com a interlocução de alguns de seus pares em diferentes ambientes letrados – avançando a sua própria compreensão sobre os processos históricos por meio de pesquisas em diferentes acervos.

Em meio a algumas das reviravoltas teóricas do campo da Historiografia, experimentadas também pela minha geração, nas décadas de 1970 e 1980, não poucas vezes indagamos algumas das antecipações interpretativas feitas por determinados autores do *passado*. No caso de Magalhães Junior, mantenho parte da mesma impressão inicial, ou seja, a de que ele é, nos seus termos, um pensador original, sobretudo ao confrontar algumas de suas interpretações às contribuições referentes de historiadores profissionais contemporâneos.

A obra biográfica de Magalhães transita por uma produção intelectual diversificada (na dramaturgia, literatura, tradução, imprensa), produzida mais fortemente entre as décadas de 1950 e 1970. Ela continua atual. À primeira hora, pela qualidade do seu texto conciso, com ar de reportagem, e à reflexão posterior, pela escrita mais próxima da narrativa historiadora a partir de questões de interesse para uma História da cultura no Brasil. Também chama muita atenção o conjunto documental pesquisado, além do tratamento interpretativo que oferece do seu presente sobre a sociedade brasileira do século XIX.

O leitor da Historiografia brasileira também poderá se interessar por essa obra, se estiver disposto a indagar as questões metodológicas enviadas pelo texto biográfico construído por Magalhães, supostamente misto, que ambiciona, pela biografia, dar atenção aos estudos históricos, a partir de sua compreensão e perspectiva historiográficas. Magalhães Junior compartilha, com outros autores de sua época, da defesa de uma biografia então chamada de documentarista, de grande valor investigativo. Assim, procurando nos aproximar do argumento que nos parece central do autor, também denominaremos essa vertente documentarista de biografia histórica.

Ao se reabrir parte da sua produção, ainda que herdeira de concepções sobre a História um tanto recuadas, como se verá, uma interpretação atual poderia encontrar na sua obra elementos inovadores por uma mudança nos chamados "códigos de reconhecimento", o que implicaria procurar por uma outra inteligibilidade sobre essa escrita biográfica.

Esclarecendo o posicionamento assumido aqui, é o que está em Michel de Certeau sobre a operação de não apenas reacender algo tido por abolido e dar voz aos "adormecidos da documentação", conforme comenta François Furet, mas, como diz o primeiro, "significa transformar alguma coisa, que tinha sua posição e seu papel, em 'outra' coisa que funciona diferentemente".[1] Portanto, trata-se de pensar sobre outros sentidos propostos sobre essa narrativa de Magalhães Junior, um autor que é um "pensador de História" e não um historiador profissional e que reelabora, por meio de suas biografias, a história sobre a sociedade e a cultura do Brasil, no século XIX, em conexão com a vida social de seu tempo. Esse posicionamento também está ancorado nas noções da crítica contemporânea que permitem recusar um sentido único e fixo ao texto e perceber sua condição de *obra aberta*, a partir das interpretações que a própria polissemia do texto do seu narrador autoriza, diante do lugar que ele ocupa na rede discursiva, social e temporal da cultura.[2]

Magalhães se orienta, também, por algumas interpretações de seu tempo. Escreve na segunda metade do século XX, a partir de algumas matrizes historiográficas em vigor e de outras mais antigas, como as do século XIX. Difícil, senão inútil, catalogá-lo no conjunto emaranhado de autores polígrafos que se dedicavam também ao gênero biográfico com fundo histórico pesquisado – apesar de estar nítida a sua opção documentarista, como se verá. É um literato, um escritor de História, um jornalista, um agitador cultural que se coloca, quase sempre, em uma posição polêmica, instigante, *sincera*.

Ao se colocar disponível diante do *esforço* que a obra de Magalhães Junior sugere, o pesquisador pode ainda se interrogar sobre um caminho metodológico, de certa maneira de rota própria e na direção de pesquisas então bastante significativas. Há certo ineditismo quanto às fontes e acervos por ele trabalhados, o que lhe permite alçadas interpretativas sobre memória e História e, também, de interesse para se compreender algumas das noções comuns à rede discursiva na qual ele se situa. Sua produção intelectual abre caminho para o debate sobre o gênero biográfico, em interseção com outros campos e envolve, também, questões sobre a temporalidade e a significação histórica, o método biográfico, a forma como se dá a utilização do material documental – ou seja, o problema das fontes, sua produção, seu uso ou o que se constrói com elas para pôr em funcionamento interpretações e sentidos.

Mas é oportuno dizer que o fato de essa biografia documentarista ou histórica ter sido desenvolvida fora do marco acadêmico universitário não constitui, por si só, uma nota importante. Bem mais significativo é indagar sobre essa obra,

---

[1] Cf. DE CERTEAU, M. *A escrita da história*. 2. ed. Rio de Janeiro: Forense Universitária, 2000. p. 83.

[2] Cf. GOULEMOT, J. M. verbete Literária (História). *In*: BURGUIÈRE, André (Org.). *Dicionário das ciências históricas*. Rio de Janeiro: Imago, 1993. p. 497.

produzida na dispersão de uma trajetória intelectual diversificada – como a de muitos intelectuais brasileiros do mesmo período – e que, no seu conjunto, pode espelhar a constituição de um "sistema intelectual", de um modo coevo de interpretações sobre a história e a cultura brasileiras.

Assim, aqui se pretende reabrir algumas dessas biografias de Magalhães Junior por considerar que não estão extintas, nem superadas; ao contrário, constituem documentos vivos de um pensamento, de uma proposição temporal de se pensar a História instruída e confrontada pela memória e vice-versa. É de interesse examinar o modo como ele constrói a biografia, portanto foram incluídas no corpo das obras aqui comentadas seus prefácios, índices, títulos, notas, legendas, referências bibliográficas, documentos e acervos citados, além do chamado paratexto, ou seja, textos que precedem a obra e que estão junto ao seu curso, fornecendo elementos para se perceber como o narrador arma e constrói o texto.

A proposta é cotejar também as construções do autor, a partir do que o próprio texto do narrador de Magalhães autoriza, com os supostos teóricos de certo escol literário-intelectual coetâneo, assim como algumas das referências historiográficas então em curso. Sem afastar as contribuições sobre os debates envolvendo o gênero biográfico e suas ligações com a História e a Literatura e ainda os campos metodológicos abertos sobre estudos em que se operam tais interseções.

Também são importantes as imagens interpretativas que ele delineia sobre o Brasil, bem como as escolhas metodológicas e narrativas conformadas, ou não, a uma tradição historiográfica, biográfica e memorialística com seus critérios de verdade, além da ênfase dada às citações (um velho topos literário), ao localismo, ao contexto ou ao referenciamento histórico[3] que caracterizam fortemente o estilo de Raimundo Magalhães Junior.

Na sua maturidade de escritor, Magalhães passou a ser negado quanto admirado pela severidade de sua revisão e por sua intransigência crítica permanente às distorções do texto – essa ainda seria a imagem do escritor, no âmbito da Academia Brasileira de Letras, entre alguns de seus confrades e funcionários.[4] Dedicando-se com afinco às pesquisas históricas, parece construir uma

---

[3] Cf. Ilmar Rohloff de Mattos, em entrevista feita, por e-mail, em 11 de maio de 2004: "as introduções que [Magalhães] redige para cada um dos três panfletos [na sua obra *Três Panfletários do II Reinado*] são preciosas; ele reúne informações sobre o que de modo mais tradicional chamamos de contexto, e que ali se confunde com a vida do redator do panfleto, com a suposição de que tais informações ajudam a compreender o texto. Elas o permitem em parte – apenas em parte, porque um contexto que não emana do texto, que não considera as construções recíprocas do autor e texto... –, mas talvez fosse querer demais desse autor há cerca de cinco décadas".

[4] Cf. Luis Antonio de Souza, Chefe da Biblioteca da ABL, Rio de Janeiro, em entrevista na ABL, Rio de Janeiro, em 14/7/2004.

autoimagem dentro de um mundo histórico imaginado de erros: tornar-se um revisor obcecado, anotando distorções fragmentadas de termos, nomes próprios e datas, plágios, autorias e citações suspeitas, além de aumentar, consideravelmente, o volume de suas pesquisas.

Muitas de suas anotações, que constam do seu acervo na Casa de Rui Barbosa, RJ, constituem-se também de críticas e de revisões de artigos, livros e citações. Magalhães critica abertamente as biografias que chama de "louva-minheiras", tocadas para ele de uma "ingenuidade basbaque" e sem articulação com a História. Biografou: Deodoro da Fonseca, Rui Barbosa, Arthur Azevedo, Machado de Assis, João do Rio, Olavo Bilac, Cruz e Sousa, Martins Pena, Álvares de Azevedo, José do Patrocínio, Patrocínio Filho, José de Alencar, Casimiro de Abreu e Leopoldo Fróis.

Neste volume, comentaremos: a sua peça teatral, *Carlota Joaquina*, de 1939; a primeira biografia impressa, *Arthur Azevedo e sua época*, de 1953; a biografia *Machado de Assis desconhecido*, de 1955. Essas obras, construídas por meio do que ele chama de "vínculos históricos", nos revelam aspectos muito importantes: a sua iniciação como biógrafo de temas históricos, como em *Carlota Joaquina*; a abertura efetiva que faria da obra teatral de Arthur Azevedo, autor ainda pouco valorizado pela crítica literária, nos anos 1950; as suas pesquisas sobre Machado de Assis, escritor reverenciado, entre outros, pela Academia Brasileira de Letras, mas então identificado com os padrões literários europeus e tido como um escritor distanciado da vida social e política do Brasil. São ainda comentadas, pontualmente, suas posições sobre Rui Barbosa a partir de farta pesquisa que empreende sobre as ações políticas do jurista baiano e a mistificação da sua personalidade que, para Magalhães, corresponde a "uma desmedida idolatrização, criando uma imagem tão monumental quanto falsa".

Os livros de Magalhães Junior, publicados principalmente pela Companhia Editora Nacional e pela Editora Civilização Brasileira, tiveram grande divulgação e, a depreender das altas tiragens, boa recepção em um mercado editorial que publicava então, e com folga, o gênero biográfico. Magalhães, de formação autodidata, era tido como um escritor-fomentador de questões, um revisor intransigente e portador de um "discurso qualificado" pela rede discursiva, mesmo considerando o fato de que, nesse período, ocorreriam algumas mudanças nos "pactos de leitura" entre autores, leitores e editores no país.

O carimbo de nº. 5.229, do Instituto Nacional do Livro, por exemplo, no seu *O Império em chinelos*, de 1957; o livro sobre Machado de Assis, de 1955, com tiragens iniciais de mais de 10 mil exemplares; o livro sobre Rui Barbosa, de 1964, com várias edições em dois anos,[5] podem dar certa medida da recepção

---

[5] Cf. *Lux Jornal*, anos 1964-1965, arquivo da ABL, Rio de Janeiro.

editorial e do público leitor da sua obra. O autor era considerado responsável, segundo a imprensa, "por um movimento editorial sem paralelo na história de nossas letras". Em poucos meses, no ano de 1957, teve quatro livros lançados (ainda que escritos em períodos distintos): *Deodoro – a espada contra o Império* (845 p.), *O Império em chinelos* (320 p.), *O Fabuloso Patrocínio Filho* (340 p.) e *Antologia de humorismo e sátira* (426 p.).[6]

Tais publicações correspondem a cerca de 30 mil exemplares postos no mercado pelas duas editoras já mencionadas e constituem um termômetro dos temas e conteúdos de interesse no período. Revelam a recepção favorável de seus livros, pois, claro, livros vendidos não existem sem parceiros interessados e leitores.

Possivelmente, o autor dispunha daquele horizonte de representações construído na direção de prováveis leitores que seriam *formados* ou sensíveis às convenções literárias da época e mesmo a algumas interpretações sobre a História do Brasil. Também é importante destacar as suas ligações com intelectuais e jornalistas influentes. Para o período citado, a partir da consulta ao *clipping* da Academia Brasileira de Letras, *Lux Jornal* (procedimento instituído pela Casa desde a década de 1920 para o seu arquivo), é possível entrever que a imprensa veicula constantemente os lançamentos do biógrafo. Os livros de Magalhães ganhavam notas e matérias frequentes nos jornais.

Apesar de se conhecerem algumas porcentagens de venda do gênero biográfico e, nelas, de alguns dos livros de Magalhães Junior nas principais editoras do país, não se deve esquecer a sua condição de escritor múltiplo e bastante conhecido no Rio de Janeiro. E o fato de que sua obra estava colocada em um mercado fluido e relativamente desconhecido – em nada comparado aos processos que envolvem, hoje, a fragmentação ou a chamada *balcanização* do mercado livreiro, o qual procura atender a diversos leitores e ao mesmo tempo.

Assim, não deixa de ser problemático acompanhar as rotas das biografias de Magalhães, sobretudo, por sua inserção difusa na rede letrada e fora do âmbito universitário. Quanto à recepção de seu livro sobre Rui Barbosa, é possível dispor de material que evidencia parte dos acirrados debates locais e nacionais e os agentes envolvidos nas discussões que o livro desencadeou. A reação a *Rui, o homem e o mito*, de 1964, talvez resultado da maturidade intelectual de Magalhães, foi muito forte a depreender do que a imprensa veicula, como se verá.

De todo modo, narrativas de vida despertavam e despertam atenções em grupos diferenciados de leitores, pois se trata de uma leitura social com públicos sempre diferenciados. Para esse gênero biográfico há, possivelmente, sempre um leitor em busca de si mesmo, na procura da troca identitária pelo protocolo de

---

[6] Cf. pasta de 20/11/1941 a 30/5/1982, AMLB, Casa de Rui Barbosa, Rio de Janeiro.

valores humanos que o gênero suscita, o que se confronta com a noção ainda corrente e preconceituosa de que o consumo de biografias revelaria práticas de bisbilhotice e de usurpação alheia.

É conveniente notar que não há correspondência rígida e complementar entre a situação social e o desempenho do leitor: há, como se sabe, excelentes leitores das classes populares e leitores medíocres de segmentos sociais privilegiados. As chamadas classes sociológicas, aplicadas para determinar condicionamentos sociais do leitor como faixa etária, origem familiar, sexo, profissão, letramento, hábitos diversos, não conseguem explicar a forma particular, produzida no ato de leitura, que não é apenas semiótica, linguística, retórica, etc., mas também estética, ideológica e em viva relação com a experiência sobre conceitos e noções que podem ser apropriados e transformados individualmente. Sobre esse ponto, João Adolfo Hansen assinala que "o mercado do livro, os cânones artísticos, as corporações universitárias, as comunidades críticas de leitura, as legibilidades autorizadas, etc. tendem a classificar positivamente ou autorizar determinados regimes discursivos e modos determinados de lê-los". E diz que "as apropriações dos textos são muito felizmente incontroláveis" [pois] em tudo a incompletude é a regra e a maior parte das leituras literárias também permanecem anônimas e desconhecidas por uma razão simplicíssima: elas são individuais.[7]

E é possível nos aproximarmos dos então leitores de Magalhães, ou melhor, de um perfil supostamente desenhado desses leitores: letrados, urbanos, provenientes das classes médias e altas. Entre eles, seus pares e interlocutores com os quais o biógrafo se encontrava nas sessões da Academia Brasileira de Letras, em alguns cursos que ministrava na Biblioteca Nacional e no Museu Imperial, Petrópolis, além do público de jornal que ocasionalmente lhe dirigia cartas e outras manifestações.

No período artificialmente demarcado para este estudo, entre meados das décadas de 1930 a 1960, os anos 50 constituem uma fase de grande produtividade na carreira de Raimundo Magalhães Junior. Suas biografias, então publicadas, apresentam um sentimento de "pertença ao nacional", ou seja, o autor parece apostar na ideia de que é preciso dar a conhecer a vida e a obra daqueles que trabalharam, no século XIX, pela construção da nação brasileira.

O biógrafo também vivia e trabalhava em diversos ambientes intelectuais e em uma cidade, o Rio de Janeiro, na qual ocorriam debates acalorados de que são testemunhos os memorialistas, as publicações acadêmicas e os diversos registros por órgãos da imprensa, sobretudo a mais liberal – esta que ainda se punha como um veículo de informar e não de irrigar fundamentalmente os seus próprios interesses.

---

[7] Cf. HANSEN, João Adolfo. Reorientações no campo da leitura literária. *In*: ABREU, Márcia, SCHAPOCHNIK, Nelson. *Cultura letrada no Brasil: objetos e práticas*. São Paulo: Fapesp/Mercado de Letras, 2005. p. 21.

A liberdade era então uma conquista política recente no Brasil; muitas das produções intelectuais do período, não sem razão, expressam o desafogo e os temores da experiência vivenciada da repressão política aqui e no exterior e também das contradições, em curso, das discussões sobre a *modernização* do país. Tal cenário permite ver que, em geral, os intelectuais brasileiros atribuíam ao tempo no qual estavam inseridos transformações amplas e aceleradas, mas que só se revelam mais nítidas ao final dessa década por meio de questões como a abertura do Brasil para o mercado mundial pautado pela "cobiça imperialista" ou, em outra direção, pela articulação externa sintonizada aos interesses nacionais.

Ao final da década de 1960, alguns biógrafos, como Magalhães Junior – mas aqui sem a cilada de vitimizá-lo, pois o foco argumentativo é procurar mostrar a oscilação da recepção do gênero biográfico –, foram submetidos à crítica imprudente e aos desmandos obscurantistas da censura vindos tanto dos liberais quanto do regime militar.

Ao que parece, Magalhães foi difusamente combatido tanto por setores da esquerda (um biógrafo de análises pobres, um conservador, preso ao arcabouço da interpretação personalista) quanto por setores da direita (um político do Partido Socialista Brasileiro e responsável por textos agressivos ao panteão das referências históricas e heroicas do país). Tais posicionamentos contribuíram para a desqualificação do gênero biográfico e, no caso específico de Magalhães, desconsiderava-se o fato de que o autor ainda recebia alguns estigmas como "questionador de mitos", "defensor da História" pela sua suposta energia investigativa dos estudos históricos a partir da biografia, o que lhe rendia então grande visibilidade. A partir daí, e progressivamente, suas obras em geral desapareceram das citações, das referências bibliográficas, das prateleiras universitárias, diante de uma crítica francamente restritiva ao gênero biográfico.

Contudo, aqui devem ser preservados os contatos ativos de Magalhães Junior com o editor Ênio Silveira, da Civilização Brasileira, e o projeto criado por Leonildo Balbino da Silva, para a Editora Lisa/Livros Irradiantes, de São Paulo, a qual reedita grande parte de suas biografias, em 1971, com a provável negociação de Paulo Rónai, influente escritor, tradutor e, também, apresentador dessa coleção.

Vista de hoje, uma parte da crítica praticada naquele período, no Brasil, parece conformada, pela âncora da "luta de classes", a posicionamentos fechados, e imbuída de algum ceticismo. Em parte, esses argumentos se fundamentavam na defesa do fracasso da imaginação criadora, especialmente em um texto de História.[8] Tais pressupostos, alguns hegemônicos e institucionalizados, atingiram a biografia e a biografia histórica – consideradas, no seu conjunto, uma prática

---

[8] Cf. MOURA, C. Considerações sobre a História como Ciência, In: *As injustiças de Clio: o negro na historiografia brasileira*. Belo Horizonte: Oficina de Livros, 1990. p. 16.

tradicional, fonte de artifício, ilusão, subjetivismos e passionalidades pela aventura arriscada de elucidação e suprimento total da vida biografada.

Ainda que se deva considerar a pertinência de algumas questões e de algumas interrogações que foram propostas à biografia, é como se, hoje, essa crítica não suportasse mais o seu próprio peso crítico. Foi dirigida indistintamente a autores de diversos matizes, tendências e estaturas por uma prensa dura e intolerante que os considera menores, responsáveis por análises insuficientes, além de serem vulgarmente identificados, sobre condições específicas, como literatos de uma decadente *petite histoire*.

Em decorrência de vários processos entrecruzados, é provável que tenha resultado o desconhecimento paulatino do biógrafo Raimundo Magalhães Junior, ignorando-se as contribuições de sua obra à História e à Literatura – obra que teria sido jogada depois, aqui como hipótese, no "balde ideológico", expressão irônica e metafórica de uso corrente nas rodas boêmias de intelectuais cariocas na década de 1970. Portanto, não é improvável a suspeita levantada de que influentes comentadores, agentes prestigiados de instituições culturais e formadores de opinião, tenham passado ao largo de algumas das produções intelectuais do período, como as de Magalhães Junior, desqualificando-as e reificando essa produção sob a forma de teoria.

De todo modo, a crítica literária então praticada no Brasil, em um quadro político de controle e censura pelo regime militar, foi bastante atingida, além da retração do mercado livreiro e dos limites impostos à liberdade de imprensa. Conjunturalmente, uma parte sectária dessa crítica perdeu de vista também os pressupostos do valor estético, literário e historiográfico dessas obras – que, sabemos, se definem pelo próprio texto, pela subjetividade, pela sua qualidade comparativa a outros textos, sua localização temporal e a sua análise conceitual, além do conjunto de problemas que são capazes de suscitar.

Lembre-se que, nesse período, parte do mercado editorial no país recebia e editava obras estrangeiras pouco significativas para os estudos brasileiros, em um quadro de forte censura política.[9] Alguns editores e autores de críticas especializadas chegam a dizer que a tendência era a de se atribuir qualidade àquilo que não passava de diferença, estimulando e alimentando o circuito da "dependência cultural".

Em função do curso desses processos, incluindo o curso dos estudos históricos entre nós, o não acolhimento de obras, especialmente as do gênero biográfico,

---

[9] Cf. Quanto vale um escritor? *In*: Revista *Leia*. São Paulo, ano XI, n. 138, 1990. Entrevista com editores e intelectuais brasileiros como Luiz Schwarcz, Alberto Dines, Sérgio Machado, José Mindlin, Fernando Gasparian, entre outros, sobre o ambiente intelectual e editorial no Brasil desde os anos 1970.

impondo-lhes uma avaliação depreciativa e, em certa medida, também o apagamento póstumo de seus autores, pode ter derivado para aquilo que Antonio Candido comenta, com acerto: "Mais uns anos e quase todos esses homens serão vinte linhas esquematizadas e arbitrárias numa enciclopédia, sem sopro nem movimento".[10]

Nessa perspectiva, negligenciar práticas culturais legítimas de interpretação e de orientação social, como a História biográfica, geradas em diversos espaços de criação, impondo-lhes a rubrica do conservadorismo e afastando-as da crítica histórica, pode parecer francamente restritivo, indicando, por certo, um estreitamento intelectual de pouca contribuição para que os debates sobre os sentidos da trajetória dos estudos históricos em intercessão com a biografia sejam ampliados entre nós.

Contudo, a biografia tem, em geral, grande penetração no mundo do leitor pela eventual empatia com a leitura da história de vida, pela companhia simbólica e cognitiva que sua narrativa oferece ao leitor, possibilitando-lhe certo grau de autocompreensão e de compreensão de problemas e de desafios humanos. A biografia, entre outras formas textuais, impressas ou não, permite acesso direto às construções difusas e amplas da "cultura histórica" que a sociedade produz sobre si mesma.

O gênero biográfico, pela sua natureza compósita ou marcada pelo selo de uma "ficção lógica", nos oferece, com alguma carga de sedução, seu interesse em revelar os mistérios da vida com os seus vãos e desvãos. O gênero biográfico está na interseção entre os domínios discursivos da Literatura, da História e do Jornalismo. Comumente, "a organização desses gêneros narrativos [como o biográfico] apresenta-se na forma de uma nebulosa constituída por conjuntos de textos [...] rotulados pelas avaliações sociais [...] e para os quais os critérios de rotulação e de classificação ainda são móveis e/ou divergentes".[11]

Esse gênero também se nutre, no seu próprio movimento, da experiência da Historiografia e Ciências Sociais para trafegar no espaço escarpado e recomposto da cultura – feito de construção e de erosão de sentidos e de significados no eixo do tempo. Dito de outro modo, a biografia é um dos instrumentos narrativos da cultura, da História, revelando muito da relação que uma sociedade mantém com seu passado – o "assunto-rei", conforme Michel de Certeau –, gerada pelo movimento da vida social no seu solo discursivo e acionada pelo fluxo de agentes sociais em cruzamento permanente.[12]

---

[10] Cf. CANDIDO, A. Prefácio. In: MICELI, S. *Intelectuais à brasileira*. São Paulo: Companhia das Letras, 2001. p. 73.

[11] Cf. BRONCKART, J. P. *Atividade de linguagem, textos e discursos: por interacionismo sócio-discursivo*. São Paulo: Educ, 1999. p.100.

[12] Cf. LE GOFF, J. História. In: *História e memória*. Campinas/São Paulo: Unicamp, 1990. p. 45-50.

Se a biografia oferece riscos e ambivalências à operação histórica, como qualquer outro discurso ou testemunho, cabe ao historiador submetê-la às suas lentes e às suas questões. Uma delas é indagação sobre os elos, nem sempre coerentes, entre um protagonista e sua época, sobre os laços entre a obra de um autor e sua época ou, mais especificamente, a discussão sobre aquilo que uma época espera de uma obra e de seu autor.

Evidente que o percurso dessa biografia histórica se faz em um terreno receptor bastante fluido, permanecendo desconhecida grande parte dos trânsitos e dos processos cognitivos e interpretativos sobre os saberes em construção, absorvidos e chancelados (ou não) a partir de práticas e de modos diversos de recepção dos sujeitos sociais ali implicados. A biografia, como qualquer outra forma narrativa, é partilhada por grupos sociais de horizontes culturais contrastados por leitores *muito* e *pouco* letrados. Contudo, sabe-se que esse consumo cultural não se conforma como passivo ou dependente de normas pré-estabelecidas, pois se trata sempre de uma recepção que se situa numa "distância criadora".[13]

Esses modos de internalização ativa, próprios da recepção e da apropriação discursiva, estão de acordo com os processos que envolvem a produção e os percursos de obras no mercado editor e no mercado leitor, dependendo de vários fatores em curso. No caso da biografia histórica, incluem fortemente o próprio movimento e os alvos da Historiografia, gerados na vida acadêmica e em relação com a demanda editorial, além dos estímulos, de mão dupla, que incidem sobre o autor e o interesse do leitor na direção desse gênero.

Atualmente, algumas obras biográficas escritas por historiadores, bastante distintas das biografias escritas por jornalistas, colocam novos temas para o seu próprio campo, abrindo possibilidades e reflexões tanto para discussões metodológicas como para linhas de pesquisas. Nessa medida, a biografia histórica, feita por historiadores, permite perceber, por uma aproximação documental mais detida, os meios e os elos sociais nos quais trafegam o(s) protagonista(s), os interesses sociopolíticos em jogo, possibilitando ainda esclarecer alguns sentidos das reelaborações e das reinterpretações do conhecimento histórico na esfera pública.

Pode-se discutir a vasta rubrica da Historiografia como patrimônio comum, sendo difícil, por vezes, encontrar uma "muralha intransponível" entre distintas atividades desse campo.[14] Edições sobre pesquisas, transcrições, monografias acadêmicas, estudos sobre arquivos e fontes documentais, ensaios sobre a cena pública diante dos acontecimentos do passado e do presente, biografias, em síntese, materiais narrativos de escritores de diferentes formações intelectuais e de diferentes formações profissionais se misturam nesse campo da escrita da História.

---

[13] Cf. verbete Cultura popular de CHARTIER, R. *In*: BURGUIÈRE, André (Org.). *Op. cit.*. p. 205-210.

[14] Cf. POMIAN, Krzysztof. *Sur l'histoire*. Paris: Gallimard, 1999. p. 387.

E pode-se indagar sobre como essa grande e esgarçada escrita da História se autoriza, encontrando seus modos de legitimação. As razões são várias e não deixam de ser problemáticas e complexas: o curso do próprio processo histórico; a abertura de questões novas produzidas pela academia e em intercessão com outros campos do conhecimento; a acessibilidade dos documentos públicos ou de interesse público no quadro de conquistas preservacionistas; os interesses midiáticos e de diferentes grupos sociais por temas da História e também pelas matrizes de enraizamento sociocultural, etc. É por isso que refletir sobre essa narrativa histórica, na qual se inclui com algum conforto a biografia histórica, talvez seja perceber a condição filial dessa biografia a um conjunto diferenciado e mutante da escrita da História que, metaforicamente, sugeriria a imagem de um denso conjunto de árvores ao vento, possibilitando perceber que, se alguns dos seus galhos se tocam, as suas raízes, ao fundo, certamente se comunicam.

No Brasil, nos anos 1950, a História, como disciplina acadêmica, ainda ensaiava o seu campo disciplinar e de conhecimento.[15] Esse fato contribuiu para se perceber, no período, a tendência de conformação da biografia na direção dos estudos históricos, além de revelar uma tradição do pensamento social brasileiro em se constituir nos sentidos apontados também pela História. Tal como a entendiam vários biógrafos brasileiros do passado, como Otávio Tarquínio de Sousa, a normatividade do gênero biográfico era em geral histórica, e a biografia era valorizada pela sua função social, especialmente quando identificada pela sua marca de documental.

Deve ser sublinhado ainda que, no campo da escrita da História, havia um trânsito autorizado entre a narrativa histórica e a narrativa literária por meio do ensaio, da crônica, da biografia. E, em certo sentido, essa prática do fazer narrativo biográfico, tal como era percebida por alguns biógrafos, complementaria a análise das estruturas sociais e dos comportamentos coletivos – como mostra Le Goff no caso europeu –, noção que, no Brasil, só posteriormente passaria a ser aceita ou mesmo incorporada pelos historiadores.

Entre nós, não são muitos os trabalhos sobre o estudo da biografia pela análise historiográfica, apesar de o tema merecer reflexões contemporâneas. A biografia entendida como objeto e como fonte de conhecimento das sociedades e de indivíduos e, também, na relação que é capaz de estabelecer com as interpretações historiográficas. É necessário investigar parte da trajetória da biografia,

---

[15] A Universidade do Brasil, RJ, foi criada em 1920 e, em 1945, com autonomia administrativa, passou a se denominar Universidade Federal do Rio de Janeiro. Junto à Universidade de São Paulo, criada em 1934, essas instituições se tornaram os principais pólos de ensino das ciências humanas no país. Os cursos de História, no interior das Faculdades de Filosofia, Ciências e Letras dessas universidades, e com o estatuto da licenciatura, seriam instituídos nos anos subsequentes.

próxima ou na direção da Historiografia , além da sua inserção no amplo painel da "cultura histórica" para recuperar, entre outras, questões teóricas e metodológicas que presidem essa narrativa e também as alterações experimentadas por esse gênero no curso da sua presença entre outros gêneros discursivos.

E, nessa trajetória acidentada, valeria perceber períodos nos quais o gênero biográfico foi em parte desestabilizado, como na década de 1970, por um suposto *programa estruturalista* – o que não significa dizer que aspectos da crítica que o interpelou devam ser desconsiderados. De todo modo, parece muito instigante abordar o material biográfico de forma mais problematizadora, rejeitando as interpretações tradicionais que o superdimensionam ou o desqualificam, incluindo outros riscos embutidos nesses posicionamentos e procurando articular a essa abordagem uma análise de cunho historiográfico.

Lembremos que as formas de construção da biografia – um gênero popular e *antigo*, de tradição tanto na História quanto na Literatura e de costuras maleáveis entre esses campos –, apesar de alguns padrões consagrados, mudam, não são universais. Essas formas são também movidas pelas sensibilidades coletivas em curso – frente ao mundo em que as ilusões se perdem, como as percebe Honoré de Balzac,[16] e à procura de ilusões que reproduzem novas representações do mundo e novas ilusões.

A sintonia dessa escrita biográfica e autobiográfica com os registros de memória dos indivíduos *modernos* ou de sociedades capitalistas parece inquestionável. Revela não apenas o triunfo do sujeito voltado para si e seus sentimentos, mas também o esforço pela sobrevivência do sujeito na memória dos outros e do coletivo, pois o projeto das biografias conteria, também, a força onipotente, no sentido de fazer operar a ressurreição do sujeito, trazendo-o de volta à vida ativa. E mostra ainda como essa forma contemporânea de narrar a "sociedade da intimidade" e da individualidade valoriza e detém instrumentos de contenção social, em um equilíbrio instável entre manifestação e controle, vazamento e retenção.

A narrativa do gênero biográfico, como qualquer outra narrativa, não se conclui pela própria narrativa, pois ela é compartilhada ativamente pelo leitor. É por essa visada que a narrativa biográfica também ganha, na atualidade, o entendimento de que ela é produzida por *editores* distintos (o autor, o narrador, o protagonista, o leitor), e que ela se constrói por meio de um processo de "produção de eus" – mobilizada por indivíduos *modernos* para

---

[16] Honoré de Balzac é conhecido como um escritor que utiliza, com maestria, elementos narrativos importantes como o *retorno* de personagens; a sobreposição de tempos, a progressão e o clímax dramático, exercendo grande influência na narrativa romântica, inclusive no gênero biográfico.

interesses diferenciados como o prazer, a catarse, o autoconhecimento e o conhecimento social, a relação consigo mesmo e com o outro.[17]

Mas por que a biografia interessaria aos historiadores? Muitas das questões debatidas pela Historiografia e pelas Ciências Sociais dizem respeito aos problemas efetivamente enfrentados também pelo gênero biográfico: as condições e limites da liberdade e da racionalidade humanas, os vínculos sociais no entrelaço de aceitação ou de oposição a regras e a práticas coletivas, as noções sobre a inserção do indivíduo na História, as concepções sobre o devir histórico, as escalas de aproximação e de análise históricas, sociológicas, etc. Além do que, cresce o interesse por temas que continuam inexplorados e à espreita de pesquisas, como o próprio tema dos estudos biográficos.

O gênero biográfico pode enviar ao historiador reflexões importantes sobre a operação histórica, para além das oscilações eventuais daquele gênero no mercado editor e leitor, instigando-o a pensar sobre as possibilidades de se anelar a História à biografia. O historiador-biógrafo, supostamente avisado da "ilusão biográfica" e da complexidade dos quadros temporais e de suas relações, poderia ainda se inteirar sobre o fazer biográfico, no qual hipótese, método, interpretação e imaginação são imprescindíveis ao processo de recriação e de interpretação da história de vida, cujo risco é compartilhado, como em todo texto, entre autor, narrador e leitor.

A biografia possibilita tomar o pulso *del corazón que late en la hondura*, aqui pela pluralidade subjetiva desses parceiros que constroem a narrativa entre tempos combinados e contrastantes sobre o vivido, a duração temporal da experiência, etc. E, também, possibilita perceber as margens de liberdade e de coação nas quais os indivíduos, sob condições próprias e referentes aos seus laços sociais, se movem e geram representações, assimilações, embates e confrontos. Parece ser nessa direção que a biografia (histórica), se estiver aberta aos seus próprios dilemas, pode vir a colaborar na ampliação do território do historiador, pois ela constitui não apenas um, mas mais um lugar eficaz de observação e de crítica. Ela pode ser mais bem compreendida se a sua instigação, pela tensão inconclusa diante do seu valor de fonte e de problema, for considerado e confrontado, criticamente, como um memorial da experiência sobre o vivido, sempre histórico e coletivo.

Muitas questões estão presentes nessa investigação, como o "enigma biográfico que surge da escritura biográfica",[18] os sentidos do biografismo e sua articulação com a vida social e a óptica assumida pelo narrador. Por um chamado compromisso da compreensão, talvez a maior das empreitadas ou dos

---

[17] Cf. GOMES, A. C. (Org.). A título de Prólogo. In: *Escrita de si, escrita da História*. Rio de Janeiro: FGV, 2004. p. 16.

[18] Cf. DOSSE, F. *Le pari biographie: écrire une vie*. Paris: La Découverte, 2005. p. 452.

desafios do historiador, os estudos biográficos podem ganhar relevo – ressaltando a importância da experiência conceitual e problematizadora e a presença da "imaginação construtiva". A crítica do historiador, que a rigor não enfrenta a oposição entre o verdadeiro e o inventado, mas a análise do verossímil entre realidades e possibilidades, tem o que dizer diante dos processos de investigar e de apontar articulações e relações temporais para a narrativa biográfica.[19]

No interior do campo cultural, campo que atravessa todas as esferas da vida em sociedade, é gerada a "cultura histórica", termo aqui utilizado com algumas reservas, mas útil para expressar um conjunto de práticas sociais, de significados emaranhados, disputados, compartilhados em permanente movimento por retificações, diálogos e articulações. Toda sociedade abriga, concomitantemente, consensos, representações e mais um leque ilimitado de noções irregulares e desiguais que se conformam como tentativas para dar sentido e interpretar a vida social, possibilitando a sua sustentação simbólica.

Nesse sentido, a "cultura histórica" constitui esse saber coletivo implicado nos processos diferenciados de transmissão e de aprendizagem, conformando formas discursivas múltiplas de referenciamento, de orientação, de poder e de memória. Sobretudo pela sua amplitude difusa e por comportar diversas expressões culturais narrativas sobre o tempo, essa "cultura" deve ser tomada, também, no sentido de requerer o suposto metodológico de examiná-la "como problema e não como premissa".[20] E é nesse terreno minado ou movediço em que transita, entre outros gêneros narrativos, a biografia e a biografia histórica.

Raimundo Magalhães Junior escreveu uma biografia histórica à margem do círculo acadêmico universitário, conforme mencionado, com a liberdade de uma produção extramuros e por meio de certa lógica da errância entre muitas situações profissionais que assumiu ao longo da sua vida. Mesmo não se colocando abertamente como historiador, Magalhães Junior escreveu sobre a História brasileira orientado possivelmente por um feixe mais amplo de representações históricas, levando a crer que o escritor ambicionava ser um historiador por meio dessa modalidade de gênero biográfico que escolheu.

A crítica aos seus livros, a nosso ver, não deve considerá-los, cada qual, como uma entidade autônoma, mas, ao contrário, como expressão de uma unidade estrutural e que se constitui por meio de reflexões sobre a cultura e a História brasileiras, a partir do século XIX. Todos os retratos escritos sobre os seus biografados – expostos por uma narrativa que revela certo caráter desestabilizador entre a biografia e a obra – estão envolvidos com o problema da

---

[19] Cf. DAVIS, N. Z. Du conte et de l'histoire. *Le Débat*, n. 54, mar.-abr., 1989, p.138. Ver ainda, LÉVILLAIN, P. *Por uma história política*. Rio de Janeiro: FGV, 2003.

[20] BURKE, P. *História e teoria social*. São Paulo: Unesp, 2002. p. 171.

liberdade e do poder, estão imersos no tecido conflitivo da vida social e são apresentados na condição dupla, e por vezes ambígua, de personagem e de pessoa. Sendo possível o empreendimento, é como se a reunião dessas biografias acabasse por formar não um *museu de cera* desses protagonistas, mas um panorama ativo da vida intelectual brasileira dos Oitocentos construído por um narrador posicionado na metade do século XX.

O autor se considera "um escritor de história" (expressão manuscrita originalmente encontrada em suas anotações e entre aspas) e faz essa menção com alguma recorrência em alguns de seus artigos e em entrevistas. Sua ambição intelectual, por meio dos muitos livros de biografia que escreveu, talvez visasse a uma "autobiografia da nação". Magalhães marca frequentemente, no seu tempo, o interesse em conhecer o processo histórico da formação da sociedade e da cultura brasileiras. Mas, cauteloso ou irônico, ressalta que "a tarefa da grande síntese da História do Brasil deveria caber aos historiadores".

Itinerários de Magalhães

> *"Quanto mais avançava no desenrolamento do tema*
> *mais me deparava distante do atingimento do alvo.*
> *Em muitos momentos, tive a sensação de estar*
> *perpetrando uma peça-de-armar de difícil encaixe*
> *em que algumas partes estavam buriladas*
> *enquanto outras ainda se encontravam em estado de ganga bruta.*
> *Mistura de noveletas exemplares e criticism, nacos de textos,*
> *migalhas da memória, sobejos da mesa, biografemas".*
>
> Waly Salomão, 1996

Raimundo Magalhães Junior chegou ao Rio de Janeiro em 1930. Iria começar sua travessia e presença no "rio de fogo" do círculo dos intelectuais, acumuladores de um capital social e simbólico que, no jogo da política, das forças econômicas e patrimonialistas brasileiras, estava longe de ser desinteressado e neutro.

Nesses anos, o quadro político apontava para uma progressiva associação entre autoritarismo e populismo. As formas discursivas então predominantes, oficiais ou não, com posicionamentos, relatos e *slogans*, enunciavam fortemente a criação de uma imagem singular e nova para o Brasil que se confundia, e por extensão, com a que seria gerada para sua capital, conforme estudos já bem conhecidos.[1] A munição de discursos emblemáticos sobre a cidade e o país seria assim ativada e propagada, denotando o labor de uma fábrica discursiva eficaz.

O conflagrado Rio de Janeiro de hoje, talvez mais periférico em relação às decisões nacionais, era, naquele passado recente, "o nosso éden" urbano. Tomando-se indícios de realidades imaginadas por verdades e evocações inexoráveis, a cidade tornava-se o centro do país, sintetizando um "Brasil brasileiro" de natureza

---

[1] Ver em Referências, ao final deste volume: CARVALHO, J. M.; SEVCENKO, N.; LIPPI, L.; GOMES, A. C.; VELLOSO, M.

afortunada e de grandes recursos para afinal explicar a expressão cunhada sobre o "século do progresso" junto às artes da terra – o samba, o carnaval, o futebol.

Inventando para o Brasil um *ethos* carnavalizado e doravante permanente – um testemunho das representações que a cidade do Rio de Janeiro, seus diversos grupos e atores sociais faziam de si mesmos ao reconhecerem a suposta existência de uma sociedade brasileira *singular* –, seria construída a imagem de certa "exibição de unidade"[2] sobre a *communitas* nacional.

Essas representações, frequentes, sobre a cultura brasileira e sobre algumas das expressões imbatíveis da chamada brasilidade, sobretudo, a partir dos anos 1930, nos colocam diante do que se constituiria um dos dilemas interpretativos sobre o Brasil mais desafiadores, ou seja, como se constroem esses processos e se nomeiam os nossos memoriais de experiência cultural. E, sobretudo, para um país e para uma cultura que, historicamente, "se moderniza sem se modernizar" pela via de uma modernização manca, na qual seus males e virtudes estariam, entre outras, na histórica dependência do cosmopolitismo europeizado e americanizado e, também, na mistura habitual entre o público e o privado, assim como nos processos ambivalentes e cambiantes da vida social, aspectos já identificados e criticados desde o "programa modernista".

Incontestavelmente, o Rio de Janeiro já havia conquistado, desde o século XIX, sua condição-sede da nossa "República das Letras" especialmente nos espaços do *footing*, dos cafés boêmios e dos saraus literários – situados quase sempre entre a Rua do Ouvidor e a Avenida Central (hoje, Avenida Rio Branco), com escalas eventuais na Confeitaria Colombo e na Livraria Garnier. O deslocamento de escritores e intelectuais para a capital, desde o século XIX, continuaria ativo com o ainda incipiente, mas crescente, processo de formação de uma sociedade urbana e industrial e pelas já intuídas potencialidades futuras do mercado da "indústria cultural" no Brasil.

Todo o período da década de 1930 vive com intensidade a proclamada "era do rádio", que não estava dissociada da pretendida construção de uma identidade nacional. Presente no cotidiano da população e como veículo inconteste da comunicação massiva, o rádio se torna o principal meio de formação de público, atraindo-o para programas de auditório, exibição de filmes musicais, chanchadas e radionovelas – além do futebol, com a inauguração posterior, em 1950, do estádio do Maracanã para a 5ª Copa do Mundo.

A capital era o centro político, financeiro e comercial do país; núcleo da mais importante rede ferroviária nacional, em contato com o Vale do Paraíba, Minas Gerais, São Paulo, Espírito Santo, além de abrigar um porto favorável para o comércio de cabotagem, também para o Nordeste e o Norte. Essas condições

---

[2] Cf. CHARTIER, R. *À beira da falésia: a História entre certezas e inquietude*. Porto Alegre: Editora da UFRGS, 2002. p. 73.

ainda eram favorecidas por um amplo mercado de mão-de-obra e de consumo, intermediando recursos da economia cafeeira e industrial.

No início do século XX, a cidade experimenta um intenso processo de aburguesamento de sua paisagem, com o desenho de um novo urbanismo por meio da definição de espaços públicos e de moradia, decorrendo disso o aumento de aluguéis, a expulsão dos setores populares para os morros e terrenos alagadiços, além da expansão dos limites do município. Como é frequentemente notado, a capital dispunha de grande concentração demográfica, segmentação e marginalização social, além da turbulência popular com as "repúblicas" de uma ampla gama de excluídos e alheias ao mundo oligárquico.[3]

A cidade do Rio de Janeiro era "o cartão-postal da República" (desmontando a velha ordem urbana imperial), da República sem cidadãos, arrivista[4], e estava compulsoriamente inserida na *Belle Époque* tropical segundo os projetos dos planejadores urbanos ou dos "reformadores apressados" que ambicionavam a modernidade republicana – como pontua Lima Barreto no seu posto carioca do "Café Papagaio".

Nesse cenário, um traço cultural notadamente expressivo era constituído pela afirmação do samba urbano e carioca, com sua "natureza dialogal" (ou pela propensão de espaço para controvérsias), como a mais importante manifestação da música brasileira. O aparecimento do livro de Jorge Amado, *O país do carnaval*, em 1931 – louvado pelos críticos como um romance que escandalizava os gramáticos e os defensores do pudor público –, reiteraria a invenção da imagem sonhada do que somos a partir de elementos da cultura popular. A criação, na década seguinte, do papagaio gaiato e falante Zé Carioca fazia a travessia entre a cidade alegre e criativa para o estrangeiro, como um propagador do *melhor* cenário tropical e de sua gente sambante. Na crônica "Traços a Esmo", publicada à época na imprensa de Alagoas, Graciliano Ramos ironiza: "O Brasil é um país essencialmente carnavalesco, a nação um cinematógrafo; a cidade é um cosmograma [...] na essência, exibição de figuras, coisas de ver, de mostrar". Para o escritor, "o que o Rio de Janeiro imita em grosso nós imitamos a retalho. Usamos um fraque por cima da tanga, alpercatas e meias. [...]

---

[3] Cf. CARVALHO, M. A. R. de. *Quatro vezes cidade*. Rio de Janeiro: Sette Letras, 1994. Segundo essa autora, desde a sede político-administrativa do Império e dos tempos iniciais da República, a cidade não incorporaria, por processos hegemônicos, à sua urbanização, as marcas de uma "aristocracia da terra" ou mesmo de uma "aristocracia de negócios", a exemplo do que ocorreria em outras cidades nordestinas e depois em São Paulo. Ver também CARVALHO, J. M. *Os bestializados: o Rio de Janeiro e a República que não foi*. São Paulo: Companhia das Letras, 1987. p. 163.

[4] Cf. SEVCENKO, N. *A literatura como missão*. São Paulo: Brasiliense, 1983. p. 25.

positivamente despertos só estamos durante o carnaval. Pudera! Se o entrudo é a instituição nacional".[5]

Essa paisagem se modifica ainda mais, nos anos 1930, por meio do crescimento mercantil, de novos impactos dos planos arquitetônicos e urbanísticos, da formação das favelas – decorrente do crescimento demográfico com levas sucessivas de migrantes e imigrantes e da especulação de terrenos imobiliários nos marcos da pretendida modernização capitalista. E como expressão urbana dessa ordem especulativa e do espaço de "acontecimentos novos", a cidade também revela desafios diante de retratos distintos que produzia: novos e modernos sobre o seu imaginado progresso e pobres e insubmissos sobre a maioria de seus habitantes.

Recém-chegado a esse cenário urbano de transformações e impactos e dispondo de suas moedas, em parte precárias, Raimundo Magalhães, com 23 anos, logo consegue trabalho também no jornal *A Noite*, um órgão prestigiado, de Irineu Marinho. Este periódico circulou na cidade desde 1911 e, em 1929, passou para o controle do empresário Geraldo Rocha, instalado na Praça Mauá, n. 7. O jornal se tornaria uma referência importante da vida cultural da capital, instalado em um prédio de arquitetura ambiciosa e também considerado o primeiro arranha-céu da América Latina.[6]

Mas, certamente, Magalhães Junior não conseguiu esse emprego sozinho. Ainda que não se disponha de informações mais precisas sobre a sua entrada no meio jornalístico carioca, é possível que os contatos deixados pelo pai (e ambos com o mesmo nome) tenham facilitado seu ingresso na imprensa, chamando a atenção o fato de Magalhães ter sido admitido inicialmente como arquivista em *O Malho*, RJ, periódico em que o pai havia trabalhado.

Raimundo Magalhães Junior, de família de poucas posses, nasceu em 12 de fevereiro de 1907 em Ubajara, Ceará, pequena cidade localizada em um vale rodeado por serras conhecidas por frequentes e baixas temperaturas. Como a sua mãe, Jovina de Paula Cavalcanti, faleceu cedo, Magalhães foi

---

[5] Cf. RAMOS, G. *Linhas tortas*. São Paulo: Martins, s/d. p. 70-71.

[6] A coleção do jornal *A Noite* se encontra disponível, para consulta, no Setor de Periódicos da Biblioteca Nacional, RJ. Para este estudo, foram consultados exemplares desse periódico da década de 1930. Com editoria de Leal de Souza e gerência de Ramiro Emerenciano, o jornal, de sete páginas e de diagramação "moderna", seria, em alguns períodos, impresso diariamente com três páginas diferentes de capa, alternadas de manhã à tarde, mas preservando o seu miolo. O jornal apresenta um enfoque quase que radiofônico, com notícias diversas sobre cinema, teatro, esporte, crime/polícia, mercado, política nacional e internacional. Depois de 1945, com a queda de Getúlio Vargas, a Editora *A Noite* será dirigida até 1950 por Adonias Filho, e depois, até 1957, por Cassiano Ricardo, ex-chefe da Agência do DIP em São Paulo. Cf. HALLEWELL, L. *O Livro no Brasil. O livro no Brasil: sua história*. São Paulo: T.A. Queiroz / Edusp, 1985. p. 418.

criado pela avó, de vida longa. Aos sete anos, o menino Raimundo sofreu uma doença infectocontagiosa que lhe trouxe a cegueira parcial, passando a enxergar somente com o olho direito até o fim da vida.

Em meados dos anos 1920, veio do Ceará para o Rio de Janeiro com o tio Alkindar Magalhães para encontrar o pai, Raymundo Magalhães, então combalido pelo alcoolismo e que, segundo Modesto de Abreu, teria conhecido o filho pouco antes do seu falecimento, em 1928.[7]

O jovem Magalhães se instala na cidade de Campos, RJ, para fazer o curso de preparatórios, no Liceu de Humanidades, equiparado ao Colégio D. Pedro II. Chama a atenção ter encerrado aí sua vida escolar e de não aspirar, mais tarde, a nenhuma carreira acadêmica. Talvez a atividade de jornalista, sem as exigências de escolaridade de então, tenha-o absorvido intensamente. Naquela cidade começa a trabalhar na *Folha do Comércio* e em uma farmácia para completar a sobrevivência. Lia o que lhe chegava às mãos, aprendia inglês e francês, o que lhe possibilitou as bases para se tornar depois um tradutor reconhecido.

Na cidade do Rio de Janeiro, em seguida, participa da fundação do *Diário de Notícias*, de propriedade de Orlando Dantas, um jornal de acentuada veia política, de oposição, fazendo parte da sua equipe de articulistas até o início da década de 1960 – na companhia de Joel Silveira, Osório Borba e Rubem Braga, entre outros. Magalhães imprimiu no jornal um novo estilo às reportagens, abertas e combativas, de que é exemplo a entrevista que articulou, e que ficou famosa, com o marinheiro João Cândido, liderança da Revolta da Chibata, em 1910, contra os castigos corporais na corporação – chegando a ser ameaçado de levar algumas chibatadas por essa sua reportagem considerada provocadora e desrespeitosa à Marinha brasileira.

Em uma crônica, de 1949, no mesmo jornal,[8] Magalhães Junior, no geral silencioso sobre sua família, se refere em rara passagem ao pai, o jornalista Raymundo Magalhães,[9] como um tipo de "temperamento satírico e inimigo de atos de cortesia social", destacando sua admiração pelos historiadores, como

---

[7] Cf. *Jornal do Comércio*, 27/12/1981, acervo AMLB, Casa de Rui Barbosa, Rio de Janeiro.

[8] Cf. fragmento do jornal *Diário de Notícias*, pasta 722, 1958, arquivo da ABL, Rio de Janeiro.

[9] Raymundo Magalhães, pai, dirigiu um jornal local de oposição que foi empastelado; com as adversidades políticas locais, muda-se para o Rio de Janeiro para não ser assassinado no Ceará. Pedro Calmon, em sessão na ABL, lhe faz referências "como redator estimado e respeitado da *Gazeta de Notícias*". Cf. *Revista da Academia Brasileira de Letras,* ano 82, v. 143, janeiro a junho, Rio de Janeiro, Anais de 1982, p. 23. Raymundo Magalhães trabalhou ainda em *A Notícia, Revista Contemporânea, Dom Quixote, O Malho* e *Ilustração Brasileira*. Em entrevista ao jornal *Correio da Manhã*, RJ, Magalhães Junior revela que o pai lhe fez doação de todos os livros de José do Patrocínio (1854-1905), por quem o pai teria estima e admiração – cf. acervo de Magalhães Junior, AMLB, Casa de Rui Barbosa, Rio de Janeiro.

João Ribeiro – interesse que supostamente o biógrafo reteria do pai e do seu círculo intelectual.[10]

É o pai autor de um *Dicionário popular*, editado em 1911; colaborador no campo da cultura popular do *Almanaque Garnier*. Possivelmente influenciado pelos ares progressistas do Centro Abolicionista, do Liceu do Ceará, pela folha maçom de intelectuais como Capistrano de Abreu e pelo grupo que formaria a Padaria Espiritual, em Fortaleza, Raymundo Magalhães, pai, tornou-se um beletrista destacado e combativo na região.

De todo modo, é possível supor que a relação entre pai e filho teria sido marcada por projeções complexas, imaginárias, à mercê das subjetividades que unem os ausentes. Ainda naquela crônica mencionada, Magalhães Junior faz esse comentário saboroso:

> Quando cheguei do Ceará pedi a meu pai que me apresentasse a João Ribeiro e a Osório Duque Estrada. Aquele me impressionara fortemente pelos seus livros e pela tradução de *Coração*, de Edmondo de Amicis. O segundo, pelos desabusados artigos de virulenta crítica, ou melhor, de agressão literária no *Jornal do Brasil*. [O pai lhe disse:] – Não será preciso... Passe em frente ao *Jornal do Brasil* entre cinco e meia e seis horas. Se estiver na porta um velho de gravata torta e botinas de elástico é o João Ribeiro. Mas, se além disso, estiver babando é o Duque Estrada... Nunca me esqueci dessa tirada. Mesmo porque, alguns dias mais tarde encontrei um velho nas condições descritas, criei coragem e perguntei-lhe: É o Sr. João Ribeiro? Era. Matei a curiosidade.[11]

Pelo seu romance familiar, Magalhães se diz um sozinho, uma espécie de "filho aterrado", como na expressão de Capistrano de Abreu, que publicaria *Capítulos de história colonial* no mesmo ano, 1907, em que nascia Raimundo Magalhães – para quem o fato é citado com prazer, além de considerar Capistrano o "Mestre dos mestres" por não ter se apartado, principalmente, dos "sangrados da nação". Ambos parecem mesmo ter aquela certa afinidade das origens, vinham do mesmo mundo agreste de parte do Ceará, mas na mão de uma inteligência viva e disposta a experimentar mais na direção de sua emancipação intelectual.

Sobre a formação literária do escritor, na infância, a informação está na entrevista concedida a João Condé sobre o livro mais importante de sua vida: "Foi o livro que li aos nove anos de idade: *Coração*, de Edmondo de Amicis,

---

[10] Cf. DUTRA, E. de F. *Rebeldes literários da República*. Belo Horizonte: Editora UFMG, 2005. p. 67.

[11] Cf. fragmento do jornal *Diário de Notícias, op. cit.*

na tradução de João Ribeiro. Impressionou-me profundamente e pela primeira vez na vida me deu a ideia de que existia uma coisa chamada literatura".[12]

Miceli aponta determinados perfis sociais de alguns intelectuais nascidos no Brasil, na virada do século XIX para o XX: origem familiar oligárquica em situação material de declínio, cujos efeitos ele nomeia *"handicaps* sociais" (orfandade, falência), além de fatores biológicos (doenças) e estigmas corporais diversos. Para o autor, se essas mutilações sociais bloqueariam as trajetórias e o acesso às carreiras de prestígio, também estimulariam, paradoxalmente, a inclinação desses indivíduos para a vida intelectual.[13]

Com isso, é possível pensar sobre parte da trajetória de Raimundo Magalhães Junior. Da infância à (média) juventude, sua vida parece conformada às referências traçadas acima: órfão, considerado pobre, vindo do Nordeste para a Capital Federal em situação de desamparo (escolaridade, família, emprego) e sujeito aos embates da sobrevivência e da sua condição de relativo desvalimento. Parcialmente cego, Magalhães parece não ter pertencido, contudo, ao chamado mundo dos "homens-de-um-olho-só" por vir de uma geração em que a vocação intelectual não estava amarrada a uma prematura escolha profissional. Entre o risco de um enciclopedismo acomodado, conforme alguns exemplos humanos conhecidos, do século XIX, ele parece ter trilhado a escalada de uma formação letrada, ampla, entre áreas distintas do saber.[14]

Na conformação da sua identidade estão presentes, provavelmente, traços advindos de seu círculo familiar adverso e marcas de origem em um território social deficitário – sobre os quais Magalhães silencia. Silencia, mas parcialmente, ao converter para si a expressão "mestre de si mesmo" de que faz uso frequentemente para nomear a genialidade de Machado de Assis, Arthur Azevedo, José do Patrocínio e outros literatos e políticos por ele biografados. É como se estivesse marcando, e também para si mesmo, o atributo valorativo do "intelectual desafortunado", o que ele possivelmente cultiva como autopromoção, mas reconhecendo-se portador de uma individualidade talentosa e produtiva. Ele não se faz sozinho, apesar do autodidatismo – que sempre fez questão de sublinhar, além de se gabar de nunca ter perdido o sotaque cearense.

Raimundo Magalhães Junior falece no Rio de Janeiro, aos 74 anos, em 12 de dezembro de 1981, vítima de atropelamento quando se dirigia para o

---

[12] Cf. jornal *Correio da Manhã*, coluna Escritores e Livros, Rio de Janeiro, 30/8/1959. Magalhães Junior declara ao jornal O Estado de S. Paulo, em 13/12/1981 – em matéria publicada após a sua morte –, que lia Machado de Assis desde os quatorze anos por influência de alguns mestres de Ubajara, CE.

[13] Cf. MICELI, S. *Intelectuais à brasileira*. São Paulo: Companhia das Letras, 2001. p. 22.

[14] Cf. LIMA, L. C.. Um crítico em mutação. *In*: O paraíso redescoberto de Sérgio Buarque de Holanda. Jornal *Folha de S.Paulo*, Mais!, São Paulo, 23/6/2002.

trabalho na revista *Manchete*. Os maiores jornais brasileiros noticiaram sua morte, destacando a vitalidade intelectual do escritor. O título da matéria do jornal *O Estado de S. Paulo* é emblemático: "Raimundo Magalhães J., o fim da biografia". A Academia Brasileira de Letras, no "Adeus", lhe fez uma longa saudação laudatória ressaltando suas virtudes, entre elas o prosaico hábito de escrever rapidamente com apenas dois dedos na máquina datilográfica: "Mesmo os teus trabalhos de investigação mais polêmicos nunca se inspiraram em outra fonte e causa que não a da verdade, seguro de que desse modo contribuirias muito mais para o prestígio e formação de um consenso favorável ao lado humano das grandes figuras que estudavas [...]".[15]

Para seus contemporâneos, alguns confrades, críticos e amigos como José Honório Rodrigues, Pedro Calmon, Barbosa Lima Sobrinho, Afonso Arinos, Antônio Houaiss e Aurélio Buarque de Holanda, a sua energia intelectual e a atitude escrupulosa para com a pesquisa são comprovadas por uma produção incessante, além do "seu inconformismo em aceitar o que a história oficial apresenta como verdade".[16] Dizem dele que era baixinho, feio, torrencial, simples e sempre apressado com sua boina azul correndo entre uma redação de jornal e alguma biblioteca ou museu. Holanda sublinha um aspecto ativo de sua personalidade dizendo que Magalhães Junior "é daqueles que agravaram a maldição. Todo o seu tempo é dedicado ao trabalho".[17] E lembra que sobre ele corria a anedota de que ninguém sabia ao certo onde ele morava, tal a sua operosidade, se na Biblioteca Nacional, no jornal, na Academia Brasileira de Letras, no Instituto Histórico e Geográfico Brasileiro, na rua Mascarenhas de Morais ou em algum outro escritório.

Barbosa Lima Sobrinho ressalta que "tinha sempre alguma coisa a acrescentar ou retificar, como se ele próprio constituísse a recordação de todo o nosso passado, com a incumbência de revelar assuntos e episódios ignorados"[18]. Otto Lara Resende comenta que "sendo ambos redatores, nunca coincidimos num jornal [...], mas a minha convivência com ele foi sempre constante, sendo assíduo leitor das suas biografias admiráveis".[19] E o jornalista e biógrafo Francisco de

---

[15] Cf. *Adeus a Raimundo Magalhães Junior* (texto datilografado e anotado "Rascunho, 12/12/1981"), arquivo da ABL, Rio de Janeiro.

[16] Cf. jornal *O Estado de S. Paulo*, São Paulo, 13/12/1981.

[17] Cf. *Revista da Academia Brasileira de Letras,* ano 77, vol. 133, Rio de Janeiro, janeiro a junho, anais de 1977. p. 112.

[18] Cf. SOBRINHO, B. L. Um país perdulário? *Jornal do Brasil*, Rio de Janeiro, 28/2/1982. Artigo em homenagem à memória de Raimundo Magalhães Junior e Paulo Carneiro, após o falecimento de ambos.

[19] Cf. Adeus a Raimundo Magalhães Junior. *In: Revista da Academia Brasileira de Letras,* ano 82, v. 143, janeiro a junho, Rio de Janeiro, Anais de 1982, p. 20.

Assis Barbosa – que, junto a Magalhães, Ribeiro Couto, Dante Costa e Odylo Costa Filho, se intitulavam "a nova geração da literatura e do jornalismo" e tinham por "amigo-orientador" comum Sérgio Buarque de Holanda – relembra: "Conheci-o por volta de 1932-33 e já naquela época era considerado um dos maiores jornalistas do Rio. Tinha trabalhado em um jornal em Campos. Veio para o Rio, entrou para a Esquerda Democrática, em seguida para o *A Noite*, como companheiro de banca pude apreciar o espetáculo Raimundo Magalhães". Francisco de Assis Barbosa comenta que "*A Noite* entregou-lhe a criação de duas revistas, *Carioca* e *Vamos Ler?*, revistas notáveis na época. Assisti a um dos maiores acontecimentos teatrais naquela época [1939], no velho Teatro República, encenando a peça *Um judeu*, sobre Disraeli [...]". E complementa que ele escreveria depois, entre várias peças, traduções e contos textos que marcaram a sua trajetória intelectual, ou seja, "as numerosas biografias [...]".[20]

Para o acadêmico Antonio Olinto, seu amigo era aquele "pesquisador contumaz", além de ser "um feio simpático, vesgo, não católico, um quase incrédulo que gostava de briga; era um um-contra-todos, incluindo os presidentes, apesar da admiração por JK". "Principalmente" – afirma Antonio Olinto – "o biógrafo era reativo a toda e qualquer forma de fanatismo e mistificação, o que fica claro nos seus artigos, livros e peças para teatro." Para ele, numa certa época, Magalhães viraria no Rio de Janeiro "o dono de Machado de Assis, pois descobriu quatro volumes de crônicas do escritor que ninguém conhecia até então". Relembrando, Antonio Olinto comenta que "durante muitos anos, no Rio, na década de 1950, parecia existir só dois casais de escritores, eu com Zora e ele com Lúcia [...] nós vivíamos sempre juntos, em festas, fazendo crítica de livros; ele tinha uma casa em Petrópolis e nós íamos sempre para lá".[21]

Um aspecto da personalidade de Magalhães, notado ainda por alguns de seus contemporâneos, era o de um ateu e de um cético obstinado que desprezava a lisonja engenhosa e que não se enquadrava com facilidade nos limites sociais rígidos, embora buscando, segundo os que o conheceram, o rigor sobre si mesmo. Para Paulo Rónai, o amigo era "um homem múltiplo, sendo difícil admitir que numa mesma pessoa se possam encarnar um teatrólogo, um contista, um historiador, um biógrafo, um cronista, um publicista, um crítico, um antologista – cada qual com um acervo respeitável de obras de qualidade [...]".[22]

Além de múltipla, essa personalidade também parecia ambígua para alguns de seus coetâneos: o dramaturgo e o político, o intelectual e o boêmio, o jornalista e o vereador, o que resultaria, possivelmente, do seu interesse amplo

---

[20] *Idem*, p. 12-13.

[21] Cf. Antônio Olinto, entrevista na residência do escritor, em 7/2/2004, Rio de Janeiro.

[22] Cf. RÓNAI, P. R. *Magalhães Junior, o biógrafo das letras brasileiras*. São Paulo: Lisa, 1971. p. XI.

e disperso. Essa notada ambivalência parece que ainda corresponderia aos desejos um tanto estratégicos de Magalhães, muito atinado para as oportunidades dos contatos profissionais e políticos e em aceitar, mas criticamente, o jogo da ascensão e do prestígio.

Um outro traço destacado pelo acadêmico Antônio Olinto sobre Raimundo Magalhães era seu temperamento frequentemente melancólico, ensimesmado, combinado à sua operosidade permanente. Talvez possa ser inferido nessa *persona* aquele modo melancólico de existir do ser, que o fazia compreender a perda e o que fazer com ela, aceitando-a como um cético e promovendo, pelo engenho criativo, a invenção no mundo da cultura.

A trajetória de vários escritores brasileiros, como a de Magalhães, nesse período, estava fortemente vinculada à imprensa, derivando dessa inserção a posse de uma "linguagem de jornal" que exigia especificidades, por exemplo, as notícias curtas. O "letrado de jornal" redigia reportagens, revisava, editava e chefiava redações – um trabalho de forte característica braçal e também atinado para o termômetro do debate social e político. Mas esse texto ainda era considerado, no geral, excessivamente retórico e inadequado para um jornalismo *moderno*, algo próximo ao que mostra Nelson Werneck Sodré, ou seja, uma prosa "marcada pela ênfase e fascinação pela palavra sonora, pela expressão desusada, pela orgia de adjetivos e pela pletora das metáforas".[23]

Como se sabe, os jornalistas brasileiros eram, nesse período, cronistas, poetas e romancistas que, acolhidos por revistas e jornais, ali publicavam seus textos noticiosos, mas também literários e ensaísticos. Estar no jornalismo era um ofício de *status* para o escritor. Os campos da literatura e da imprensa se misturavam, permitindo ao homem de letras e de jornal uma identificação profissional ambígua e uma rentabilidade econômica geralmente baixa e em muito comparável a épocas anteriores, como a em que vivia Coelho Neto, para o qual "as letras não davam nem para o charuto".

O jornal era a tribuna, por excelência, do pensamento intelectual brasileiro. Desde os anos 1930, os "escritores de imprensa" já constituíam suas redes por diversos jornais e algumas editoras, o que lhes dava algum prestígio e certo reconhecimento nacional.[24] Era pelo jornal que o escritor se fazia conhecido porque seria lido, operaria contatos, teria possibilidades de trabalho, teria visibilidade

---

[23] Cf. SODRÉ, N.W. *História da imprensa no Brasil*, Rio de Janeiro: Mauad, 1999. p. 18.

[24] Aqui, não se deve perder de vista a relevante trajetória de Monteiro Lobato, desde as décadas iniciais do século XX, em favor da profissionalização do escritor no país – Lobato foi o primeiro escritor brasileiro a conceber o livro como mercadoria, passível de ser vendido em farmácias, mercearias, etc. Fundador da Companhia Editora Nacional, em 1925, para ele, editar era como "fazer psicologia comercial". Cf. LOBATO, M. *A barca de Gleyre*. São Paulo: Brasiliense, 1948, v. 2. p. 298.

pública e política, além de notoriedade por meio de polêmicas que, por vezes, se arrastavam por longos períodos, permitindo-lhe públicos fiéis.

O ensaísmo literário, pela imprensa, era bastante prestigiado pelo afloramento de debates sobre as temáticas nacionais, seguidos do colunismo, de resenhas críticas e de notas de rodapé, de reportagens e entrevistas. Em 1981, Sérgio Buarque de Holanda, rememorando suas atividades de crítico nos jornais, menciona, em entrevista, que um simples motivo, nos anos 1930, retardaria seu interesse pela História, pois "os jornais pagavam só por artigos de crítica literária; ou seja, fazer crítica histórica ainda não adiantava nada".[25]

Nesses anos, a imprensa brasileira viveu um período de grande turbulência. O nascente processo de oligopolização da mídia atingiu setores mais tradicionais (como o jornal *O Estado de S. Paulo*) e foi liderado por um especulador de fora do eixo político tradicional, o paraibano Assis Chateaubriand, que formou a grande cadeia dos *Diários Associados* – composta por 34 jornais, 36 emissoras de rádio, 18 estações de televisão em todo o país. A tendência passa a ser a concentração cada vez maior dos "barões da imprensa", mesmo em setores críticos como a cadeia de jornais da *Última Hora*, fundada por Samuel Wainer com apoio de Getúlio Vargas, em 1951, no Rio de Janeiro.

Se o aspecto referente à profissionalização do escritor no período ainda era fenômeno circunscrito a poucos, a emergência de uma nova concepção das relações entre autor e editor e certa consciência de que as normas de mercado que regem outros setores da produção também deviam vigorar no mundo dos livros pareciam atestar uma mudança de mentalidade. Em geral, não se podia viver de literatura, o que explica em muito a inserção do escritor no jornal, no magistério, na magistratura, nos cargos públicos e burocráticos – como está na irônica expressão criada por Carlos Drummond de Andrade, a do "escritor-funcionário".

Apesar de algumas mudanças no trabalho intelectual, possibilitando supostamente ao escritor sua dedicação integral à produção literária, apenas um número limitado de autores conseguia se firmar, caso, por exemplo, de José Lins do Rego e de Jorge Amado. A título de nota, o ano de 1934 foi muito importante na literatura nacional; enquanto morria o *velho* Coelho Neto, chegava às livrarias *São Bernardo*, de Graciliano Ramos, *Serafim Ponte Grande*, de Oswald de Andrade, e *Brejo das almas*, de Carlos Drummond de Andrade. Em entrevista para a revista *Manchete*, em 1976, Clarice Lispector relembra que os livros de Jorge Amado, mesmo que criticados, vendiam, naquela época, como "pão quente".

O grupo empresarial *A Noite*, aquele para o qual Magalhães trabalhou tão logo se deu a sua chegada ao Rio de Janeiro, congregava escritores de renome

---

[25] Cf. jornal *Folha de S.Paulo*, Mais!, entrevista a intelectuais brasileiros, acervo do Museu da Imagem e do Som. São Paulo, 8 de agosto de 2004.

que começavam na imprensa e que mais tarde seriam destaques no cenário literário nacional, como Manuel Bandeira, Ernani Reis, Jorge Amado, Clóvis Ramalhete Maia, o caricaturista J. Carlos, entre outros. A revista daquele grupo, *Vamos Ler?*, dirigida por um período por Magalhães, lançou os escritores Clarice Lispector e Fernando Sabino.[26] Já integrado ao círculo dos jornalistas e ao ambiente cultural carioca, Raimundo Magalhães participa de várias empreitadas na cidade, chegando, por exemplo, a atinar para a formação de um júri para as escolas de samba, em 1931; concepção nova e em sintonia com as representações em voga de que o carnaval deveria se firmar como a principal festa brasileira ou da cultura nacional.[27]

É instigante como intelectuais e literatos, no geral, absorviam uma imagem promissora e celebrativa sobre a cidade, em clima de euforia. Ela se tornava o cenário de uma geografia sentimental e também sensual que preenchia de sentidos a dimensão temporal e espacial da vida e da obra de muitos poetas, memorialistas, biógrafos e escritores de História. É possível pensar que a montagem dessa visão exacerbada sobre o Rio de Janeiro tenha se dado por meio de incorporações discursivas movidas pelo pacto com o Estado interessado nessas idealizações. Mas não se deve menosprezar nessas gerações de intelectuais a ideia também legítima que formulavam sobre a construção de um tempo novo e com mais esperanças, sobretudo, na grande turbulência da guerra e do pós-guerra.[28]

Carlos Drummond de Andrade percebe (bem) encantado o frêmito da cidade e dedica impressões seguidas à então Guanabara como uma "saia clara estufando em redondel", a qual o poeta atribui aos ares de um "Rio-rindo" ou a um "Rio milhão de coisas, luminosardentissuavismariposas: como te explicar à luz da Constituição?".[29] O depoimento, de 1945, de um outro mineiro, Paulo

---

[26] Raimundo Magalhães também cobriu a Guerra do Chaco, no Paraguai, para uma reportagem extensa do jornal *A Noite*, vespertino arrojado que, costumeiramente, investia em notícias exclusivas, chegando a inspirar publicações semelhantes em todo o estado do Rio de Janeiro.

[27] Os desfiles cariocas eram espontâneos, e as votações populares não tinham critérios fixos, o que gerava tumultos frequentes. A iniciativa desse júri foi proposta por Magalhães Junior, Mário Filho (jornalista esportivo, irmão de Nelson Rodrigues), Orestes Barbosa e Herbet Moses e, a partir daí, as escolas passam a receber um novo estatuto para seu funcionamento e apresentação. Por essa época, Magalhães sugere que se vestisse o rei Momo com a roupa de um Rigoleto, emprestada do Teatro Municipal, o que, segundo a crônica do teatro carioca, acabaria se impondo como procedimento usual.

[28] Cf. GOMES, A. C. (Org.). Qual a cor dos anos dourados? *In*: *O Brasil de JK*. 2. ed., Rio de Janeiro: FGV, 2002. p.13.

[29] Cf. ANDRADE, C. D. de. Canto do Rio em sol. *In*: *Carlos Drummond de Andrade: poesia e prosa*. Rio de Janeiro: Nova Aguilar, 1979. p. 388.

Mendes Campos, ao chegar à capital, apoiado pelos amigos Drummond e Frederico Schmidt para conseguir emprego nas redações dos jornais, também é de interesse: "Rumei para o Rio de Janeiro, que o elegante penumbrismo poético chamou de cidade do vício e da melancolia. Do vício o Rio era um pouco, mas nem tanto assim. Da melancolia era menos ainda". E o escritor mineiro interpreta a cidade: "O Rio era – para ser intragavelmente elementar – dois mundos: o A e o B. O mundo A era leviano, o mundo B era sério; o mundo leviano era educado, o mundo sério era ignorante e pobre. Os mundos A e B estavam misturados, mas discerníveis a um olhar mediocremente agudo". Paulo Mendes Campos ainda acusa o "delírio messiânico" que vivia a capital, pela ação do governo, agências, imprensa e intelectuais, entre o pós-guerra e a Guerra Fria, embalados todos, pelo rádio, no ritmo do baião: "Era como se a história solicitasse o Brasil e as nações esperassem pasmadas a hora e a vez da nossa civilização".[30]

Vinicius de Morais, "o diplomata do samba-canção", parceiro então recente de Tom Jobim, estreia, em 1956, a peça *Orfeu da Conceição*, com cenário de Oscar Niemeyer no Teatro Municipal, considerado um marco da dramaturgia nacional pela dignificação da tragédia popular brasileira. Do seu costumeiro lugar, assim como de seus companheiros de trago no bar Villarinho, teria forjado muito dos mitos que alimentaram os grupos de pensadores da Zona Sul carioca, nos anos 1950, por meio de frases feitas, anedotas e ironias finas ou de toda uma munição de inventividades, capaz de criar um corpo mitológico sobre a cidade capital. E o tom das rodas boêmias, geralmente de escracho (em troça corrente, "Diz que eu sou a reserva moral da nação!"), era dirigido a figuras eminentes da República, à performance violenta de Carlos Lacerda e dos ideólogos da UDN, aos bastiões do pensamento católico conservador como Alceu Amoroso Lima, Gustavo Corção, entre outros.

Como o Rio de Janeiro era metrópole política da nação, esse pensamento atiça também velhas disputas, como as endereçadas a São Paulo – caso de Mário de Andrade, na sua temporada na capital e com saudades de São Paulo, que debocha da cena carioca com "sua burguesia anta, engendrada pelo dinheiro ganho à sombra do poder federal".[31] Também a Rubem Braga, o *maior* cronista, não escapa a alteração coloquial das referências à cidade para demarcar sua importância, pois antes, nas primeiras décadas do século XX, dizia-se "solenemente do Rio de Janeiro", para depois ser "do Rio", "ao Rio".[32]

---

[30] Cf. CAMPOS, P.M. *Os bares morrem numa quarta-feira*. São Paulo: Ática, 1980. p. 97.

[31] Cf. SANTIAGO, S. Caíram as fichas. *In: Folha de S.Paulo*, Mais!, São Paulo, 25 de abril de 2004.

[32] Cf. BRAGA, R. *Ai de ti Copacabana*. 14. ed. Rio de Janeiro: Record, 1996. p. 121-122, 143 e 80. O autor, em mais de 60 anos de produção quase diária, escreveu em torno de 15 mil crônicas. Em 1958, na clássica *Ai de ti, Copacabana*, o morador-cronista vislumbra a baía

As operações do Estado Novo, com sua violência disciplinadora sobre a cultura por meio do rádio e da propaganda intensiva,[33] já revelam a conformação de uma sociedade de massas.[34] Tornam-se usuais, na década de 1940, no Rio de Janeiro, eventos massivos em torno de artistas e de cantores populares; construção de amplas salas de cinemas para algo como mil espectadores[35] e transmissão de novelas pelo rádio com média de duração para mais de um ano – caso de *Em busca da felicidade*, novela transmitida pela Rádio Nacional, Rio de Janeiro, nos anos 1940, que foi transmitida por dois anos e meio.

Mas graves problemas urbanos afetavam a vida cotidiana da população da cidade, o que a consulta aos cronistas e jornalistas da época, como Raimundo Magalhães, revela fartamente ao criticar, por exemplo, a Ligth, que financiava jornais e programas do governo, mas funcionava precariamente, pois faltava água, telefone, carne, transporte e limpeza urbana.[36] O lema então dominante parece imbatível: dar cabo ao atraso nacional pela industrialização, o desenvolvimento tecnológico e a urbanização.

Entre as décadas de 1930 e 1940, além das atividades no jornalismo, Magalhães escreve contos, faria traduções, produziria editorialmente livros e se dedicaria à dramaturgia, com textos de críticas de costumes, no geral comédias. De suas peças para teatro, a primeira seria *Mentirosa*, de 1938, com a atriz Dulcina de Moraes, mas a de maior impacto certamente seria *Carlota Joaquina*,

---

de concreto que ia se formando e conclama, em tom apaixonado, sua amarga profecia de que a cidade estava condenada à devastação.

[33] Cf. LENHARO, A. *A sacralização da política*. Campinas: Papirus, 1986. p. 40-42: "O rádio permitia uma encenação de caráter simbólico e envolvente, estratagemas de ilusão participativa e de criação de um imaginário homogêneo de comunidade nacional. [...] Pelo rádio o poder [também] vasculha a intimidade de cada um, atomiza a condição política de cada cidadão para condensá-lo simbolicamente no coletivo da nação".

[34] As concentrações gigantescas e anuais na cidade tomaram a feição do culto ao *varguismo*, caso das coordenadas pelo educador musical do Distrito Federal, Heitor Villa-Lobos que, em 1935, reuniu 35 mil vozes infantis para saudar Getúlio. Cf. GUÉRIOS, P. R. *Heitor Villa-Lobos: o caminho sinuoso da predestinação*. Rio de Janeiro: Editora da FGV, 2003. p. 192.

[35] Francisco Alves, o "Chico Viola" ou o "Rei da Voz" comovia multidões pela "voz do rádio" e com seus mais de quinhentos discos gravados. Ele e Carmem Miranda ("a inventora feminina de um moderno jeito brasileiro de cantar"), com as legiões de milhares de fãs e ouvintes, se tornaram a *melhor* tradução do clima romântico, também jocoso e sambante, que movia partes consideráveis da população carioca e brasileira, em torno da música brasileira nesse período.

[36] Na coluna "Janela Aberta", do jornal *A Noite*, RJ, Raimundo Magalhães Junior comenta em sucessivos artigos (como "O que que eu tenho com a Ligth?") questões relativas à cidade na década de 1950. Entre os anos de 1950 e 1960, o jornalista João Condé, na coluna "Escritores e Livros", do *Correio da Manhã*, RJ, também entrevista autores com temáticas similares.

de 1939, seguida de *Um judeu*, sobre a vida de Benjamim Disraeli, peça também encenada nesse mesmo ano.

Magalhães mantinha contatos com intelectuais ligados a instituições preservacionistas, caso de Carlos Drummond de Andrade, na diretoria da Seção de História/Divisão de Estudos e Tombamentos do Sphan (hoje, Iphan), que, por vezes, o consultava sobre pesquisas ligadas ao patrimônio histórico[37] e Raul Lima, com quem tinha correspondência frequente sobre documentação e publicações no Arquivo Nacional, na Biblioteca Nacional, no Rio de Janeiro, e no Museu Imperial, em Petrópolis. Diversos eram seus interlocutores, como Paulo Rónai, Antônio Olinto, Ribeiro Couto, Gilberto Freyre, Ênio da Silveira, Pedro Calmon, Otto Maria Carpeaux, Fernando de Azevedo, Rubem Braga, João Cabral de Mello Neto, Murilo Mendes, Jorge Amado, Alceu Amoroso Lima, José Guilherme Merquior – conforme nos mostram a sua pasta de correspondência, de 1941 a 1982, no arquivo da Casa de Rui Barbosa, RJ.

As amizades na rede discursiva do Rio de Janeiro entre jornalistas, artistas, tradutores, políticos e adidos culturais nas embaixadas brasileiras no exterior permitiam, especialmente com esses últimos, que Magalhães obtivesse facilidades relacionadas à pesquisa, pois conseguia frequentemente referências a fontes nos arquivos e museus europeus, além das viagens que fazia para tais fins. Exemplo disso, anos depois, está relacionado a um congresso promovido pelo Itamarati sobre a História diplomática, comemorativa do cinquentenário de morte do barão do Rio Branco. Magalhães se coloca disposto a participar do congresso e a escrever uma biografia sobre Quintino Bocaiúva, "cujos arquivos lhe foram franqueados".[38]

Ainda que lentamente, seria nesses anos que as perspectivas do escritor brasileiro tenderiam a mudar com algumas posições mais assumidas sobre questões do ofício por meio do investimento no espírito associativo, ampliando sua liberdade em se constituir como autor, ou melhor, como autor de direitos. O advento de intermediações, que se colocavam na relação autor-leitor com o mercado editorial mais consolidado no país, constituía inflexão muito importantes no período e de interesse para a análise das perspectivas adotadas pelos escritores diante de alguns impactos políticos, lutas por melhores condições de trabalho, autonomia e liberdade de expressão.[39]

---

[37] Cf. um dos assuntos tratados na correspondência de Carlos Drummond de Andrade para Magalhães Junior, de 30 de maio de 1956, acervo de Raimundo Magalhães Junior, AMLB, Casa de Rui Barbosa, Rio de Janeiro.

[38] Cf. *O Jornal*, Rio de Janeiro, em maio de 1962; pasta 722, ano de 1962, arquivo da ABL, Rio de Janeiro.

[39] Cf. OLIVEIRA, L. L. (Coord.). *Elite intelectual e debate político nos anos 30*. Rio de Janeiro: Editora FGV/MEC, 1980. p. 33-34.

Graciliano Ramos, então admirado e temido revisor do jornal *Correio da Manhã* (cargo que ocupou em substituição a Aurélio Buarque de Holanda) assina *Os sapateiros da literatura*, texto em defesa do escritor ou do intelectual-trabalhador da Literatura brasileira, a qual deveria ser profissionalizada e não "honorária, escorada e oficial". A citação a seguir é longa, mas revela, também, a excepcionalidade de um momento em que a criação literária estava muito próxima à pele da História:

> Dificilmente podemos coser idéias e sentimentos [...] se nos falta a habilidade indispensável à tarefa, da mesma forma que não podemos juntar pedaços de couro e razoavelmente compor um par de sapatos, se nossos dedos bisonhos não conseguem manejar a faca, a sovela, o cordel e a ilhós. A comparação é grosseira: cordel e ilhós diferem muito de verbos e pronomes. [...] Como não me habituei [aquele] semelhante gênero de trabalho, redijo umas linhas, que dentro de poucas horas serão pagas e irão transformar-se num par de sapatos bastante necessários. [...] E espero também que os meus fregueses fiquem satisfeitos com a mercadoria que lhes ofereço [...] Somos sapateiros, apenas. Quando, há alguns anos, desconhecidos, encolhidos e magros, descemos das nossas terras miseráveis, éramos retirantes, os flagelados da literatura [...] Certamente há outros que são literatos por nomeação. Necessitamos de letras, como qualquer país civilizado, e escolhemos para representá-las um certo número de indivíduos que se vestem bem, comem direito, gargarejam discursos [...] Restam, pois, a esses desgraçados, a essas criaturas famintas as sovelas e a faca miúda [...], mas é preciso que sejam bem manejadas. [...] Enfim, as sovelas furam e a faca pequena corta. São armas insignificantes, mas são armas.[40]

A questão dos direitos autorais não era de menor importância se vista nesse período, no Brasil. Os escritores, quando recebiam, contavam com quantias no geral ínfimas, salvo exceções, além de inexistir controle eficaz na distribuição e nem sempre serem definidas as porcentagens das vendas. Em 1943, ocorre uma reunião da diretoria da Associação Brasileira de Escritores, na redação da *Revista do Brasil*, estando presentes Octávio Tarquínio de Souza, Astrojildo Pereira, José Lins do Rego, Dinah Silveira de Queiroz, Álvaro Lins, Marques Rebelo, Francisco de Assis Barbosa e Carlos Drummond de Andrade. O ponto principal da pauta era a definição de critérios para a cobrança de direitos autorais – derivando depois para um juramento irônico e retórico de que ali ninguém entraria para a Academia Brasileira de Letras.[41] O tema do encontro daqueles escritores denota os esforços dos intelectuais pela profissionalização talvez imbuídos de

---

[40] Cf. RAMOS, G. *Linhas tortas*. São Paulo: Martins, s/d. p. 233-234.
[41] Cf. ANDRADE, C. D. de. *O observador no escritório*. Rio de Janeiro: Record, 1985. p. 10.

uma pergunta inquietante que poderia ser esta: quanto valeria um escritor? Foi também com esse espírito que se criou a União dos Trabalhadores Intelectuais (UTI), de caráter político em defesa das liberdades associativas e públicas.

Raimundo Magalhães era um defensor politicamente "organizado" do direito autoral, assumindo a defesa pelo teatro por meio da Sociedade Brasileira de Autores Teatrais (Sbat). Erudito, refere-se em artigos a escritores e autores, incluindo os do século XVII, que lutaram pelo direito autoral, como Beaumarchais e Ben Jonhson. Cita principalmente este último, ao se referir ao preconceito vigente aos homens de teatro, mas de longa data, "de tão longa data que Ben Jonhson foi censurado por alguns críticos por ter publicado suas peças sob o título de *works*, palavra que era privilégio dos filósofos e ensaístas"[42]. Em 1945, diz polemizando: "Há anos venho contribuindo para a Associação Brasileira de Escritores com meus cruzeiros. Pra quê? Pra nada... Como jornalista, tenho a ABI e o sindicato para me representarem. Como autor de teatro, tenho a Sbat que é prática, ativa, vigilante". E continua: "Como clube literário, tenho o PEN Clube. Politicamente, estou no PSB, para o qual contribuo regularmente. Portanto, uma parte da minha atividade está amparada praticamente [...] e romanticamente não me faltam siglas a invocar". Mas confessa que "no meio de tudo isso, pertencer à Associação Brasileira de Escritores/ABDE só vendo alguma coisa prática realizada. [...] Contribuir para mantê-la nos moldes atuais será contribuir para manter uma inutilidade".[43]

Apesar de o jornal ainda se constituir a maior vitrine do escritor, os dilemas permaneciam: instabilidade, oferta de trabalho limitada, padrão salarial baixo.[44] Em regra, os colaboradores viviam "sem dinheiro para nada de mais alentador, cheirando a tinta, emperrados nas máquinas, mas atrás da caça mais formidável", diz Raimundo Magalhães sobre o seu cotidiano profissional e o dos seus colegas de redação como Otto Lara Resende, Franklin de Oliveira e Paulo Mendes Campos.[45]

---

[42] Cf. jornal *Diário de Notícias*, Rio de Janeiro, 24/4/1949. AMLB, Casa de Rui Barbosa, Rio de Janeiro.

[43] Cf. Jornal *Diário de Notícias*, Rio de Janeiro, 19/3/1945. AMLB, Casa de Rui Barbosa, Rio de Janeiro.

[44] O matutino carioca *Correio da Manhã*, cujo corpo editorial era referência pelo seu brilho intelectual na história da imprensa e da literatura brasileiras, "era um dos poucos jornais que pagavam em dia", segundo Antonio Callado, que chegou à sua direção em 1954. Na memória dos escritores que atuaram nesse jornal, fica a imagem de um "grande jornal" que congregou os maiores talentos da escrita, da revisão e da tradução então praticadas no país, além de ter testemunhado um acelerado processo de mudanças internas (seria o primeiro a ter restaurante e ambulatório), como a incorporação de alguns processos industriais que modificaram e impulsionaram as condições do parque gráfico e do mercado editorial.

[45] Cf. anotação avulsa de Magalhães Junior, c. de 1955, acervo AMLB, Rio de Janeiro.

No geral, a imprensa também não era majoritariamente simpática ao governo. Durante o Estado Novo, os jornais e periódicos estiveram sob censura, sobretudo, pela forte presença da Agência Nacional (braço jornalístico do DIP), além das manobras, incluindo os subsídios, sobre os órgãos em situação de dependência financeiro-ideológica ao Estado. Contudo, esses fatos perderam gradativa força para um jornalismo empresarial em crescimento e que se relacionaria de forma mais profissional com o governo.

O regime autoritário do Estado Novo fundia uma ideia de nação ao aparato estatal, instituindo forte repressão política, anulando as liberdades democráticas e os direitos civis por meio da Constituição outorgada de 1937, da instalação de um Tribunal de Segurança Nacional e do estado de sítio, com permanente censura e controle sobre a imprensa e demais meios de expressão e comunicação.

Muitos intelectuais e artistas brasileiros migraram para o exterior, mesmo quando não eram diretamente atingidos pela repressão política. Em 1942, no mesmo ano em que o Brasil se alinha com os Estados Unidos, na Segunda Guerra, ocorre uma crise política no DIP – o ministro da Guerra, general Eurico Dutra, afasta Lourival Fontes, substituindo-o pelo major Coelho dos Reis, o que teria imposto uma perseguição política mais acirrada aos intelectuais.

De 1941 até 1944, anos finais da Segunda Guerra, Raimundo Magalhães fica nos Estados Unidos com a mulher, a escritora Lúcia Benedetti.[46] O exílio forçado se deveu à perseguição do governo Vargas, que poderia prendê-lo por suas posições de esquerda na imprensa, além de circularem notícias de que o DIP estaria no seu encalço. Magalhães se exonera, em 1944, do cargo de censor cinematográfico, no Departamento de Propaganda e Difusão Cultural, órgão ligado ao DIP, função que também ocuparam, por certo período, o poeta Vinicius de Moraes, Pedro Dantas, Nazareth Prado, entre outros. Em depoimento para o repórter Gilberto Negreiros, em 6/1/1979, do jornal *Folha de S.Paulo*, Magalhães relembra que teve vários problemas com a censura, sobretudo, quanto aos filmes fascistas, da era Franco, como o *Bloqueio* (dos portos espanhóis) e o *Último trem de Madri*: "Mas o principal problema foi o filme baseado no romance de Eric Maria Remark, *O Regresso*. Era a volta dos soldados alemães derrotados na França para dentro da Alemanha que tentavam encontrar suas famílias [...]". Segundo Magalhães, "esse filme foi aprovado por uma turma da qual faziam parte

---

[46] Cf. Rosa Magalhães, entrevista em 12 de julho de 2004, na residência da família, Rio de Janeiro. Magalhães e Lúcia, uma professora paulista que morava em Niterói, se conheceram em torno de um concurso, pelo jornal *A Noite*, sobre a melhor carta de amor para o ator italiano Rodolfo Valentino, celebrizado como o "amante irresistível" pelo cinema norte-americano, nos anos 1920. Lúcia entrou no concurso e levou o 2º lugar e sua carta seria publicada naquele jornal por Magalhães – encantado com os dotes literários da moça. Casaram-se em 1936, e a única filha do casal, Rosa, nasceu no Rio de Janeiro, em 1947.

o [Pedro] Dantas, o Vinicius [de Moraes], eu e não me lembro quais outros. Aprovamos o filme. O filme realmente era muito bom, um filme antinazista. E se não me engano já era 1939".[47]

Em outra vertente dos relatos da memória, Alberto Dines comenta uma passagem sua com Magalhães, referindo-se ao cenário em que o DIP jogava suas armas de controle sobre a cultura brasileira:

> Quando eu pesquisava a história do Stefan Zweig trabalhei muitas tardes ao lado do Raimundinho na Biblioteca Nacional. Um dia ele me contou que foi encarregado por Lourival a entregar as passagens da Panair ao Zweig e sua mulher para conhecerem o norte-nordeste. Isto foi no final de 1940 (o casal viajou em janeiro de 41). E ainda disse que funcionava no DIP como uma espécie de assessor do Lourival Fontes. Contei isso na primeira edição do meu livro publicado em novembro de 1981. O Raimundo Magalhães Junior era vivo, me conhecia muito bem e poderia ter negado. Não negou. É possível que o cargo de censor de filmes fosse uma formalidade. O Vinicius também era censor, mas foi destacado para ciceronear o escritor americano Waldo Franck, em 1942. O DIP não era uma repartição policial, não perseguia ninguém, cuidava de calar as vozes dissidentes. E isto não demandava grande esforço. Os donos dos jornais e os jornalistas estavam sempre muito dispostos a colaborar com o "fala sozinho".[48]

Para sua filha, Rosa, Magalhães era um "antigetulista ferrenho" ao se posicionar contra os abusos autoritários do governo, mas, quanto à sua função no Departamento de Propaganda e Difusão Cultural, ele próprio dizia que era uma das mais divertidas, pois gostava de cinema (assistia de quatro a seis filmes por dia) e sempre engambelava, tanto quanto possível, a censura.

Posteriormente, Magalhães se ocupa do tema da censura, pois escreve vários artigos na imprensa carioca sobre o assunto, pontuando a necessária articulação desse instrumento com o escopo constitucional e na tentativa de barrar sua natureza arbitrária, em geral, tomada como um preceito isolado. Participa, em 1968, como representante da ABL, de um grupo de trabalho formado por intelectuais como dom Marcos Barbosa, o cineasta Luiz Carlos Barreto e outros para negociar com os militares a supressão da função do censor que, entre outras arbitrariedades, visava orientar a formação da opinião pública sobre cultura brasileira.

Mas a sua sobrevivência no estrangeiro, como de muitos outros intelectuais e artistas, no quadro da Segunda Guerra, foi inicialmente apertada. Magalhães traduz filmes da Metro (as legendas eram feitas no próprio estúdio), faz reportagens sobre cinema, além de trabalhar na agência Rockefeller, como

---

[47] Cf. entrevista de Magalhães, jornal *Folha de S.Paulo*, 6/1/1979, disponível em: <http://almanaque.folha.uol.com.br/memporia_2.htm>. Acesso em: fev. 2013.

[48] Cf. depoimento de Alberto Dines, em entrevista, por e-mail, em 9/2/2010.

correspondente de assuntos sul-americanos.[49] De volta ao país, participa, em 1945, da agremiação Esquerda Democrática – que, em 1947, se tornaria o Partido Socialista Brasileiro – reunindo diversos intelectuais, socialistas e liberais de esquerda, contrários ao governo Vargas.[50] Nesse mesmo ano, Magalhães é demitido do grupo *A Noite*, pela sua assinatura no Manifesto contra a ditadura Vargas. Desempregado, como tantos outros intelectuais, sobrevive de traduções de bulas de remédios, de redação de anúncios para rádio e almanaques.

Nesse período, ao que parece, ocorre um processo importante de inflexão na trajetória intelectual de Magalhães. De início, ainda no final da década de 1940, é possível acompanhar sua produção permanente no jornalismo e na dramaturgia. Mas, na década seguinte, surge o biógrafo interessado nas temáticas históricas; o pesquisador que tateia o contexto histórico, buscando fontes documentais e acervos inéditos, elaborando citações mais completas para trazer informações novas e tomadas por ele como critérios imperativos de revisão.

As décadas de 1950 e 1960 são de grande atividade intelectual na trajetória de Raimundo Magalhães Junior. Hermes Lima avalia que Magalhães encontrava no Rio de Janeiro visibilidade pela sua atuação como jornalista e como participante ativo da cena cultural. Isto possivelmente explica sua eleição, em 1949, como vereador pela Câmara Municipal da cidade, sendo reeleito depois, em 1954. Foi líder da minoria na Câmara (PSB), em um período de muitas tensões, críticas e perseguições, que chegaram a forçá-lo a andar armado.[51]

Nos anos 1950, Magalhães já era destacado pela crítica coeva como um representante do gênero da biografia histórica e era chamado por alguns de "historiógrafo", "escritor de História" ou mesmo de "historiador", sobretudo pela imprensa carioca e seus confrades da Academia Brasileira de Letras.[52]

---

[49] A esposa de Magalhães, Lúcia Benedetti, conseguiu emprego como locutora com Luiz Jatobá, diretor na época da *Voz da América* e estudou na Universidade de Colúmbia. Muitos intelectuais faziam trabalhos semelhantes, como Sérgio Buarque de Holanda, que em Berlim, entre 1929 e 1931, traduziu as legendas de *O anjo azul*, com Marlene Dietrich.

[50] Desse agrupamento político, no Rio de Janeiro, faziam parte Hermes Lima, Raimundo Magalhães Junior, Domingos Velasco, Perseu Abramo; em Minas Gerais, Hélio Pelegrino, Fernando Correa Dias; em São Paulo, Gastão Cruls, Manuel Bandeira, Sérgio Buarque de Holanda, Octávio Tarquínio de Sousa; em Pernambuco, Gilberto Freyre, entre outros.

[51] Segundo informações da filha, Rosa Magalhães, a família, com guarda-costas, ficou alguns meses sem sair de casa, pois "o Rio de Janeiro, naquela época, era um banditismo só, cheio de capangas, uma coisa horrível. Chegaram a anunciar que o meu pai tinha morrido, teve um quase velório, mas ele estava escondido em outro lugar". Magalhães Junior perderia, dessa vez, a eleição para a Câmara, em 1958, e passaria a se dedicar à atividade da tradução junto com sua mulher.

[52] Cf. "Arquivos Implacáveis" de João Condé, publicados pela revista *O Cruzeiro*, em 1955. Outros artigos na imprensa carioca fazem menção frequente aos literatos e historiadores

Pelos jornais do período é possível colher as referências mencionadas ao escritor vindas das redações, dos críticos e do público como: "destruidor de mitos", "organizador do mapa histórico da nação", "acadêmico-detetive", "príncipe dos biógrafos" e "historiador de costumes".[53]

No espaço acadêmico universitário, algumas das obras de Magalhães Junior chegaram a ser lidas e discutidas, nos anos 1970, nos cursos de graduação em História, especialmente no Rio de Janeiro e em Minas Gerais, sobretudo, *Deodoro e a espada contra o Império*, *Três panfletários do II Reinado* e o polêmico *Rui – o homem e o mito*.[54]

É também a partir dos anos 1950 que o biógrafo-historiador passa a ser prestigiado fortemente pela imprensa carioca e por confrades da ABL, interessados em História brasileira, sobretudo, por suas pesquisas e obras biográficas. Mas é fundamental sublinhar que, por essa época, o campo da História não se encontra definido, ainda que já tivessem sido criadas universidades e faculdades no país. Nesse período, a Academia Brasileira de Letras promove diversos cursos com alguns professores-confrades da casa, noticiados com frequência pela imprensa: Magalhães e Pedro Calmon eram, em geral, os conferencistas "da História": o primeiro focaliza os historiadores brasileiros do século XIX e o segundo, o conceito de História.[55]

Esse período também é marcado por decisivas mudanças na paisagem urbana do Rio de Janeiro, com desdobramentos na vida cotidiana da população, incluindo os intelectuais. Por exemplo, o impacto, para alguns setores, da construção imobiliária nos terrenos da pantanosa Copacabana que avançava crescentemente, formando uma parede de arranha-céus, de frente para o mar, com a iluminação pública, mais antiga, como um noturno colar de pérolas.

---

modernos – entre outros biógrafos, destacam as biografias documentaristas de Magalhães Junior, nomeando-o, como Condé, de "historiador". Sobre João Condé, ver VELASQUES, M. C. "O baú de João Conde". In: *Revista de História da Biblioteca Nacional*, ano 2, n. 14, p. 78-81.

[53] Neste caso, pode-se indicar: *O Cruzeiro,* a revista de maior tiragem nos anos 1950; o órgão-líder dos Diários Associados, RJ; *O Jornal,* RJ; *A Noite,* RJ; *A Manhã,* RJ; o *Diário de Notícias,* RJ; a *Tribuna da Imprensa,* RJ; *O Correio da Manhã,* RJ, o *Jornal do Brasil,* RJ; a *Última Hora,* RJ; e outros periódicos que eventualmente mantinham seus cadernos de cultura e suplementos literários. A consulta a alguns números desses periódicos para essa pesquisa foi feita na Biblioteca Nacional, RJ, na Casa de Rui Barbosa, RJ, e no arquivo da ABL, Rio de Janeiro.

[54] Merece destaque o fato de a biblioteca da Fafich/UFMG, de formação mais *antiga*, ter em seu acervo alguns títulos de Magalhães Junior que teriam sido utilizados em bibliografias de alguns de seus cursos de graduação, etc, sobretudo até os anos 1970 – conforme ainda alguns dos programas de disciplinas do curso de História, naquela universidade, entre os anos de 1969 e 1972.

[55] Cf. pasta 722, 1958, arquivo ABL, Rio de Janeiro.

A nova ideia era marcar a beleza da nova Copacabana, moderna e europeia, a exemplo de Cannes e Nice, imagem presente já nos cartões-postais da Era Vargas e depois da Era JK. Na década de 1940, o bairro vai ganhando um perfil cada vez mais acentuadamente idílico por causa dos círculos de literatos, pensadores e artistas irmanados nos cassinos, hotéis, boates e bares – itinerários de pontos frequentados por setores das classes médias e ricas, uma elite cultural que disporia de meios para manter promissoras relações, acesso aos patamares políticos e cargos de prestígio.

Os bares de Copacabana, na década de 1950, mereceriam para o escritor Paulo Mendes Campos uma leitura histórica e afetiva de sua trajetória, ressaltando-se o encontro e o confronto de ideias ou ainda "as muitas cidades que passam por dentro de uma única cidade".[56] Nos tradicionais Vermelhinho, Alcazar, Maxim's, Jangadeiro, Zeppelin, Lamas, Bom Marché se encontravam os intelectuais de Copacabana e da Zona Sul, representantes de setores que teriam naquelas fruições da boemia as suas embaixadas: a prosa, o humorismo, a arquitetura, o verso, a empresa, os governos estadual e federal, o samba, o baião, o jornal, o partido político.[57]

Como comenta Alberto Dines, no início dos anos 1950, na cidade do Rio de Janeiro, a calçada era a do Vermelhinho com suas encarnadas cadeiras de vime, no fim de tarde. Para ele, "a palavra 'intelectuais' ainda não se tornara um genérico", e ali se reuniam, em frente à ABI, "jornalistas, poetas, escritores, fotógrafos, tradutores, atores, atrizes, artistas plásticos, funcionários do Ministério da Educação e Cultura, do Museu de Belas Artes, do Teatro Municipal e da Biblioteca Nacional, recém-saídos do trabalho". Ele diz se lembrar "de alguns *habituées*: a cronista Eneida, Murilo Miranda, Santa Rosa [...], Manuel Bandeira, Raimundo Magalhães Junior e Carlos Drummond de Andrade. De quem eu jamais ousaria aproximar se o ator e diretor teatral Cuca [Oswaldo Waddington] não me puxasse para o grupo onde estava o poeta". O diretor pediu então a Drummond que corrigisse um texto seu, e aquele leu e disse laconicamente: "'Corta os *que* que atrapalham qualquer texto'. [...] Eu que estava naquela roda de carona, nunca esqueci o conselho".[58]

---

[56] Cf. CAMPOS, P. M. *Op. cit.*, p. 10.

[57] Diversos relatos de cronistas do período informam sobre a frequência costumeira aos bares cariocas dos poetas José Lins do Rego, Raimundo Magalhães Junior, Lúcio Cardoso, Gilberto Freyre, Stanislaw Ponte Preta, Agildo Barata e, mais esporadicamente, os poetas Carlos Drummond e João Cabral. Além da presença, também usual, dos assessores do presidente Juscelino e da "turma da música", com Lamartine Babo, Ari Barroso, Antônio Maria, Dorival Caymmi, Eneida, Araci de Almeida, Dolores Duran, etc. Ver sobre o assunto, entre outros, RIBEIRO, D. *Aos trancos e barrancos*. Rio de Janeiro: Guanabara Dois, 1985, verbete das décadas de 1930 a 1950 e SALOMÃO, W. *Hélio Oiticica: qual é do Parangolé? E outros escritos*. Rio de Janeiro: Rocco, 2003. p. 54.

[58] Cf. Alberto Dines, em entrevista, jornal *O Trem Itabirano*, n. 4, Itabira, novembro de 2005. p. 10.

Nesses anos, o parâmetro de urbanização modernizante da Zona Sul do Rio de Janeiro se consolida como uma nódoa lucrativa e verticalizada. Copacabana ascende sobre os bairros de Ipanema e do Leblon, desterrando populações sem condições de permanência e *desmerecendo* outros bairros, como o de Botafogo. Essa ascensão é resultado de sua eleição não menos importante na imaginação carioca e brasileira; um novo *design* ondulante nos calçadões da praia, assim como o samba-canção, de 1946, "Copacabana, princesinha do mar...", que se imortalizaria. Paralelamente a esse processo de "copacabanização", cresceu fortemente a favelização da cidade, marca avessa da "modernidade" pretendida com a realidade de infortúnio das populações pobres – e usada, ardilosamente, para compor a paisagem *natural* da "capital dos trópicos".

A indicação de alguns dos moradores de Copacabana, no período, possibilita uma fonte reveladora da formação das redes intelectuais de vizinhança e de sociabilidade já festejadas no cenário carioca e, também, da sua representação como certa ideia de cultura e de Brasil. É possível que essas redes tenham se formado, também, em decorrência de uma vida social menos competitiva e mais cooperativa – sobre a qual há testemunhos e registros.

Mas a "copacabanização" constituiu também um nítido processo de hierarquização do espaço público, uma escolha topográfica, de classe, disputada inclusive por intelectuais. Desde os anos 1940, foi nessa cartografia entre o mar, o Aeroporto Santos Dumont e a parte em direção ao continente, a Cinelândia, que conviveram cotidianamente os intelectuais que também residiram (ou "estacionavam", como se dizia então) em Copacabana: Raimundo Magalhães Junior, Afrânio Coutinho, Carlos Drummond de Andrade, João Saldanha, José Honório Rodrigues, Millôr Fernandes, Augusto Frederico Schmidt, os mineiros da "geração 45" (Hélio Pelegrino, Fernando Sabino, Otto Lara Rezende), Antônio Callado, Samuel Wainer, Lúcio Rangel, Orígenes Lessa, Antônio Olinto, Tom Jobim, Rubem Braga, Di Cavalcanti, Moacir Werneck de Castro, entre outros.

Tem razão Jean-François Sirinelli, quando diz que "todo grupo de intelectuais organiza-se também em torno de uma sensibilidade ideológica e cultural comum e de afinidades mais difusas, igualmente determinantes, que fundam uma vontade e um gosto de conviver". Para ele, essas "estruturas de sociabilidade [são] difíceis de apreender, [mas] o historiador não pode ignorar ou subestimar [tal fato]".[59]

Morador de Copacabana, Magalhães viveu entre vizinhos intelectuais, muitos dos quais seus amigos e com quem desfrutava do cenário das latências modernas dos cafés e dos chopes cariocas frequentados por gente de literatura,

---

[59] SIRINELLI, Jean François. Os intelectuais. *In*: RÉMOND, René (Org.). *Por uma história política*. Rio de Janeiro: Editora UFRJ/FGV, 1996. p. 248.

teatro, jornalismo e política – aspectos bastante significativos na vida cotidiana desse "carioca adotivo e ativo". De certa forma, esse era um dos "campos magnéticos" capaz de atrair os intelectuais de diferentes lugares do país e de distintas formações. Noções como geração e sociabilidade são bastante caras, nesse sentido, para se buscar compreender algumas das ideias e dos itinerários dessas biografias de intelectuais que se cruzam na cidade do Rio de Janeiro.

As relações de amizade de Magalhães são informadas pela filha: "Eram Dinah de Queiroz, grande amiga, 'da terra', que tinha casa em Petrópolis, próxima da nossa; Jorge Amado, Hermes Lima; [...] o Presidente [JK], alguns ministros e embaixadores que iam muito para Petrópolis, cidade que era muito glamourosa [...]". Também o "Pedro Calmon, muito amigo, que vinha sempre em casa para jantar com a família, assim como a grande amizade que tinha por Afrânio de Mello Franco, pai do Afonso Arinos. Além de Francisco Assis Barbosa, Odylo Costa Filho, Ribeiro Couto, Dante Costa". Ela comenta que o seu pai gostava muito de teatro e "tinha muitos amigos artistas; gostava de bares também e ia com a turma toda, especialmente Rubem Braga e Ari Barroso, além de jornalistas e de políticos; bebia pouco, mas gostava bem da boemia".[60]

Na década de 1950, uma outra construção simbólica e de forte apelo midiático – os "anos dourados" – constituíram, sobre um embrulho mitológico, a noção do retorno afortunado ao mundo tropical, dirigido ao contexto internacional, com a vitória da democracia liberal no pós-guerra e, ao país, com o fim da ditadura, associado ao triunfo da moderna e glamourosa capital com população estimada em 2,3 milhões espelhando o chamado otimismo brasileiro.[61] Esses indícios "dourados" correspondiam, também, ao processo de americanização da vida social e urbana brasileira por meio da incorporação de padrões culturais e de consumo (os novos produtos de plástico e de fibras sintéticas, os eletrodomésticos e os automóveis) e às bandeiras de liberalização dos costumes, fartamente identificados nas classes médias do período – de que são exemplos as temáticas, inicialmente discutidas, sobre o feminismo e o aparecimento de um novo protagonista: o jovem.

O conhecido *slogan*, criado pelo poeta Augusto Frederico Schmidt para o governo Juscelino Kubitschek, traduzia o desafio para o Brasil de abrir corrida contra o tempo: os "50 anos em 5". Um imaginado tempo-flecha, de confiança em um progresso sem conflito, indicava que o país tinha pressa e tinha metas: por meio do planejamento econômico e dos investimentos públicos e privados

---

[60] Cf. entrevista de Rosa Magalhães, em 12/7/2004, na residência da família, Rio de Janeiro.

[61] A título de esclarecimento e para efeito de localização, o "Sexto Recenseamento Geral do Brasil", de 1950, registra uma população no total de 51.722.000 habitantes, com 1.256.307 operários fabris com "meio milhão de burocratas civis e militares e milhões de analfabetos com mais de quinze anos [...], mais cinco mil brasileiras vivas [que tiveram], média, mais de vinte e cinco filhos". Cf. RIBEIRO, D. *Op. cit.*, verbete n. 1257.

seria possível realizar a rápida modernização com industrialização, superando a pobreza, as desigualdades sociais e o atraso.

O período é bem estudado, mas se pode perguntar se essa incorporação pretendida a um novo tempo não foi muito mais assimilada (e silenciada) do que efetivamente questionada em função dos muitos embates que essas propostas, na direção da chamada modernização conservadora, colocavam para a vida brasileira. Tumultuada pela instabilidade política e pelas tentativas de golpe militar, pela conciliação política com as oligarquias rurais e pelos impactos de um crescimento econômico sem planejamento efetivo.[62]

E a memória sobre esses *bons* anos do Rio foi bastante difundida entre memorialistas e a tal ponto que se pode perguntar sobre a construção de um programa fortemente midiático para a conformação de tal imagem. O acadêmico Antônio Olinto, por exemplo, na entrevista que nos concedeu, não faz ressalvas à cidade daquele tempo, como que a separando dos períodos sombrios, e revela sua admiração pelos seus escritores como também pelos bons sambistas, lamentando ainda a perda de sua condição de capital da República para a Novacap, na década de 1960.[63] Esse cenário cultural e político do Rio de Janeiro, cheio de *bossa* – que "mora no mar e sorri de tudo" –, ainda foi rememorado por intelectuais que comentam a então voga geral dos anos *loucos*, do desenvolvimentismo e da liberdade, conforme declara o cineasta Cacá Diegues: "O futuro era para amanhã de manhã".[64]

Mesmo que sem proceder aqui a uma litania cultural do período, é imperativo assinalar alguns dos marcos da cena carioca ligados à cultura popular do Brasil inscritos em um processo de certo modo independente de um projeto político claramente instituído. Seriam eles: a expansão do samba, criação forte e continuada do morro, que abastecia os diversos centros e periferias;[65] o baião e o samba-canção, também interpretado como soluções culturais brasileiras para desbancar a forte onda do bolero nas rádios e nas gravadoras; as novas produções musicais, nos estúdios e nas rádios, que denunciariam a "pequena elite musical de compositores rebuscados e paranoicos";[66] as chanchadas, o teatro de revista;

---

[62] Cf. ORTIZ, R. *Op. cit.*, 1989, p. 37.

[63] Cf. Antônio Olinto Marques da Rocha (escritor, romancista e membro da ABL) em entrevista, em 7/2/2004, na sua casa, Rio de Janeiro.

[64] Cf. MOREIRA, V. M. L. Utopia no Planalto. *In*: Revista *Nossa História*. Rio de Janeiro, ano 2, n. 23, set. de 2005. p. 20.

[65] Cf. VELOSO, C. *Verdade tropical*. São Paulo: Companhia das Letras, 1997. p. 17. Ver também sobre o tema, VIANNA H. *O mistério do samba*. Rio de Janeiro: Jorge Zahar/UFRJ, 1995.

[66] Hans-Joachim Koellreuter foi um dos intelectuais que chegou ao Brasil fugindo do nazismo e da guerra, como Otto Maria Carpeaux. Em 1950, junto ao compositor Camargo Guarnieri, publica a *Carta aberta a todos os músicos e mríticos musicais do Brasil*, propondo novos conceitos e denunciando o arcaísmo e o elitismo musical vigentes.

os movimentos iniciais pela "música de protesto" e a renovação melódica e estilística da *bossa nova* – expressão que viraria um substantivo-adjetivo e que foi popularizada, entre outros, pelo cronista Sérgio Porto.[67]

Em uma cultura como a brasileira, sustentada, e fortemente, pela oralidade, deve-se ressaltar a qualidade e a importância das canções do período (incluindo, a seguir, as da "época dos festivais", nos anos 1960 e 1970), sua sensibilidade melódica, poética e política. Avivava também esse período a tensão entre antecipadores e conservadores, esses fervorosamente católicos, diante das exemplares dramaturgias do Teatro do Oprimido, do Grupo Oficina e do teatro de Nelson Rodrigues.[68] Além, claro, da função sociopolítico-desintoxicante da arte, que seria proclamada, no clima geral das vanguardas, por uma ala de criadores como o artista plástico Hélio Oiticica e o músico Tom Zé, dispostos a olhar o mapa da diversidade cultural da periferia-Brasil numa produção que deveria dar passagem ao artista brasileiro, mas sem mais propor seu giro na esfera da arte rotulada de nacional.[69]

Os centros populares de cultura (CPCs) da UNE, de orientação marxista, e os grupos católicos de esquerda (Ação Popular, AC) impregnavam de novas configurações a cultura brasileira com suas ambições estéticas; a vanguarda cinematográfica do Cinema Novo colocava o povo brasileiro nas telas, acusando, pela "estética da violência", a miserabilidade dos povos do Terceiro Mundo;[70] e o concretismo rejeitava a representação figurativa no novo *design* arquitetônico (Lúcio Costa, Oscar Niemeyer), nas artes plásticas (Portinari), na nova literatura

---

[67] O maestro Radamés Gnatali formou gerações de músicos, entre eles, Antônio Carlos Jobim – este com a nitidez decantada e inovadora de um clássico. Na intimidade dos apartamentos das classes médias cariocas (também uma novidade para as formas de morar), surge outra prática de execução instrumental de canto e composição, a bossa nova, de intuição lírica e de cordialidades sussurrantes – *Chega de Saudade* (Tom Jobim e Vinicius de Morais), com João Gilberto, gravado pela Odeon em 1958, se tornaria a canção inaugural da bossa nova.

[68] Magalhães Junior defendeu Nelson Rodrigues no *Diário de Notícias* pelo seu "descomunal talento" na peça *Vestido de noiva*, apresentada na temporada teatral de 1943. Essa declaração, em meio à de outros intelectuais, envolveu uma batalha que não foi pequena no cenário da censura e das ações repressoras da polícia getulista que acusava essa dramaturgia de corrosiva e malévola.

[69] Cf. jornal *Folha de S.Paulo*. Mais! MAMMI, L. Uma promessa ainda não cumprida. São Paulo, 10/12/2000. p. 8.

[70] Desde 1931, com a introdução do *talking film*, a tendência foi a do crescimento médio das produções do cinema nacional. O *Cinema Novo* começa com o impacto de *O Cangaceiro*, de Lima Barreto, lançado em 1952 e premiado em Cannes. Em 1955, vem a obra-prima, *Rio, 40 graus*, de Nelson Pereira dos Santos, com a canção de Zé Kéti: *Voz do Morro*. Na década seguinte, os anos 1960, são produzidos importantes filmes do Cinema Novo como a obra de Glauber Rocha (1939-1981), a maior fulguração dessa cinematografia.

(e no "abalo linguístico" que significou o *Grande sertão, veredas* de João Guimarães Rosa), na esteticização da poesia com linguagem diversa dos jargões do período, caso da escrita de João Cabral de Melo Neto, Carlos Drummond de Andrade, Clarice Lispector e outros – tudo isso e mais recolocava o Rio de Janeiro, novamente, como um importante polo cultural cosmopolita.[71] Parodiando Octavio Paz, numa digressão que poderia ser feita aqui, pode se perguntar se, frente à força e excelência da produção cultural brasileira do período, o que teria sido feito depois estaria à altura daquela promessa...

Apesar de participar do processo cultural em curso, Magalhães Junior identifica o Rio de Janeiro como uma espécie de lugar psíquico da brasilidade: a "metrópole intelectual do país [que oferece] o gosto dos contrastes na cultura e nas condições da vida". Mas ele percebe "uma luta patológica pelo poder no ar" – talvez parodiando Émile Zola, que escreveu sobre Roma, em fins do século XIX, nesses termos. Preparando supostamente um artigo de jornal, Magalhães comenta que a cultura, no cenário carioca, era vista como "um brinquedo de ricos" e chega a entrever outros pontos de reflexão sobre a cidade: escassez de liberdades e de autonomia política; sabotagem de padrões flexíveis de distribuição de renda, gerando a miséria da maioria; graves déficits educacionais e estético-culturais e; a "perversão dos processos de ampla ideologização".[72] O que faz sentido, sobretudo, no cenário nacional que se delineia, nos anos 1960, com a internacionalização do capital, o crescimento do parque industrial, as alterações no sistema das telecomunicações – um dos "objetivos nacionais" defendidos pelo regime militar para o controle e a coesão social. Esses fatores avivavam a expansão e a consolidação de um mercado de bens culturais, já esboçado nos anos 1940 e 1950, com a introdução do mais expressivo veículo de massa, a televisão, e de outras esferas como a editoração, o mercado fonográfico e a publicidade – envolvidos nas demandas crescentes que resultariam na sobreposição da lógica comercial sobre outros aspectos importantes da cultura.[73]

Como indicam fontes e registros diversos, se os anos 1950 foram marcados, em parte, pela força de ideias renovadoras, era também patente a disseminação de um pensamento conservador em defesa da continuidade de valores e de

---

[71] O "Manifesto Concretista" é publicado no *Jornal do Brasil*, em 1957, com propostas de renovação estética e poética, assinado por Augusto de Campos, Haroldo de Campos e Décio Pignatari. Arrojadas exposições artísticas e industriais no país e no exterior divulgaram a "moderna imagem do progresso nacional", como a Bienal de São Paulo, feiras tecnológicas e propaganda.

[72] Cf. anotações de Magalhães Junior, c. de 1966, pasta de avulsos, acervo do AMLB, Casa de Rui Barbosa, Rio de Janeiro.

[73] Cf. HABERMAS, Jurgen. *L'Espace Public*. Paris: Payot, 1978. p. 168.

padrões morais instituídos de forma a repelir fortemente a ideia e a possibilidade da ruptura[74] – lembrando, como exemplo, que o macartismo, antidemocrático e totalitário, sob o pretexto de combater o comunismo, não foi exclusivo dos Estados Unidos.[75]

Além de fatos políticos internos (morte de Getúlio Vargas, crises e tensões sociais, eleição presidencial, proposições nacionalistas, etc.), os desdobramentos da Guerra Fria, a descolonização, a Revolução Cubana, as postulações do 20º Congresso do Partido Comunista da União Soviética com a "devastadora denúncia" dos crimes stalinistas, a ameaça nuclear, etc., trariam impactos e novos elementos aos debates políticos entre os intelectuais brasileiros, aguçando, entre outras, a imaginação nacional. Discutia-se, por exemplo, mesmo em um período de acento "nacionalista", as condições históricas de existência do Estado-nação, e já se pressentia, entre alguns pensadores, a gradual desarticulação dessa formulação, além da crítica sobre noções tradicionais do que seria a propalada identidade nacional. Esses anos pareciam "dezenas", relembra Werneck Sodré, "pela densidade de acontecimentos neles ocorridos", e já conteriam, também, os germes da "aversão à cultura" que expressaria uma elite conservadora e golpista no contexto do golpe militar no país.[76]

Em 1956, Magalhães seria eleito para a cadeira n. 34 da Academia Brasileira de Letras[77] – instituição ainda muito procurada por intelectuais como lugar pres-

---

[74] Cf. KONDER, L. História dos intelectuais nos anos cinquenta. *In*: FREITAS, Marcos Cezar (Org.). *Historiografia brasileira em perspectiva*. 5. ed. São Paulo: Contexto, 2003. p. 359.

[75] Cf. RESENDE, O L. Uma pena que vale a pena. *In*: *Encontros com a Civilização Brasileira*, Rio de Janeiro, v. 6, 1978, p. 243-7. Uma entrevista de Alceu Amoroso Lima, de 1953, sobre o tema do macartismo teve grande repercussão entre os meios intelectuais brasileiros.

[76] Cf. SODRÉ, N. W.. *Introdução à Revolução Brasileira*, 4. ed., São Paulo, Livraria Editora Ciências Humanas, 1978. p. 8.

[77] A cadeira n. 34, da ABL, que foi ocupada por Magalhães Junior, tem como patrono Sousa Caldas; e, sequencialmente, foi ocupada por J. M. Pereira da Silva, barão do Rio Branco, Lauro Muler, D. Aquino Correa. Após Magalhães Junior, o assento na cadeira passa para Carlos Castelo Branco e, depois, para João Ubaldo Ribeiro. A recepção a Raimundo Magalhães na Academia Brasileira de Letras foi feita com a saudação vários acadêmicos, como de praxe; Viriato Correia, em tom comovido e retórico, pronunciou, entre outras, essas palavras: "O rapaz humilde e pobre que chega ao Rio de Janeiro para lutar pela vida e pela glória, mal pisa em terra está pisando num inferno. Correm-lhe ao encontro todas as hostilidades. Tudo o que é necessário para viver desaparece-lhe dos olhos. É preciso morar e não há teto, é preciso comer e não há mesa, é preciso vestir e não há roupa, é preciso dormir e não há leito. Não tem um amigo, não tem um carinho, nem de leve consegue a mornidão de um consolo. Os seus dias não terminam nunca, as suas noites são ainda mais longas que os dias. Aos trinta anos, um que começou a lutar aos vinte, já viveu três séculos pelo menos, porque não há mais nada comprido no mundo, do que a desesperança e o sofrimento. Está ainda para ser

tigioso e como prova inequívoca de consagração. Mas, em entrevista no jornal *Diário de São Paulo*, de 15/9/1974, o escritor diz que não mistifica nenhuma instituição – posição que, segundo ele, sempre fez questão de defender. Declara que "a Academia é um simpático clube de velhos [...] pode elevar socialmente um escritor, mas não assegura sua sobrevivência *post mortem*. O que assegura isso é a obra: são os livros editados".

A sua entrada na ABL coincide com a publicação, em 1955, do seu livro *Machado de Assis desconhecido*, considerado um marco, à época, na fortuna crítica do grande escritor. Cálculo de Magalhães, como um escritor em sintonia com a necessária revisão da obra machadiana naquele presente, e para entrar na Academia?

Em uma declaração ao jornal *Correio da Manhã*, de 28 de julho de 1957, ele informa que estudava Machado de Assis há pelo menos vinte anos e que assim descobriu contos, artigos (além da caligrafia do escritor em papéis avulsos) ainda inéditos. Insiste, nessa entrevista e, sobretudo, no seu livro biográfico sobre Machado de Assis, em uma tese importante e nova para a época, ou seja, o não absenteísmo daquele escritor. Sobre o tardio lançamento do livro, justifica que apenas lhe faltava, anteriormente, um editor interessado em editar o seu texto. De todo modo, *Machado de Assis desconhecido* passaria a ser muito discutido e contou com sucessivas reedições, aumentadas por Magalhães, até a última, em 4 volumes, editada parcialmente após sua morte, em 1981, pela Editora Record.

Ainda nessa entrevista, o repórter do *Correio da Manhã* pergunta, "o que se passa com o Magalhães?", talvez imaginando a suposta reação dos leitores espantados com a vertiginosa produção do escritor. Magalhães Junior era então considerado responsável "por um movimento editorial sem paralelo na história de nossas letras".[78] Em poucos meses, no ano de 1957, teve quatro livros lançados, ainda que escritos em períodos distintos,[79] mas cujo conjunto correspondia a cerca de 30 mil exemplares postos no mercado por duas grandes casas editoriais do Brasil, a Companhia Editora Nacional e a Civilização Brasileira. O escritor, com certa feição de historiador, responde ao jornal que considera, entretanto, tudo isso "naturalíssimo": "Nunca parei de trabalhar e gosto de férias ativas [...] a ociosidade é a mãe do tédio e do desencanto pela vida. Tenho horror pelas ideias feitas. Gosto de pesquisar, de analisar, de achar coisas novas, sobretudo, em assuntos que parecem velhos [...]". E dizendo que, depois de publicar

---

escrita a tragédia do rapaz que consegue, sozinho, vencer no Rio". Cf. *Discursos acadêmicos*. Academia Brasileira de Letras 1956-1959, v. XV, Rio de Janeiro, 1969.

[78] Cf. pasta de 20/11/1941 a 30/5/1982, AMLB, Rio de Janeiro.

[79] Seriam os seguintes títulos: *Deodoro, a espada contra o Império* (845 p.), *O Império em chinelos* (320 p.), *O fabuloso Patrocínio Filho* (340 p.) e *Antologia de humorismo e sátira* (426 p.).

"livros comuns e com outros [...], de repente, a coisa clicou, se me permite o neologismo. E por quê? Porque talvez eu tenha aprendido mais alguma coisa no curso da minha vida e tenha saído um pouco da obscuridade em que vivia".

Entre os anos 1950 e 1960, Magalhães acumula diversos cargos públicos: diretor do Departamento de História e Documentação da Prefeitura do Rio de Janeiro e do Estado da Guanabara; técnico em Educação do Ministério da Educação; professor de Introdução à Cultura Brasileira em cursos de Biblioteconomia da Biblioteca Nacional e responsável por cursos de pesquisa histórica no Museu Imperial, em Petrópolis – cujos arquivos se encontravam em grande parte inéditos por essa época, segundo o próprio escritor.[80]

Parece, nesse período, existir um "clima de leitura" e de opinião sobre ele, além da publicação à larga dos gêneros biografia, memória e História pelo mercado editorial brasileiro, em expansão. As chaves com relação à recepção à obra de Magalhães parecem ser estas: um escritor de talento com editores favoráveis ao seu texto e trabalhando leitores supostamente interessados em História do Brasil e em biografia. Possivelmente, o autor dispunha daquele horizonte de representações para um público leitor formado e sensível às convenções literárias da época, sobretudo quanto à biografia, além de outras condições facilitadoras, como as ligações políticas e amistosas que ele mantinha com escritores, artistas e jornalistas. A imprensa carioca, principalmente, veiculava constantemente seus lançamentos – é o que a consulta ao *clipping* da ABL (*Lux Jornal*), no período citado, revela. Magalhães era notícia.

A partir da década de 1950, a imprensa brasileira mudaria gradativamente o seu perfil: os jornais e revistas seriam em geral produzidos por empresas comerciais, a fotografia ganhava destaque e importância (assim como os créditos dos fotógrafos), a diagramação com novos arranjos se tornava uma exigência, além da introdução de cadernos e suplementos, caso do *Jornal do Brasil* com seu Suplemento Dominical, de 1956, revigorado pela sua importante reforma gráfica. Como o número de jornais e revistas tendia a crescer, as possibilidades de trabalho para os intelectuais e jornalistas, consequentemente, se ampliavam, além de algumas conquistas pela liberdade de expressão, mesmo que em breves períodos.[81]

---

[80] Cf. MAGALHÃES, JR. R. entrevista, jornal *Correio da Manhã*, Rio de Janeiro, 28/7/1957. A título de esclarecimento, sobre os cargos ocupados por Magalhães, não se conseguiu precisar as datas e os períodos; as informações utilizadas neste estudo constam da sucinta biografia sobre ele preparada pela ABL. A informação de que o biógrafo foi nomeado para "o cargo de técnico em Educação do Ministério da Educação e Cultura, devendo servir na Biblioteca Nacional" está na matéria veiculada pelo jornal *Folha de S.Paulo*, São Paulo, 1/11/1961, cf. *clipping*, de 1961, arquivo da ABL, Rio de Janeiro.

[81] Nesse processo, destacam-se a revista *O Cruzeiro*, de maior tiragem nos anos 1950; a revista "de texto", *Manchete*; a revista *Diretrizes*, RJ, de combate ao Estado Novo;

Raimundo Magalhães Junior na Academia Brasileira de Letras, década de 1960 (Coleção Rosa Magalhães).

Mas o elemento relevante seria a continuidade da tendência já notada, ou seja, a concentração crescente dos interesses econômicos da mídia no país. Do ponto de vista formal e técnico, defendia-se a introdução efetiva de um novo projeto jornalístico contra os vícios usuais do beletrismo, das frases e períodos gordos e adjetivados, da "literatice" retórica que redundavam na perda da informação. O imperativo agora era a linguagem econômica, "quase como na poesia", como observa Ferreira Gullar, contratado pela revista *Manchete*: "Desde que não se leve dez horas para fazer a notícia".[82]

Foi nessa direção que escritores, como Carlos Drummond de Andrade, fariam migrar para a imprensa os modos de uma literatura brasileira moderna antes que os modelos do jornalismo norte-americano passassem a vigorar com suas "pirâmides invertidas", separação entre notícia e opinião, lides e outras bossas.

Nesse período, é de se notar que algumas possibilidades se abriam para os escritores brasileiros, mesmo com a expansão do jornalismo. Muitos deles tendiam a se deslocarem para o emprego público, a atividade editorial, o ensino, a carreira política e diplomática, além de algumas categorias técnicas profissionais em formação. E, ainda, havia a nova tendência de se construir um jornalismo técnico sem os protocolos da literatura, conforme as proposições de alguns chefes de redação, que encontravam oposições de outros jornalistas, como a posição singular de Nelson Rodrigues, que dizia que esse texto se dirigia aos "idiotas da objetividade".[83] Para Abreu, a imprensa brasileira, em 1950, ou no período das propaladas liberdades do desenvolvimentismo, perdeu muito de sua tradição de combate, de crítica e de opinião,[84] ganhando, no geral, o colunismo social (Ibrain Sued, Jacinto de Tornes) e matérias de temáticas corriqueiras sobre vida privada e amenidades.

---

a *Revista Contemporânea*, RJ; o órgão-líder dos Diários Associados, RJ; *O Jornal*, RJ; *A Noite*, RJ; *A Manhã*, RJ; o *Diário de Notícias*, RJ; a *Tribuna da Imprensa*, RJ; O *Correio da Manhã*, RJ, o *Jornal do Brasil*, RJ; a *Última Hora*, RJ e; outros periódicos que eventualmente mantinham seus cadernos de cultura e suplementos literários. Cf. RIBEIRO, Darcy, *op. cit*, o verbete nº 1457, sobre o ano de 1955, informa: "O semanário *O Cruzeiro* – que vinha sendo editado desde 1928 – se renova; espicaçado por *Manchete*, que ultrapassa os quinhentos mil exemplares, graças às reportagens e entrevistas de David Nasser, Magalhães Junior, à muito boa ilustração fotográfica de Jean Manzon, José Medeiros, Marcel Gautherot, Luiz Carlos Barreto e uma multidão de outros fotógrafos bons; suas sessões de humor com 'Pif-Paf' , de Millôr e o 'Amigo da Onça', de Péricles [...]."

[82] Cf. COSTA, C. *Op. cit.*, p. 124.

[83] Nelson Rodrigues, que foi proibido de fazer ficção no jornal *Última Hora*, RJ, passa a ter nesse periódico, contudo, uma coluna diária, "A vida como ela é", trabalhando a literatura por meio de personagens adaptados da Zona Norte carioca.

[84] Cf. ABREU, Alzira Alves de et al. *A imprensa em transição*, Rio de Janeiro: FGV, 1996. p. 15.

Outros aspectos da vida cultural brasileira, contudo, podem ser mencionados aqui. Nos projetos pedagógicos oficiais, em curso no país desde meados dos anos 1930, são reforçados os estudos da língua e da história pátrias, mas também se atina para as altas taxas de analfabetismo vigentes – 57% da população brasileira, em 1940, não lia nem escrevia.[85] São discutidos, no Ministério da Educação, projetos na direção da urgência da alfabetização, além da formação da "consciência cívica e histórica", que devia contar com a participação da elite intelectual do país, incluindo professores, editores, literatos, jornalistas e historiadores.

Também o *encontro* com o campo da "cultura popular" (oral, anônima, coletiva) empurra alguns intelectuais e técnicos do governo para parte do centro dos embates sobre língua culta/erudita x vulgar/popular (indícios de dois mundos imaginados que não se comunicariam) – além dos debates sobre a gíria tida então por alguns eruditos como desvio grave, segundo o cânone patrimonialista de valores simbólicos e de classe. Esse era um dos pontos mais polêmicos, e grande parte do debate intelectual do período passaria pelo tema, pelo menos na ABL: "Os intelectuais da Academia Brasileira de Letras, cuja proposta era elaborar um 'dicionário de brasileirismos', argumentam que a gíria só deverá ser integrada quando abonada pela própria Academia. Mais uma vez fica clara a cisão entre as duas línguas".[86]

No curso daquela *modernização*, a consolidação, ainda precária, mas crescente do mercado de bens culturais enviava novas proposições para o campo cultural brasileiro com a presença de setores sociais ligados à esquerda – ainda que não deva ser superdimensionada a sua participação, pois outros setores sociais, conservadores, mantinham o controle sobre os processos de comunicação e difusão no país. Conceitos como "cultura de massas" e "cultura popular", legitimidade de novas criações estéticas e artísticas, relação autor-leitor e autor-mercado, padrões cultos e vulgares da língua eram discutidos – crônicas, artigos e ensaios, escritos nesse período, constituem farto material documental sobre o assunto.

No geral, a "indústria cultural" não era aceita – sobretudo no meio intelectual mais combatente, sensível às contribuições de alguns pensadores, como Adorno –,[87] pois constituiria uma ameaça sobre a cultura brasileira com a arte tornando-se objeto de consumo, as letras perdendo a primazia para a "imagem

---

[85] Cf. ORTIZ, R. *Op. cit.*, p. 28.

[86] Cf. VELLOSO, M. P. A dupla face de Jano: romantismo e populismo. *In*: GOMES, A C. (Org.). *O Brasil de JK*. 2. ed., Rio de Janeiro: FGV, 2002. p. 180.

[87] Cf. STRINATI, Dominic. *Cultura popular, uma introdução*. São Paulo: Hedra, 1999. p. 71. Adorno publica, com Horkheimer, *Dialética do Iluminismo*, em 1944, obra na qual está a assertiva de que o consumidor não era o rei, como a indústria cultural nos faz crer, nem mesmo o seu sujeito, mas, sim, um mero objeto dessa indústria.

vulgarizadora", capaz de contaminar a população. E novas questões decorrentes, em meio aos direitos de entretenimento, apareciam na tensão das mudanças: "o cinemascope mataria o teatro", "a nascente televisão ameaçaria o rádio e o livro",[88] a violência cultural da massificação aviltaria o folclore e a "alma do povo brasileiro".[89] Além dos conceitos que eram nomeados à época de "arte séria" (reveladora da erudição e registro consagrado pela crítica autorizada) e de "arte popular" (considerada pelos conservadores como grosseira, impostora e expressão da não arte), identificados com noções de transformação social.[90]

Tais debates, certamente, não podiam ser compreendidos se deslocados da discussão política mais ampla que percorria o país sobre programas de desenvolvimento, de industrialização e de reformas. Os indicadores sociais, para esse período, demonstram alterações efetivas no perfil da sociedade brasileira com o incremento da vida urbana (no início da década de 1950, 36% dos brasileiros habitavam as cidades), da favelização, do consumo médio e da expansão imobiliária, além dos deslocamentos populacionais forçados pelas fortes secas nordestinas entre 1956 e 1958.

Raimundo Magalhães Junior, inicialmente, reagiria aos processos aludidos de massificação cultural, mas é possível acompanhar alguns de seus artigos pela imprensa, nos anos 1960 e 1970, considerando positivas algumas das conquistas tecnológicas de seu tempo associadas à difusão da cultura. No final da vida, ele acenaria para algumas vantagens dessa "indústria cultural" devido à ampliação do acesso aos bens culturais pela população, mas ainda atento aos riscos do processo de banalização patrocinado por essa indústria e inspirado nas teses de Ortega y Gasset. De todo modo, é pertinente lembrar o impacto desses processos sobre os intelectuais e produtores culturais brasileiros de então, pois, como diz Ortiz, eles "só vieram experimentá-los numa fase tardia de suas vidas"[91], o que explica, em grande medida, sua resistência aos novos instrumentos tecnológicos que chegariam ao mercado.

---

[88] A Atlântida surgiria em 1940, e a televisão é introduzida no país, em São Paulo, em 1950, no Rio de Janeiro, em 1951, em Belo Horizonte, em 1955, e em Porto Alegre, em 1959.

[89] Cf. *Revista da Semana*, fevereiro e julho de 1957. *In*:VELLOSO, M. P., *Op. cit.*, p. 175-8 e 182.

[90] Nesse período, as chanchadas (de origem carnavalesca e circense) e o teatro de revista são bastante criticados como expressões da não arte, perniciosa e desqualificada, sobretudo, diante do andamento da "indústria cultural" no país. Outros temas, avivados pelos debates sobre "cultura popular", são também influenciados pelos postulados da geração *beat* norte-americana e pela contracultura. Entre alguns setores intelectuais, que atuavam de dentro do mercado emergente da produção de bens culturais, nos anos 1950, defendia-se a ideia da articulação "modernização & indústria cultural", a partir do suposto de que "modernização & industrialização" caminhavam juntas para estrategicamente construírem a *nacionalidade* de uma sociedade urbano-industrial.

[91] Cf. ORTIZ, R. *Op. cit.*, 1989, p. 207.

A par de suas atividades de jornalista e de biógrafo, Magalhães escreve nesse período também dicionários, algumas peças de teatro, além de contos, artigos, antologias. E, segundo Paulo Rónai, as incontáveis traduções de Mallarmé, James Joyce, Eustache Deschamps, Rimbaud, Henry Bataille, Jean Cocteau, Charles Perrault, Jacques Prévert e outros.

No campo da tradução, Magalhães Junior forma, no início da década de 1940, com Vinicius de Moraes, Rubem Braga, Gastão Cruls, José Lins do Rego, Brito Broca, Dinah Silveira de Queiroz, Guilherme de Almeida, Lúcia Miguel Pereira e outros escritores, um grupo de tradutores bastante prestigiado no Rio de Janeiro, prestando seus serviços para editoras importantes como a José Olympio. Magalhães também funda, com outros profissionais, a Associação Brasileira de Tradutores (Abrates), que funciona na sede da Sbat, no RJ, pela efetiva profissionalização do tradutor no Brasil. E participa de conselhos consultivos e de equipes de colaboradores de várias publicações e editoras, como a Edições de Ouro (na qual publicaria *Contos femininos*, *Contos do Norte*, *Antologia do conto*), RJ, a Civilização Brasileira, RJ, de projetos de publicações ligados ao Instituto Nacional do Livro e da Biblioteca Nacional, RJ, da Coleção do Brasil, da Editora Vozes, Petrópolis, na década de 1970, junto a José Honório Rodrigues, Sérgio Buarque de Holanda, Raymundo Faoro, Gilberto Freyre e outros.

Magalhães recebeu os prêmios Silvio Romero/Ensaios, em 1953, o Brasília, de Literatura, em 1972, e o Juca Pato (Intelectual do ano), da União Brasileira de Escritores, em 1975, que lhe seria entregue por Afonso Arinos – ficando em 2º lugar Chico Buarque de Holanda.[92] Na solenidade de recebimento do troféu Juca Pato, em 11/3/1975, Magalhães faz o seguinte comentário: "Não haverá desenvolvimento verdadeiro do país apenas com a produção de açúcar, soja, café, lingotes de aço, automóveis e navios. Esse desenvolvimento só se completa com a afirmação de uma cultura própria [...]. E parece ridículo ter de repetir hoje o que já foi dito na Semana de Arte Moderna".[93]

Não deixa também de ser significativo um projeto de Magalhães que é encaminhado ao governo federal, no início da década de 1970, mas pensado anteriormente por ele. E que revela a sua preocupação com os estudos históricos no Brasil levando-se em conta, provavelmente, sua reconhecida experiência de pesquisador – o que também o faz crítico das comodidades de trabalho concedidas aos chamados brasilianistas:

---

[92] A imprensa carioca promoveu entre os leitores a cotação sobre "os melhores de 1966", com o seguinte resultado: na crítica, Otto Maria Carpeaux; na poesia, João Cabral de Melo Neto; no romance, Jorge Amado; na ciência, A. Silva Melo; na biografia, Magalhães Junior e no ensaio, Mario Pedrosa.

[93] Cf. jornal *Folha da Tarde*, São Paulo, 12/3/1975.

Procurei fixar as dificuldades que enfrentam, no Brasil, os que fazem pesquisas de natureza histórica, literária ou sobre problemas brasileiros, em geral. Enquanto isso acontece, é frequente a vinda ao nosso país de bolsistas estrangeiros que, graças à ajuda de universidades ou fundações culturais do exterior, se dedicam em regime de tempo integral a tais pesquisas, que os brasileiros, via de regra, só podem realizar em horas roubadas a outras obrigações. Além disso, os arquivos, bibliotecas e museus com acervos valiosos de manuscritos e documentos estão dispersos e geralmente funcionam em horários limitados. Tal situação já tem feito com que alguns brasileiros apelem para instituições estrangeiras, a fim de que tenham meios de realizar projetos de inequívoco interesse nacional.[94]

Na segunda metade da década de 1960, 44,7% da população brasileira já vivia nos centros urbanos. O impacto do golpe militar ainda recente impôs a condição perversa da censura e do controle sobre a cultura brasileira. Com os periódicos mais progressistas, os editores e os jornalistas perseguidos, a mídia se manteve sob tensão permanente, e não se sabia se o que era produzido chegaria ou não aos leitores – recolhia-se arbitrariamente, por vezes, todo material jornalístico de bancas e outros pontos de venda. A nova ordem política sobre o país cria um sistema de informações no qual se estrutura, em boa parte, o atual, com seus pilares oligopolizados – de que seriam exemplos a Rede Globo de Televisão, a Editora Abril e os jornais *O Estado de S. Paulo*, *Folha de S.Paulo* e *Globo*.

Em 1969, a profissão de jornalista é regulamentada, no Brasil, inicialmente com a polêmica obrigatoriedade do diploma, desfazendo, até certo ponto, as aspirações do escritor acostumado às suas rotas pela imprensa brasileira.[95] Algumas das transformações ocorridas na comunicação impressa no Brasil foram sensíveis, desde a incorporação de processos tecnológicos que

---

[94] Laureado pela UBE, Magalhães propôs na cerimônia de entrega do prêmio que essa entidade se empenhasse pela cessão de bolsas do governo federal aos pesquisadores interessados nos problemas brasileiros nas áreas de literatura e história. O projeto por ele redigido foi entregue ao ministro Pereira Lira, conselheiro da Fundação Cultural, RJ, para ser encaminhado ao então senador José Sarney, no início do ano de 1972. Cf. pasta de 1941-1982, acervo de Raimundo Magalhães Junior, AMLB, Casa de Rui Barbosa, Rio de Janeiro.

[95] No final dos anos 1960, setores da cultura brasileira propunham uma bandeira política para livrar o país dos nacionalistas e pulverizar a sua imagem acentuadamente nacional-carioca ("o Brasil com seu jeitinho e seu carnaval"), como a geração da *Tropicália*, representada por artistas e intelectuais baianos. No mesmo período, reage o dramaturgo José Celso Martinez Correa (diretor de *O rei da vela*, texto de Oswald de Andrade, de 1937): "Não faz sentido tentar despertar a consciência nacional com a cultura capenga que nos rodeia. É preciso pôr tudo abaixo e começar de novo. O teatro pode dar a sua parcela de má consciência e má educação. Ele deve promover em cada peça um estupro cultural!" Cf. CASTRO, R. *O anjo pornográfico: a vida de Nelson Rodrigues*. São Paulo: Companhia das Letras, 1996. p. 369.

garantiam rapidez na veiculação às mudanças na concepção da estrutura do texto e do *design* gráfico. No campo político, os embates ideológicos são bastante acirrados com a posição conservadora da grande imprensa alinhada, em geral, ao regime e com a perseguição de um grande número de jornalistas.

Segundo alguns comentadores sobre a história da imprensa brasileira, esses aspectos alimentavam a tendência em comparar parte do jornalismo aqui praticado ao *New Journalism* – expressão norte-americana para definir o texto do ofício em que se trabalha com a narrativa literária, mas sem ficção.[96] Há indícios de que uma crítica jornalística, praticada no Brasil, nesse período, pedia o dever de verificabilidade e de se problematizar a verdade – ainda que sob o tacão da censura e da anuência legalista da grande imprensa integrada, em geral, às noções históricas sedimentadas sobre um passado único e capitaneado pela "galeria dos homens notáveis". E, sobretudo, nesse cenário, no qual os *novos* livros lançados estavam sujeitos ou imantados do clima geral de sectarismo e se tornavam objeto de disputa ideológica – caso das fortes reações surgidas, por exemplo, com o lançamento do livro *Rui, o homem e o mito*, de Magalhães Junior, como se verá.

Mas o que provocavam essas alterações na imprensa brasileira e na vida profissional e pessoal de velhos jornalistas, como Raimundo Magalhães Junior, esse "saltitante" caçador de notícias e de dados documentais para suas pesquisas e livros?[97]

Nos anos 1960, Magalhães Junior também participou ativamente de uma campanha, ainda que restrita à Academia Brasileira de Letras – mas que era mais expressiva para a década de 1970, com as primeiras manifestações feministas em curso no Brasil –, pela defesa da entrada da mulher na ABL. Setores da imprensa carioca o apoiavam, fazendo coro com as forças críticas à Academia, caso da jornalista Marisa Raja Gabaglia, que se dirige nesses termos a Magalhães: "Você é um velhinho quente, pra frente demais; o negócio é esse mesmo: botar pra quebrar nesse chá com bolinho e suspiro".[98]

Magalhães se posicionou contra o que chamou de "absurdo", sobretudo em "uma época em que as mulheres estão disputando o espaço cósmico com os

---

[96] Esse "novo jornalismo", dos anos 1960, é representado pela atuação dos norte-americanos Trumam Capote (*A sangue frio*) e Gay Talese (*New York Times*). Outro jornal, o francês *Libération*, de militância pelas causas da esquerda, em tom insolente e distante da compunção da imprensa, também mantinha laços com a resistência política de setores do jornalismo brasileiro, sobretudo por ter abordado questões novas para a sociedade, revolucionado a crítica e reinventado o tratamento jornalístico da fotografia, da arte, etc.

[97] A título de nota, o termo "saltitante" é utilizado com pertinência por Humberto Werneck para identificar parte do perfil de Magalhães Junior, ao se referir às pendências de Osvaldo Orico com aquele. Orico responde ao livro de Magalhães com um livro de título infeliz: *Rui, o mito e o mico*. Cf. WERNECK, H. *O santo sujo: a vida de Jayme Ovalle*. São Paulo: Cosac Naify, 2008. p. 155.

[98] Cf. Marisa Raja Gabaglia, *Jornal da Comunicação JC-UH*, RJ, 6/7/1970.

homens"; não sendo possível admitir que elas "não possam pertencer a entidades a que hoje só os homens têm acesso".[99] O fato é que essa campanha teve sucesso dentro da ABL e, posteriormente, sua conterrânea, Rachel de Queiroz, entrou para a casa, até então formada apenas por acadêmicos.

Segundo sua filha, Rosa, Raimundo Magalhães manteve até o fim da sua vida o hábito de um compulsivo comprador de livros, frequentando sebos e cultivando seus escritores prediletos sempre relidos: Shakespeare, Molière, Flaubert, Stendhal, Balzac, Cervantes, Daudet, Capistrano de Abreu e Machado de Assis. Ela também comenta seu zelo e ciúme pelos livros, mas com tal obsessão que disso se pode depreender que ele precisava dessa relação com os livros para existir. Com a filha já adolescente e sua companheira permanente, Magalhães a leva para pesquisar ou "para encontrar determinados nomes nos jornais". Nessas incursões, ele lia e registrava desordenadamente quase tudo, abarrotando o paletó de papéis e de anotações – o que pode lembrar Pedro Nava, que diz que "o anormal era o sem-papéis". Viajavam com alguma frequência para Europa, com o pai "correndo de um lugar para outro, pelos museus e arquivos, pesquisando, seguidamente, em Paris e Londres, volumes, manuscritos e microfilmes".[100]

Aqui, nos pareceu instigante pensar – enquanto escutávamos o depoimento de Rosa Magalhães, em entrevista, no seu apartamento cheio de obras de arte de muitos lugares e culturas – sobre suas atividades como artista plástica e também festejada e experiente carnavalesca de escolas de samba cariocas para os desfiles no Sambódromo. Para ela, que diz que "o desfile é o efêmero na sua mais alta realização", esse trabalho também pode revelar um gosto apurado pela pesquisa e pelos argumentos de cunho histórico provavelmente adquiridos nos tempos em que acompanhava o pai à cata de documentos.

O biógrafo não ficou rico, ainda que muito prestigiado. Em média, os salários dos escritores de jornal eram baixos, e as opções de trabalho, restritas – a título de nota, os autores, até meados dos anos 50, assumiam geralmente a edição das próprias obras. É dele próprio esta referência ao assunto: "Meus livros são cerejas do sorvete de minha sobremesa. É uma atividade muito pouco remunerada". E continua Magalhães em entrevista a Tânia Góes, no *Correio da Manhã*, de 28/2/1971: "*A vida turbulenta de José do Patrocínio*, que teve três prêmios literários, no final não deu muito não. Depois de ter recebido o prêmio [...] no valor de Cr$ 500,00 fui a uma festa na Embaixada do Senegal". E confessa: "Como não tinha vaga, **parei meu carro com duas rodas na calçada do Leblon. Sabe qual foi a multa? Quase o prêmio todo, Cr$

---

[99] Cf. jornal *A Tribuna*, Santos, 5/7/1970, arquivo da ABL, Rio de Janeiro.
[100] Cf. Rosa Magalhães, entrevista em 12/7/2004, Rio de Janeiro.

290,00. Mas o livro sobre Rui Barbosa me deu um bom dinheiro, levei até minha filha para viajar pela Europa".

Ainda conforme a filha, o pai gastava a maior parte do dinheiro que recebia em viagens e livros, não se importando com outros itens de consumo. Deixou de herança um apartamento, típico da classe média carioca dos anos 1950, em Copacabana, uma casa em Petrópolis e uma extensa biblioteca de aproximadamente 5 mil volumes.

Sobre a polêmica levantada pelo sucesso de vendas do seu livro, *Rui - o homem e o mito*, editado pela Civilização Brasileira, em 1964, Rosa Magalhães comenta que o pai "não se importou com as reações adversas, nem mesmo com as vindas da ABL" e que, em seguida, viajariam para a Europa com o pai brindando irônico entre bons vinhos: "esta viagem se chama Rui Barbosa!". Em 1968, estavam novamente na Europa, na Praga ocupada e também junto às manifestações estudantis de Paris, pois Magalhães queria "ver tudo aquilo de perto".

Desde 1959 até sua morte, Magalhães Junior foi diretor da Sociedade Brasileira de Autores Teatrais (Sbat), apresentando em congressos nacionais e internacionais as posições da entidade sobre o direito autoral no Brasil. Segundo uma memória da crítica teatral carioca, ele ajudaria a consolidar o teatro no país, superando sua fase romântica e pouco profissional.[101] Mas foi também combatido, por exemplo, no caso de uma concessão de prêmios pela prefeitura do Rio de Janeiro, nos anos 60. O jornalista Paulo Francis reclamava, duramente, no jornal carioca *Última Hora*, possivelmente acusando a não renovação dos antigos quadros da Sbat e o conservadorismo da Academia Brasileira de Letras, alvo de críticas recorrentes dos intelectuais em um período de acirrados debates políticos. A polêmica entre jornalistas e literatos, incluindo Magalhães, se estendeu por meses em alguns jornais cariocas, envolvendo a Sbat, a ABL e a imprensa.[102]

Também, desde o ano de 1959, Magalhães passa a trabalhar na revista *Manchete*, imaginada antes na praia de Copacabana por ele e os amigos, o cronista e editor Henrique Pongetti e o dono de uma grande gráfica, Adolfo Bloch. Na revista, na qual ficaria ligado até a sua morte, Magalhães obteve mais estabilidade profissional, um convívio mais estreito com os "mineiros" (como gostava de mencioná-los) Paulo Mendes Campos, Otto Lara Resende e Fernando Sabino, e parece ter se dedicado com mais afinco à editoria. É dele o comentário: "o maior privilégio de ser jornalista é o de poder contar história para os outros, principalmente para aqueles que não sabem do

---

[101] Cf. depoimentos colhidos na Sbat, julho de 2004, Rio de Janeiro.
[102] Cf. arquivo da ABL, pasta 722, 1962-1963, Rio de Janeiro.

acontecido".[103] Durante os anos do regime militar no Brasil, Magalhães pratica um jornalismo inquieto, mas na *Manchete* seguia, ainda que com alguns atritos, a orientação da empresa Bloch, que se pautava por se colocar à margem das questões políticas centrais.

Além dos periódicos já referidos, ele atua como articulista no *Diário de Notícias*, RJ, no *Correio da Manhã*, RJ, no *Jornal do Brasil*, RJ, n' *A Tribuna*, Santos, na *Folha do Norte*, Belém, e dirige, por um período mais recuado, a *Revista da Semana*. Os temas de Magalhães eram frequentemente os nacionais (defesa do petróleo, crítica a aumentos de impostos, problemas raciais, história e política, direitos autorais), os culturais (notícias sobre publicações recentes, revisões históricas, teatro, folclore, imprensa, poesia, tradução) e os cotidianos e conjunturais (alimentação como distribuição de leite em pó aos necessitados, preço de aluguéis, polícia e trânsito no Rio de Janeiro). Ficou conhecido dos seus pares e leitores por sua posição vigilante e crítica aos Estados Unidos e pelo que ele chama de "a diplomacia do dólar", investindo contra os interesses nacionais de outros povos.[104] E, também, pela versatilidade em comentar assuntos diversos e por sua escrita bastante ágil – ou "a difícil arte de escrever fácil", como diz Hélio Pelegrino –, além do estilo marcadamente irônico e sagaz.[105]

Magalhães Junior era um liberal, um político "de centro" e maleável a posicionamentos políticos diversos. Queria a nação democrática, progressista, posicionando-se pelos ideais libertários e questões sociais, mas parece ter vivido o conflito das reflexões entre a tradição (a nação do progresso, da estabilidade e da cultura) e a ruptura trazida pela *modernidade* experimentada no seu presente com os debates em curso sobre a condição histórica do país e os rumos da sociedade brasileira no pós-guerra.

A ideia de revolução no Brasil não lhe agradava, o povo não estava politicamente preparado e maduro; preferia as mudanças lentas, seguras, como outros tantos intelectuais da sua rede literária. Para ele, a industrialização no Brasil era problemática porque não se levavam em conta os investimentos efetivos na

---

[103] Cf. anotação avulsa de Magalhães Junior, c. de 1960, em um fragmento de página da revista *Manchete*, encontrada no *clipping* do AMLB, na Casa de Rui Barbosa, Rio de Janeiro. Como editor e repórter, Magalhães imprimiu um trabalho de peso nessa Revista, mas enfrentou divergências ao defender, por exemplo, na capa, as chamadas fortes e jornalísticas dos fatos da semana, contra as posições de Justino Martins – responsável pela nudez feminina na capa da *Manchete*, que Magalhães considera como um "apelo de mercado".

[104] Entre várias outras crônicas de Magalhães publicadas no *Diário de Notícias*, RJ, merece destaque a de 30/12/1949, "Um Homem", a favor do senador norte-americano Glen Taylor e na defesa da população negra dos Estados Unidos.

[105] Cf. pasta de *clipping*, de 1941 a 1982, acervo do AMLB, Casa de Rui Barbosa, Rio de Janeiro.

alfabetização; com um capitalismo ágrafo, a grande saída estava na educação e nos livros – provavelmente na esteira do pensamento e dos contatos frequentes com o amigo e educador Anísio Teixeira.[106]

Raimundo Magalhães tinha adversários políticos e intelectuais, alguns prestigiados: Gustavo Barroso, cearense e folclorista, membro da ABL, diretor do Museu Histórico Nacional, de posições antissemitas;[107] o jurista Pontes de Miranda, também membro da ABL; Osvaldo Orico, acadêmico também da ABL e seu adversário pelo livro que escreveu sobre Rui Barbosa; Juraci Magalhães, seu primo, nomeado interventor na Bahia; além de alguns políticos da União Democrática Nacional (UDN) e das brigadas do lacerdismo e antigos servidores do DIP – os quais, comumente, critica nas rodas literárias e nas redações.

Como homem de partido, o Partido Socialista Brasileiro (PSB), e vereador no Rio de Janeiro, Magalhães bate por suas posições democráticas, em projetos sucessivos que apresenta no campo cultural e na participação social e associativa. Teve atenção permanente ao Serviço Nacional de Teatro, ao Instituto Nacional do Livro, às campanhas de alfabetização com enfoque para municipalização desses projetos e para implementação de equipamentos culturais. Propõe também projetos de valorização dos artistas cariocas, caso do Prêmio Roquette Pinto, de repercussão entre artistas e fomentadores da cultura nacional.

De certa feita, em 1957, participando de um curso de Literatura Brasileira sobre o romance machadiano, em Santos, SP, Magalhães se declara pela necessidade da alfabetização, pela reforma agrária e contra o êxodo rural, amparando seus argumentos na biografia e obra de Machado de Assis, como o livro *Memorial de Ayres*, obra denunciadora do infortúnio dos escravos após a abolição formal da escravidão. Ele encerra essa conferência se desculpando e com o comentário de que não era homem de muito falar ("com uma dificuldade quase invencível"),

---

[106] Anísio Teixeira, um educador e defensor da educação pública, fez parte de um grupo de pensadores brasileiros (Escola Nova), nos anos 30, desenvolvendo propostas renovadoras na Bahia, e depois no governo federal, quando assumiu, em 1957, a direção do Instituto Nacional de Estudos Pedagógicos e implantou um conjunto de Centros Regionais de Pesquisas Educacionais. Posicionado, opõe-se, contra outros educadores brasileiros, aos desvios privatistas da Lei de Diretrizes e Bases da Educação, de 1962.

[107] O acadêmico Gustavo Barroso, diretor do Museu Histórico Nacional, se firmou como historiador pela seu suposto conhecimento sobre as raízes históricas do folclore nacional. Raimundo Magalhães, no seu discurso de posse na ABL, o trata como "adversário político" devido ao conservadorismo político e às defesas intransigentes de Barroso pelo integralismo, mas não deixa de exaltar, conforme prováveis normas da Academia, o "erudito folclorista da *Terra do sol* e do *Ao som da viola*".

mas de escrever, sim, e torrencialmente. E conclui: "Mas onde o homem não tem terra e é explorado com salários baixos, onde não se tem condições de subsistência, ele não vive, porque aí não está a pátria de ninguém. A pátria é o lugar onde podemos conquistar o nosso pão".[108]

Aqui, tratou-se de delinear pontilhadamente algumas passagens da trajetória profissional e intelectual entrecruzada de Raimundo Magalhães Junior, no Rio de Janeiro, sobretudo entre as décadas de 1930 e de 1960 – fase mais ativa de sua produção intelectual e biográfica. Esse período, em sintonia com a metáfora do conhecido samba, se apresenta como uma espécie mesma de uma aquarela do Brasil. No matizado campo cultural do Rio de Janeiro, pode-se enxergar algumas das circunstâncias históricas que permitiram o florescimento de diferentes expressões culturais articuladas às noções de nação (o nacional/o regional) e de inspiração social (o povo/a revolução) para experiências de se pensar a sociedade e cultura brasileiras.[109]

E, nesse contexto histórico muito complexo, a trajetória de Magalhães não deixa de ser comum a de muitos intelectuais brasileiros de sua época. Contudo, no seu caso, a característica irregular e diversificada dos percursos realizados é bastante acentuada, a ponto de se experimentar, recorrentemente, no desenrolar desta pesquisa a sensação de se procurar por uma *persona* fugidia, pois, conforme se pensava, ao se chegar ao seu encontro é como se ele mudasse sempre de lugar e de atividade.

Para registrar partes desses percursos, aqui se partiu do suposto, prudente, de que na escrita sobre uma vida, mesmo na escrita mais pontual e exploratória, o pesquisador fica diante de uma experiência inequívoca: o essencial estará sempre calado.[110] E também não se apartou aqui da noção de que a vida de um escritor não explica inteiramente a sua obra, ainda que não se possa negar que as pistas biográficas do próprio autor conformam alguns caminhos e rotas para se chegar à obra. Essa, sim, importante, pois, aberta, permite ao leitor estabelecer interlocuções diferenciadas ou complementares entre o autor e o seu narrador – em cujo texto construído coexistem, ao mesmo tempo, intenções, pretensões de cientificidade, recursos de várias ordens como sedução, fantasia e imaginação.

Magalhães assumiu diferentes projetos ao longo da vida, nem sempre coerentes entre si. Pode-se ler e reler a sua trajetória por meio de um conjunto

---

[108] Cf. pasta 722, Raimundo Magalhães Junior, arquivo da ABL, Rio de Janeiro.

[109] Cf. SALIBA, Elias. As utopias românticas. 1991. p. 53- 67. *In*: RIDENTI, M. *Em busca do povo brasileiro*. São Paulo: Record, 2000. p. 33.

[110] Cf. DUBY, G. O prazer do historiador. *In*: NORA, P. *Ensaios de ego-história*. Lisboa: Edições 70/Éditions Gallimard, 1987. p. 110.

de tentativas e de opções num quadro de incertezas – labirintos de interesses intelectuais diversos, cruzadas de imposições e de oportunidades cotidianas, embates sociais e políticos –, geralmente em ambientes sociais efervescentes e noticiosos por meio de muitas redes de relações e de sociabilidades cultivadas no Rio de Janeiro.

Desse modo, esses itinerários de Magalhães Junior, mesmo que aqui dispostos de modo lacunar, retêm uma forte impressão a partir do que essa pesquisa nos revelou e quase certeira, ou seja, o entendimento de sua condição viajante entre vários locais nos quais trabalhou, entre vários gêneros narrativos nos quais transitou para dar corpo, afinal, a sua biografia histórica. Além da sua inquietude pela compreensão dos ritmos ambivalentes da vida e dos pensamentos sobre a história e a cultura brasileiras.

A escrita biográfica

Desacordo de modelos

> *Parece-me que o estudo do passado continua a privilegiar
> uma concepção aritmética do indivíduo, pré-psicanalítica,
> e mesmo pré-dostoievskiana – concepção que não oferece
> ao personagem-homem senão uma alternativa:
> desempenhar o papel de um ser consciente e coerente
> ou então de um peão no tabuleiro de xadrez da necessidade.*
>
> Sabina Loriga, 1996.

O cinematógrafo dos irmãos Lumière, no final do século XIX, era também chamado de biografia. O enigma e a magia da imagem de luz que aquele surpreendente artefato exibia se misturavam à suposição de que, na tela, a *alma* da pessoa seria revelada.[1]

Essa referência, de forte conteúdo simbólico, é de interesse pela associação feita entre o invento, nascente, da imagem fotografada em movimento e o retrato impresso em papel, a biografia, uma antiga prática narrativa, popular e de tradição fincada tanto nos estudos históricos como nos textos literários. Como no cinema, o "onde se vê" das linguagens *sensíveis* em ação, o leitor implicado na leitura sobre uma vida também procura ver o outro e a si mesmo nas páginas narradas de uma biografia.

Nela, o leitor se encontra envolvido consigo mesmo – mas, supostamente, sem o euísmo que nutriria o delírio autorreferente, pois o ser não é uma totalidade fechada e saturada sobre si mesmo. Melhor, na condição de leitor de

---

[1] Cf. exposição de MACIEL, M. E. A biografia no cinema In: *Colóquio internacional: a invenção do arquivo literário II*, Faculdade de Letras da UFMG, 22/11/2005, Belo Horizonte.

biografia, põe-se envolvido na convivência narrativa, no diálogo com o narrador e o autor e no enigma nutriz entre esses outros, estabelecendo uma troca humana ou mesmo um aperto de mão através do tempo. E, por gerenciar a memória e a cognição, retendo o suposto calor e o valor do relato sobre uma vida, a biografia expõe um excedente sedutor, o que explicaria o seu acolhimento pelo interesse humano, talvez ao gosto da maioria, da maioria dos leitores.

Esse "êxtase do encontro" provocado pela empatia entre texto e leitor pode ser interpretado como um fazer de experimentação do mundo a partir do olhar associado entre leitor, narrador e autor. E poderia trazer ainda aquele componente utópico da máxima rimbaudiana de que "a vida autêntica está em outro lugar" ou mesmo o argumento de que esse texto oferece um suplemento de alma para um mundo desalmado, que é também percebido pelo leitor, compensando o seu *esforço* de leitura. E isso pela compreensão do alargamento das possibilidades da vida, desentranhando-se, desejadamente, daquilo que seria a própria vida e estaria nela e que poderia resultar na sua superação e mudança. Assim, essa poderia se constituir uma das mais fortes funções desse tipo de narrativa, fornecendo a educação para o fado (sorte) e para a morte, questão muito bem posta por Umberto Eco: "Contrariando nosso desejo de mudar o destino, nos fazem experimentar a impossibilidade de mudá-lo. E assim, qualquer que seja a história que elas contem, contarão também a nossa, e é por isso que as lemos e as amamos. Necessitamos de sua severa lição 'repressiva'".[2]

A biografia não é um objeto natural e supostamente universal. Como artefato sociocultural e temporal, ela revela e expõe diversos aspectos que são próprios de uma época, de uma sociedade, além dos pressupostos que norteariam o método e a montagem empregados para desenvolver uma narrativa que se pretende convincente sobre uma existência e sua duração. Como discurso eficaz, ela contém, em geral, uma episteme e uma "criação artificial de sentido",[3] armada pelo biógrafo e que pode ser refeita pelo leitor, dependendo das situações e das estratégias de leitura, dos seus parâmetros cognitivos, dos padrões linguísticos e literários convencionados pelo tempo, etc.

Como o gênero biográfico, para alguns escritores, é de natureza fronteiriça, nele poderia estar selada a presença de alguns obstáculos postos em seu andamento, o que o torna, de certo modo, um gênero inclassificável. Além de despertar a manutenção e a vigilância de uma crítica que pode indagar sobre seu discurso problemático e *suspeito*.

Um dos problemas levantados sobre a narrativa biográfica está na interpelação sobre o conceito de identidade endereçado também ao protagonista e

---

[2] Cf. ECO, U. A literatura como efêmero. *Folha de S.Paulo*, Mais!. São Paulo, 18/02/2001.

[3] Cf. BOURDIEU, P. A ilusão biográfica. *In*: FERREIRA, M. M.; AMADO, J. (Orgs.) *Usos & abusos da História Oral*. Rio de Janeiro: FGV, 1996. p. 185.

associado, por vezes, a um ideal identitário – mesmo que sempre fracassado. A esse se atribui a condição de manter-se (e o ser) idêntico ao longo do tempo a uma imagem idealizada e projetada tanto para si mesmo quanto sobre o outro. Nesse sentido, a identidade não seria percebida nem como uma ilusão necessária de unidade e de continuidade do eu nem como uma sede imaginária e mutante que exigiria, ao eu, um outro eu para seu (re)conhecimento e para se *completar* a sua humanidade.

Os *Estudos* de Paul Ricoeur aprofundam essa discussão e são de interesse por mostrar que a identidade narrativa (de uma pessoa ou de uma comunidade) só se articula, como tal, na dimensão temporal da existência humana, além de se processar no cruzamento entre história e ficção. É pela escala temporal de uma vida inteira ou pela conexão de uma vida que o eu procura sua identidade na forma narrativa. Para o filósofo, contudo, a verdadeira mediação da narrativa se realiza fundamentalmente pela descrição (e prescrição), isto é, por meio de ações descritas e organizadas que incluem "traços" que são elaborados no quadro de uma ética, pois o ato de narrar implica considerações éticas.

Ricoeur marca na forma narrativa – incluindo a narrativa biográfica – a problemática da identidade por meio dos conceitos de "mesmidade" e de "ipseidade". Como mesmidade, a identidade se liga a um conceito de relações, à noção de permanência no tempo em torno das marcas distintivas e das disposições duráveis que formariam o caráter humano por meio de hábitos e de identificações adquiridas e sedimentadas. Como ipseidade, a identidade se relaciona à noção essencialmente ética da manutenção de si, mas pelas significações que o sujeito assumiria perante o outro ou pela sua responsabilidade perante o outro.[4] A narração da história de vida, na qual se incluem as ações e as situações histórico-temporais desenvolvidas no entorno do sujeito, sustenta, portanto, essas noções de mesmidade e de ipseidade, decorrentes do conceito matriz de identidade.

Em toda narrativa, ainda conforme os termos de Paul Ricoeur, é constituída uma espécie de "síntese do heterogêneo", capaz de operar fatos discordantes numa configuração concordante, ou seja, o fragmentado passa a ter um sentido coerente ainda que contraditório, encontrando na narrativa uma aparente harmonia.[5]

Um outro aspecto, associado ao problema do fazer narrativo na biografia, corresponde à necessidade – ou até mesmo a um impulso medido por critérios introjetados sobre o tempo – de ordenar linearmente a narrativa sobre uma história de vida. Supostamente, esse é um dos mais difíceis problemas

---

[4] Cf. RICOEUR, P. *O si mesmo como o outro*. Campinas: Papirus, 1991. p. 195.

[5] Cf. RICOUER, P. *História e verdade*. Rio de Janeiro: Companhia Editora Forense, 1991. p. 141-142. Ver, ainda, do mesmo autor, *O si mesmo como o outro*. Campinas: Papirus, 1991. p. 169.

enfrentados por essa narrativa, que se vê diante do enigma das temporalidades que se cruzam – algo como a imagem mítica e espelhada do labirinto, no qual a saída e os desvios são quase impossíveis. Essa noção linear da narrativa biográfica, expressando um modelo biográfico tradicional, impõe à escrita biográfica simetria e coerência sobre o estoque intrincado de acontecimentos que se articulam à vida do biografado. Na atualidade, esses supostos se romperam e não correspondem mais às tentativas de se ordenar rigidamente esse desenho irregular e também afortunado da duração da vida.

Ora em expansão, ora em retração, dependendo da visada do narrador, das noções sobre biografia e das condições de sua produção, os fios flexíveis dessa rede narrativa continuam, contudo, a serem tecidos e vencem ou se acomodam àquela certa imagem sobre o labirinto inconcluso da vida. De todo modo, a escrita biográfica oferece muitas possibilidades interpretativas de interesse para campos distintos do conhecimento que consideram a sua relevância como discurso, temporalidades, articulações sócio-históricas, etc.

Essas inquietações lembram o alerta de Pierre Bourdieu sobre a "ilusão biográfica". O autor discute a ilusão atribuída à biografia pela narrativa que empreende uma suposta unidade do indivíduo, uma presumível linearidade e coerência da existência diante do peso e da experiência de viver, sempre tensionada com a apreensão cognitiva entre o singular e o múltiplo, o fragmentado e o plural ao longo da duração temporal de qualquer vida. Segundo seu argumento, as reverberações do gênero biográfico sobre outros campos do conhecimento podem tornar as Ciências Sociais prisioneiras do senso comum, ao descrever a vida como um todo por demais coerente, ou seja: "A vida como um caminho, uma estrada, uma carreira, com suas encruzilhadas [...], seus ardis, até mesmo suas emboscadas [...], ou como um encaminhamento, isto é, um caminho que percorremos e que deve ser percorrido, um trajeto, uma corrida, um *cursus*, uma passagem, uma viagem, um percurso orientado, um deslocamento linear, unidirecional [...]". Ou seja, uma vida "que tem um começo ('uma estreia na vida'), etapas e um fim, no duplo sentido, de término e de finalidade [...], um fim da história".[6]

O tema da biografia também é pensado por Mikhail Bakhtin, que aponta alguns aspectos na sua construção: "O mundo da biografia não é fechado nem concluído, e o princípio de fronteiras firmes não o isola no interior do acontecimento da existência. A biografia, decerto, participa do acontecimento, mas é só pela tangente, pois sua participação direta ocorre o mais perto possível do mundo da família, da nação, da cultura". E continua: "A biografia é um ato orgânico e ingênuo que se realiza na tonalidade estética, no interior de um mundo em princípio aberto, mas que tem seus próprios valores autoritários e

---

[6] Cf. BOURDIEU, P. A ilusão biográfica. *In*: FERREIRA, M.; AMADO, J. (Orgs.) *Op. cit.*, p. 183.

é organicamente autossuficiente". Para ele, "a vida biográfica e o discurso biográfico sobre a vida estão imersos na fé e no calor que dela emana; a biografia é profundamente confiante; [...]; a biografia da mesma forma que a confissão repercute fora das suas próprias fronteiras". O autor também ressalta, criticamente, a confiança nesse tipo de relato: "Como os valores biográficos estão submetidos ao domínio da alteridade, eles não são garantidos e nada os mantém, pois não podem ser internamente fundamentados por completo".[7]

Mas não constitui novidade a aversão reiterada de alguns pensadores ao gênero biográfico. É o caso da posição de Freud, que viu na biografia uma forte concorrente ao método rememorativo e de associações da então nascente psicanálise. Sobre ela, Freud é enfático: "Quem se propuser a escrever uma biografia está enganando-se na mentira, no disfarce, na bajulação. A verdade não é acessível".[8] Contudo, os diálogos da posição freudiana com a história (e com a biografia) foram fecundos e, mais tarde, alguns dos seus aspectos seriam incorporados. Pois existe um real possível de ser conhecido, pela via dos indícios, dos sintomas, dos detalhes, mesmo aceitando a impossibilidade de se conhecer toda a multiplicidade e totalidade do eu/sujeito.

Se o biógrafo e o biografado estão postos em relação tensa e de mão dupla com o leitor, decorre dessa contingência o problema da identidade e da eventual alteridade espelhada – nessa direção, pode-se rememorar Freud, que se referiu ao problema do inconsciente com esta trágica menção: "Eu vos trouxe a peste". Também se poderia aduzir, em outra perspectiva, o problema biográfico pela condição da "peste" se se considera alguns dos dilemas colocados para a construção da biografia: "Empastelamento, tumulto, turbilhão, mera metade do nada, o biográfico é o que desorganiza a obra. Se o biográfico pode de vez em quando explicar a obra, a obra jamais pode explicar o biográfico, o sombrio, o escandaloso, o chiste, o anedótico". E diz mais o escritor José Maria Cançado: "Não é verdade que a obra dispensa o biográfico: ela gostaria que ele desaparecesse para sempre. [...] ele costuma armar confusões difíceis de recompor [...] a peste do biográfico nunca deixou de grassar".[9]

Essas considerações, que constituem parte do pano de tensão ou de fundo do problema da narrativa biográfica, serão oportunamente retomadas aqui nos posicionamentos e nas questões da crítica contemporânea.

---

[7] Cf. BAKHTIN, M. *Estética da criação verbal*. São Paulo: Martins Fontes, 2000. p. 179-180.

[8] Cf. GOLDEMBERG, R. A história do fim da análise. In: *Biografia: Sistema de cultura*. Fani Hisgail (Org.). São Paulo: Haacker/Cespuc, 1996. p. 37. Ver, ainda, a biografia sobre Freud de GAY, P. *Uma vida para o nosso tempo*. São Paulo: Companhia das Letras, 1991.

[9] Cf. CANÇADO, J. M. *Os sapatos de Orfeu: biografia de Carlos Drummond de Andrade*. São Paulo: Globo, 2006. p. 262.

E, ainda que muito resumidamente, é oportuno considerar a larga trajetória do gênero biográfico no Ocidente. É possível afirmar que, durante um longo tempo, essa narrativa foi relativamente fiel às suas matrizes clássicas, sofrendo os danos da dúvida da autoria e por meio de um modelo rigorosamente paradigmático. O alvo da biografia da Antiguidade, como exemplo, era fazer da vida de um "grande homem" um tratado moral, uma exemplaridade e uma memória a partir de um modelo único. "A história como os gregos e romanos a imaginavam era um gênero digno [...]. As biografias clássicas apresentavam a personalidade individual como algo fixo. A tarefa do biógrafo não era mostrar o desenvolvimento da personalidade, mas ilustrá-la por meio de fatos anedóticos".[10]

Os biógrafos *clássicos*, de algum modo, investiram na especificidade da biografia diante de outros gêneros, como a História, ainda que muito próxima àquela. O grego Plutarco (*Vidas paralelas*), para quem as biografias seriam contínuas lições de moral, instituiria o mito dos "sinais da alma" como um protagonismo maior que a vida biografada e que a própria História. Montaigne chega a dizer que, por causa desses detalhes narrativos, leria e releria os livros de Plutarco. Políbio, autor de uma extensa *História universal*, Salústio, que escreveu sobre a vida de Jugurta e de Catilina, Cornélio Nepote, biógrafo de mais de uma centena de homens eminentes (*De viris illustribus*), foram autores representativos de uma narrativa sobre grandes personalidades da Antiguidade e que não estava limitada nem pela sequência dos fatos nem pela História, convencidos de que a biografia estava a serviço das excelências das virtudes cristãs e da educação dos homens.

No período medieval, regido pelo poder hegemônico da Igreja católica, as narrativas sobre história de vida não conformaram propriamente uma biografia; incluíram, sobretudo, mitos heroicos do passado e a hagiografia – invenção religiosa eficaz para criar personagens piedosos e santificados, produzir milagres, persuadir os fiéis, etc. Nas cantigas populares medievais, alguns relatos deixam entrever as sagas cavalheirescas, as peripécias de heróis do povo, mas, em geral, se desconheciam obras biográficas significativas nesse longo período da história do Ocidente.

Ainda que inspirado nos modelos clássicos, o gênero biográfico somente seria *inaugurado* na era moderna por meio de uma narrativa que encarnou principalmente a experiência humana e o seu relato – como o de Marco Polo em terras estrangeiras. O traço constitutivo de sua obra era o mundo individual e *burguês*, ao ritmo das contingências do tempo e, em geral, afastado do plano transcendente, universal.

---

[10] Cf. BURKE, P. O guerreiro multicultural. *Folha de S.Paulo*, Mais!, São Paulo, 16/1/2005.

Sobre as narrativas de história de vida, no século XVIII, pode-se dizer, resumidamente, que o diálogo do gênero biográfico com a História cresceu e, com isso, a biografia perdeu. O homem, personagem histórico, passou a ser percebido mais pelas suas relações com a sociedade, sendo realçadas as formas de representação do seu papel social. A biografia se submetia, assim, à História. E o indivíduo, instrumentalizado pela razão, teria sido esmagado pela determinação histórica. Parece que foi nesse sentido que Voltaire – escrupuloso quanto à verdade e que não consentia em celebrar os heróis, pois "a história é testemunha e não uma aduladora" – fez sucessivas revisões na sua biografia sobre Carlos XII para atender a esse modelo.

Mas, se os povos e os indivíduos têm características singulares, intransferíveis e que devem ser conhecidas, a biografia sobreviveu, guardando, por vezes, um caráter fortemente essencialista. No século XIX, em geral, reclamava-se da falta dos panegíricos e da galeria dos notáveis do passado; por isso, voltaram as tonalidades heroicas da biografia, amparadas no modelo clássico e com o para sempre citado "mestre do gênero", Carlyle, quando professa: "Não devemos apenas julgar o herói, mas transfundir nele o nosso próprio ser".[11]

A biografia esteve mais a serviço do civismo e da pedagogia. E com uma finalidade precisa: educar e suscitar a admiração das gerações futuras. Essa orientação, posta posteriormente a serviço de uma "história historizante", se tornou emblema da História tradicional (*événementielle*) – ainda que possa parecer paradoxal o fato de alguns historiadores dos Oitocentos terem procurado exatamente a biografia para escaparem dos fatos ordenados.

Uma obra bastante comentada, da passagem do século XVIII para o século XIX, é a *Vida de Samuel Johnson*, de James Boswell (1740-1795), elogiada por Carlyle, por historiadores europeus e de forte repercussão no Brasil nos Oitocentos.

Com em torno de 41 edições ao longo do século XIX, essa obra foi considerada um marco da biografia moderna, um dos cânones paradigmáticos da narrativa que acompanha a trajetória de um homem eminente "do berço ao túmulo". Por meio de aspectos convergentes entre biógrafo e biografado (confessados pelo autor), de explicitação do método de investigação documental, Boswell expõe a sua expectativa de contar *toda a verdade*.[12]

O gênero biográfico, nesse período, ganhou também um expressivo espaço editorial, chegando a ser publicado em capítulos nos jornais e nos folhetins – uma viva novidade para os leitores. A Literatura tendeu a avançar, mais do que

---

[11] Cf. LORIGA, S. A biografia como problema. *In*: REVEL, Jacques (Org.). *Jogos de escalas: a experiência da microanálise*. Rio de Janeiro: FGV, 1996. p. 235.

[12] Essa biografia foi publicada em 1791, com grande sucesso de vendas, inicialmente na Inglaterra. Entre os literatos brasileiros essa obra foi bastante reverenciada, caso de Afonso Arinos de Melo Franco, que a comentou positivamente.

a História, na incorporação daquele gênero pela tendência em romantizar a vida dos biografados, caso dos livros de biografia do inglês Lytton Strachey (libertos das inibições vitorianas, de conteúdo psicológico e documental) e aqueles sobre os anônimos perdedores, como o homem subterrâneo, atormentado e arguto do russo Dostoievski.

O resultado é conhecido: romances e biografias ganharam o consumo e a paixão do público letrado, com diversos desdobramentos sociais dessa prática de leitura. Também nos Estados Unidos o modelo biográfico oitocentista foi muito forte e disseminado, sobretudo na conformação de um *ethos* democrático e liberal, dando vazão ao sentimento coletivo para uma História nacional ou fornecendo um perfil heroico à nova nação. Eram narrativas do chamado espírito americano nacional, narrativas de superação do seu passado formado por colonos empreendedores, agora emancipados.

Alguns filósofos se ocuparam do gênero biográfico e sobre a sua construção como Wilhelm Dilthey (1833-1911) – um pensador mais admirado do que seguido pelos historiadores. O método diltheyano apresenta alguma singularidade em pensar o passado na sua suposta integralidade mais do que no desenvolvimento de proposições novas. Dilthey defende a construção da obra histórica como arte, baseada em uma abordagem pela intuição empática e pela compreensão. O alvo historiador devia ser o da individualidade, da unidade real do indivíduo ou da sua "estrutura vital", uma "duração psicológica" ou ainda uma "conexão de vida". Assim, seu modelo de história será a biografia: "Ele começa pelo indivíduo e não pelo grupo e, quando aborda o grupo, transforma-o em um indivíduo".[13]

Para Dilthey, a "imaginação criadora" é psicológica e necessária à reconstrução interior de vidas no que elas teriam de originais e únicas, mas dependendo do *gênio* do intérprete. E a compreensão histórica é fundamental para se perceber, no particular, o mundo humano, por meio do sentido histórico, cuja condição para tal operação advém dessa "imaginação criadora", capaz de restituir a vida ao passado e de alargar a nossa experiência pela compreensão empática do outro.[14]

Outro filósofo, George Lukács – um pensador húngaro, original, de formação marxista – publicou, em 1916, a *Teoria do romance*. A obra, considerada um clássico, de características conceituais singulares, repercutiu vivamente entre pensadores e historiadores sobre questões referentes à construção narrativa e à produção de sentidos, também presentes na biografia. Para o autor, a narrativa do romance, vinda da tradição do século XIX, é a história dos desejos humanos, os quais não se completam jamais.

---

[13] Cf. REIS, J. C. *A História entre a Filosofia e a Ciência*. São Paulo: Ática, 1996. p. 29.

[14] Cf. REIS, J. C. *Wilhelm Dilthey e a autonomia das ciências histórico-sociais*. Londrina: Eduel, 2003. p. 209-214.

A partir desse suposto, Luckács considera o romance uma "biografia sintética" da vida ou da escrita sobre uma vida. O romance fornece ao leitor certa noção de continuidade (apesar de ser o real descontínuo por ser impossível fazer o relato coerente de uma sequência vivida), dando sentido à existência dramática (do autor e do leitor) contra o esgarçamento da vida no mundo cindido pelo capitalismo e apartado da pertença ao coletivo, em que "tudo é dispersão".

Mas, diria Lukács, o romance[15] deve problematizar ou criar questões em busca do sentido (perdido) da existência. Portanto, a *lei* da composição desse romance-biografia, para o autor, é a subjetivação, a procura do sentido, a possibilidade da vida – pela aspiração do tratamento narrativo de temas universais e que transforma o intelecto por meio da experiência sentimental com o enredamento de conceitos, a matéria-prima da reflexão.

Não se pode dissociar a herança de modelos oitocentistas sobre biografia das obras do gênero até meados do século XX, pela considerável influência que aqueles exerceram nas concepções literárias, na teoria da História, incluindo o pensamento positivista em curso.

É o caso da orientação praticada por Leopold von Ranke e seus discípulos, pelos historiadores da *Revue Historique* na direção do gênero biográfico "nacional", valorizando as particularidades do passado de nações e de povos por meio da pesquisa em acervos oficiais. Os estudos privilegiados sobre meio, raça, nação reduziram o foco sobre o indivíduo na História – exceção feita aos grandes homens da História nacional – ainda que permaneçam presentes algumas das reflexões feitas por esses pensadores sobre a função social do indivíduo e sobre o gênero biográfico.[16]

Com relação ao marco historiográfico praticado pelos *Annales*, nas primeiras décadas do século XX, a biografia foi inicialmente criticada a ponto de se fortalecer algum preconceito ao gênero com desdobramentos efetivos nas práticas e escolhas dos historiadores, críticos de uma biografia patrimonialista com sua suposta noção de verdade sobre o biografado. A reação dos *Annales* é, contudo, compreensível, pois se tratava de apontar suas diferenças com a concepção da História positivista, que, entre outras, destacava a construção de personagens heroicos.

Um dos mais eminentes historiadores e fundador dos *Annales*, Lucien Febvre escreveu, em 1927, *Martinho Lutero, um destino*, uma biografia com bibliografia alentada (incluindo correspondências, documentos oficiais, obras de e sobre Lutero) e que recebeu várias reedições, tornando-se referência no campo da biografia histórica. É

---

[15] A teoria literária, na contemporaneidade, discute também a existência do romance como gênero, em permanente mutação. Autores como José Saramago, por exemplo, preferem falar na "notável permanência do romance" na atualidade e na sua conversão maleável em "espaço literário".

[16] LORIGA, S. *Op. cit.*, p. 231-233.

uma narrativa também de cunho romântico, porosa às subjetividades e aos temperamentos humanos e que enfrenta um problema capital, ou seja, o das relações entre o indivíduo e a sociedade, entre a iniciativa pessoal e a necessidade social.

Febvre se coloca desejoso de compreender o protagonista e, supostamente, de se fazer compreender a escrita sobre o reformador. A obra que Lutero criou, segundo esse historiador, era polifônica, e ele próprio, um *"repliegue"* sobre si mesmo, um personagem complexo, controvertido, sobre o qual se fizeram usos distorcidos, retratando-o com uma natureza essencialmente política. Dada a magnitude dessa biografia, alguns de seus comentadores dizem que Lutero só se tornou compreensível pelo povo alemão no presente em que o livro de Febvre foi editado, ou seja, na década de 1920.

Lucien Febvre se insurge também contra as distorções interpretativas sobre Lutero, pois não era somente o homem que estava em jogo – ainda que "tudo está em pedir-lhe, em saber pedir-lhe suas luzes" –, e, por isso, diz o autor, é essencial compreender a época, "a época turbulenta e prodigiosa de Lutero", distante e próxima da nossa.

Lutero, um dos padres do mundo moderno, apareceu "na cena do mundo", em 1517, e "obrigou seus compatriotas a tomar partido violentamente por ele ou contra ele; [...] um reformador que rompe com as normas do convento e um inventor, um trovador da religião".[17] Febvre percebe a obra desse teólogo, enfatizando que ele "não enunciara leis no abstrato, mas bem mais pela experiência" por pretender forjar o luteranismo, "uma concepção de vida" vinda do mundo germânico e do espírito alemão.[18]

Curiosamente, o historiador não considera seu trabalho uma biografia, mas um "juízo" sobre Lutero, mas, ao finalizar a obra, opõe-se ao próprio início do seu texto, lançando mão de uma suposta estratégia metodológica ao fazer negativas problematizadoras e instigantes sobre o juízo por ele pretendido inicialmente sobre Lutero: "Não julguemos Lutero. Qual Lutero e segundo que código? O nosso? O da Alemanha contemporânea? Prolongando sensivelmente até os extremos confins do tempo presente estamos mal preparados para apreciar com sangue-frio a curva sinuosa e que se bifurca de um destino póstumo".[19]

Com a chamada ruptura provocada pela *nouvelle histoire*, a Historiografia europeia tendeu a incorporar mais detidamente o indivíduo na narrativa histórica, pelo que ele pode revelar de singular e de concreto ou na forma de uma História encarnada, valorizando a subjetividade sem mais a ambicionada

---

[17] Cf. FEBVRE, L. *Martinho Lutero, um destino*. 3. ed., México/Buenos Aires: Fondo de Cultura Econômica, 1956. p. 15.

[18] *Idem*, p. 263.

[19] *Idem*, p. 274.

conquista interpretativa da macro-história.[20] Contudo, é importante marcar que a biografia continuou o seu curso, paralelo à produção acadêmica e dessa *nova História*. Enquanto a Historiografia reabria questões de teoria e de método, refazendo seu caminho na direção das Ciências Sociais, o gênero biográfico também percorria direções, comumente difusas.

Após a Segunda Guerra, o gênero biográfico explodiu editorialmente em centenas de títulos nos mercados europeu, norte-americano e brasileiro. Os temas de fundo como a injustiça social, a morte, o terror, a destruição e a brutalidade política dos regimes fascistas por demais conhecidos deviam ser estancados. A possibilidade de viver havia se tornado inadiável, e era preciso um novo protocolo de vida, de interlocução humanitária, pela experiência humana e pela História, por meio da narração da história de vida. A biografia da individualidade, da *alma*, da liberdade e do sentimento humano venceu.

Nesse quadro é que aparecem as biografias de André Maurois (1885-1967), considerado pela intelectualidade europeia do pós-guerra um dos mestres da arte de biografar na França e discípulo de Lytton Strachey – que, além de biógrafo, era autor de romances, memórias de guerra, ensaios e artigos sobre estudos históricos. Maurois, da Academia Francesa, se tornou mundialmente conhecido com *Ariel ou a vida de Shelley*, *Olímpio ou a vida de Vitor Hugo*, *Prometeu ou a vida de Balzac* e *A vida de Disraeli*.

Para esse biógrafo, três traços caracterizam a biografia moderna: a procura da verdade; a preocupação com a complexidade da natureza humana; o ceticismo dos homens modernos. Ele defende a ultrapassagem da tradição biográfica clássica, pois "ninguém é um bloco sólido de virtudes ou de vícios e nem permanece o mesmo da adolescência à velhice", afirmando que "a biografia panegírica por sistema, não tem nenhum valor educativo, porque ninguém crê nela".[21]

Desde os anos 1920, Maurois – um escritor que se ligou mais ao romance que à História – se pergunta sobre a existência de uma biografia moderna, ou seja, se ela seria uma arte ou uma ciência e, ainda, se ela não era apenas uma forma literária diferente da biografia tradicional. Maurois manteve diálogos com seu interlocutor, o biógrafo Lytton Strachey – autor de *Eminentes vitorianos*, de 1918 –, sobretudo, diante dos métodos utilizados por historiadores e por biógrafos, buscando compreender algumas de suas especificidades. "É óbvio que a História não é uma ciência [...] não é uma acumulação de fatos [...]. Fatos relacionados ao passado, se forem coletados sem arte, serão compilações, sem

---

[20] Cf. REIS, J. C. *História & teoria*. Rio de Janeiro: Editora FGV, 2003. p. 92-93.
[21] Cf. CAVALHEIRO, E. *Biografias e biógrafos*. Curitiba/São Paulo: Guaíra, 1943. p. 62.

dúvida podem ser úteis, mas elas não são História, tanto quanto manteiga, ovos, sal e temperos não são uma omelete.[22]

Segundo comentadores, como Edgard Cavalheiro, no Brasil, as biografias até então, ou seja, antes de Strachey e Maurois, eram "massudos e indigestos volumes com pretensões à ciência histórica [e] serviam de túmulo aos heróis evocados, da última pá de cal nas vidas que tentava [se] tirar do esquecimento para exemplo das gerações que surgiam".[23] Assim, essa narrativa ignorava a vida privada, as condições ambientes ou a realidade social ativa.

Strachey, que abriu o caminho para os escritores de biografia, encara seus biografados no seu sentido humano, distanciando-os do "tom de morno panegírico" dos tempos severos da Inglaterra vitoriana; a narrativa devia ser "uma arte" ou uma forma artística de apresentar o assunto e fora do domínio científico da História de sua época.

Interessante como Edgard Cavalheiro, nos anos 1940, se posiciona, como um leitor brasileiro, ao se debruçar sobre a narrativa de Lytton Strachey. Para aquele, os recursos estilísticos deste último tomam o leitor pela mão "levando-o ao passado, entre uma agudíssima observação e uma nota do mais fino humor, como um cicerone que fosse admirável *causeur*". Strachey "consegue o milagre de fazer o leitor, neste ano de 1941, nesta cidade de São Paulo ou em qualquer outra cidade de qualquer país [...] participar, comovidamente, da triste viuvez da grande rainha ou dos aborrecimentos do seu consorte, rainha ou príncipe que estiveram sempre tão distantes das nossas cogitações". E diz que "em traços firmes, talvez levemente caricaturais em algumas páginas, ele faz desfilar, a par da série de acontecimentos mais importantes da época, as figuras representativas, aquelas que nem por serem comparsas são menos importantes".[24]

Para André Maurois, ninguém nasce herói. E o biógrafo *moderno*, ressalvada essa sua preocupação fundamental e diferenciadora, não devia impor seu personagem, mas procuro expor ao leitor, cabendo a este aceitá-lo ou não. Maurois também distingue o leitor *moderno*. Diz não procurar num livro do século XVIII o que o leitor desse mesmo século procuraria, sobretudo, porque ele, Maurois, não está mais sujeito à noção de que encontraria em um livro de biografia a confirmação de suas crenças sobre a vida, etc.[25]

Para esses festejados biógrafos *modernos*, "a grande lição" é que o "o consórcio da história com a arte e a vida é bem mais lógico e aceitável do que o

---

[22] *Apud* MAUROIS, A. *Aspects of Biography*. Translate from the French by Sydney Castle Roberts, New York: D Appleton & Company, 1929, p. 110-111.

[23] Cf. CAVALHEIRO, E. *Op. cit*, p. 32.

[24] *Idem*, p. 36-37.

[25] *Idem*, p. 63.

consórcio da história com a ciência".²⁶ A biografia é uma arte distinta ainda que muito próxima à História – essa que também não é uma ciência. Tal posição parece, de certa forma, semelhante à de Benedito Croce ao responder a Salvemini, partidário da História-Ciência: "Não preciso recorrer à ciência e ao raciocínio científico para saber que nasci em tal ano e em tal lugar, conforme atesta minha certidão de nascimento". E complementa: "Se não o soubesse, em vão bateria à porta da ciência, que me poderia dizer o que é nascer, o que é lugar e o que é tempo, mas nada me informaria sobre o conhecimento individual, a coisa única que eu desejaria nesse caso.²⁷

Croce, um crítico do essencialismo das biografias romanceadas de sua época, diz que "a maior parte delas seriam sensaborias". Chama ainda de "impura a linfa que alimenta as mais engenhosas dessas biografias e que lhes confere tal originalidade de caráter". O filósofo, que não aceita os famigerados romances históricos de outrora, reconhece a "'essência' de uma individualidade" e faz essa recomendação irônica aos biógrafos: "Não se vê Napoleão na história do mundo, mas a 'napoleonidade'!".²⁸

Na segunda metade do século XX, os historiadores, ao enfrentarem a renovação de seus métodos, se viram, possivelmente, diante de alguns desafios sobre o gênero biográfico quanto às escolhas sobre quem biografar e por que biografar, sobre a abertura de fontes e a colocação de perguntas decorrentes dessas opções. Sobretudo, porque se compreende que o autor (e o narrador) não opera, sozinho, a seleção do alvo a ser biografado e a escolha se impõe também por um conjunto de decisões que estão implicadas e enraizadas no reconhecimento coletivo, nas demandas históricas da vida social, etc. Esse é o caso dos estudos prosoprográficos – termo que vem dos termos "caráter" e "escrever", firmando-se para designar a biografia coletiva, sobre vínculos familiares, de grupos e associações para estudos sociais e políticos – e que colocam para o historiador novos desafios para se construir uma narrativa de alcance social mais amplo e conexo a questões de grande complexidade.

Uma biografia não *évennementielle* não tem sentido nem pode ser possível – concorda-se aqui com Jacques Le Goff. Esse historiador, como que medindo o alcance do problema proposto pela biografia, chega a dizer, em entrevista ao jornal *Libération*, em 1999, que ela é "o ápice do trabalho do historiador".²⁹ No

---

[26] *Idem*, p. 39.

[27] Cf. CROCE, B. La storia considerata como scienza. *In: Revista Italiana de Sociologia*, Roma, ano VI, fasc. II-III. p. 276.

[28] Cf. CROCE, B. *A História: pensamento e ação*. Rio de Janeiro: Zahar Editores, 1962. p. 21.

[29] Cf. LE GOFF, J. Comment écrire une biographie historique aujourd'hui? Paris: *Le Débat*, 1989. p. 49. Nessa passagem, Le Goff observa pontualmente e com acuidade crítica o

que concorda Fernando Novais: "É o mais difícil dos gêneros de história. [...] por ser um gênero de história por si só, como a história econômica. Biografia é uma coisa que flutua...".[30]

Contudo, o interesse dos historiadores pela narrativa dos relatos de vida, individuais e coletivos, conformados pela biografia, tem se mostrado muito instável. As desconfianças da Historiografia, no geral, se dão pelas ligações mais efetivas da biografia com a Literatura do que com as Ciências Sociais. Sobretudo, pela crítica vinda da Teoria da História, que indaga a pertinência do estudo do indivíduo, do valor do método biográfico – além das imposições restritivas vindas da chamada "História científica", que teria trabalhado pela exclusão da biografia. E ainda sobre o culto do herói onipresente na direção de um deus e da escrita biográfica armada mais como ilustração, comemoração e fabricação do poder que encontra adversários entre os historiadores quanto à natureza estéril desse empreendimento para o avanço dos estudos históricos.

Mas o gênero biográfico se mantém resistente, para além das referidas oscilações eventuais de sua aceitação pelos críticos e pensadores e, mais especificamente, pelos historiadores. Do seu campo de estudos, o que pode interessar mais detidamente aos historiadores é analisar a ótica construída por essa biografia histórica pelo seu autor e narrador, além dos sentidos da articulação do vivido com a vida em sociedade. Além de sua importância como documento e de sua contribuição ao conhecimento, por meio da "imaginação construtora" que emana do processo de recriação da história de vida, cujo *risco*, como em todo texto, seria partilhado entre biógrafo, narrador, biografado e leitor.

O historiador Georges Duby considera a biografia um gênero histórico pertencente ao que ele chama de "zona de sonolência", pois foi "infelizmente" esquecida pelos historiadores profissionais: "O grande homem ou o homem médio, que o acaso fez com que tenha falado muito ou se tenha falado muito dele, é, tanto quanto o acontecimento, revelador, por todas as declarações, as descrições, as ilustrações de que ele é motivo, pelas ondas que seus gestos ou suas palavras põem em movimento ao seu redor".[31]

---

problema dos alvos da biografia: "Como ela deve ser consagrada a um personagem sobre o qual se possui bastantes informações e documentos, ela tem grandes chances de ser dedicada a um homem político ou que tenha relações com a política. Ela tem, em todo caso, mais chances de ter por herói um 'grande homem' que um homem comum".

[30] Cf. Fernando Novais, entrevista no jornal *Folha de S.Paulo*, Mais! A Descolonização da História. São Paulo, 20/11/2005.

[31] Cf. DUBY, G. *Idade Média: idade dos homens*. São Paulo: Companhia das Letras, 1989. p. 207. Essa citação do historiador é referente ao seu balanço sobre as orientações da pesquisa histórica na França, entre 1950 e 1980.

Também problemas de fundo importantes, embutidos na narrativa biográfica, recorrem comumente a velhos embates entre os historiadores sobre os sentidos do heroísmo, do personalismo, do poder, da memória, do tempo e, também, dos usos da biografia. E são indicadores da tensão e das questões que toda escrita, como a biográfica, é capaz de suscitar e que a crítica (historiográfica e literária) lhe fornece em grande medida: as incertezas sobre o passado e o presente; a impossibilidade de reconstruir a existência por inteiro, de corrigir plenamente os elementos egotistas e de se acercar das variações do eu; a dificuldade de se compreender o mapa dos tempos, etc.

A ordenação temporal, para os historiadores, torna-se um dos elementos cruciais para a discussão do problema da biografia já que o tempo, por excelência, é a sua matéria. Obras adeptas do modelo biográfico convencional são criticadas, inclusive por biógrafos, por constituírem uma "legenda histórica, mas profundamente postiça [...], mais estátua do que retrato [...], começando pela genealogia e terminando pelo enterro".[32]

Ou seja, essa crítica é provavelmente endereçada a uma concepção de tempo e de história que se entrelaça a uma narrativa assentada na linearidade, no tempo único, na perspectiva de uma suposta enumeração ascendente da vida e do mundo pensado como ordem e regularidade. Daí a articulação, senão frouxa, quase inexistente que essa narrativa estabelece com a problemática do tempo presente (do biógrafo, do narrador e do biografado). E, também, por se colocar ausente da problemática lançada pelo evidente reconhecimento da impossibilidade de se conhecer a totalidade das tramas e dos ritmos da existência do biografado no *seu* presente, tempo não vivido e compartilhado pelo biógrafo, pelo narrador e pelo leitor.

A tendência pela ordenação temporal exposta pela narrativa biográfica revela ainda a ambição de *tudo* reunir em torno de uma vida e pode ser indício de uma visão providencial e teleológica sobre a História e sobre a história de vida. Algumas dificuldades dessa empreitada são confessadas por muitos biógrafos quanto se manifestam sobre as escolhas a fazer no *caos* do *ser*, no seu devir em meio ao emaranhado de outras histórias de vida e aos desdobramentos das armadilhas cronológica e diacrônica. Ao se pensar a narrativa biográfica apenas como retrospectiva, é possível entrever que há uma crença na sempre unidade nessa narração valorada pela retrospecção e prospecção.[33]

E, aqui, as argumentações de Giovanni Levi podem revelar grande interesse: "As distorções mais gritantes se devem ao fato de que nós, como historiadores, imaginamos que os atores históricos obedecem a um modelo de racionalidade

---

[32] Cf. VIANA, L. F. *A verdade na biografia*. Rio de Janeiro: Civilização Brasileira, 1945. p. 32.
[33] Cf. RICOEUR, P. *Op. cit.*, 1991, p. 192-193.

anacrônico e limitado". E, continua: "Seguindo a tradição biográfica estabelecida e a própria retórica de nossa disciplina, contentamo-nos com modelos que associam uma cronologia ordenada, uma personalidade coerente e estável, ações sem inércia e decisões sem incertezas".[34]

Por meio da suposta ordenação cronológica que a biografia estabelece, reside nessa narrativa uma particular noção de temporalidade. Contudo, esse ordenamento, por vezes ardiloso, deixa transparecer, mesmo na sombra, as diversas superfícies (acontecimentos) postas em relevo ou excluídas pelo biógrafo na captura da descrição temporal da vida que empreenderia para armar a narrativa. Aqui, o ponto chave de superação para alguns biógrafos (produtores de biografias *impressas* no papel e na imagem) está em expor o biografado não mais retido apenas no *seu* tempo, mas em movimento nesse tempo ou nos tempos entrecruzados da sua existência, também coletiva.

De todo modo, os debates acadêmicos mais contemporâneos sobre procedimentos historiográficos, muito possivelmente, influem na reorientação da biografia histórica pela abertura de interpretações sobre vida privada, mentalidades, campo cultural e das ideias. E é possível pensar na convergência de algumas dessas questões tanto para o biógrafo quanto para o historiador: sobre quais histórias se contariam, como e por quê, sobre as escolhas de ambos diante das ausências e dos vazios com os quais se confrontam no processo de investigação e, também, sobre a análise de aspectos periféricos ao objeto em foco, para o estudo de estruturas e de contextos referentes. O investimento historiográfico e biográfico, mais recentemente aberto para novas fontes e, sobretudo, para o trabalho de produção dessas fontes, faz uso de um leque variado de registros: imagens, correspondências, diários, relatos, memórias em diferentes suportes de informação, etc.

Hoje, com a era do *culto* às fronteiras, a crítica mais especializada, em geral, considera a biografia um gênero narrativo flexível, situado no terreno móvel entre o ficcional e o verdadeiro, no qual cabem a imaginação e a recriação, além dos processos de seleção e de análise que são próprios do fazer biográfico. Também se analisa criticamente a natureza subjetiva dessa narrativa, quando fortemente atravessada pela *verdade* do autor, que produz um "efeito de verdade" e que, nesses termos, só se sustenta pela vertente ficcional – visada bastante distinta de uma narrativa que investiga a "verdade dos fatos", problematizando as relações dessa cadeia de acontecimentos com a sociedade que os produziu.

Essa crítica não deixa de notar os elementos da construção discursiva (como "a produção do *eu*"), os artefatos verbais e linguísticos que, em geral, reforçam o hibridismo do gênero biográfico, em fronteira entre a História e a Literatura e,

---

[34] Cf. LEVI, G. Usos da Biografia. *In*: FERREIRA, M. M.; AMADO, J. (Orgs.) *Usos & abusos da História Oral*. Rio de Janeiro: Editora FGV, 1996. p. 169.

também, a sua feição perigosa diante das linearidades para se construir uma intriga de protagonismos e de centralidades históricas hegemônicas. E, ainda devido às possibilidades efetivas de distorções, essa crítica se coloca, em geral, a favor de apurar se o real do texto é "uma história verdadeira" ou uma armação de um "*puzzle* biodiagramático" de signos,[35] uma invenção quase retórica sobre uma narrativa de vida pregada no espaço e disponível ao saque apropriador do biógrafo.

A crítica ainda se pergunta sobre a interpenetração do ficcional no real e se "a espacialização meio coreográfica do vivido e da memória [não seria uma] biografização secreta da ficção",[36] uma fronteira instável entre a fabulação e a experiência do vivido. E, também, examina se o importante em uma biografia é se ater aos "fatos da vida", como num catálogo. Uma proposição daí decorrente é de usar os fatos e os acontecimentos a serviço da construção dos personagens, o que pode resultar, contudo, na assertiva, também polêmica, de que esse gênero pede um narrador o mais afastado possível da ficção – permanecendo em aberto até onde a liberdade da construção do personagem/protagonista é tão somente um triunfo da ficção.

Outro aspecto importante se refere à medida do autobiográfico na operação biográfica, como elemento constitutivo e presente no processo de auto-objetivação. Qualquer escritor (e historiador) que se dedica a esse gênero pode vir a concordar que, em princípio, não existe uma demarcação nítida entre a autobiografia e a biografia (e as eventuais coincidências entre o herói e o autor), além do fato de que biógrafo está sempre ameaçado pela trama clássica do biografado que pode vir para capturar a sua *alma*. Bakhtin chama a atenção a respeito desse ponto: "O autor na biografia, como em nenhum outro lugar, situa-se muito próximo de seu herói: eles parecem intercambiáveis nos lugares que ocupam respectivamente e é por esta razão que é possível a coincidência entre o herói e o autor".[37]

Hoje, alguns comentadores do gênero biográfico observam que a biografia e a crítica sobre biografia, trazem, frequentemente, uma manifestação sobre autobiografia, a partir do suposto de que o homem contemporâneo, cindido e solitário, seria um autor/narrador compulsivo da própria biografia. O escritor e crítico literário Silviano Santiago, para quem "o importante é ter a coragem de ficcionalizar o outro", vê parte do problema por outro prisma, identificando que "o importante é ter a coragem de ficcionalizar o outro". Ele identifica "uma revolução na biografia nos últimos trinta anos, [a biografia] tende a ser um gênero autoral e não é [...] necessariamente organizada a partir de documentos e em busca do que

---

[35] Cf. expressão tomada de Décio Pignatari. Para uma semiótica da biografia. *In*: *Biografia: Sistema de cultura*. Fani Hisgail (Org.). São Paulo: Haacker/Cespuc, 1996. p. 16.

[36] Cf. CANÇADO, J. M. Expansão do vivido. *Folha de S.Paulo*. Mais!, São Paulo, 28/5/2000.

[37] Cf. BAKHTIN, M. *Estética da criação verbal*. São Paulo: Martins Fontes, 2001. p. 166.

chamam de objetividade; [ela] rompe com rótulos e o modelo do romance burguês do século XIX, diferentemente da chamada biografia canônica".[38]

Os supostos essencialistas norteadores e autoexplicativos convivem com algumas gerações de biógrafos, em geral, autores de obras marcadamente indiciais. Sob a perspectiva crítica mais contemporânea, esse seria um ideal impossível de ser alcançado – o que abre novas indagações à biografia. De todo modo, se o biógrafo não é propriamente um juiz absoluto, ainda que implicado nessa relação aberta pela narrativa e pelo narrador, permanece ainda instigante a assertiva de que seria de uma longa *intimidade* que nasceria uma biografia...

A "nota metodológica" da romancista Marguerite Yourcenar, posta ao final do seu livro duplamente fabuloso sobre o imperador Adriano – confessando que eliminou os intermediários entre ela e o biografado, fazendo a manobra mediúnica de transportá-lo para dentro de si mesma – parece muito adequada: "Em certo sentido, toda vida, quando narrada, é exemplar; escrevemos para atacar ou para defender um sistema de mundo, para definir um método que nos é próprio. E não é menos verdade que é pela idealização ou pela crítica mordaz a todo custo [...] que se desqualificam quase todos os biógrafos". Para a escritora, "o homem construído substitui o homem compreendido". E, "nunca perder de vista o gráfico de uma vida humana, que não se compõe, digam o que disserem, de uma horizontal e de duas perpendiculares, mas de três linhas sinuosas, prolongadas até o infinito, incessantemente reaproximadas e divergindo sem cessar: o que o homem julgou ser, o que ele quis ser, e o que ele foi".[39]

No campo da História, muito se tem falado, hoje, sobre o retorno da biografia ou mesmo na *conversão biográfica* assumida pela Historiografia. Sobretudo, a partir de meados dos anos 1970, com as análises críticas sobre as subjetividades, os sentidos das escolhas e das ações individuais (e de indivíduos "ordinários"), o cotidiano, as mentalidades, etc., o tema da biografia passaria a ser mais discutido em encontros e seminários do campo da História. E, também, pelo fato de as chamadas "histórias de vida" virem a incorporar temáticas da Historiografia, da Sociologia e da Antropologia, o que não deixa de favorecer o gênero biográfico pelo que ele pode sugerir e até revelar quanto à procura de patrimônios perdidos e de memórias ameaçadas.

Ficariam bastante conhecidas as obras de historiadores e pensadores europeus como as de E. P. Thompson (1963), Ginzburg (1976), Natalie Zemon Davis (1980), G. Levi (1989), N. Elias (1991), Le Goff (1996) – respectivamente, pesquisas sobre a classe operária inglesa, o moleiro Menocchio, o camponês Martin Guerre, um exorcista do século XVI, Mozart e São Luís.

---

[38] Cf. SANTIAGO, S. Caíram as fichas. *Folha de S.Paulo*. Mais! 5/12/04.
[39] YOURCENAR, M. *Memórias de Adriano*. Rio de Janeiro: Nova Fronteira, 1980. p. 302.

Mas pode ter razão Sabina Loriga, ao se referir a essa recente redescoberta da biografia pelos historiadores, pois essa tendência pode ser encarada como uma espécie de "capitulação", um sintoma problemático do "cansaço", ainda que tenha crescido a valorização do método biográfico.[40]

É de interesse acompanhar a síntese esclarecedora sobre parte da trajetória do gênero biográfico, na França, de G. Chaussinand-Nogaret, no verbete "Biográfica", do *Dicionário das Ciências Históricas*: "A maneira de escrever história mudou muito, de um século pra cá; a história biográfica mudou muito pouco. Disso decorrem, sem dúvida, as reticências dos historiadores e o desfavor em que caiu um aspecto da pesquisa que merece uma sorte melhor". Assim, "tornada mais científica, senão mais exata, a história revestiu-se de desconfiança para com um gênero que parecia mais ligado à literatura do que às ciências humanas, de que estava mais próxima, que favorecia um forte investimento pessoal e que, com frequência, levava ao panegírico ou à hagiografia, às vezes ao anátema". E "a biografia, que prosperava nos países anglo-saxões, foi [...] negligenciada na França pelos historiadores e abandonada, no mais das vezes, aos acadêmicos e aos polígrafos e, acima de tudo, às comemorações aristocráticas". Já "na década de 1930, a nova história [...] fortalecia esse preconceito desfavorável, mesmo que os mais inovadores, como L. Febvre, ainda lhe pagassem tributo". E "recuperada como gênero histórico suscetível de tratamentos múltiplos, a biografia levava uma existência paralela, à margem da nova história que, por seu lado, anexava novos territórios, deixava, algumas vezes em excesso, de ser factual e elitista". Assim, "interessava-se pelas massas, pelas pessoas de pouca importância, pelos marginais. Mas a ambição que tem a história de explicar o passado devia, de forma quase necessária, conduzi-la de volta à biografia". E "os novos métodos assim como as novas interrogações, introduzidas com maior ou menor eficácia numa velha disciplina, deviam rejuvenescer um gênero dedicado até então à reprodução tradicional". Segundo o autor, "a prosopografia e a biografia coletiva foram as primeiras formas que a nova história explorou nesse caminho. [...] A biografia, cercada de todas garantias de trabalho sério e preocupada em reconstituir [...] os laços entre o indivíduo e a sociedade, apareceu, portanto, como um lugar de observação particularmente eficaz". E finaliza: "Os recentes progressos conseguidos nessa via mostram tudo o que se pode esperar de uma história biográfica que terá cessado de ser culto do herói, comemoração estéril ou conjunto respeitoso de imagens".[41]

---

[40] Cf. LORIGA, S. *Op. cit.*, p. 245.

[41] Cf. verbete "Biográfica (história)", BURGUIÈRE, A *Dicionário das Ciências Históricas*, Rio de Janeiro: Imago, 1993. p. 96.

O livro do historiador François Dosse,[42] um volume alentado de contribuição teórica e de "aposta" no fazer historiográfico e biográfico, recupera também parte da trajetória do gênero biográfico, indicando três fases/idades do seu percurso: a fase "heroica", com a assimilação pedagógica de valores e modelos heroicos para as gerações, a fase "modal", com a utilização da biografia do indivíduo para orientar o conhecimento da sociedade e cultura em que viveu, e a fase "hermenêutica", em que a biografia se tornaria objeto e fonte de trabalho de experimentação para o historiador interessado em campos novos de conhecimentos e influências interdisciplinares.

Jacques Le Goff comenta que a proliferação atual das biografias traz o risco desse excesso, pois "muitas delas seriam uma volta pura e simples à biografia tradicional, superficial, anedótica, puramente cronológica, que se sacrifica a uma psicologia ultrapassada, incapaz de mostrar a significação histórica geral de uma vida individual". Com pertinência, o historiador mostra ainda que o estudo das estruturas seria insubstituível, sobretudo, para esclarecer aspectos e temas do passado, ainda que se considere que a biografia "dá atenção ao acaso, aos acontecimentos, aos encadeamentos cronológicos e que só ela pode dar aos homens o sentimento do tempo vivido pelos homens".[43]

A admissão do fluxo aleatório e impreciso da vida, sem as promessas ordenadoras da chamada biografia clássica ou tradicional, traz para os biógrafos e para os historiadores novas questões. Lacunar e incompleta, sem mais aspirar à totalidade e à universalidade do eixo modelar biografado e diante dos problemas da espessura humana – pois, como diz o poeta, "os dias consumidos em sua lavra significam o mesmo que estar morto" – [44], a biografia feita por historiadores, supostamente, se inclina à revisão do modelo elitista e restritivo que a teria consagrado.

Fazer comunicar, pelo critério da verossimilhança, a obra do biografado (pessoa e *persona*) articulando-a à sociedade e aos *tempos* que se entrecruzaram na sua construção e discutindo a visão e a posição do autor/narrador em uma rede narrativa interpretante podem ser algumas das ambições do gênero biográfico. Essa operação leva em conta a parceria e a intimidade de um leitor que tende a um deslocamento, ou seja, o de se imbricar com o narrador/autor (mesmo com aquele que rompeu criticamente seu laço congênito com o herói) assumindo, de posse de sua própria narrativa, as construções do seu psiquismo com suas estratégias de acabamento e de suplemento. Da perspectiva historiográfica, o gênero biográfico, legítimo e necessário, e produzido também por historiadores,

---

[42] Cf. DOSSE, F. *Le pari biographie: écrire une vie*. Paris: La Découverte, 2005.

[43] Cf. ABREU, A. A . *A renovação do método biográfico*, Anpocs, Cpdoc-FGV. p. 4.

[44] Cf. ANDRADE, C. D. de. Mineração do Outro. Lição de Coisas. *In*: *Obras completas*. Rio de Janeiro: Nova Aguilar, 1979. p. 377-378.

tem como contribuir com os estudos históricos pelo que é capaz de oferecer, tensionadamente, como fonte e problema.

A História, histórica como qualquer disciplina, produzida e praticada (pesquisada, narrada, ensinada) abre-se a diversos usos na vida social. Entre suas proposições cabem, em geral, uma disciplina moral, um conhecimento hermenêutico, uma prática social, um campo de saber inscrito nas demais ciências – sempre se reportando ao estudo dos vestígios documentais deixados pelos homens e suas sociedades ao longo tempo. As diversas práticas da História (filosófica, epistemológica, metodológica, estética, política, cultural, literária, etc.) são balizadas pela prova (coleta, análise, interpretação), pela atribuição, pela datação, pois é próprio do ofício do historiador provar, atribuir, datar para que sua narrativa e seu conhecimento tenham validade, sejam aceitáveis, o que, do contrário, não serviria à própria História.

O historiador, não é demais repetir, é responsável por construções, interpretações e narrações históricas que estão no curso do próprio processo histórico, além de inseridas em um campo cultural extenso, no qual a Historiografia, assim como outras tantas expressões simbólicas da vida em sociedade – as artes, as ciências, os artefatos, as linguagens, os monumentos –, dialogam sobre diferentes experiências e práticas. A Historiografia conforma, portanto, conhecimentos de um largo repertório investigativo e interpretativo, integrando diferentes estratégias e jogos discursivos sobre os modos de fazer e de usar interpretações, linguagens, suportes técnicos e representações e processos de transmissão, incluindo os lugares institucionais nos quais se ela *sedimenta*.

Mesmo para os biógrafos e para os historiadores que ultrapassaram a tolice do entendimento essencialista da *verdade* sobre uma vida, assentada na noção ingênua de continuidade, o problema biográfico se impõe pelas reflexões derivadas do contraponto sobre a evidente diferença entre o tempo do vivido e o tempo da narrativa biográfica.

Ainda que não salve nenhuma vida, a biografia pode ser e ousar ser, também, a "socialização de uma época". E isso em uma boa medida de indeterminação quanto à coesão, como bem nos mostra Giovanni Levi: "Não se pode negar que há um estilo próprio a uma época, um *habitus* resultante de experiências comuns e reiteradas, assim como há em cada época um estilo próprio de um grupo. Mas, para todo indivíduo, existe também uma considerável margem de liberdade". Essa margem, diz o autor, "se origina precisamente das incoerências dos confins sociais e que suscita a mudança social. Portanto, não podemos aplicar os mesmos procedimentos cognitivos aos grupos e aos indivíduos; e a especificidade das ações de cada indivíduo não pode ser considerada irrelevante ou não pertinente".[45]

---

[45] Cf. LEVI, G. *Op. cit.*, p. 181-182.

A biografia é essa escrita das "ligações perigosas" de um sobre o outro, no sentido da implicação de seus vários parceiros, a partir do suposto de que o indivíduo está sempre condenado a transbordar o seu círculo pessoal da existência pelos arranjos da sociedade e da cultura.

O significado do material biográfico, essencialmente discursivo, é o ato interpretativo do texto que se arma por meio de perguntas e respostas; por isso, a biografia se abre a vários tipos de problemas, o que explica também a sua utilização e participação em pesquisas de várias disciplinas das Ciências Sociais.

Ela revela o social embutido na particularidade de uma vida por meio de articulações estabelecidas ou impositivas, além das representações subjetivas encarnadas pelos indivíduos nas suas relações com grupos e instituições. A narrativa biográfica possibilita enxergar, e mu o, a característica intersticial da liberdade, a diversificação das práticas sociais, a irredutibilidade a sistemas normativos, revelando comportamentos de emb e de acatamento frente à repartição desigual do poder e também no terre da ardência dos desejos humanos.

A biografia no Brasil

> "O nosso biografismo foi prensado entre a apologia ou a hagiografia
> e a iconoclastia. Ou somos reverentes ou irreverentes, impolutos ou vilões.
> Quando digo nós, refiro-me a nós biógrafos ou biografados.
> Mirou a nossa galeria de vultos ilustres, menos por falta de atributos
> de nossa gente e mais pelos partidarismos que encostam no paredão
> aqueles dos quais divergimos – ou simplesmente não gostamos –
> e coloca aqueles com os quais concordamos no pedestal da perfeição.
> Essa penúria não significa que devemos considerar
> insignificante a escola biográfica que floresceu até os anos 60 e 70
> do século passado: Pedro Calmon, Raimundo Magalhães Jr.,
> Luís Viana Filho, José Honório Rodrigues, para citar apenas alguns [...]".
>
> Alberto Dines, 2003.[46]

Ainda que se marquem criticamente alguns usos do biografismo, é inquestionável a importância desse gênero no mercado editorial e leitor no Brasil, especialmente entre as décadas de 1930 e 1960 – o qual, de algum modo, ainda se conectava a uma tradição mais antiga, vinda do século XIX, sobre a prática da escrita biográfica.

---

[46] Cf. DINES, A. Conferência no Seminário Internacional "Memória, Rede e Mudança Social", Instituto Museu da Pessoa, São Paulo, 12/8/2003.

Naquelas décadas, o gênero biográfico era *autorizado* como parte do campo da História, ainda que pouco demarcado institucionalmente. Parte dos biógrafos brasileiros e da crítica praticada no país pela imprensa, sobretudo, se afinava com os teóricos da chamada biografia romanceada ou moderna, representada por Maurois e Strachey. Esses autores não concebiam a separação entre biografia e História nem propunham se desvencilharem da História para operar a biografia, ambas concebidas, afinal, como arte.

Em geral, o texto biográfico indicava o diálogo com a política, incluindo parágrafos de exaltação e de elogio aos dons e às virtudes do retrato protagonista, considerado um personagem histórico indispensável ao processo de constituição da nação. No caso brasileiro, sem dúvida, a vida do seu patriciado recebia grande relevo, de que são exemplos o necrológico e o memorialismo, mesmo o mais ególatra, para dar corpo a uma História nacional. E, por causa de suas matrizes europeias, esses textos em geral manteriam o apreço à noção de contexto para situar a vida do biografado, além da permanente referência à noção de *verdade* ou da busca da versão verdadeira dos fatos por meio da utilização dos chamados documentos oficiais.

A expansão das publicações desse gênero correspondeu, provavelmente, a um sintoma social, e, com a gravidade dos ânimos, em tempos de guerra e de crise, a demanda pela leitura de biografias sempre tendeu a crescer. Assim como cresceram também as polêmicas, as notas críticas na imprensa sobre a função social da biografia e da "arte de biografar", sobre os limites dessa narrativa como revelação da vida íntima do biografado, seus conflitos e sentimentos, e mesmo sobre a vida social mais ampla. Esses aspectos constituíam, em síntese, um *movimento* do próprio gênero, que valorizava a sua renovação pela escrita e que, em uma vertente então aceita, seria denominada de biografia romanceada ou moderna.

Desse empreendimento de biografar, no Brasil, participavam também historiadores ou "escritores de História" norteados pelo paradigma clássico que, em geral, referendaria as publicações das revistas do Instituto Histórico Geográfico Brasileiro, desde a segunda metade do século XIX – com o conhecido "pragmatismo louvaminheiro" aos vultos do passado exemplar – e que teve vida longa entre vários autores, como alguns membros da Academia Brasileira de Letras comprometidos com o seu registro e de outros *imortais*.[47]

O escritor e jornalista maranhense Humberto de Campos, membro da ABL, defendia a biografia moderna como arte, mas alertaria para um aspecto

---

[47] Cf. CAMPOS, P. M. Esboço da historiografia brasileira nos séculos XIX e XX. *In*: GLENISSON, J. *Iniciação aos estudos históricos*. São Paulo/Rio de Janeiro: Difel, 1979. p. 258.

metodológico fundamental, ou seja, de que apenas a pesquisa detalhada sobre o protagonista não seria suficiente para fazê-lo viver ou, como bem disse, para fazer "marchar o fantasma". Já em 1929, Humberto de Campos faz um comentário ironicamente lapidar sobre o conhecimento histórico tradicional e sobre a esterilidade da catalogação de eventos e das datas em um artigo veiculado no rodapé literário do jornal *Correio da Manhã*, RJ: "O Instituto Histórico manterá a sua missão soturna e benemérita de arquivar certidões de batismo, de coligir testemunhos de contemporâneos, de colecionar citações de historiadores eminentes". E prossegue: "A biografia passará a ser escrita, porém, pelos homens de pensamento – pelos romancistas, pelos poetas, pelos críticos literários – porque ela deixará de ser história, isto é, ciência, para tornar-se arte em uma de suas expressões mais puras e legítimas".[48]

Nesses anos, o mercado editorial assistia ao surgimento de novas editoras com a compra de novos maquinários e de equipamentos, a definição de programas editoriais, a presença de técnicos e de especialistas gráficos e a efetivação dos processos de fusão e de incorporação empresarial com mais chances de distribuição de livros, inclusive pelo serviço de reembolso postal, além da manutenção da figura do correspondente-viajante. Um outro aspecto correlato se refere às alterações ocorridas no padrão tecnológico de comunicação – incluindo a imprensa, a editoração e o rádio – os quais, paulatinamente, modificariam as representações e as práticas culturais na direção da formação do leitor, mesmo em uma sociedade, como a nossa, majoritariamente sem acesso à cultura letrada e de letramento tardio.

De todo modo, o quadro de expansão editorial era bem outro se comparado às condições anteriores, do século XIX, a partir das quais grande parte do que circulava no país seria impresso na Europa, decorrendo disso esforços adicionais dos escritores para conseguir contatos na burocracia do governo, quando não financiar as obras com recursos próprios.

A pesquisa de Sérgio Miceli, no *Anuário Brasileiro de Literatura*, indica alguns dados e aspectos de interesse sobre o mercado livreiro no Brasil, nas primeiras décadas do século XX, especificamente entre 1938 e 1943, com as suas principais casas editoriais: Companhia Editora Nacional, Civilização Brasileira, Globo, José Olympio, Irmãos Pongetti, Francisco Alves, Melhoramentos. Entre os gêneros mais publicados (livros de ficção, didáticos e infantis), a História e a biografia teriam praticamente o mesmo peso no *ranking* editorial – respectivamente, 7% e 5,5%.[49] Livros de aventuras, romances policiais, idílios de amor

---

[48] Cf. CAMPOS, H. *Crítica*. 3ª. série. Rio de Janeiro/São Paulo/Porto Alegre: W. M. Jackson Editores, 1951. p. 116.

[49] Cf. MICELI, S. *Intelectuais e classe dirigente no Brasil (1929-1945)*. São Paulo/Rio de Janeiro: Difel, 1979. p. 81.

no estilo "flor de laranjeira" e biografias romanceadas seriam gêneros de maior prestígio e vendagem.

Mas era relativamente raro o setor constituído por escritores brasileiros bem-sucedidos – como Monteiro Lobato, Humberto de Campos, Graça Aranha, Agripino Grieco. Os autores mais procurados pelas editoras brasileiras seriam os estrangeiros como Alexandre Dumas e Rafael Sabatini (romances épico--históricos), Charlie Chan (folhetins), Disney e Lee Falk (obras infantis), M. Delly, Bertha Ruck (novelas açucaradas), Maurois, Emil Ludwig, Paul Frischauer (biografias), E. Wallace, Horler e Rohmer (histórias de detetive e policiais), além dos manuais de viver que difundiam, em vários domínios da cultura e da sociedade, as receitas do estilo de vida norte-americano.[50]

De fato, nesses anos, o consórcio entre editoras e mercado leitor encontrou sua razão de ser nas demandas e nos investimentos provocados pelas decisões dos editores sobre novas categorias de consumidores, além de responder aos interesses difusos do público leitor por temas e/ou títulos. A enquete, sob a forma de questionário, realizada pelos editores, em 1938, *O que se lê no Brasil?*, citada ainda por Miceli – também pesquisada por Márcia de Almeida Gonçalves, para seu estudo sobre Octávio Tarquínio de Sousa – chama a atenção. Vejam--se alguns dados.

O editor José Olympio sinaliza o interesse do público por obras de divulgação científica, paralelo à apreciação de textos literários, e também alerta para o enfraquecimento do mercado devido à apreensão de livros no país pelos agentes da censura do Estado Novo. Para o editor da Companhia Editora Nacional, a elite apreciava obras sobre cultura, exemplificando essa afirmativa pela recepção da coleção *Brasiliana* dedicada aos *Estudos Brasileiros* (com cem volumes até então), e o gosto popular estava na literatura de ficção. Ênio da Silveira, da Civilização Brasileira, indica a existência de vários públicos leitores, mostrando que a maioria procurava "livros de aventuras, sem esquecer, como frisaria, o público de biografias, segundo ele, um dos mais numerosos".[51] Das obras publicadas por essa editora, entre 1930 e 1960, História era o gênero mais destacado, seguido de biografia e memória.

Ao estudar as biografias sobre Machado de Assis (particularmente, a obra de Lúcia Miguel Pereira, *Machado de Assis. Estudo crítico e biográfico*, de 1936), Maria Helena Werneck analisa a recepção daquelas obras por setores da crítica

---

[50] *Idem*, p. 147.

[51] Cf. GONÇALVES, M. de A. *Em terreno movediço*. Biografia e História na obra de Octávio Tarquínio de Sousa. Tese de doutorado. São Paulo: Universidade de São Paulo, 2003. p. 92-94.

literária e reitera, com ênfase, a presença de inúmeras biografias sobre o tema[52] – incluindo o diálogo do texto dessa autora com Wilson Martins, autor do já clássico, *História da inteligência brasileira*, para quem a proliferação de livros de biografia naquele período era um fato.[53]

Nesses termos, o mercado editorial brasileiro era sensível à biografia, às Ciências Sociais e à História e estava supostamente interessado nas temáticas nacionais e, sobretudo, na ideia então fortemente difundida sobre a modernização do país – aspectos também ligados à formação de um novo público leitor. Pois, durante a chamada Era Vargas, não eram poucos os discursos, também dos editores, que demonstravam a necessidade de publicação de obras sobre a História do Brasil, por meio da retificação de seus personagens e fatos, além daquelas nas quais se projetavam noções sobre o nacional/regional e a incorporação do povo à nação.

Esses projetos pretendiam alargar o mercado editorial da Literatura, da biografia e da História (neste caso, para além dos alvos literatos e eruditos), popularizar títulos e autores, expandir um positivo retrato livreiro do Brasil no exterior, criando e mantendo um público leitor nacional. O Instituto Nacional do Livro atuava nessa direção junto a autores e editores na divulgação de obras, incluindo sua iniciativa em alguns patrocínios efetivos de edições e reedições.

O objeto livro também passava por grande transformação no seu suporte, com a colagem das folhas, da capa/contracapa, da lombada, com alterações no formato, dimensões, etc. Essas estratégias e procedimentos editorial-gráficos visavam ganhar o leitor por meio de um livro mais atraente e leve ao consumo, alterando a sensação tátil e o prazer de sua posse e concorrendo para modificar a produção de sentidos no processo de leitura.[54] E também, nesse período, alguns ensaios sobre História e Literatura, romances, obras gerais e suplementos literários (nos jornais) se abriam, e cada vez mais, às artes plásticas, apresentando trabalhos de importantes artistas "ilustradores" como Darcy Penteado, Oswaldo Goeldi, Aldemir Martins, Lazar Segall, Carybé, Candido Portinari, Alberto da Veiga Guignard, Tomás Santa Rosa, Cícero Dias, Djanira, J. Carlos, Lívio Abramo, Poty, entre outros.

Um outro aspecto, somando forças a esse quadro de alguns avanços, se refere à atividade da tradução, antes restrita, que então se expandia também pela inclinação de alguns escritores brasileiros a se associarem para exercer essa atividade

---

[52] WERNECK, M. H. *O homem encadernado*. Machado de Assis na escrita de biografias. Rio de Janeiro: Eduerj, 1996.

[53] Ver sobre Wilson Martins (1921-2010), o artigo "Erudito dissonante", de Alcir Pécora *In*: jornal *Folha de S.Paulo*, Mais!, São Paulo, 7/2/2010.

[54] Ver sobre o processo de leitura, pelo objeto livro, CHARTIER, R. (Org.). *Práticas da leitura*. São Paulo: Estação Liberdade, 1996.

em bases comerciais. Nos anos da Segunda Guerra, chegaram ao país fugindo do nazismo tradutores estrangeiros como Paulo Rónai, Otto Maria Carpeaux e Anatol Rosenfeld, combatentes pela cultura do Brasil, que dariam notável impulso à crítica literária e à tradução, com a colocação de obras de autores brasileiros no exterior, além de se ligarem a editores nacionais com essa finalidade.

Com tamanho prestígio editorial e em sintonia com as preferências do leitor, o gênero biográfico se expandiu fortemente, *tudo* biografando – desde as personalidades políticas e literárias nacionais até as estrangeiras. E esse *boom* biográfico no mercado brasileiro se assentava também no lastro europeu do gênero com seus principais representantes como Strachey, na Inglaterra, Maurois, na França, Ludwig, na Alemanha, Papini, na Itália. O período, entre 1930 e 1940, é identificado como uma "epidemia biográfica", expressão atribuída ao crítico literário Tristão de Atayde (pseudônimo de Alceu Amoroso Lima) e veiculada com muita insistência pela rede discursiva nacional.

Representante do catolicismo reformista, Tristão de Atayde vê na biografia um sintoma de época, "uma face de nossa moderna sedução pela verdade", pela busca "da realidade" e de informações esclarecedoras, mas sem "os excessos da irrealidade". Valoriza a onda alta da biografia como um fenômeno "universal" – chegando a acompanhar, além das brasileiras, algumas edições feitas na Argentina e no Paraguai.

Atayde defende o caráter híbrido do texto biográfico (romance e História), mas também elege a narrativa de cunho realista como a mais adequada, ainda que não de todo esquecida da subjetividade emotiva do romance. Chega a classificar as diferentes formas de "narrativas de vida" como a biográfica, a autobiográfica e a histórica: "Como a biografia é exatamente o gênero literário que faz o traço de união entre o romance e a história – sem ter a realidade fantasista de um, nem a erudição rebarbativa do outro – foi ele talvez o gênero que mais se desenvolveu modernamente, desde que Michelet aproximou a história do romance e Proust, o romance da história.[55]

Já em 1936, o editor e escritor carioca Gastão Cruls, que cultivava a temática psicológica em seus contos e romances, defende o modelo da biografia moderna – pelo qual se orientavam os biógrafos europeus para tratarem das chamadas interioridades do biografado –, mas também reclama, e com certo pessimismo, da dificuldade dessa modalidade de biografia no Brasil. Para ele, estaríamos atrasados, pois os panegíricos ainda constituiriam a nota, estendidos frequentemente, no nosso caso, aos ilustres de cartola, chapéus imponentes, bengalas e guarda-chuvas de cabo de ouro. Cruls assim se posiciona, no *Boletim*

---

[55] Cf. Tristão de Athayde. Biografias. *In: Estudos*. 4ª Série. Rio de Janeiro: Centro D. Vital, 1931, p. 168.

de Ariel, em meio à onda novidadeira de biografias: "A moda literária, de que nunca nos libertamos de todo na cópia aos figurinos estrangeiros, não conseguiu trazer até nós o estímulo para as biografias, sejam elas puras ou romanceadas, acerca dos grandes vultos nacionais, embora o gênero haja caído no gosto do público e a ele se dediquem [...] escritores de variados matizes.[56]

Vários fatores, a depreender do que era debatido pela crítica e veiculado pela imprensa sobre a referida "epidemia", testemunhavam um ponto chave: era imprescindível a atualização da biografia no Brasil. A título de nota, Sérgio Buarque de Holanda, então crítico literário, entra nesse debate, *precocemente*, por meio de artigos como "Tristão de Athayde" (publicado no *Jornal do Brasil*, em 1928) e marca sua posição por uma perspectiva materialista, ressaltando a necessidade de se estabelecer, nessa narrativa, os vínculos entre o indivíduo e a sociedade e até mesmo questionando o caráter transcendente e espiritualista dos sentidos da existência, presentes em textos de autores prestigiados como Alceu Amoroso Lima.[57]

Em um quadro de controvérsias e de posições com muitas ambiguidades, derivaram algumas denominações diferenciadoras para a biografia – moderna, romanceada, até histórica – revelando que o debate era quente, instigante e ainda longe de ser superado: era a biografia brasileira uma sereia das letras, metade História e metade romance? Além de outras questões trazidas pelo campo da História, incipiente no sentido da sua institucionalização, pois não era incomum, naqueles debates, a noção de que a História seria um gênero literário ou que guardaria muito da sua origem literária.

Mas o fato é que algumas biografias alcançaram efetivo sucesso editorial, nos campos cruzados entre os estudos literários e os estudos históricos, caso das obras do casal Lúcia Miguel Pereira (1936) e Octávio Tarquínio de Souza (1937).[58]

A escritora Lúcia Pereira defendia a biografia romanceada, privilegiando a vida privada e o sentimentalismo. Para ela, a matéria básica para a biografia estava nos dilemas íntimos, na pulsação do espírito, nos contornos subjetivos, nos desejos e nas paixões como via para se encontrar o biografado na sua complexidade e na sua atividade criadora *exemplar* – caso da sua biografia sobre Machado de Assis.

---

[56] Cf. CRULS, G. Biografias. *In. Boletim de Ariel*. Rio de Janeiro, out. de 1936, ano VI, n. 1, p. 1.

[57] Cf. Sérgio Buarque de Holanda. Tristão de Athayde. *In*: BARBOSA, F. de A. (Org.). *Raízes de Sérgio Buarque de Holanda*. 2. ed. Rio de Janeiro: Rocco, 1989. p. 111-115.

[58] Ver PEREIRA, Lúcia Miguel. *Machado de Assis: estudo crítico e biográfico*. Rio de Janeiro: José Olympio Editora, 1936. Octávio Tarquínio de Sousa escreveu *Bernardo Pereira de Vasconcelos e seu tempo* (1937); a biografia de José Bonifácio (1945) e a de D. Pedro I (1952), *História dos fundadores do Império do Brasil*, 10 volumes (1958), entre outras obras. Foi responsável pela coleção *Documentos Brasileiros* (a partir do n°. 19), criada em 1936, pela Editora José Olympio.

Octávio Tarquínio de Souza, em outra perspectiva, procura enfocar a natureza histórica da narrativa biográfica. A biografia era também História, no sentido de que devia estar amparada em pesquisa documental, nas interpretações do *curriculum vitae* do seu protagonista articulado às contingências do processo social mais amplo. Para ele, essa narrativa biográfica devia se afastar "das liberdades do romancista ou dos artífices do suprarreal". Para ele, "contudo, como foi ponderado por Lúcia Miguel Pereira, sua busca da verdade histórica havia sido, na forma final oferecida as leitores – a narrativa – temperada pelo valor literário, o que garantiu, de forma exemplar, um caminho de renovação da própria história nacional [...]".[59]

Já nas décadas seguintes, parece ter ocorrido uma inflexão importante no campo da escrita biográfica no Brasil. Em parte, pelo estoque de questões, aqui pontualmente referidas, e pela ativa e gradativa repercussão de obras do gênero no mercado nacional com o crescimento das traduções no país, caso, por exemplo, da obra de André Maurois, *A vida de Disraeli*, com tradução de Godofredo Rangel, lançada em 1945.

Um livro fundamental para perceber as questões que circulavam sobre o gênero biográfico é *A verdade na biografia*, do também biógrafo Luiz Viana Filho, de repercussão ativa nos meios intelectuais nas décadas de 1940 e 1950 – por isso, lhe faremos, aqui, comentários mais extensos. Na primeira parte dessa obra, correspondendo aos seus capítulos "História e biografia", "A biografia antiga e moderna", "A verdade e a biografia" e "Os biógrafos e a biografia", o autor sintetiza, pela sua perspectiva, os argumentos em curso que dividiam os escritores do gênero no país.

Expressando o seu apreço e o do público ao gênero biográfico, *A verdade na biografia* contém desde um breve histórico sobre essa narrativa, ressaltando sua trajetória instável, o período de declínio entre os fins do século XIX, até a sua retomada, nas primeiras décadas do século XX, coincidente com fase da produção mais ativa desse autor. O fundamental, para o autor, seria a alteração da própria concepção de biografia ao longo do tempo, o que o faz indagar: "São melhores as biografias, aquelas dos juízos críticos sobre a obra do biografado ou aquelas em que se esboçam largos panoramas históricos de uma época?".

Luiz Viana constrói uma tipologia para o gênero biográfico, destacando que todas as modalidades de biografia seriam legítimas, mas perfeitamente distintas entre si – o que a crítica, por vezes, não percebia, diz o autor, dado os limites imprecisos da própria classificação imposta ao gênero. Essa classificação se constituiria de: "a) simples enumeração cronológica de fatos relativos a alguém; b) trabalhos onde, a par de uma vida, se estuda determinada época; c)

---

[59] Cf. GONÇALVES, M. de A. *Op. cit.*, p. 145.

trabalhos nos quais à descrição duma existência se conjugam apreciações críticas sobre a obra do biografado; d) trabalhos em que a narração da vida constitui o objetivo primacial".[60]

O autor tem uma posição clara: não aprecia nem os resumos biográficos porque são *pobres*, nem as biografias de opiniões críticas sobre a obra do biografado nem as narrativas de explanações históricas. Essas esmagariam o biografado sob uma aluvião de acontecimentos de seu tempo, seriam muito mais trabalhos de crítica do que biográficos. A biografia era tão somente a descrição da existência e não deveria se perder no contexto ou na época do biografado, pois haveria elementos mais significativos sobre os quais ela devia se ocupar.

Viana Filho expõe, sintomaticamente, as modalidades de biografias, para defender a romanceada. A biografia histórica oferecia apenas um perfil histórico de uma individualidade e a narração dos seus feitos que asseguravam àquela uma evidente posição de relevo, mas colocava em plano secundário o estudo da alma desse biografado, o seu mundo interior, esse, sim, que devia ser preservado. O autor defende também a legitimidade da aspiração do biógrafo pela totalidade da alma humana, o que somente a biografia romanceada era capaz de imprimir.

A biografia romanceada tinha horizontes mais largos e não esquecia, em geral, seus deveres para com a verdade, apesar de destacar o quanto de verdade relativa ela contém, sujeita a interpretações e mutilações pelo biógrafo. Atormentado, Viana reconhece "o tormento de todos os autores" pela impossibilidade de se chegar à verdade sobre o biografado devido a esse "emaranhado de contradições, de complexos, e do qual emerge a verdadeira alma de um homem".[61] Para ele, a verdade não estava sujeita a uma prova de natureza objetiva, ainda que o biógrafo devesse se aproximar o mais possível da verdade total, mas, ainda assim, a biografia devia estudar *todos* os aspectos da personalidade do biografado. "Apagam-se as fronteiras entre o homem público e o homem privado; ela não é moral, não é crítica, não se atém a qualquer ponto de vista e nem se preocupa com o resultado a que poderá chegar". E ele diz: "Ela não é destinada a estudar, a julgar a ação histórica de uma personalidade, mas lhe interessam as questões históricas a que estiver ligado o biografado tanto quanto aos simples atos da sua vida íntima".[62]

A biografia histórica, pelas suas características então apresentadas, não valoriza, em primeiro plano, um aspecto vital, ou seja, a alma do biografado,

---

[60] Cf. VIANA FILHO, L. *A verdade na biografia*. Rio de Janeiro/São Paulo: Civilização Brasileira, 1945, p. 13.

[61] *Idem*, p. 42-45.

[62] *Idem*, p. 36.

essência mesma da biografia. Contudo, a complexidade da alma humana tinha que ser enfrentada pelo biógrafo e a sua preocupação não era conhecer um episódio histórico, mas penetrar em um emaranhado de contradições das quais emerge a "verdadeira alma" de um homem que é uma esfinge, e sobre a qual, dificilmente, conseguiremos ter convicções acabadas. Na biografia histórica, se só o contexto era estudado, suprimindo os questionamentos do mundo interior, o homem se torna um "esmagado, soterrado e esquecido sob a excessiva preocupação de lhe assinalar a [sua] 'figura histórica'". E continua: "Reis, políticos, soldados, poetas, artistas, foram biografados através desse prisma; [...] o que encanta e atrai os biógrafos é conhecer a influência da ação ou do pensamento dos biografados sobre a sociedade; as reações que provocaram as emoções que despertaram; o poder que detiveram; e a maneira pela qual o usaram [...]". Viana Filho diz que, na biografia histórica, "esquecia-se o homem [...] para, sobretudo, lembrar a obra por ele realizada".[63]

Restaria sempre para o biógrafo margens de erro e de dúvida, diferente do historiador (*sic*), que estaria "diante do conjetural" – elemento legítimo do seu trabalho. O conjetural se apresenta com as honras da legitimidade para os historiadores; já na biografia, esse elemento era prescindível, sob pena de o biógrafo realizar apenas uma cronologia, que, contudo, podia vir a ser utilizada desde que com parcimônia. Viana Filho percebe a importância da imaginação na composição da biografia, o que não significa "inventar livremente", pois tal procedimento era uma deturpação e uma infidelidade, algo peculiar ao romance, mas, sim, aventar conjecturas, dar movimento e colorido à biografia, sem prejuízo da sua natureza.[64]

O autor também insiste, com alguma ambiguidade, que a biografia moderna não pode prescindir daqueles elementos básicos da composição histórica, afastando-se da verdade, da exatidão, do sentimento de justiça, pois, de outro modo, era a deformação ou a ficção: "Chame-se romanceada, moderna, literária, ou histórica, a biografia – e isso se afigura essencial – terá de subordinar-se às limitações impostas por aquelas características de submissão à verdade, à exatidão, ao sentimento de justiça, que lhe são inerentes, sob pena de deixar de ser biografia".[65]

A contribuição de Luiz Viana Filho nesse debate está, sobretudo, em ter refletido largamente sobre o problema da biografia e em meio àquela "epidemia". O problema envolvia juízo, verdade, fontes documentais, subjetividade,

---

[63] *Idem*, p. 34-35.

[64] *Idem*, p. 45-47.

[65] *Idem*, p. 25.

objetividade, entre outros. Se a sua defesa do caráter essencialista da biografia, hoje, pode nos parecer frágil, deve-se lembrar que essa noção era partilhada por grande parte dos biógrafos da época, influenciados também pelos mestres, estrangeiros ou não, da biografia, pela tradição do nosso biografismo patrimonialista e pelos termos de uma História positivista, fria, de arranjos cronológicos ou de continuidades lineares, etc.

Tentando ainda sintetizar o pensamento daquele autor, finalmente três fatores concorrem para modificar, com o tempo, o juízo sobre interpretações biográficas: o aparecimento de novos documentos, a ampliação da perspectiva e a alteração dos critérios de julgamento. Assim, a biografia está submetida a leis, dela inseparáveis: a diversidade nos modos de considerar e ver uma individualidade; a impossibilidade da descrição completa da vida (o que parece estar em desacordo com expressões e conceitos que o autor utiliza como "retrato total do biografado", "biografia exata"); algum empirismo do trabalho do biógrafo; o respeito à cronologia; e, ainda, a legitimidade e a necessidade do pormenor para a construção biográfica viva e persuasiva. Mas ele ainda ressalta que essa *nova* biografia era mais árdua, requerendo mais pesquisas: "O biógrafo moderno é uma espécie de 'mineiro'. Livre de qualquer ideia preconcebida, almejando apenas encontrar os elementos que lhe permitem conhecer e compreender totalmente o biografado". O biógrafo "desce às profundezas de cada vida, revolvendo-a em busca de alguns grãos de verdade, que depois de haver desembaraçado da ganga, entrega aos leitores. Quantos obstáculos, no entanto, não se interpõem entre ele e a verdade, que, possivelmente, jamais poderá ter a convicção de haver encontrado?"[66]

É possível pensar que o livro *A verdade na biografia*, de Viana Filho – membro da ABL, escritor, político influente e articulado com os órgãos da grande imprensa –, tenha sido debatido pelas rodas de literatos e de críticos, nos anos próximos a sua publicação, pois algumas notas nos jornais cariocas, entre 1945 e 1947, no *Correio da Manhã* e no *Jornal do Brasil* o confirmam. Supostamente empurrada pelas reflexões de Viana Filho, a crítica literária tendeu a admitir, como permanentes, algumas características da biografia, ou seja, as escolhas e os critérios do biógrafo, a importância dos pormenores e as marcas do tempo na conformação dessa narrativa, mas permaneceram, ao que parece, as indefinições quanto às marcas entre a biografia e a História, ainda que fosse muito defendido o argumento do valor literário da biografia e, daí, certa confusão inevitável com o romance.

Contudo, outros autores também escreviam sobre o tema, e o debate prosseguia. O termo "biografia", nesses anos do pós-guerra, teve seu significado ampliado, com autores do período chamando a atenção sobre o conceito.

---

[66] *Idem*, p. 40.

Disso resultou a perda de precisão do termo tornando-se até relativamente difícil identificá-lo, tal a variedade de trabalhos sob essa designação. A noção de "alma" do biografado foi tão realçada que nos pareceu incontornável fazer a sua associação ao problemático conceito de "alma nacional", reiterado pelos discursos políticos, institucionais e governamentais. Ainda que difuso e retórico, tal conceito era frequentemente operado desde o início do século XX, em meio a alguns enunciados de convicções salvacionistas, de traços messiânicos ou mesmo por certa mitologização romântica de parte da intelectualidade brasileira sobre conceitos de nação, história, tradição, raça, progresso, povo, ordem e liberdade.

Como se sabe, não foram poucos os pensadores que enfrentaram o desafio de interpretar o Brasil, um esforço ou uma aceleração de argumentos e de reflexões que constituíram a nota dos anos 1930. Mário de Andrade já havia traçado a alma-cultura do Brasil como ambivalente, feita de falta e de sobra, e a sua originalidade identitária como *transitiva* e *despedaçada*. Caso também de Roquette Pinto que, desde 1933, defendia a integração nacional, a nacionalização da economia e a difusão cultural. Sua proposta de análise pela direção "científica" busca a "alma da nação", esta que ele chama de "nação brasiliana". Ele quer a ação reparadora no próprio interior da mãe-pátria e a integração dos brasileiros pelo reconhecimento de suas necessidades, pela educação.[67]

O então jovem Afonso Arinos de Melo Franco escreveu, em 1936, *Conceito de civilização brasileira*. Pretende uma análise científica e também pioneira sobre o país, reconhecendo a diversidade histórica brasileira e os embates entre as "três raças". Arinos propõe recuperar as origens do Brasil, traçar a sua "alma" para pensar o futuro de uma civilização singular, una, nascida da combinação de raças distintas. Nessa fusão, a porção branca superior devia imprimir sua marca civilizatória e, afastando o despreparo e a ineficiência da mestiçagem, alcançar pelo progresso a transformação da cultura brasileira.

E Nestor Duarte, em *A ordem privada e a organização política nacional*, de 1939, mostra o "brasileiro político" (*deformado, indiferente e incompleto*), como resultado de um produto histórico irregular ou de um passado de forte peso tradicional (com o patriarcalismo), o mesmo ocorrendo com o Estado no Brasil. Para ele, "é um velho povo vivendo uma velha ordem". E a ausência do "elemento histórico" (ou de uma História viva de "passagens humanas") define o sentimento nacional: seríamos mais ligados à terra, à paisagem (ao lirismo) do que à noção de comunidade e de um Estado forte, este, sim, capaz de expressar a vontade nacional. Propõe reformas para que se construísse a "alma da nação",

---

[67] Roquette Pinto criou a Rádio Sociedade do Rio de Janeiro, atual Rádio Ministério da Educação e Cultura. Sua obra *Ensaios de antropologia brasileira*, de 1933, foi considerada marcante por revelar fortemente as posições do pensamento social brasileiro de sua época.

o seu "espírito identitário", e ao Estado se coloca a "função de reformar, criar, educar o povo".[68]

Ao entrar na ABL, na década de 1950, Raimundo Magalhães, no seu discurso de posse, retorna ao tema da "alma nacional" e pela via de uma tradição política conservadora – para se ajustar à plateia de confrades que o assistia e o recebia? Para ele, a nossa singularidade histórica está na conciliação dos opostos; os opositores de hoje se reconciliam amanhã, em "abraços fraternos", pois essa é a marca da nossa identidade e fisionomia, do nosso caráter e "a nossa alma", que é de um povo mestiço e combatente, mas pacífico. E propõe uma pedagogia "do alto", tarefa do Estado que dá, afinal, *acabamento* à nação, pela via da cultura e da educação.[69]

O discurso do "espírito de nacionalidade", que correspondia a uma reconstrução de setores diferenciados da intelectualidade brasileira, em sintonia ou não, com o Estado, imantou parte do cenário político com outros enunciados de feição patriótica, por toda a década de 1950. Parte desse ideário foi manifestada bem antes com a República pela "pedagogia da nacionalidade", uma ideia de "nação demarcada por uma fronteira interna entre a intelectualidade e os setores do povo que se quer educar".[70] Deve ser sublinhado nesse longo, e não menos complexo, processo o papel da biografia, notadamente o seu uso pedagógico bastante difundido na instituição escolar.

A busca desse espírito ou dessa "alma nacional" pode ser encontrada também na defesa de um nacionalismo amalgamado com o socialismo, ou seja, pela crítica dirigida às elites políticas tradicionais, responsáveis pelo atraso da nação e pela necessidade de uma *nova* representação política no país. O ponto era preciso: tratava-se de integrar o povo, mestiço, alijado do desenvolvimento do país e construir a "alma da nação" nas tribunas, na imprensa, nas academias, nas instituições. E esse alvo devia combinar esforços pelo estudo e conhecimento das raízes históricas e culturais do povo brasileiro promovidos por instituições públicas.

O "espírito nacional" contaminou também o linguajar técnico. Uma espécie de ciência nacional foi delineada para a racionalização das políticas públicas, para o planejamento da vida econômica com vistas à emancipação nacional. Parte da elite intelectual da geração do pós-guerra pensou sobre essas questões também no âmbito de teóricos e de técnicos, como os do Instituto Superior

---

[68] Cf. DUARTE, N. *A ordem privada e a organização política nacional*. São Paulo: Companhia. Editora Nacional. 1939. p. 229. Coleção Brasiliana.

[69] Cf. Discursos Acadêmicos. Recepção ao Sr. Magalhães Junior. *Revista da Academia Brasileira de Letras*. Rio de Janeiro, v. XV. 1956-1958.

[70] Cf. DUTRA, E. de F. *Rebeldes literários da República:* história e identidade nacional no Almanaque Brasileiro Garnier (1903-1914). Belo Horizonte: Editora UFMG, 2005. p. 232.

de Estudos Brasileiros (Iseb).[71] Os temas, em geral, dividiram os intelectuais e em pulsação hiperbólica: debates sobre o ideário liberal e internacionalista, entre diversos nacionalismos, além da teoria socialista, etc. E também, entre confessados dilemas, a discussão sobre o reconhecimento da população mestiça pela produção ensaística e literária, além de outras manifestações artísticas pela valorização do "folclore", uns dos ingredientes do que seria a "alma nacional"[72] – nessa diversidade de discursos, por vezes retoricamente próximos, uma das controvérsias se mantinha: como fazer a nação, se não havia coesão?

Parte desse rol de questões encontrou, de cheio, o debate sobre biografia. A sua vertente romanceada, bastante difusa, passou a ser mais criticada, pois não se aceitava inteiramente o romance na construção da biografia, ainda que se alegasse que o empréstimo do romance se devesse à necessidade de atualização com elementos de renovação estilística como leveza, elegância, graça para atrair o leitor no desenvolvimento da narrativa.

Contudo, os tempos pendiam mais para os rumos do próprio gênero biográfico, movido, também e supostamente, pelos impactos vividos pela realidade brasileira naquele período de graves incertezas sobre a construção da jovem democracia no país e os impasses da Guerra Fria. Essa não era uma questão menor também para a trajetória da biografia no Brasil, e, em certa medida, o debate campeava sobre e entre os seguintes pontos: ficção não era História nem biografia; imprecisão mantida nas fronteiras entre o romance e a biografia; critérios para compor a biografia eram necessários para não confundir os leitores, etc.

Para alguns biógrafos e críticos, ao contrário de outros, a biografia moderna devia assimilar elementos da História, sendo defendida a denominação histórica, mesmo que perigosamente confundida com a *velha* biografia tradicional, antes do advento da biografia moderna. Além do fato de que, para muitos, a biografia

---

[71] O Instituto Superior de Estudos Brasileiros (Iseb), de 1955, subordinado ao Ministério da Educação e Cultura, foi um dos polos decisivos para a política nacional-desenvolvimentista até 1964. Na sua chamada primeira fase, finda em 1959, propôs-se a discutir um modelo de desenvolvimento para o país com a contribuição de intelectuais de diferentes matizes ideológicos; na segunda fase, em que esteve sob o controle dos comunistas, a principal defesa foi de estimular o desenvolvimento industrial que transformaria a nação. Os proponentes mais destacados dessa política, na mira dos golpistas de 1964, seriam Álvaro Vieira Pinto, Hélio Jaguaribe, Cândido Mendes de Almeida, Guerreiro Ramos, Roland Corbisier e Nelson Werneck Sodré, entre outros.

[72] Cf. ORTIZ, R. *Cultura brasileira e identidade nacional*. São Paulo: Brasiliense, 1985. p. 42. Aqui, deve ser destacada a importância da obra de Gilberto Freyre pelo seu mérito em abrir debates sobre o tema e por saudar a mestiçagem, oferecendo, simbolicamente, ao brasileiro uma "carteira de identidade".

pertencia ao gênero histórico, ainda que fosse bem sublinhada a assertiva de que ela era uma arte e não uma ciência.

Um dos melhores indícios para perceber esse ambiente de fermentação literária e intelectual que, entre outros temas, elegia o gênero biográfico como um dos alvos prediletos das discussões, foi exatamente a crítica de rodapé, nos anos 1940 e 1950, notadamente na imprensa do Rio de Janeiro. A principal função do crítico era a de aproximar escritores e leitores, escritores e editores, criando uma mediação de interesse teórico-conceitual e também profissional. Nomes como Alceu Amoroso Lima, Agripino Grieco, Augusto Meyer, Humberto de Campos, Lúcia Miguel Pereira, Carlos Drummond de Andrade, Mário de Andrade, entre outros, escreviam costumeiramente nos jornais sobre livros e autores. Mas, como avaliam comentadores, como Adélia Bezerra de Menezes Bolle, aquela era ainda "uma crítica humanista no sentido pequeno, politizante, impressionista, superficialmente jornalística, aderente a certas necessidades da notícia".[73]

Carlos Drummond de Andrade, nesse período, chamava o crítico pernambucano Álvaro Lins de "Imperador da crítica brasileira" pela sua ação destacada na crítica de rodapé, no *Correio da Manhã*, RJ, além da direção que imprimiu, a partir de 1949, no Suplemento Literário desse jornal – Lins era também professor de Língua Portuguesa e de História Geral no Instituto de Educação, RJ, e autor de uma biografia sobre o barão do Rio Branco, lançada em 1945.

Álvaro Lins vinha participando, como tantos autores de sua geração, do ambiente intelectual da referida "epidemia", e fez alguns artigos, polêmicos, sobre as tendências em curso na escrita biográfica. Cético com relação aos romances biográficos e a biografia romanceada de sua época, achava que quase nada ficaria de ambos. Um dos mais fortes críticos de Álvaro Lins foi Afrânio Coutinho, que acusou aquela crítica de "amadorística", defendendo que crítica literária devia ser bem fundamentada e acadêmica.

Em um denso artigo no jornal *Correio da Manhã*, RJ, com o título "Literatura Industrial", em 15/6/1940, ele argumenta que a biografia "abdicou de si mesma, pelo que subtraiu do romance" por meio desse hibridismo que a transformava em uma "anomalia", sendo difícil aceitar tal "degradação" ou "estreiteza de perspectiva", ainda que isso, paradoxalmente, explicasse o seu êxito perante os leitores. A artificialidade da ideia de fusão, então usual entre os gêneros romance e biografia, chama a sua atenção. Em tom direto, diz que a biografia estava para a História, assim como o romance estava para a Literatura.

Ele percebe ainda que a biografia histórica devia ter compromisso com a operação própria da Historiografia que, entre outras "qualidades", seria exa-

---

[73] Cf. BOLLE, A. B. de M. *A obra crítica de Álvaro Lins e sua função histórica*. Petrópolis: Vozes, 1979. p. 48.

tamente a da sua lida com a pesquisa documental e com a busca da verdade. Sobre noções então correntes de conformar tanto a biografia quanto a História como arte, não havia contestação, pois seria possível "uma expressão que pudesse revelar juízos e valores históricos através de uma composição literária".

Do seu posto no jornal, nos anos 1940, Álvaro Lins avalia várias biografias, como as do já citado historiador Octávio Tarquínio de Sousa, e marca a sua posição de que "a única liberdade do historiador será a de usar a intuição, mas assim mesmo, uma intuição toda racional e objetiva aquela que vai tateando de grau em grau e tão diferente da intuição artística".[74]

A partir da década de 1950, surgiu, sobretudo, pela crítica de jornal, a expressão biografia documentarista, aquela que documenta a realidade, mas a realidade no seu sentido histórico, temporal. Essa narrativa documentada mantinha ou tentava manter os elos efetivos com os estudos históricos.

Essa nova adjetivação é encontrada nas notas do crítico João Condé, nas referências do editor Paulo Rónai sobre algumas das biografias de Raimundo Magalhães Junior, nos discursos dos confrades da ABL dirigidos à produção intelectual de Magalhães nas sessões da casa. Também Augusto Meyer, membro da ABL e diretor do Instituto Nacional do Livro, propõe publicações novas do texto biográfico que superassem a modalidade convencional. E defende a biografia documentarista que se comprometia com a *verdade*, explorando fontes históricas próximas às trajetórias de vida do biografado.

Essa recomendação do INL e as de alguns editores interessados no gênero, contudo, não trouxeram, possivelmente, alterações quantitativas, pois a expansão do consumo de biografia, em geral romanceada, se manteve avivado. Mas pode ter concorrido para outras tantas reflexões sobre alguns dos conceitos e critérios narrativos próprios do gênero, já que a interpretação de dados, na biografia de então, era pouco cogitada, importando mais as citações, algumas vezes alentadas, de forma a compor um texto descritivo, de viés marcadamente literário para atrair o leitor.

Assim é que a expressão biógrafos documentaristas, de presença um tanto pulverizada no campo que confrontava a biografia moderna ou romanceada, vigente desde os anos 1930, pode constituir um indício de que outros raciocínios eram desenvolvidos para se aproximar a biografia da História.

Nesse ambiente de editores, escritores e leitores, chama atenção uma declaração de Fernando de Azevedo que lança, em 1953, o seu livro, *A cultura brasileira*. Para ele, do ponto de vista cultural e pedagógico, "a República foi

---

[74] Cf. LINS, A. Literatura Industrial. *In: Jornal de Crítica*. 2ª Série. Rio de Janeiro: Livraria José Olympio, 1943, p. 272-276 e 357-358. O mesmo artigo de Álvaro Lins seria citado ainda por VIANA FILHO, L. *Op. cit.*, p. 19.

uma revolução que abortou", pois ao Estado não se colocava, ainda efetivamente, um projeto para a educação pública, décadas depois de 1889. Azevedo defende a ampliação das edições e do acesso aos livros, incluindo os estudos biográficos, literários e históricos. A título de nota, os dados nacionais sobre o analfabetismo e a evasão escolar no período são expressivos: entre as décadas de 1940 e 1950, apenas 47% da população, entre os 7 e os 12 anos, estariam na escola – posteriormente, mesmo com as campanhas de alfabetização, nos anos 1960 (Lei de Diretrizes e Bases), 33,7% da população jovem do Brasil ainda estava excluída da educação fundamental.

Mas, voltando aos supostos indícios, pela perspectiva temporal de que se dispõe para buscar compreendê-los, é possível enxergar, de fato, que, nos anos 1950, alguns biógrafos e críticos literários trilhavam a tendência, talvez geracional, de aproximar a narrativa biográfica ao campo narrativo dos historiadores.

Não parece que tenha sido outra a posição do crítico Álvaro Lins, pois a leitura do seu artigo, "Literatura Industrial", anteriormente comentado, indica que, para ele, o ofício do biógrafo era bastante próximo do ofício do historiador. Parece ainda que Lins quer ver sustentada a tese de que a biografia é uma forma, uma modalidade da narrativa histórica ou historiográfica. Aqui, tentando interpretar as suas palavras, é como se ele defendesse que a narrativa biográfica, por dar passagem ao tempo e aos homens, possibilitava também dar a conhecer as concepções e as noções de que se acerca o biógrafo para armar essa narrativa, traduzindo as tensões e as articulações entre tempos, realidades e indivíduos distintos.

Salta também do interior desses debates e desses discursos a proposição de se fazer, pela biografia, a renovação ou a atualização da narrativa historiográfica – nesse caso, aqui se pode alinhar as posições documentaristas de Raimundo Magalhães Junior por meio de sua biografia história, como se verá. Um outro aspecto igualmente importante, e não apartado do próprio fazer do gênero biográfico, está na escolha protagonista dentro de um elenco de personalidades históricas e literárias, acolhido sob as asas da "cultura histórica". Nesse processo vigoroso de edição de biografias, ainda notável no país nos anos 1950, a implicação direta da formulação de imagens, pela história de vida, correspondia a uma evidência – um modelo de verdade, ainda que imaginário, sobre o nacional e de inquestionável peso na memória histórica do país.

Nas rodas de discussões sobre a biografia moderna ou romanceada, Raimundo Magalhães Junior não se posiciona abertamente. Na sua juventude, como jornalista e dramaturgo, ele elogia os dotes literários de André Maurois para compor, em 1939, a sua peça, *Um judeu*, sobre a vida de Benjamin Disraeli. Tempos depois, ele irá pontuar sua manifestada predileção, como também Sérgio Buarque de Holanda, por Lytton Strachey, autor de *Eminentes vitorianos*, de 1918, e de *A rainha Vitória*, de 1921, destacando a contribuição daquele biógrafo para uma narrativa de traços anti-heroicos, sendo capaz de combinar o trabalho do historiador com o manejo do artista.

No seu primeiro livro de biografia, *Arthur Azevedo e sua época*, publicado pela Civilização Brasileira, em 1953, Magalhães abre seu brevíssimo prefácio com uma observação um tanto difusa, mas, de algum modo, supostamente coerente com a posição de um estreante ou de quem não quer acalorar mais ainda o debate entre seus pares: "Este livro não é a biografia de um homem, nem a história de uma época. Pretende ser um pouco de cada coisa, mostrando um escritor do povo em relação aos grandes acontecimentos do seu tempo".

E chamam atenção, por via cruzada, duas matérias publicadas no *Jornal do Brasil*, assinadas, respectivamente, por Joel Silveira, em 17/6/1972 e por Alceu Amoroso Lima, em 28/2/1982, sobre as obras de Raimundo Magalhães ligando-o ao *antigo* debate sobre biografia. E o editor Joel Silveira ressalta: "O biógrafo Magalhães Junior prova que o vestígio sempre existe e que através dele (e por menor que seja) é possível reformular conceitos, corrigir, e dar a uma personalidade ou a um acontecimento um aspecto ou um sentido novo". O autor diz que "é essa falta de persistência (ou de seriedade) na pesquisa [...] é que tem feito a ruína de muito biógrafo que pretende aceitar o que foi convencionado como certo e verdadeiro a encarar com suspeita e desconfiança (o que consequentemente, o levaria a novas buscas) essa mesma certeza e verdade". E comenta: "Resultado disso [...] são as pavorosas biografias romanceadas, culpadas por tanta distorção histórica. De R. Magalhães Junior, se pode dizer exatamente o contrário [...]".[75]

A matéria do crítico literário Alceu Amoroso Lima, publicada após a morte de Raimundo Magalhães, reverencia, em sua maior parte, a memória do amigo, mas também pontua a sua forma de trabalho distanciada de uma modalidade de biografia ainda em curso no país, nos anos 1950: "Não tinha tempo para se deter na análise da psicologia das personagens, conforme a biografia romanceada, tantos eram os fatos que reunia e para que deles se extraísse uma conclusão fundamentada, essa sim, a sua principal característica".[76]

O tradutor e editor Paulo Rónai, que acompanhou a produção biográfica de Raimundo Magalhães, avalia que este conseguia fazer a dosagem sempre problemática entre a História pública e a História individual, mas afastado dos pressupostos da biografia romanceada "com o rigor científico de historiógrafo e não de biografias romanceadas, fato sobre o qual o próprio autor insiste, por

---

[75] Cf. SILVEIRA, J. As boas biografias de R. Magalhães Junior. *Jornal do Brasil*, Rio de Janeiro, 17/6/1972.

[76] Cf. SOBRINHO, B. L. Um país perdulário? *Jornal do Brasil*, Rio de Janeiro, 28/2/1982.

exemplo, nas relações bibliográficas constantes de seus volumes". E esclarece que "a serviço dessa tarefa [ele] soube dobrar a imaginação, que tem forte e fértil, preferindo ao levantamento de hipóteses vistosas e ao esboço de afrescos de traços largos uns mosaicos minuciosos, compostos com longa paciência, sem poupar tempo nem engenho no esclarecimento de minudências". Afirma que a obra do biógrafo conseguia "daí derrubar mais de uma vez teorias aparentemente plausíveis, mas baseadas em fundamentos frágeis ou em interpretações apressadas".[77]

Talvez pelo fato de a crítica sobre o gênero biográfico se manter ainda ativa e vigilante, é de interesse conhecer que a posição de Magalhães Junior se tornou abertamente crítica à velha biografia romanceada, sobretudo, depois de ter se firmado como biógrafo por ter escrito várias obras na década de 1950. Na resenha que ele faz do livro *Vida e obra de Olavo Bilac*, de Fernando Jorge, no jornal *Diário Carioca*, RJ, em 24/11/1963, seu posicionamento é nítido: "Custa a crer que ainda se escrevam biografias, no nosso tempo, numa linguagem florida e lantejoulada, que lembra os maus folhetinistas da época romântica". E continua: "Poeta infeliz tem sido Bilac. Ainda não encontrou o seu verdadeiro biógrafo. [...] Bem sei que não é justo comparar coisas heterogêneas, mas em face de uma obra assim ainda podendo incidir num anátema de Fernando Jorge, direi francamente: ainda prefiro um bom chute de Pelé".[78]

Se a recepção à biografia documentarista cresceu, nos anos 1950, entre setores da rede discursiva, impulsionada provavelmente pelos estudos históricos, paradoxalmente, fatores distintos teriam, posteriormente, imposto dificuldades a essa recepção. Mas, antes, convinha examinar o prefácio que Octávio Tarquínio de Sousa escreve na sua biografia, *A vida de D. Pedro I*, de 1952, lançada pela José Olympio Editora. Também diretor da coleção Documentos Brasileiros da mesma editora, Octávio Tarquínio fornece boa mostra de sua opinião no debate entre biografia e História quando afirma: "Mais uma vez o autor [ele próprio] procurou evitar a biografia romanceada, tão do agrado de numerosos leitores, a despeito de sua completa falsidade". Afirma que "o estudo biográfico é um dos fundamentos e em sua técnica obra histórica e, se não prescinde, como qualquer outro trabalho que participa da arte literária, do favor da imaginação e do socorro de dons estéticos, deve apoiar-se sempre em fatos e documentos". E prossegue o historiador: "A busca de uns e outros representa a primeira tarefa do biógrafo; dar-lhes ordem e interpretá-los será a segunda, aquela em que o historiador procura recriar a vida que se extinguiu e restaurar o tempo que passou". Defende ainda que "quem se dispõe a estudar uma personagem histórica

---

[77] Cf. RÓNAI, P. O biógrafo das letras brasileiras. *Coleção homens e épocas das letras e artes brasileiras*. São Paulo: Lisa, 1971, p. XVII-XVIII.

[78] Cf. pasta 722, anos 1963-1965, arquivo da ABL, Rio de Janeiro.

com ânimo de restituí-la quanto possível à sua realidade, descobrindo-lhe o ritmo vital, deve de início precaver-se contra a apresentação convencional com que não raro a desfiguram contemporâneos e pósteros".

A crítica de Raimundo Magalhães Junior, a seguir, sobre o livro *A vida de D. Pedro I*, de Octávio Tarquínio de Sousa, em 1953, no ano seguinte do seu lançamento, publicada pelo jornal *Diário de Notícias*, RJ, sob o título "Pedro I redivivo", também é reveladora dos muitos vínculos entre essa rede de escritores, dramaturgos, biógrafos e críticos na cena cultural carioca: "Quando empreendi a tarefa de levar ao teatro a vida de D. Pedro I, pois nela há material para trinta peças, [...] li exaustivamente tudo quanto pude reunir e que podia servir aos meus propósitos. A peça está aí, no teatro Dulcina, para julgamento do público". E continua: "Não faço essa referência senão para dar força à minha convicção de que Octávio Tarquínio de Sousa escreveu um livro definitivo. Um livro que é um monumento novo ao príncipe que emancipou o Brasil do domínio português e cuja figura salta de suas páginas rediviva, palpitante, impetuosa". E valorizando o trabalho de Octávio Tarquínio, faz essa menção: "Como Carl Sandburg, apoderou-se o autor dessa vida de D. Pedro I de um grande tema, criando também o seu latifúndio literário. E apossou-se legitimamente, fazendo obra de verdadeiro escritor e verdadeiro historiador". [79]

Anos depois, em 9/6/1957, no Suplemento Literário, do *Jornal do Brasil*, é publicado um artigo, "A biografia, sua evolução e sua técnica", assinado por José Honório Rodrigues. Rodrigues, então um ativo pesquisador no Instituto Nacional do Livro (trabalhando na Seção da Enciclopédia e do Dicionário, dirigida por Sérgio Buarque de Holanda), foi responsável, de 1954 a 1956, pela organização dos três volumes da *Correspondência de Capistrano de Abreu*, publicadas pelo INL, e, em seguida, chefe da Divisão de Obras Raras e Publicações da Biblioteca Nacional, RJ. Em 1949, Rodrigues lança *Teoria da História do Brasil* e, em 1952, *A pesquisa histórica no Brasil: sua evolução e problemas atuais*.

A carreira de Rodrigues talvez explique a publicação dessa longa matéria pelo jornal, revelando não somente seu prestígio profissional, mas também a relevância do tema biográfico nos meios intelectuais da época. O artigo faz uma crítica aberta à biografia romanceada e coloca mais aditivos na fogueira dos debates, quando diz o autor: "As vidas romanceadas tem-se tornado um dos piores instrumentos de adulteração da história".

José Honório Rodrigues, ainda que reconhecendo o sucesso editorial do tipo romanceado de biografia, ressalta no rol de obras do gênero do mercado brasileiro, a feição historiográfica dos livros de Octávio Tarquínio.

---

[79] Cf. MAGALHÃES Jr., R. Pedro I redivivo. *Diário de Notícias*, Rio de Janeiro, 8/8/1953; acervo do autor, AMBL, Casa de Rui Barbosa, Rio de Janeiro.

E chama atenção para o vício do personalismo então recorrente nas narrativas históricas, pois "no Brasil houve sempre um predomínio da biografia de personalidade sobre a história política". Contudo, de acordo com seu raciocínio, isso não significa "que não se deva estudar as personalidades políticas, mas tão somente escrever a história política através de biografias é um sinal de imaturidade".[80] Também faz alusão, como que sugerindo o procedimento prosopográfico aos historiadores brasileiros, sobre a técnica praticada na Inglaterra (como a do historiador Lewis Namier, que pesquisou setores políticos no reinado de Jorge III) de não se prender apenas à vida do protagonista, mas de produzir a reunião de diversos ensaios biográficos para enfocar um aspecto ou uma questão histórica específica.

Mas é preciso enfocar o fato, polêmico, de que a biografia produzida no Brasil se tornou, a partir dos anos 1950, comumente malvista por alguns nichos universitários no país. No geral, ela tendeu a ser negligenciada, e isso, possivelmente, se devia à necessidade de se demarcar o campo dos historiadores, além do caráter seletivo do processo de sociabilidade universitária diante de uma produção que podia ser considerada "não escolar" ou mesmo tida por intrusa. A observação de Pierre Bourdieu pode ser aqui adequada para se compreender tal recusa, pois a história de vida era uma daquelas noções do senso comum "que entram como contrabando no universo científico".[81]

Em outra perspectiva, Paulo Miceli levanta uma questão polêmica. Para ele, "não se pode omitir sobre *novas* formas históricas de se pensar a sociedade e cultura do Brasil a partir do passado; processo anterior e profícuo, em curso desde os anos 1920 e 1930, cuja produção foi realizada, em grande parte, externa à universidade brasileira". Isso se deveu "em desobediência a quaisquer cadeias de sucessão e mesmo de subordinação às *famílias* que, tradicionalmente, conformam e põem sob limites o saber acadêmico". [82]

De todo modo, a retração do gênero biográfico, pela crítica especializada, ainda indicava uma reação que o associava a certa caricatura do Ocidente, cujos méritos estavam com a biografia convencional pelo seu personalismo piegas, como já notara José Honório Rodrigues, e gerada por um país, como se dizia, "subdesenvolvido" e possuidor de uma Historiografia periférica.

---

[80] Esse artigo foi incorporado, pelo autor, à 2ª edição do seu livro *Teoria da História do Brasil*, publicado em 1957, São Paulo, pela Companhia Editora Nacional – contudo, o lemos na 3ª edição, de 1969, p. 203-212.

[81] Cf. BOURDIEU, P. A ilusão biográfica. *In*: FERREIRA, M.; AMADO, J. (Orgs.) *Op. cit*, p. 183.

[82] Cf. MICELI, P. Sobre História, Braudel e os Vaga-lumes. A escola dos Annales e o Brasil (ou vice-versa). *In*: FREITAS, Marcos César de. *Historiografia brasileira em perspectiva*. São Paulo: Contexto, 2003. p. 259.

Nesses anos, ocorreu uma tendência em se associar à biografia a noção de subgênero; algo como uma narrativa menor e inclassificável, sobretudo, porque uma de suas vertentes se ligou a uma concepção de História linear e não questionadora. E some-se a esse quadro recessivo o fato de que a crítica e a crítica literária praticadas no Brasil, sob o controle e a censura nas décadas de 1960 e 1970, foram bastante atingidas, além do encolhimento do mercado livreiro e dos limites ao direito de expressão.

Assim, parte dessa crítica chegou a combater, com alguma pertinência, não só a composição utópica e redutora do retrato biográfico positivista tradicional, mas também apontar para a substituição da tediosa montagem da galeria dos ilustres pelo exame *realista* dos processos históricos, buscando contribuir para a atualização e revigoramento do gênero. [83] Portanto, é possível perceber que um outro padrão narrativo biográfico tendia a se impor, ao contrário do ainda vigente, considerado suspeito, inclusive por conter uma grave marca de ligeireza e de leviandade.

Da influência de alguns críticos e comentadores, também das Ciências Sociais, e com o prestígio do marxismo entre nós, a biografia foi então confrontada e de certo modo alijada dos estudos históricos, recebendo a sentença de se tornar um gênero ignorado ou vagamente anunciado por instituições como a academia universitária, protetora, em princípio, do conhecimento científico e contra a avalanche vulgarizadora da cultura.

O marxismo, que nunca foi um bloco unívoco no Brasil, se expandiu então depurado e combinado a concepções ecléticas de outros pensadores e para fins diferenciados no interior de algumas instituições. [84] Tinha seus representantes aguerridos e influentes e se apresentava bastante identificado com o Partido Comunista Brasileiro, esse de fundamental importância para se conhecer grande parte da História da esquerda no país. O engajado pensador Astrojildo Pereira, por exemplo, que entre várias atividades dirigiu a revista *Estudos Sociais*, editada entre 1958 e 1964, no Rio de Janeiro, reconhecia, segundo um de seus comentadores, o tom fechado e dogmático daquele marxismo, que em poucas proporções atuava como um instrumento de

---

[83] Cf. *clipping* da ABL, entre os anos 1960 e 1970, Alguns textos de crítica literária de Carlos Drummond de Andrade e de Otto Lara Resende, publicados no *Jornal do Brasil* e no *Correio da Manhã*, RJ, enfocariam, entre outros temas, algumas das biografias então editadas no país.

[84] Pensadores sociais, inspirados na leitura de Karl Marx, como Caio Prado Junior, Nelson Werneck Sodré, Florestan Fernandes, Octavio Ianni e outros intelectuais, desenvolveram estudos referentes, muito importantes para a História das ideias políticas no país; alguns desses encontros ocorriam em instituições acadêmicas, como os noticiosos "Seminários" da USP.

investigação – nesse mesmo período, ele teria recebido do PCB o carimbo de "renegado".[85]

Com relação ao gênero biográfico, é possível que os posicionamentos mais atritosos partissem da crítica de uma esquerda mais *antiga* e sectária que via nessa modalidade de escrita uma forma de valorizar o indivíduo "em detrimento das massas", perdendo-se o fio da História pela perspectiva "exclusiva do sujeito". Por meio dessa crítica, que hoje se configura como conservadora e que atingiu os estudos históricos, pode-se pensar – e aqui como hipótese – que, se a hegemonia do sujeito "tradicional" não devia ser acatada, admitia-se, por outro, a biografia do um novo e outro sujeito, "a classe". Naquele contexto, a visão dessa esquerda, em geral, era normativa e negativa para com o gênero biográfico, bastante desdenhado e considerado social e politicamente estéril.

E em decorrência também disso, à biografia convencional será associado um sotaque heroico, elitista por um meio intelectual que se propunha a revisar criticamente todo um sistema de referências sobre a "historiografia tradicional", essa como um estoque de interpretações e experiências herdadas ou enrijecidas e sem conexão com o presente. A ideia nova era pensar o sujeito social e histórico, sua capacidade de intervenção na realidade objetiva. De modo mais operatório, cogitava-se fazer aparecer o "nosso povo" na narrativa histórica para também lhe "explicar o presente" e lhe "ensinar a lição da continuidade histórica", conforme, ao menos, as perspectivas oficiais do então Conselho Federal de Educação – neste órgão, o arsenal marxista chegou a ser utilizado para a empreitada da escrita da História, na qual, vista de hoje, não faltaram simplificações e esquematismos.[86]

Havia indícios também de que alguns intelectuais e historiadores brasileiros se viram apreensivos diante de um campo de forças avivado pelas reações do pensamento marxista. Otto Maria Carpeaux, por exemplo, que achava insultuoso ter que escolher entre Stálin e Forster Dulles, alerta os leitores, no *Correio da Manhã*, em 1959, para a hostilidade dos comunistas contra os intelectuais e para a reflexão sobre o significado da participação mais intensa "das massas no gozo dos benefícios da cultura e da técnica".[87] Tristão de Atayde, pensador católico, clamava contra o patrulhamento ideológico da esquerda, e Carlos Drummond de Andrade, embaraçado e irônico nas suas divergências

---

[85] Cf. NETTO, J. P. Astrojildo: Política e Cultura. *In*: PEREIRA, A. *Machado de Assis*: ensaios e apontamentos avulsos. Belo Horizonte: Oficina de Livros, 1991, p. IX-XII.

[86] Cf. coleção "História Nova", do Ministério da Educação e Cultura, Rio de Janeiro, 1964. Da mesma época, ver ainda SANTOS, Rufino Joel *et al.*. *História Nova do Brasil*, v. IV, São Paulo, Brasiliense, 1964.

[87] Cf. CARPEAUX, O. M. A rebelião de outras massas. Coluna "Livros na Mesa". *Correio da Manhã,* Rio de Janeiro, 11/7/1959. Esse artigo de Carpeaux é baseado nas ideias de Ortega y Gasset, conforme aquele autor.

com o PCB, reivindicava o estudo de obras teóricas de Marx, Engels, Lênin ou os posicionamentos desses pensadores sobre arte e literatura, "pois nós não conhecíamos nada".[88]

Por meio do vocabulário já corrente nos anos 1950, é possível ver o trânsito ideológico, os alvos do combate e "a gíria de esquerda" contra o relativismo, as infiltrações conservadoras e as inovações suspeitas, presentes em qualquer na narrativa, incluindo a da biografia histórica. Parte desse debate no campo intelectual foi conduzido pela crítica literária ou porque os literatos a praticaram mais costumeiramente ou porque o tema da biografia, do ponto de vista historiográfico, não sensibilizava inteiramente os historiadores.

A posição do biógrafo Magalhães Junior, nesse caso, fica em aberto, pois não foram encontradas declarações suas sobre o assunto, mas não deixa de ser pertinente considerar esse seu suposto silêncio, estratégico, de não se incompatibilizar com essa esquerda reativa, sendo ele um militante do PSB. De todo modo, é dele essa declaração irônica, de 1958, publicada pela *Revista da Academia Brasileira de Letras*: "Em matéria de crítica, é possível dizer tudo o que há de melhor e de pior sobre uma mesma personalidade. Se assim é em crítica, há de ser também em história, pois não existe apenas uma, rígida, oficial, dogmática, insusceptível de novas interpretações. Ela varia principalmente de acordo com as latitudes". E, continua: "Varia a história também de acordo com o temperamento, a formação intelectual, as convicções de cada historiador, por mais que esses adiram a regras preestabelecidas ou a métodos tidos como científicos". Atinado com leituras afins, diz: "Ainda agora, um escritor francês, Paul Guérande, sustenta [...] que há várias histórias, segundo os que a interpretam, de um ponto de vista liberal, universitário, católico, protestante, reacionário, socialista, economista, marxista, pseudocientífico, laico ou de vulgarização, alta ou baixa, isto é, didática ou simplesmente anedótica...". E arremata: "Em suma: não há história, há apenas historiadores. Assim como não há crítica, mas críticos...".[89]

Octávio Tarquínio de Sousa – de quem se perdeu um rico debate sobre o tema, pois faleceu abruptamente junto com a mulher, Lúcia Miguel Pereira, em um acidente aéreo, em 1959, no Rio de Janeiro –, ao lançar no ano anterior a sua *História dos fundadores do Império do Brasil*, polemiza as críticas à escrita biográfica, talvez pressentindo que tais questões trariam um fôlego maior. Afirma que até Marx reconhecia a importância que toda sociedade confere aos "grandes homens" por ela criados. Mas ironiza com relação aos pressupostos dos cultos

---

[88] Cf. CANÇADO, J. M. *Os sapatos de Orfeu*, 2. ed., São Paulo: Globo, 2006. p. 211.

[89] Cf. MAGALHÃES JR., R.. Historiadores do Brasil no século XIX. *In: Revista da Academia Brasileira de Letras*, anais de 1958, jul. a dez., Rio de Janeiro, 1958, p. 59-60.

stalinistas: "A importância da personalidade, a importância dos líderes políticos, ninguém põe mais em evidência que os marxistas, procurando impressionar a opinião das massas com a superioridade dos seus condutores e guias".[90]

Esse debate, politicamente postulado, revela na essência os problemas postos sobre a liberdade e sobre o lugar do sujeito na história. E, também, os paradigmas com relação à "marcha da história", que se dividia, grosso modo, ou por um entendimento mais esquemático, entre uma História tradicional e uma História *nova*. Esta considerava aquela tributária do "desvio individualista" e postulava a sua correção para firmar o lugar social e determinado do indivíduo no processo histórico e, por consequência, no interior da própria narrativa histórica.

Os problemas daí decorrentes incluem questões complexas como as relações entre a liberdade individual e as regulações e normas sociais, cujo ponto de rotação mais fecundo viria mais tarde pelas questões debatidas pela Historiografia em intercessão com outros campos das Ciências Sociais. Sobre o campo específico da construção narrativa, envolvendo questões da identidade, da alteridade, da autoria, entre outras, é possível que o debate tenha tido pouca visibilidade, se é que foi efetivamente importante nesse período... Em resumo, parece que ficaria para depois a discussão, de fundo, sobre "a irredutibilidade dos indivíduos e de seus comportamentos a sistemas normativos gerais", como mostra Giovanni Levi: "Não se pode negar que há um estilo próprio a uma época, um *habitus* restante de experiências comuns e reiteradas, assim como há em cada época um estilo próprio de um grupo. Mas para todo indivíduo existe também uma considerável margem de liberdade que se origina precisamente das incoerências dos confins sociais e que suscita a mudança social". E, finaliza: "Portanto, não podemos aplicar os mesmos procedimentos cognitivos aos grupos e aos indivíduos; e a especificidade das ações de cada indivíduo não pode ser considerada irrelevante ou não pertinente".[91]

Contudo, o exame do caminho da biografia no Brasil, nesse período, trouxe outro indício, relevante, para se aproximar de parte de suas questões, marcadas ou não pelas chancelas ideológicas. Um dos mais conhecidos autores marxistas brasileiros, Nelson Werneck Sodré, não desdenhava a fonte biográfica para compor sua obra mais importante, *Formação Histórica do Brasil*, de 1962, convencido, segundo suas palavras, de que "a história e a política seriam obras

---

[90] Cf. KONDER, L.. História dos intelectuais nos anos cinquenta. *In*: FREITAS, M. C. *Historiografia brasileira em perspectiva*. 5. ed. São Paulo: Contexto, 2003. p. 373. A citação referente foi retirada da obra de Octávio Tarquínio de Sousa, com prefácio de Alceu Amoroso Lima, Belo Horizonte/São Paulo: Itatiaia/Edusp,1988. Coleção Reconquista do Brasil

[91] Cf. LEVI, G. Usos da Biografia. *In*: FERREIRA, M. M.; AMADO, J. (Orgs.) *Usos & abusos da História Oral*. Rio de Janeiro: FGV, 1996. p. 182.

de milhões de indivíduos e não apenas de grupos e de tendências".[92] Apesar de muito combatido como um marxista esquemático, dogmático, e "vulgar", Sodré, que produziu a sua obra fora da universidade, teria os seus textos bastante citados por aquela, mas durante certo período. Segundo André Moysés Galo, a obra de Sodré "foi a mais prejudicada e não há outro paralelo na história brasileira. Houve uma interdição de seus livros, sobretudo vinda da academia paulista".[93]

Nelson Sodré fez uso largo da biografia para compor o inventário sintético de sua bibliografia brasiliana, *O que se deve ler para conhecer o Brasil*, de 1960, relacionando títulos e autores como Magalhães Junior com o seu livro, *Deodoro, a espada contra o Império*. Para aquele autor, o livro de Magalhães apresenta "uma relação de acontecimentos [...] ricamente ilustrada sobre o movimento das ideias e o movimento das personalidades do tempo. Serve pra situar os fatos, na sua sequência, desde a Questão Militar até à ascensão de Floriano".[94] Já para Magalhães, um dos leitores e admiradores de Sodré, possivelmente ficariam resguardados certos matizes das militâncias políticas entre eles, próximas, mas distintas, respectivamente, entre o PSB e o PCB.[95]

Mas a detratação da biografia, sobretudo por setores da esquerda marxista, não era um problema simples. Sobretudo porque a assimilação, importante, da teoria marxista no Brasil estava ligada, no período, a profundas idealizações da vida social e política, além de ter sido marcada pelo cânone autorizado pela produção soviética, incluindo o desconhecimento, em boa medida, das obras marxistas clássicas, como uma acentuada interpretação mecanicista e aligeirada da teoria.[96] Em geral, da perspectiva crítica de esquerda, a narrativa sobre uma vida era tida como incapaz de fazer enxergar a própria sociedade e estaria, de algum modo, fadada a perder sua legitimidade diante do peso das estruturas – bases sobre as quais a narrativa histórica analítica devia ser construída.

Se a biografia e a biografia histórica eram atacadas pela sua impertinência, ambição e "desvio ideológico", pode-se inferir, nesse confronto, que essa crítica era também resistente à margem de liberdade comum a todo indivíduo em meio às normas sociais e aos jogos políticos. Dessa perspectiva, um evidente paradoxo

---

[92] Cf. REIS, J. C. *As identidades do Brasil: de Varnhagen a FHC*. 4. ed. Rio de Janeiro: FGV, 2001. p. 145-172.

[93] Cf. jornal *Estado de Minas*, Belo Horizonte, 30/1/2000.

[94] Cf. SODRÉ, N.W. *O que se deve ler para conhecer o Brasil*. Rio de Janeiro, Inep/MEC, 1960. p. 171.

[95] Cf. MAGALHÃES JR., R., anotações manuscritas sobre esse livro de Sodré, s/d, acervo da AMBL, Casa de Rui Barbosa, Rio de Janeiro.

[96] Cf. FERREIRA, J. URSS: Mito, utopia e história. *Tempo. Revista do Departamento de História da Universidade Federal Fluminense*, n. 5. Rio de Janeiro, Sette Letras, julho de 1998. p. 19.

não pode ser desprezado, ou seja, o período era também marcado pelo culto personalista, pela defesa intransigente dos timoneiros da política das nações, como ficaram rotulados os condutores das massas exploradas e os porta-vozes das promessas do futuro.

Vista de hoje, aquela crítica parece conformada, pela âncora da luta de classes, a posicionamentos fechados e de algum modo convencida do fracasso da imaginação criadora especialmente em um texto de História.[97] Quanto à biografia histórica, essa foi interpretada como suspeita; fonte de artifício, ilusão, subjetivismos e passionalidades, além de ser considerada estéril a sua aventura de elucidar e suprir a vida biografada. Essa reação foi dirigida indistintamente a autores de diversas tendências e estaturas por uma prensa intolerante que os julgava menores e portadores de análises insuficientes, típicas da chamada *petite histoire*. Nesse período de forte censura política no país, o mercado editorial recebia e editava obras estrangeiras nem sempre significativas para os estudos brasileiros – alguns editores, jornalistas e críticos dizem que esse quadro alimentava inegavelmente o circuito da "dependência cultural".[98]

O gênero biográfico, também na sua vertente documentarista ou histórica, continuava a ser produzido e publicado fora da academia universitária. Mas, em geral, tendia ser mais claramente negligenciado por aquela, possivelmente, para se demarcar o campo dos historiadores com suas produções acadêmicas. Em perspectiva correlata, merecem registro as considerações de Sergio Miceli sobre o tratamento documental, no Brasil, referente às obras biográficas que, talvez pelo desinteresse acadêmico, por muito tempo, salvo *clássicas* exceções, foram confinadas ao abandono. "É de estranhar [...] que esse material abundante não tenha sido processado há mais tempo ficando via de regra circunscrito a menções fortuitas no corpo do texto ou, então, relegado a notas de rodapé, soando ora como referência pitoresca, ora como insígnia de erudição."[99]

Mas voltemos, por fim, ao biógrafo Raimundo Magalhães Junior para comentários pontuais sobre a recepção de uma de suas biografias que, entre outros aspectos, reúne material para farta apreciação sobre os desafios e problemas que

---

[97] Cf. MOURA, C. Considerações sobre a História como Ciência. In: *As injustiças de Clio: o negro na historiografia brasileira*. Belo Horizonte: Oficina de Livros, 1990. p. 25-28.

[98] Cf. entrevista "Quanto vale um escritor?". In: *Revista Leia*. São Paulo, ano XI, n. 138, 1990. Participaram dessa entrevista editores e intelectuais brasileiros como Luiz Schwarcz, Alberto Dines, Sérgio Machado, José Mindlin, Fernando Gasparian cujos depoimentos oferecem uma síntese sobre o ambiente intelectual e editorial no Brasil, a partir da década de 1970.

[99] Cf. MICELI, S. *Intelectuais à brasileira*. São Paulo: Companhia das Letras, 2001. p. 348.

o gênero pode ter suscitado em determinados momentos da vida da sociedade brasileira como na década de 1960.

O Rio de Janeiro, por muitos anos, foi a vitrine nacional de certo *glamour* poético "no sentido de que a literatura, os lançamentos e as noites de autógrafos, as críticas de rodapé alimentavam a vida da cidade e criavam fatos culturais de repercussão".[100]

Em 1964, na Livraria São José – um salão literário de Carlos Ribeiro e da nata letrada carioca, onde também se democratizava a inquietação intelectual – foi lançado o livro de Raimundo Magalhães, *Rui, o homem e o mito*. Os lançamentos de livros, nesse período, não eram performáticos e massivos como os de hoje; além da importante cobertura pela imprensa, em geral os livros ficavam mais conhecidos pelo tradicional boca a boca e pelas recomendações dos escritores a seus pares.

Rui, o homem e o mito desse autor, membro da ABL e biógrafo já conhecido, foi anunciado pelas notas dos jornais cariocas em ação conjunta com a Editora Civilização Brasileira. Já antes do seu lançamento, na coluna "Escritores e Livros", no jornal *Correio da Manhã*, RJ, em 22/9/1964, João Condé anuncia: "R. Magalhães Junior entregou à Civilização Brasileira os originais de 'Rui, o homem e o mito', livro que a exemplo do que aconteceu com 'Machado de Assis desconhecido' vai surtir o efeito de uma bomba nos arraiais das letras". E ele indaga: "Por quê? Simplesmente pelo fato de que, nessa obra, o conhecido escritor e pesquisador traça-nos um perfil de Rui Barbosa que foge inteiramente aos moldes adotados por quase todos os biógrafos do estadista brasileiro".[101]

Ainda na mesma entrevista, João Condé provoca o entrevistado (e, certamente, o leitor da coluna), perguntando se o autor pretendia destruir um mito: "Como se sabe, Rui é tema intocável em certas rodas. Qualquer restrição que se lhe faça é como derrubar uma caixa de marimbondos". E responde Magalhães Junior: "Não. Seria uma pretensão estulta. Os mitos não se deixam abater facilmente. Dotados de sete fôlegos, possuem uma validade excepcional. O meu intuito é apenas dar ais brasileiros a oportunidade de reavaliar a figura de Rui, bem diversa, como provarei; daquela que a imaginação popular aceitou". Ou seja, diz o entrevistado: "Rui oracular de cuja boca saía ouro de lei, o assombro de Haia com o mundo inteiro a seus pés, o homem que sozinho decidiu o destino de Dreyfus...".

Como João Condé lhe pergunta se ele ia entrar também nesse terreno, Magalhães Junior continua: "Vou e documentadamente. Numa escala relativa de valores no seu meio e no seu tempo. Rui era um grande homem, sem dú-

---

[100] Cf. CANÇADO, J. M. *Op. cit.*, p. 225.
[101] Cf. CONDÉ, J. coluna "Escritores e Livros", pasta 722, anos 1960-1965, arquivo da ABL, Rio de Janeiro.

vida, mas não foi menor cultivador de sua própria glória, o que fazia de modo muito eficiente". Sobre os episódios de Haia, comenta que Rui Barbosa "foi um apoteótico e espetacular reclamo montado prelo barão do Rio Branco e pelo próprio Rui. Em Haia, a atuação dele, como doutrina, foi em parte lamentável. Como orador, coube-lhe um lugar entre os maiores, mas não o papel principal, como ele mesmo, sem nenhuma modéstia, se atribuía". E continua: "E também a lenda que ele mesmo ajudou a propagar, de que ele foi o primeiro defensor de Dreyfus. É um caso impressionante de encampação de méritos alheios. Mas ainda mais impressionante [...] é o papel de Rui no Encilhamento". Para o biógrafo, "seus idólatras talvez estremeçam de indignação. Mas o grande homem não foi apenas mau e estonteado ministro da Fazenda: foi também um aproveitador das especulações do Encilhamento e um simples e dócil instrumento de um grande banqueiro [...]". E finaliza: "Mais ainda: do desespero dos encilhadores e que resultou todo o movimento armado contra o governo de Floriano Peixoto, que os esmagara. Mas não vale a pena entrar em detalhes. Espere o livro que está por pouco".[102]

Em geral, foram escassos os acenos positivos ao escritor e ao seu livro. A opinião do seu editor Ênio da Silveira, da Civilização Brasileira, é de interesse: "Magalhães J. passa a limpo a saga barbosiana, retirando-lhe a grandiloquência com que foi tantas vezes narrada e revelando um político conservador, um advogado brilhante e esperto, uma figura ambiciosa e inconstante que nem sempre associava o logos à *praxis* e se deixava dominar pelos preconceitos e idiossincrasias.[103]

Nas palavras de Odylo Costa Filho, Magalhães "não escreveu para ganhar dinheiro" sobre "um símbolo nacional", (*Jornal do Comércio*, RJ, em 8/2/1965); em um texto irônico, assinado pelo pseudônimo J. B., na *A Tribuna*, de Santos, em 31/01/1965, pode-se ler: "Como quer que seja, a guerrinha do mito é anacrônica. Neste continente chamado Brasil, a revisão de Rui é tão importante quanto o ipicilone na grafia ou quanto o chá das cinco na Academia." E em um artigo, não assinado, no *Diário de Notícias*, RJ, em 23/1/1965, seria mencionado que a cúpula cultural do país estaria contra o autor, mas que o livro seria um êxito de livraria, pois, afinal, "trata-se de uma revisão histórica que deve ser respeitada, pois o resto é com o tempo...".

O livro sobre Rui Barbosa – considerado "obra maldita" e "livro-bomba" – fez seu percurso inicial em um cenário alterado pelo recente golpe militar no país e com a instalação da censura sobre a cultura e os brasileiros. Tal quadro político mudou o comportamento do mercado editorial e da imprensa, ainda

---

[102] Cf. CONDÉ, J. Livro-bomba sobre Rui Barbosa. *Correio da Manhã*, 22/9/pasta 722, anos 1960-1961, arquivo da ABL, Rio de Janeiro.
[103] Cf. jornal *A Gazeta*, São Paulo, em 11/1/1965.

que alguns "setores não rendidos" buscassem refletir sobre práticas de experimentação jornalística, mesmo sob o tacão legalista dos donos de jornais. E nesse ambiente vigiado e dispersivo, a resistência à repressão se configurava também por meio de algumas bandeiras dos movimentos sociais feministas, estudantis, pacifistas, contraculturais, marcando, a seu modo, a cena brasileira dos anos finais da década de 1960.

A título de nota, um dos principais documentos da resistência política desse período próximo ao golpe militar foi o discurso proferido pelo sociólogo e professor Florestan Fernandes, como paraninfo de uma colação de grau, na USP, em 23/3/1965. Originalmente publicado pela *Revista Civilização Brasileira*, n. 2, SP, de 1965, o discurso conclama os intelectuais brasileiros a fazerem da instauração da democracia o seu grande objetivo histórico.[104]

Poucos meses depois do seu lançamento, *Rui, o homem e o mito* já estava na sua segunda edição, também pela Civilização Brasileira, em fevereiro de 1965. Mas a campanha agressiva contra essa biografia sobre Rui Barbosa se prolongou até início dos anos 1970. Esse fato pode ser entendido pelo fechamento autoritário da política nacional, o que permitia a vazão da intolerância reacionária de parte da elite brasileira, afetada do velho senhorismo fidalgo, patrimonialista e representante de um viés de classe de feição cultural nitidamente subalterna.

Trechos de matérias de jornal, como os aqui indicados, podem dar mostra do peso da imprensa nesse fato: o artigo no *Diário de São Paulo*, de 24/12/1964, intitulado "Máquina de mistificação ao redor de Rui Barbosa", sem assinatura e que inclui uma foto de Magalhães Junior com o fardão da ABL, possivelmente, detonou uma reação em cadeia contra o autor: o posicionamento da Faculdade de Direito de São Paulo, organizado pelo então regente, Alfredo Buzaid, que mandava ser "dever dos professores defender a glória de Rui"; a posição do escritor Luis Viana Filho, chefe da Casa Civil da Presidência da República, membro da ABL e também biógrafo de Barbosa que apontou, pela TV e nos jornais, o livro de Magalhães como "impatriótico".

Além das entrevistas concedidas pelo deputado e presidente nacional da UDN, Aliomar Baleeiro, que para defender Rui Barbosa estabeleceu a proximidade desse gênio intelectual com outro representante da eloquência, Carlos Lacerda. O jornal *O Globo*, RJ, em várias edições do ano de 1965, conclamava seus leitores para o fato de que "só aos inimigos da liberdade interessa a destruição de Rui" e propunha a exclusão de Raimundo Magalhães Junior da Academia Brasileira de Letras.

---

[104] Cf. FERNANDES, F. A Revolução Brasileira e os Intelectuais. In: *Sociedade de classes e subdesenvolvimento*. Rio de Janeiro: Zahar, 1967. p. 185- 203.

Ali, em sessão fechada e longa, em 23/1/1965, dirigida pelo seu presidente Austregésilo de Athayde, foram feitas interpelações a Magalhães e, segundo relatos, por meio de uma dramática guerra de foice entre os fardões. Como se dizia nos círculos intelectuais que acompanhavam os fatos, "a ABL e seu *entourage* faz mal a muita gente". E aspas para o biógrafo que assim iniciou sua defesa naquela sessão: "Não aceitarei a chantagem do nacionalismo, da alegação de um falso nacionalismo para deixar de lado a análise de quem quer que seja e, muito menos, sobre Rui Barbosa. A mim foram feitas insinuações das mais graves". E, continua: "Como a exemplo, uma crítica publicada num vespertino, em que se dizia que Rui não tomou conhecimento da doutrina de Marx e Engels, com a visível intenção de atrair sobre mim as suspeitas dos agentes do Dops, quando todos sabem que não sou comunista, mas socialista!"[105]

Essa mesma matéria faz referência aos desdobramentos da biografia na terra natal de Rui Barbosa, a Bahia. O compositor e cantor Dorival Caymmi, já devidamente consagrado, é entrevistado sobre o assunto e diz que "ao Sr. Magalhães Junior é devido o direito de opinião, mas ao povo deve-se permitir o direito de continuar achando que o homem é Rui".

O historiador Pedro Calmon, membro da ABL e na época reitor da Universidade do Brasil, RJ, um notório fidalgo conservador e, por um período, um confrade mais próximo do autor, empreendeu duras críticas ao livro, sugerindo sua revisão para manter a Academia reverente à memória de Rui Barbosa. Comentários de boca a boca no meio acadêmico carioca insinuavam que o livro de Magalhães foi proibido por esse reitor e naquela universidade – conforme o escritor Antônio Olinto, em entrevista já citada. O mesmo nos foi dito pelo professor e historiador Francisco Iglésias, nas suas aulas no curso de História, na UFMG, em Belo Horizonte, nos anos 1970, provavelmente pelo fato de o livro recente tratar de tema novo e de argumentos instigantes.

Em geral, a reação dos historiadores sobre *Rui, o homem e o mito* parece ter sido bastante pontual, quando não silenciada, considerando-se o ambiente político autoritário com o recente golpe militar no país, o que produzia efeitos negativos sobre o ambiente acadêmico, e ainda o possível desinteresse dos professores em entrar naquela querela. Há, contudo, uma crítica disponível em *História sincera da República*, do médico Leôncio Basbaum, autor que se diz marxista, bastante lido nas academias universitárias, na década de 1970, pois o livro comparece em bibliografias dos cursos de História desse período. Para ele, entre outras ressalvas, a prosa de Magalhães é "plana que nem Diário Oficial" e "fria como uma tábua de logaritmos".[106]

---

[105] Cf. entrevista de Raimundo Magalhães Junior, jornal *A Gazeta*, São Paulo, 23/1/1965.

[106] Cf. pasta 1941-82, acervo de Magalhães Junior, AMLB, Casa de Rui Barbosa, Rio de Janeiro.

Oswaldo Orico escreveu *Rui, o homem e o mico* para rebater Magalhães, a quem tacha de "panfletário socialista que usou dos recursos da dialética marxista para subverter a história". Para Orico, o biógrafo não passava de um solapador de "um dos nossos raros homens [...] catalisador da humanidade brasileira" e membro do "patrimônio da comunidade universal". Com seu livro, Magalhães ativou a destruição da memória do "grande homem" por "uma solução de Kafka" ali montada para "inverter os espíritos".

E o literato Salomão Jorge, com o mesmo timbre político, escreveu *Um piolho na asa de Águia*. Em síntese, registros em vários jornais davam a nota de que o clima de ataques na ABL chegava ao seu clímax com Magalhães se recusando a qualquer pronunciamento se continuasse mantido, como disse, "o tom romântico nas discussões", e acabaria, por fim, se retirando da sessão. Em 17/1/1965, o biógrafo faz essa declaração em *O Jornal*, RJ, em meio às reações do lançamento de seu livro no ano anterior: "Não procurei descobrir nenhuma fórmula explosiva, mas revelar a verdade sobre alguns aspectos da vida de Rui Barbosa. Exclui do livro capítulos inteiros, para diminuir-lhe o tamanho". E, continua: "Não falei por exemplo, sobre sua obstrução ao Código Civil, durante quinze anos, nem a torneira dos empréstimos contratados pelos Estados no exterior, que ele abriu quando ministro da Fazenda, para facilitar em 1910, como candidato à presidência..." Para Raimundo Magalhães, "esses foram dois capítulos suprimidos por amor à brevidade por um lado e pela necessidade de ampliar outros, como por exemplo, 'Rui e a questão social', que encerra o livro". E termina: "É preciso notar que alguns brasileiros nunca se deixaram mistificar pela propaganda em torno de Rui: Capistrano de Abreu, Gilberto Amado, Lima Barreto, Gilberto Freyre, Edmundo Muniz".

E, em 21/2/1965, Magalhães ainda comenta no *Jornal do Comércio*, RJ, que "a tiragem foi pequena demais para tanto ruído, apenas 5 mil exemplares; a segunda, será de 10 mil e creio que será a última". A filha do escritor, Rosa Magalhães, comenta que o pai "era um bom observador dos posicionamentos políticos e que, no fundo, ele não se importou, pra valer, com aquelas reações, nem mesmo com as da ABL".[107] Já Magalhães diz que a sua resposta dirigida aos seus adversários da ABL e aos "mandarins do atraso" devia ser o mais direta possível. E, recuperando o que teria dito sarcasticamente Lafaiete Rodrigues Pereira sobre a oratória do senador baiano, afirma: "Rui Barbosa é como o sabiá: canta bem, mas suja a gaiola".[108]

---

[107] Cf. MAGALHÃES, R., entrevista concedida no apartamento da família, Copacabana, Rio de Janeiro, 12/7/2004.

[108] Cf. MAGALHÃES JR., R. *Rui, o homem e o mito*. Rio de Janeiro: Civilização Brasileira, 1979. p. 495.

Na nota da segunda edição do seu livro, de 1965, Magalhães ainda se sentia obrigado a se referir aos desdobramentos e aos "alaridos" recentes daquela biografia: "A primeira edição deste livro, que logo se esgotou, produziu uma espécie de choque: foi comentada em páginas inteiras de jornais, em debates na Academia Brasileira de Letras, em artigos estampados nas colunas literárias e fora delas, nas sessões sociais como nas teatrais e esportivas, em programas de rádio e de TV". E prossegue: "Quase sempre com muito alarido, exaltação romântica e, em alguns casos, com típicas manifestações de intolerância e do dedo-durismo. Devo dizer que contava com todas essas reações, inclusive com as da estupidez e da má-fé". Finalizando esse depoimento, diz em outra perspectiva: "E reconheço que até a estas [reações] devo agradecimento, pois o silêncio e que poderia ter sido mortal para este livro, cujo mérito, se tem algum, é o de ter reaberto um debate histórico e político, esclarecedor, sobretudo, para as novas gerações brasileiras".[109]

As preocupações de Magalhães Junior sobre esse tema não eram novas, pois, desde os anos 1950, ele escrevia na imprensa artigos sobre a História brasileira nos quais são debatidas algumas das ações públicas do sr. Rui Barbosa. Um exemplo está na passagem veiculada no jornal *Diário de Notícias*, RJ, de 29/12/1951, "Capistrano de Abreu e o 'Corsário'" – sobre a publicação da *Correspondência de Capistrano de Abreu*, nas comemorações de seu centenário, organizada por José Honório Rodrigues, no INL. Magalhães tinha grande admiração por Capistrano, para ele um grande historiador, um tipo humano "hipersensível e cheio de melindres em relação à sua própria pessoa".

Vejamos parte do texto do biógrafo com citações de Capistrano de Abreu: "Ácido e severo nos seus julgamentos, desabusado nas suas opiniões, Capistrano de Abreu [elabora] conceitos depreciativos em relação a vários brasileiros que, aos homens de nosso tempo parecem figuras modelares, acima de qualquer críticas". E continua: "Basta citar que ele escreveu sobre Rui Barbosa, a quem criva de agudas farpas. [E cita Capistrano:] 'Gênio nunca será; a mim só lembra uma cobaia prolífera e multípara. Queria colocar-lhe um til no u, para que se lesse 'ruim' como os caboclos do Norte pronunciam deturpadamente esta palavra'. E transcreve ainda as palavras de Capistrano de Abreu: "'Diminui-lhe o valor em Haia, dizendo que nada fizera que não fosse soprado pelo Itamaraty, onde pontificava Rio Branco. Comparo-a a um banheiro suntuoso com duas torneiras, de onde jorra água quente e fria, à vontade do freguês'". E termina o historiador, citado pela pena de Magalhães: "'Atribui-lhe uma enorme vaidade, considerava-se o primeiro dos brasileiros; promoveu-se depois a primeiro dos contemporâneos'".

---

[109] *Idem*, p. 11.

Mas nem Magalhães Junior nem o seu livro devem ser responsabilizados pela afronta a Rui Barbosa. O significado ofensivo atribuído a essa biografia representa bem mais um problema capaz de suscitar questões sobre as quais a crítica historiográfica pode ser convocada a debater, na medida em que aprofunda a análise sobre uma herança recebida de uma "cultura histórica" que desejadamente está sujeita a revisões permanentes. Pelo ângulo aqui tomado, essa é uma disputa de posições políticas no interior de narrativas movidas, neste caso, pelo pêndulo barbosiano que ainda oscila entre *o maior* e *o melhor* político das letras jurídicas brasileiras, patrono do Congresso Nacional do Brasil, referência constante nos textos de associações corporativas, etc.

Certa prevalência da sua memória se confunde ainda com a memória republicana da nação, passadas décadas de falecimento do protagonista, mas que, naquele contexto, os anos 1960, seriam tratados como grande efeméride por entidades guardiãs, caso da Academia Brasileira de Letras, para oficializar, entre outras, a trajetória biográfica de um dos seus confrades de perfil político considerado modelar.

Assim, o livro de Magalhães Junior sobre Rui Barbosa pode ser considerado, naquele quadro, uma insubordinação político-ideológica com desdobramentos à ordem social. Com a repressão política e a censura em curso, ele, autor, questiona temáticas referentes sobre concepções de passado único, de história, de memória e de política nacionais. Questiona esse nome próprio em rubrica "RB" (Rui Barbosa), indicando que se trata de uma operação de memória sobre uma autoridade emblemática, vinculada a um corpo social de elite, portadora de instituições do saber e que se transmutava em mito – como o conceito de "designador rígido", conforme Pierre Bourdieu.

No *ranking* nacional dos *best-sellers* da quinzena de fevereiro de 1956, de acordo com algumas livrarias do Rio de Janeiro, São Paulo e de mais quinze capitais do país, no jornal *O Globo*, RJ, na coluna "Porta de Livraria", assinada por Antônio Olinto, em 15/2/1965, *Rui, o homem e o mito*, de Magalhães Junior, era o mais vendido dos autores nacionais, seguido em 2º lugar por Os *pastores da noite*, de Jorge Amado, e no 5º lugar por *Uma rosa é uma rosa*, de Carlos Lacerda.

A polêmica sobre essa biografia já denotava, também, um espetáculo midiático. A imprensa jogou seu jogo nesse processo, construindo-o em boa parte junto com outros agentes sociais – seduzidos, induzidos e conduzidos – e que ganharam com o fato: o regime, os editores, a Academia Brasileira de Letras, o biografado e o próprio biógrafo.

Mas a sorte desse livro de biografia seria dada por itinerários que independiam do seu autor e das querelas que o texto suscitava e suscita. Ainda que não tenha sido nosso propósito a análise desse livro, é fato que ele constitui referência bibliográfica importante, ainda hoje, para tratar, no campo historiográfico, de temas como o governo provisório da República, o Encilhamento, a campanha Civilista, as revoltas sociais do período, a questão Dreyfus, o sistema eleitoral, entre tantas outras.

Passados alguns anos, Magalhães Junior, em matéria no jornal *Correio da Manhã*, RJ, de 11/12/1972, afirma que o livro era "mais um retificador dos exageros de outros biógrafos e da mitologia ruibarbosiana do que mesmo uma biografia". Obstinado, promete fazer ainda uma 3ª edição de modo a ampliar informações necessárias para se compreender a história política dos tempos iniciais da República, incluindo a discussão sobre algumas atitudes nocivas do senador Barbosa, como a "sua ação enquanto advogado de um filho do marechal Francisco Solano Lopez, que se julgava com direito a todo o sul do Mato Grosso".

Hoje, sintomaticamente, o *boom* das publicações biográficas e autobiográficas no país revela um forte investimento editorial dirigido para um público leitor massivamente consumidor de *best-sellers*. Se nos anos 70 a biografia recuou no Brasil, como já mencionado, isso se deveu também à retração do mercado editorial somada às questões de mercado e de controle político. Atualmente, com um cenário bastante modificado, incluindo a diversidade de projetos editoriais e a força de novas mídias, a maioria dos biógrafos brasileiros é constituída de jornalistas profissionais que se dedicam *full-time* a projetos de escrita de biografias, em geral, encomendadas.[110]

A modalidade dessa narrativa biográfica escrita por jornalistas parece, em geral, coerente com algumas lições do jornal, sobretudo, por ser construída no ângulo de terceira pessoa com algum sensacionalismo e sem evitar certas informações e descrições sobre o entorno social do alvo biografado. O relato espelhado de vidas entrecruzadas, entre biógrafo e biografado, busca combinar subjetividades diversas não desconsiderando, em geral, a escolha de protagonistas com forte apelo midiático estimulados, por um lado, por investigações já presentes em outras áreas do conhecimento e, por outro, atraindo com essas narrativas produções novas para o cinema e a televisão também no curso da chamada "indústria cultural".

Esse chamado biografismo-jornalista se apoia tanto nos traços do romance-reportagem quanto no memorialismo, tentando recuperar certo gosto pela fabulação das narrativas e privilegiando o transcurso temporal da vida do protagonista. Versando sobre as ideias e ações *singulares* da vida protagonista, em geral se procuram temas de interesse para a história e a cultura do Brasil, a partir de pesquisa documental empreendida por escritórios de equipes especializadas.

---

[110] Em abril de 2003, ocorreu no Rio de Janeiro, no Centro Cultural do Banco do Brasil, o seminário "*Eu assino embaixo: biografia, memória e cultura*", com palestras de estudiosos da biografia, críticos e biografados. Nesse evento, a presença de maior número foram de jornalistas afeitos ao gênero.

Nesse sentido, a professora Walnice Nogueira Galvão comenta que, na biografia contemporânea, a experiência pessoal vem do memorialismo, pois "os autores escrevem sobre vidas que lhe são próximas e com as quais se identificam, de uma maneira ou de outra". Já pela prática do romance-reportagem, "delimitam uma área e tratam de investigá-la minuciosamente, operando sua cartografia social e humana".[111]

Sérgio Cabral, jornalista, conhecido estudioso da música popular brasileira, notadamente do samba carioca, acha que "as duas melhores coisas pra se fazer vestido é beber água de coco e escrever biografia"; biógrafo de Tom Jobim, Almirante, Elizeth Cardoso, Ataulfo Alves, entre outros, é um representante ativo do ofício (como também o jornalista Ruy Castro, assinando a biografia de Nelson Rodrigues, Carmem Miranda, Garrincha e outros).

O jornalista Alberto Dines mantém vínculos muito próximos com a literatura e com as ideias políticas, conforme sua direção investigadora e democrática no *Observatório da Imprensa* e um vasto currículo em diversos órgãos de imprensa. Experiente no ofício de biografar – e definindo a biografia como "um gênero lítero-jornalístico" –, publicou *Morte no paraíso* (Rio de Janeiro: Nova Fronteira, 1981), sobre a vida de Stefan Zweig, escritor humanista e pacifista, e *Vínculos do fogo: Antônio José da Silva, o Judeu, e outras histórias da Inquisição em Portugal e no Brasil* (São Paulo: Companhia das Letras, 1992). Dines faz uma observação interessante sobre o trabalho sempre inconcluso da biografia: "A vida tem ponto final. A biografia não tem ponto final, esse é o maior desafio".[112]

No campo historiográfico, alguns pesquisadores e historiadores brasileiros se colocam hoje mais próximos da biografia; provavelmente para atender a projetos editoriais e a algumas linhas de pesquisa acadêmicas. Corroborando algumas suposições sobre a história da biografia (e na direção da Historiografia), o historiador Fernando Novais, em entrevista, reage com um argumento crítico, próprio do seu campo, a jornalistas que escrevem biografia: "Ora, como se biografia não fosse um gênero de história"...[113]

---

[111] Cf. GALVÃO, W. N. Heróis do nosso tempo. *Folha de S.Paulo*. Mais! 5/12/2004.

[112] Cf. Alberto Dines em entrevista a Bia Correa do Lago, programa "Umas Palavras", Canal Futura, 20/3/2010.

[113] Cf. Fernando Novais em entrevista ao jornal *Folha de S.Paulo*, Mais! A Descolonização da História. São Paulo, 20/11/2005. Exemplos significativos dessa atual empreitada narrativa podem ser citados como as biografias *Nassau, Governador do Brasil Holandês*, do diplomata e historiador Evaldo Cabral de Mello, de 2006, e *D. Pedro II*, do historiador e professor José Murilo de Carvalho, de 2007 (publicadas pela Companhia das Letras, São Paulo, na série "Perfis Brasileiros").

Retratos biográficos

O biógrafo na coxia: Carlota Joaquina em Cena

> *"Nesse tempo medonho,*
> *canto tristonho ao microfone este prelúdio.*
> *O ouvinte risonho, nem por um sonho,*
> *sabe o que me traz ao studio".*
> Noel Rosa, 1934.

Da coxia, Raimundo Magalhães Junior, 32, um jovem dramaturgo, estava possivelmente posicionado para compor a sua peça de teatro, *Carlota Joaquina*, em 1939. É dessa posição que ele parece espreitar, interpretar e também encenar períodos da História brasileira, por meio das biografias que escreveu, pondo luz e relevo nas aproximações documentadas e interpretativas sobre o passado. Por esse ângulo da encenação, o autor busca uma forma ativa para a escrita da História, propondo ao leitor, como no teatro, a sua participação no palco cênico das ideias e dos debates.

A inclinação intelectual de Magalhães para a dramaturgia era já conhecida entre seus pares, no meio teatral carioca, e medida, também, pelo seu tom polemista – como exemplo, ele fazia uso frequente da citação de um fragmento incisivo de Lima Barreto, de 1919, intitulado *Eu Também!*, supostamente para revelar as afinidades entre ambos: "O único meio de atrair o público, é abandonar os moldes estabelecidos para os vários gêneros de obras teatrais, quebrar enfim, os quadros e fazer alguma coisa bem bárbara, participando, caso fosse possível, de todos os gêneros, drama, comédia, *vaudeville*, mágica, etc., e não sendo nenhum deles". E continua Lima Barreto: "A minha peça há de ser qualquer coisa da Bruzundanga, porque o país de que mais gosto entre todos, inclusive o meu, é esse. [...] Sei perfeitamente que havemos de ter muita rezinga com a polícia, a que um simples regulamento deu poderes inquisitoriais de censura do pensamento alheio". Finalizando essa declaração, diz que "todos esses obstáculos penso em removê-los e transformá-los em reclame para o nosso ensaio teatral. [...] Eu também vou ser autor dramático [...]. Esperem".[1]

Raimundo Magalhães Junior se ligou ao teatro como tradutor, crítico e dramaturgo. Para ele, o teatro era "o acontecimento humano, a invenção do combate e da crítica sobre a experiência histórica da condição humana".[2] E, não sem razão, a Academia Brasileira de Letras o homenageou dando o seu nome ao teatro da casa, desde maio de 1998, por sua atuação no setor das artes cênicas cariocas e na Sociedade Brasileira de Autores Teatrais.

Carlota Joaquina teve sua estreia, em 1939, no Teatro Rival, RJ, e foi bem recebida pela plateia e saudada pela crítica teatral pelos seus "inovadores aspectos históricos documentados",[3] recebendo o prêmio do Serviço Nacional de Teatro e a medalha de ouro da Associação de Críticos Teatrais.[4] Essa comédia curta, de três atos, foi encenada por duzentas e cinco vezes consecutivas, na temporada oficial do ano da cidade do Rio de Janeiro "sob patrocínio e controle do Serviço Nacional de Teatro, do Ministério da Educação e Saúde", contrariando a média de apresentação das peças, no geral, de uma a duas semanas em cartaz.

No elenco, estavam Jayme Costa, Ítala Ferreira, Darci Cazarré, Sadi Cabral, Álvaro Costa, Mari May, Brandão Filho, além de quatorze atores – com cenários de J. Binot, *mise-en-scène* de Eduardo Vieira e músicas de Pedro I, do padre José Maurício, de Marcos Portugal e de autores anônimos. Como prólogo de cada ato e para definir o contexto da ação cênica foram lidos, por um arauto, "decretos autênticos" de D. João VI relativos à fundação da indústria

---

[1] Cf. informação recolhida em entrevista na Sbat, Rio de Janeiro, em janeiro de 2004. Essa citação está em Lima Barreto, *Comédia*, publicada em 5/7/1919, foi transcrita pelo jornal *Correio da Manhã*, Rio de Janeiro, em outubro de 1958 (cf. fragmento de artigo de Raimundo Magalhães Junior, sem título e sem data, no acervo do autor no AMLB, Casa de Rui Barbosa, Rio de Janeiro).

[2] Cf. jornal *Correio da Manhã*, Rio de Janeiro, outubro de 1958; fragmento de artigo de Raimundo Magalhães Junior, sem título, no acervo do autor no AMLB, Casa de Rui Barbosa, Rio de Janeiro.

[3] Cf. *clipping* e textos avulsos, arquivo da Sbat, Rio de Janeiro. Segundo alguns críticos, incluindo o próprio Magalhães Junior, a crítica de teatro praticada no Brasil, no período, era sofrível, por não ser ainda instituída profissionalmente. Os *comentários* eram feitos gratuitamente em troca de convites para as ceias, patrocinadas pelas companhias ao final dos espetáculos, e constituíam encontros disputados para relações estratégicas entre os críticos e o meio teatral.

[4] Cf. entrevista com o ator e dramaturgo Sérgio Fonta, na Sbat – Sociedade Brasileira de Autores Teatrais, Rio de Janeiro, janeiro de 2004.

de tecidos no Brasil, à instituição do Teatro Oficial (Real Teatro de São João) e da Biblioteca Nacional.[5]

Há indícios de que a boa frequência de público à peça, incluindo o supostamente letrado, pode ser explicada pelos debates que a comédia ensejou e, sobretudo, pelo seu tom abertamente burlesco para tratar sobre esse período da História do Brasil, pois, em geral, o apreço maior das plateias era pelo gênero comédia com apresentações curtas e musicadas.[6] Os cacos dos atores nos conteúdos risíveis da intriga, nas expressões e nos esgares estudados para realçar as idiossincrasias de personalidades caricatas constituíam a principal diversão do público. Ou, como se dizia pela troça então corrente no meio teatral carioca: ia-se ao teatro para rir, rir "até mostrar o céu da boca".

Com isso concorda Magalhães Junior, para quem "a chalaça grossa fazia com que as galerias e plateias tivessem convulsões de riso", e esse era "o principal espírito do teatro musicado do Rio de Janeiro desde os fins do século XIX".[7] E o ator Jayme Costa, que interpretou D. João VI na peça de Magalhães, em entrevista à revista *Cinearte*, editada entre 1926 e 1942, ressalta que eram prestigiados principalmente o humor e a ridicularização; por isso, eram encenadas frequentemente "comédias leves e [...] nada com grandes emoções".[8]

O tema de *Carlota Joaquina* era também considerado uma novidade na dramaturgia carioca, ainda que provavelmente correspondesse às expectativas do público que também valorizavam o chamado teatro "histórico" – mesmo que, em geral, com enredos e personagens da Antiguidade e da nobreza medieval. Mas pode-se perguntar se a reação favorável do público à *Carlota Joaquina* não revelaria, por paradoxo, alguma aversão aos tipos e personagens encenados e, no limite dessa peça "histórica", à própria História que se ofereceria, nesse teatro, como uma *arte* suspeita e zombeteira...

Sobre o tema da peça, vale conhecer um depoimento posterior de Magalhães no jornal *Correio da Manhã*, RJ, em 1957: "O assunto [envolvendo a

---

[5] Cf. fotocópia do catálogo original da peça, de 1939, acervo da Sbat, Rio de Janeiro.

[6] Cf. *clipping* do arquivo da Sbat, RJ, que revela que, além de aplausos, a peça suscitou críticas e divisões de opiniões. Pesquisadores sobre a história do teatro brasileiro informam que, nesse período, talvez constituíssem exceções os textos dramáticos como os encenados por Procópio Ferreira, um ator que era considerado mais intelectualizado – responsável pelo grande sucesso de *Deus lhe pague*, de Joracy Camargo, em 1932.

[7] Cf. MAGALHÃES JR., R.. *Arthur Azevedo e sua época*. Rio de Janeiro: Civilização Brasileira, 1966. p. 30.

[8] Cf. LINO, S. C. A tendência é para ridicularizar... Reflexões sobre cinema, humor e público no Brasil. *Revista Tempo*. Departamento de História da Universidade Federal Fluminense, v. 5, n. 10, dez. 2000, Rio de Janeiro: 7Letras, 2000. p. 63.

princesa Carlota] me apaixonou quando eu era mocinho e só me libertei dele ao escrever a peça *Carlota Joaquina*, que mereceu, inclusive, a honra de ter os seus diálogos plagiados pela escritora americana Bertita Harding...". Ele diz que "ali focalizei a morte misteriosa de D. Gertrudes Pedra Carneiro Leão, esposa de Fernando Carneiro Leão, morte atribuída a D. Carlota Joaquina". E, referindo-se à Historiografia, comenta que "nenhum dos que se ocuparam do fato, como Vieira Fazenda, Henrique Leal, Moreira de Azevedo e outros, explicara quem era o tal capanga, nem qual fora o seu destino". Para escrever a peça, diz que por isso mesmo "levantei no Museu Imperial [Petrópolis] documentação que prova ter ele fugido para a África, de onde só voltou depois da queda de D. Pedro I. E mais, seu nome não era Orelha, mas Orelhas".[9]

Esse comentário, quase duas décadas depois da estreia da sua peça, revela o autor não apenas concedendo importância ao assassinato da rival de Carlota, como também remarcando a sua própria contribuição às pesquisas sobre o tema, contrariando a posição de antigos cronistas que, supostamente, teriam desprezado o fato para não se comprometerem em assuntos privados do poder imperial.[10]

Em outra declaração, também tardia sobre a peça, Magalhães, ao receber o prêmio Juca Pato, em 1975, nos quadros do fechamento político do regime militar, retoma o mesmo assunto, fazendo, astutamente, novas ligações da peça com a conjuntura política: "Em 1972, ano do sesquicentenário, minha peça *Carlota Joaquina* foi impugnada sob a alegação de que era ofensiva ao chefe de Estado. E olhe que D. João nem brasileiro era... O mais interessante é que ela foi editada por Gustavo Capanema, então ministro da Educação da ditadura Vargas!"[11]

A peça *Carlota Joaquina* é construída em torno de uma intriga palaciana da qual resulta um assassinato, possibilitando-lhe, nos seus termos, se chegar ao olho do furacão do Estado joanino. O crime domina o enredo, que é construído de dentro da Corte instalada na cidade do Rio de Janeiro, em 1808. E o texto acusatório da peça pode não se afastar daquilo que Oliveira Lima chama de gênero histórico-literário "pornográfico" com "alma de um criado de quarto".[12]

---

[9] Cf. acervo de Raimundo Magalhães Junior, AMLB, Casa de Rui Barbosa, Rio de Janeiro.

[10] Cf. MAGALHÃES, JR., R. *O Império em chinelos*. Rio de Janeiro: Civilização Brasileira, 1957. p. 58-59. Para o autor, o assassino (Orelhas) pode ser comparado a um capanga político de seu tempo, ou seja, uma espécie de "Gregório de D. Carlota Joaquina"; informando, ainda, que ele estava enterrado no Mosteiro de São Bento, Rio de Janeiro – local só confiado aos ilustres da época.

[11] Cf. jornal *Folha da Tarde*, São Paulo, 12/3/1975; pasta 722, arquivo/*clipping* da ABL, Rio de Janeiro.

[12] Cf. IGLÉSIAS, F. *Historiadores do Brasil*. Belo Horizonte, Editora UFMG, Rio de Janeiro: Nova Fronteira, 2000. p. 167.

Ainda que de temática inédita no teatro carioca de então, a peça sugere uma retificação a representações sobre um passado da História brasileira, algo como os "futuros passados", configurando continuidades e "formas inconscientes de comportamento que podem estar guiadas por instituições ou pelo o que criam as instituições [no] jogo da experiência e da ação".[13]

Contudo, cabe discutir se aquela novidade no teatro carioca, de 1939, correspondeu a uma *novidade histórica*. Por isso, o foco de observação, aqui, será o de tentar compreender as possíveis implicações dessa proposta interpretativa como uma intervenção sobre o passado e com os usos que se fazem desse passado por meio de uma narrativa de referência historiográfica e vertida para o teatro de comédia.

Talvez seja de interesse marcar que o texto de *Carlota Joaquina* continua sendo consultado para diversas produções cênicas no país. Como também para o cinema,[14] como o filme *Carlota Joaquina, princesa do Brazil*, exibido em 1995, com direção de Carla Camurati – roteiro de Melaine Diamantas, argumento de Augus Mitchell e tendo como atores Marieta Severo e Marcos Nanini, representando, respectivamente, Carlota Joaquina e D. João VI. Com mais de um milhão de espectadores, milhares de fitas de vídeo vendidas, o filme rendeu uma bilheteria espantosa, considerando-se vários fatores como seu investimento baixo (conforme a diretora), o apoio de parte da crítica especializada, apesar das reações de membros da família real, sediada em Petrópolis.[15]

Tensionando História e ficção, desautorizando a primeira e encobrindo-se da segunda, o filme resultou também no incômodo de alguns historiadores, entre outros comentadores, pelos erros históricos exibidos. O seu final, por exemplo, traz um diálogo pretensamente conclusivo com uma citação cética sobre as possibilidades da História: "O problema com a história é que quanto mais se lê, menos se sabe. Cada um tem uma versão diferente para o mesmo fato. Quem sabe? Essa é a sua resposta".

Para o historiador Ronaldo Vainfas, "Carlota era tida como uma rainha católica, tradicional, contrária às reformas liberais e uma defensora do antigo regime". E o filme "conta uma história com erros de todo tipo, deturpações, imprecisões, invenções – coisa que se agrava ainda mais por ter a diretora, muitas

---

[13] Cf. KOSELLECK, R. *Futuro pasado: para una semántica de los tiempos históricos*. Barcelona: Ediciones Paidós, 1993. p. 143-144.

[14] Segundo informações colhidas em entrevistas, em janeiro de 2004, na Sociedade Brasileira de Autores Teatrais/Sbat, Rio de Janeiro.

[15] Conforme o depoimento de Carla Camurati (no programa "Personalidade", exibido pela TV Câmara, Brasília, em abril de 2007), o filme *Carlota Joaquina* é inspirado "na tendência brasileira para a paródia, sendo, basicamente, uma proposta lúdica".

vezes reiterado [...] que fez pesquisas exaustivas sobre Carlota e seu tempo para embasar o roteiro [...]". Posicionando-se abertamente, o historiador diz que "a Carlota Joaquina, bem como a própria história do Brasil [...] no filme, não passa de caricatura, a meu ver, de mau gosto".[16]

Assim, é possível supor que o filme tenha se inspirado na peça de Raimundo Magalhães Junior, de 1939, e também no livro de João Felício dos Santos, *A rainha devassa*, de 1967. Esse último, um romance histórico, não oferece base suficiente para pesquisa, mas marca alguns perfis sobre Carlota como uma mulher impulsiva, autoritária e dona de atitudes um tanto fora de alguns dos padrões culturais da época. Já entre a peça de Raimundo Magalhães e o filme de Carla Camurati algumas aproximações podem ser feitas, como a caricaturização jocosa dos personagens centrais, além das alusões à posição hegemônica da Inglaterra nos conflitos diplomáticos sobre os negócios portugueses e platinos.

A filha de Raimundo Magalhães Junior, Rosa Magalhães, acha o filme problemático em vários sentidos e opina que o filme "bebeu na fonte, sem dúvida, do texto do meu pai".[17] Alguns atores entrevistados, em julho de 2004, na Sociedade Brasileira de Autores Teatrais, RJ, também reiteram essa opinião. E, logo após as primeiras exibições do filme, em 1995, em um contexto de denúncias de corrupção no interior do Congresso Nacional, o jornalista Arnaldo Jabor diz que viu em Brasília o que o público via no cinema com *Carlota Joaquina, princesa do Brazil*: "O óbvio retrato do nosso passado sem-vergonha; nós que começamos como uma piada burocrática de Portugal e que até hoje assistimos à ópera bufa dos congressistas canalhas e chantagistas".[18]

Mas há um aspecto mais importante para se acercar do tema encenado pela peça. Ele está associado a elementos da experiência histórica coletiva, da "cultura histórica", por uma transmissão em forma de rede que teria chegado até Magalhães, nos anos 1930, em torno das relações de uma protagonista de relevo na conjuntura portuguesa e internacional, do início do século XIX. Assim, a narrativa da peça está inserida em um corpo histórico possivelmente já tatuado por narrativas e por memórias sobre um mesmo passado como "um espaço de experiência supostamente contínuo" com sua "coleção de exemplos".[19]

---

[16] Cf. VAINFAS, R. *In*: SOARES, Mariza de Carvalho; FERREIRA, Jorge (Orgs.). *A história vai ao cinema*. Rio de Janeiro: Record, s/d.

[17] Cf. MAGALHÃES, R., entrevista na residência da família do escritor, em 12/07/2004, Rio de Janeiro.

[18] Cf. JABOR, A. Mulheres estão parindo um novo cinema. *In*: *Folha de S. Paulo*, Ilustrada, São Paulo, 24/1/1994.

[19] Cf. KOSELLECK, R. *Op. cit.*, p. 42-43.

Passemos a algumas das fontes provavelmente pesquisadas por Raimundo Magalhães para compor *Carlota Joaquina* que estão indicadas pelo próprio autor no seu livro *O Império em chinelos*, de 1955: "O segundo ato e parte do terceiro ato foram baseados nas narrativas de velhos cronistas, como Melo Morais (pai) e Vieira Fazenda". Segundo Magalhães, esses "se referem aos escandalosos amores da rainha de Portugal, Brasil e Algarves com um dos príncipes da elegância daquele tempo: Fernando Carneiro Leão, mais tarde [...] escolhido para o posto de presidente do Banco do Brasil".[20]

Alexandre de Mello Morais, um cronista contemporâneo de Varnhagen, se dedicou à pesquisa e à edição de documentos (como os *Autos da Devassa da Inconfidência Mineira*); apesar de suas transcrições controvertidas, contribui com um levantamento de dados sobre o tema.[21] José Vieira Fazenda, um bibliotecário do IHGB, escreveu uma obra alentada, entre 1905 e 1911 (*Antiqualhas e memórias do Rio de Janeiro*), com aproximadamente 2.200 páginas, em artigos curtos de títulos sugestivos ("Varanda histórica", "Incêndios Antigos", "Rua do Piolho", "Ossadas no Parto", "Pânico", "Feitiços", "Calças e Saias", "Bem fazer/mal haver" etc.) datados pelo autor sempre aos domingos. A sua característica forte é a descrição de minúcias, alternada pela explícita posição do autor sobre acontecimentos e ocorrências das quais participou e pela imaginação novelesca – caso dessa passagem referente ao retorno da família real para Portugal, provavelmente lida por Magalhães: "A rainha D. Carlota Joaquina, pelo contrário, ia radiante. Dizia que, em chegando a Lisboa, ficaria cega porque tinha vivido treze anos no escuro só vendo negros e mulatos. Ao chegar a Lisboa lançou ao mar os sapatos que levava do Rio de Janeiro". E continua sua suposta descrição: "Não queria pisar as ruas de Lisboa, levando na sola do calçado, terra do Brasil. [...] A trêfega filha de Carlos IV da Espanha [...] tinha visto dissiparem-se, como o fumo que o vento leva, seus projetos ambiciosos de fundar para si uma monarquia em terras do Rio da Prata". E expondo argumentos sobre o crime cometido por Carlota, encontrados em diversos textos, afirma: "D. João ao receber os autos das mãos de José Albano Cordeiro e de ter ouvido a opinião deste, os lera e os queimara, convencido da criminalidade da trêfega esposa".[22]

Raimundo Magalhães também consulta Luiz Gonçalves dos Santos, o padre Perereca, citado por Vieira Fazenda. Peça reconhecidamente laudatória a D. João VI e ao seu governo *civilizador*, o texto desenvolve descrições minuciosas

---

[20] Cf. MAGALHÃES JR., R.. *Op. cit.*, p. 56.

[21] Cf. IGLÉSIAS, F. *Historiadores do Brasil*. Rio de Janeiro: Nova Fronteira; Belo Horizonte: UFMG, Ipea, 2000. p. 96.

[22] Cf. FAZENDA, J.V. Antiqualhas e Memórias do Rio de Janeiro, *Revista do Instituto Histórico e Geográfico Brasileiro*. v. 5. Rio de Janeiro: Imprensa Nacional, 1927. p. 196-225.

da Corte ambientada na cidade do Rio de Janeiro, incluindo festas, procissões e costumes diversos.[23]

A obra de Tobias Monteiro, escritor também dedicado aos pormenores – *Pesquisas e depoimentos para a História* (de 1913) e *História do Império* (volume de 869 páginas, iniciado em 1927) –, é outra fonte utilizada por Magalhães Junior.[24] Este, quarenta anos mais jovem que Tobias Monteiro, admirava o velho jornalista e pesquisador da História brasileira com o qual se encontrava nos arquivos do Museu Imperial, em Petrópolis – sendo possível pensar que Raimundo Magalhães tenha absorvido algumas das influências dessa *petite histoire* de Monteiro.

Outro autor, supostamente consultado e futuro confrade de Magalhães Junior na Academia Brasileira de Letras, é Paulo Setúbal, chamado de "o romancista da história". O autor cultiva principalmente o romance histórico e é elogiado por João Ribeiro, Cassiano Ricardo e Humberto de Campos, além de ser considerado o mais lido e popular dos romancistas históricos nos anos 20 e 30. Em *As maluquices do Imperador*, Setúbal faz, no pequeno prefácio, uma nota curiosa para comentar a crítica que recebe de Agripino Grieco, censurando-o pelo fato de fazer citações, o que *afetava* em muito o seu texto. Como exemplo, sua narrativa tem evidentes semelhanças com o texto da peça ao descrever os soberanos: "Ele é gordo, muito rechonchudo, bochechas estufadas, olhos parados e suíças. Ela é áspera, feições de homem, bigodes no lábio, pelos no rosto, pelos na mão, pelos por toda a parte. Ele é molengo, é D. João VI; ela, a cabeluda, é D. Carlota Joaquina". E continua: "São os regentes de Portugal. [...] D. João acabara de jantar. Come os seus três franguinhos. Comem-os com os dedos, enlambuzando-se, atirando os ossos ao chão [...]. D. João lavou-se, enxugou as mãos, fez o sinal da cruz. Depois, feliz e bonacheirão, enlaçou o braço no conde de Parati".[25]

Viriato Corrêa, membro da ABL, autor de romances, contos, textos para teatro, escritos de História e Literatura Infantil, bastante festejado pelo público leitor e pela cena literária carioca e nacional, escreve parcialmente sobre o tema,

---

[23] A edição mais recente é *Memórias para servir à História do Reino do Brasil*. Rio de Janeiro: Livraria Editora Zelio Valverde, 1943. No frontispício original da obra está: *Memórias para servir à História do Reino do Brasil divididas em três épocas da Felicidade, Honra e Glória escritas no Rio de Janeiro, 1821 e oferecidas a S.M. El Rei Nosso Senhor o Senhor D. João VI pelo padre Luiz Gonçalves dos Santos* (Tomo II. Lisboa, Impressão Régia, 1825).

[24] Tobias Monteiro (1866-1952) produziu uma coletânea de ensaios com acentuado saudosismo pela Monarquia. É tido como um pesquisador criterioso, mas seu gosto pela reconstituição de pormenores e de intimidades sobre Carlota Joaquina, D. João VI, D. Pedro I e outros tornam sua narrativa, além de sensacionalista, parcial.

[25] Cf. SETÚBAL, P. *As maluquices do Imperador*. São Paulo: Livraria Carlos Pereira Editora, 1926. p. 9.

em *O País do pau de tinta*, de 1938. Na página final desse livro, Corrêa faz uma conclusão abertamente reverente à monarquia e uma crítica mordaz ao povo do Brasil: "O brasileiro até hoje não pode ter a noção da autoridade. Não nos falta capacidade de emoção para sentir os reveses dos monarcas: o que nós não compreendemos é a majestade da realeza". Afirma que "a partida da Corte portuguesa em 1821, o desastre de Pedro I em 1831, o exílio da família real em 1889, não nos causaram mossa nenhuma. É razoável. Pois se nós não temos noção do princípio de autoridade, como vamos saber o que são monarcas?".

E sobre os monarcas do Reino Unido do Brasil, seus retratos são também personalistas e caricatos: "Nem a mais vaga sombra de grandeza, nem o mais vago traço de majestade. Não havia sequer uma figura que pudesse impor a sua autoridade ao povo. O rei, ou melhor, a criatura que o povo via representando o papel de monarca, era aquele pobre homem que a história chama D. João VI, obeso, avaro, mole, comilão, egoísta como um gato e beiço caído como o de um imbecil". E comenta que "ao defrontá-lo ninguém tinha a impressão de nobreza; tinha-se a exata impressão de palermice ridícula. A mulher, que se apresentava diante do público como esposa [...], era a incrível Carlota Joaquina". E a descreve nesses termos: "A saia mais pecadora e mais escandalosa do século, desbragada nos seus adultérios, suja de língua e suja de corpo, tão descontrolada e tão desparafusada que chegava a maluquice de mandar apedrejar as casas dos diplomatas que não lhe eram simpáticos".[26]

João Pandiá Calógeras (1870-1934), engenheiro, escritor e político influente, chega a dizer que Carlota Joaquina tinha uma "alma masculina em um corpo desfavorecido de mulher". Também Roberto Macedo, diretor do Departamento de História e Documentação do Estado da Guanabara (no final dos anos 1940), autor de *Curiosidades cariocas*, pode ser incluído no rol desses autores que trazem as marcas desse modelo interpretativo e historiográfico. O seu capítulo "O primeiro cortejo fúnebre de uma rainha" é finalizado nesses termos: "E aturdido pelo delírio, o mísero príncipe bonachão [D. João VI] – casado com uma fúria, herdeiro de uma louca, pai de um impulsivo – cobriu o rosto com as mãos finas de mulher e desatou a soluçar como criança".[27]

A apreensão desse tema por esses autores expressa aspectos de uma Historiografia tendenciosa que, para José Honório Rodrigues, reúne os restos e os cacos da História como um "armarinho de miudezas". Sobretudo, por não investigarem, nesse caso, aspectos fundamentais, ou seja, as articulações políticas entre a princesa espanhola e os demais atores da política internacional, favorecendo a construção de fortes estereótipos sobre o governo joanino. E sem

---

[26] Cf. CORRÊA, V. *O país do pau de tinta*. Rio de Janeiro: Civilização Brasileira, 1938. p. 207.

[27] Cf. MACEDO, R. *Curiosidades cariocas*. Rio de Janeiro: Alba, 1942. p. 45-49.

se pretender aqui dar uma feição de História de gênero à condição-problema de Carlota, o seu papel na História política brasileira parece ser resultante de um (re)conhecimento histórico e cultural por meio da refiguração fabulista e performática em torno do que se convencionou evocar sobre a "mulher que amamos odiar".

Em estudo recente, a historiadora Francisca Azevedo retoma a discussão historiográfica sobre esse período da História luso-brasileira e sobre Carlota Joaquina (1775-1830). A partir de pesquisas sobre a sua correspondência, a autora considera Carlota um enigma para os seus contemporâneos, pois foge ao papel constrangedor, em geral, reservado às mulheres na Corte lusitana. Isso explica o repúdio daquela sociedade ao seu papel político e, também, a construção de mitos muito arraigados que atravessaram as interpretações posteriores sobre o período. Carlota é interpretada por essa historiadora como uma mulher impulsiva e culta; uma hábil protagonista política da Corte, com algum prestígio internacional, atuando em um quadro tumultuado pelas alterações dos padrões capitalistas na Europa e pelas disputas internas e internacionais, entre o absolutismo e o constitucionalismo.[28]

Já a questão do Prata, que atingiria a política internacional da Corte portuguesa no Brasil, seria o aspecto mais importante para outros historiadores, caso de Pedro Calmon. No capítulo referente à Corte no Brasil, com citação da obra de Oliveira Lima, entre outros, aquele autor faria breves referências a Carlota Joaquina e enfocaria mais detidamente as questões internacionais: "A princesa Carlota e o marido divergiam nisso, porque entendia ela caber-lhe a administração das colônias espanholas, em nome do irmão Fernando VII, por ser a única pessoa do seu sangue que passará à América; e D. João queria apenas aumentar os seus domínios do Brasil – com os reis seus antecessores.[29]

Os historiadores Rocha Pombo e João Ribeiro privilegiam também as discussões sobre a região platina e não se ocuparam da vida da princesa e dos atritos privados da família real. Para Rocha Pombo, Carlota Joaquina, "na qualidade de legítima herdeira do trono da Espanha, propunha a criação de uma regência como a melhor solução a que poderiam aquelas colônias aspirar".[30] Ribeiro faz menção aos projetos de Carlota Joaquina de "formar um vasto império com as dilaceradas repúblicas espanholas da América. Essa exorbitante

---

[28] Cf. AZEVEDO, F. N. de. *Carlota Joaquina na Corte do Brasil*. Rio de Janeiro: Civilização Brasileira, 2003.

[29] Cf. CALMON, P. *História do Brasil: O Império – 1800-1889*. São Paulo: Companhia Editora Nacional, 1947. Coleção Brasiliana, v.176-C, p. 62. Ver também LIMA, O . *D. João VI no Brasil*, 3. ed. Rio de Janeiro: Topbooks, 1996.

[30] Cf. POMBO, R. *História do Brasil*. 11. ed., São Paulo: Melhoramentos, 1963. p. 329.

ambição criou-nos um perseverante ódio contra a independência platina, o qual durou longo tempo".[31]

Em *Sobrados e mucambos*, de 1936, Gilberto Freyre indica a consulta que faz na obra de Melo Morais de dados sobre a História brasileira do início do século XIX. O sociólogo pernambucano destaca a crise do patriarcado rural e da economia nacional, com o governo joanino favorecendo as cidades e o comércio, e critica o sistema inoperante de créditos à lavoura pelo recém-fundado Banco do Brasil. O autor não se interessa pela vida palaciana nem pela de Carlota Joaquina, apesar de ter se valido também daquele mesmo antigo cronista, no qual Magalhães Junior buscou alguns subsídios.[32]

E, em 1939, no mesmo ano da estreia da peça de Magalhães Junior, um conhecido estudioso do Rio de Janeiro, Luiz Edmundo, lança *A corte de D. João VI no Rio de Janeiro – 1808-1821*. O livro é um relato factual e romanceado sobre a vida privada dos membros da família real. Além de sua edição ser feita pela Imprensa Nacional, então guardiã da censura do regime sobre os impressos, chama a atenção o fato de ter sido dedicado a Getúlio Vargas – gesto que sugere uma relação também de subserviência ao governante. Pois, como nos mostra a conversação entre Chartier e Lebrun, "na cena da dedicatória, a mão do autor transmite o livro à mão que o recebe, a do príncipe, do poderoso, do ministro [...]; o autor oferece um livro contendo o texto que escreveu". Assim, "em troca, recebe as manifestações da benevolência do príncipe, traduzida em termos de proteção, emprego ou recompensa. Mas esta reciprocidade é falsa. A retórica de todas as dedicatórias visa na verdade oferecer ao príncipe aquilo que ele já possuía [...] ele é o autor primeiro, o autor primordial".[33]

Os historiadores contemporâneos não deixam de considerar problemática a interpretação que a Historiografia tradicional faz sobre a questão platina, sobretudo, no que se refere às articulações da Corte portuguesa no Brasil. O período era também tumultuado pelas denúncias sobre a relação de Carlota Joaquina (irmã do rei Fernando VII e herdeira direta do rei espanhol Carlos IV) com os *criollos* portenhos (como o "radical" Belgrano, um dos símbolos da construção do Estado argentino) e com a elite intelectual de Montevidéu que estava ligada ao "projeto Carlotista" em articulação para construir o projeto de torná-la rainha do Império

---

[31] Cf. RIBEIRO, J. *História do Brasil: Ensino Superior*. 17. ed. [1ª ed., 1900] São Paulo: Livraria Francisco Alves, 1960. p. 328-329.

[32] Cf. FREYRE, G. *Sobrados e Mucambos*. 1ª ed. São Paulo: Companhia Editora Nacional, 1936. p. 48-51.

[33] Cf. CHARTIER, Roger. O autor entre punição e proteção In: *A Aventura do Livro:* do leitor ao navegador. Conversações com Jean Lebrun. São Paulo: Imprensa Oficial/ Editora Unesp, s/d. p. 41-42.

espanhol no Prata. Projeto esse que era norteado pela forte ideia de manutenção do Império espanhol, vivamente contrário à via separatista.

As muitas divergências instaladas no interior desse complexo processo histórico constituem pontos obscuros, senão omitidos pela Historiografia tradicional. Como exemplos, o fato de que a monarquia era ainda a opção política predominantemente aceita, apesar das ideias republicanas em disputa; o peso das relações internacionais (as querelas entre França e Inglaterra) com as articulações e intrigas diante dos projetos americanos; a proposta expansionista e imperial de Carlota em confronto com algumas pretensões da Inglaterra e com alguns setores da elite intelectual crioula. Além da posição absolutista da monarquia portuguesa (e suas jogadas internacionais estratégicas), das articulações políticas da camarilha de D. João, (tensionando também as relações entre o rei e a mulher) e do forte temperamento de Carlota, fruto, talvez, de sua formação intelectual questionadora.

E todo esse emaranhado político, envolvendo agentes sociais no exílio americano, além da tensão internacional, foi estudado por um ângulo historiográfico convencional. Nomeada de liberal, essa Historiografia, no geral, reagiu ao absolutismo de Carlota Joaquina, em Portugal e na região platina. Ela foi consagrada como insolente e louca pela sua desfaçatez como rainha, o que lhe rendeu a posição de figura desprezível do absolutismo português – posteriormente, como se sabe, ela se negará a assinar a Constituição portuguesa e será presa por sua resistência e arrogância no palácio do Ramalhão, em Portugal.

Ainda que não se deva menosprezar as posições absolutistas de Carlota Joaquina, novos estudos vem chamando a atenção sobre o acento personalista e reducionista de algumas dessas interpretações historiográficas costumeiras, em geral muito pouco consistentes sobre o quadro luso-brasileiro e o internacional.

Mas volte-se, aqui, à peça de Magalhães Junior. Ela se move em cenários palacianos na cidade: o salão do Paço da Quinta da Boa Vista, os aposentos de Carlota Joaquina no palácio de Botafogo e o Paço de São Cristóvão. Entre pajens e criados – destaque para o personagem Felisbino, o "bobo da Corte", um servil e arguto mulato brasileiro "que ri e que fala como o povo a mando da princesa" –, além de dois personagens ardilosos que traçam decisões políticas ou que fazem girar os gonzos da família real e da política internacional conectada ao Rio de Janeiro: Francisco Gomes da Silva, o Chalaça, e Francisco Rufino Lobato.

A peça também reforça a personalidade do rei dotada de esperteza com relação às pressões sobre a manutenção da unidade do Império português (e sua iniciativa de passar a coroa ao filho), as tramas com relação à política internacional e, no plano doméstico, sua resistência às armadilhas da mulher – num golpe de mestre, ele, D. João, nomeia um amante de Carlota, Fernando Carneiro Leão, um conhecido e próspero traficante de escravos, para dirigir o Banco do Brasil, recém-criado. Em tintas rápidas, D. João aparece como um monarca estrategista, ainda que sua figura seja convencionalmente estereotipada e performática: era sonolento, tinha enxaqueca, além de ser guloso e lambão.

O narrador de Magalhães reforça o *portrait* biográfico tradicional sobre Carlota Joaquina, uma das protagonistas-chave para se conhecer esse período da História política brasileira. A princesa – que insiste: "sou uma Bourbon!" – é apresentada como desvairada, trapaceira e com horror à terra de mosquitos e de carrapatos. Protege o filho Miguel e reage ao filho Pedro – ainda que este, como argumentam alguns historiadores, tivesse um perfil político próximo ao da mãe.

Carlota faz política no centro do poder; autoritária, manda chibatar diplomatas se eles não a reconhecem; reclama dos seus créditos insuficientes; deve às modistas, aos joalheiros e aos cabeleireiros da cidade. Arrojada nos modos, trafega pela cidade do Rio de Janeiro montada a cavalo e com rifles nas costas, ao contrário da imagem do que devia ter a maioria das mulheres supostamente recatadas da sua época, envoltas em véus e comumente silenciosas no espaço público. A peça informa ainda que Carlota enviara suas joias para financiar a resistência no Prata e tinha feito uma cópia do seu pedido de aumento de pensão para o jornal de Hipólito da Costa, o *Correio Brasiliense*, denunciando a sovinice do rei – aqui, o narrador em concordância com o autor, um jornalista, destaca o pioneiro jornal brasileiro.

A cena imaginada da princesa com o cabeleireiro *Monsieur* Catilino, em meio ao primeiro e terceiro atos, foi provavelmente montada por meio do entremez, recurso cênico, curto e burlesco, para temperar e complementar o drama encenado.[34] A princesa, entre confidências e trejeitos cortesãos e libertinos, faz avaliações sobre os seus planos no Prata; sobre o marido "glutão, malcriado e canalha"; sobre seus amantes; sobre o filho Pedro, "maluco, destemperado e [que] vive com a boca cheia de Brasil". E conclui Carlota (pelo narrador, convencido da fuga da Corte para o Brasil ou omitindo decisões anteriores e favoráveis à ideia da transmigração): "O João não diz que fugiu. Diz que transferiu a Corte por sabedoria política. E agora não falta quem diga o mesmo. Não duvidarei que a história um dia faça dele um herói e apresente Napoleão como um falhado...".

Uma cena dramática, a seguir, transmutada em romance pelas desavenças entre Carlota e o casal Fernando e Gertrudes, reúne, em certa dose, o argumento estratégico do narrador e pode ter sido construída para uma estudada recepção da plateia. Da chave trágica para punir Carlota, o narrador de Magalhães Junior introduz o tema da moral amorosa (do amor único e movido a padecimentos),

---

[34] O entremez, de origem medieval, era utilizado nas peças ibéricas e tinha muita presença no palco pela graça pessoal dos atores com suas improvisações, enriquecendo o texto e atraindo a plateia. Esse recurso foi incorporado ao teatro, no Brasil, no início do século XIX, também por meio de diretores e atores portugueses.

no contexto do poder, a partir de discussões entre os amantes e temperadas pelo ingrediente clássico e romântico do obstáculo invencível.

Nessa cena, Carlota Joaquina e Carneiro Leão são interrompidos pela chegada da mulher deste, Gertrudes, que faz uma interrogação bem posta: "Quereis afixar um 'P.R.' às costas do meu Fernando?". Carlota a chama de "negra audaciosa", mas Gertrudes, que será assassinada em breve, ganha momentaneamente a disputa na cena junto ao recém-empossado dirigente do Banco do Brasil. Banco que, vale notar, é fundado em 1808 e é inicialmente administrado por portugueses, como reação criativa aos desafios de resolver os custos e orçamentos da Corte, tendo, sobretudo, uma função emissora, ainda que exercendo controle sobre produtos como o pau-brasil, outro e diamantes.

A peça revela ainda cenários por detrás dos palácios – mesmo que mencionados secundariamente –, indicando a pulsação e a vida buliçosa da cidade do Rio de Janeiro com as maltas de vagabundos, os botequins da Rua do Piolho, a "negralhada" exposta, segundo diz um dos funcionários do rei. É esse o ambiente frequentado pelo príncipe D. Pedro, que, no andamento curto da comédia, se converte rapidamente: de "moleque da rua" se casa com uma nobre da Áustria, gosta do Brasil e aceita o encargo de governá-lo com a tranquilidade dos acostumados ao mando. O narrador parece ter simpatia pelo jovem, agora um bem-comportado mancebo: [Chalaça, entrando:] "Então, Alteza? Já há alguma safarrascada preparada para esta noite? [D. Pedro:] Para esta noite não, Chalaça. Estou sob a pressão dos acontecimentos muito sérios". E completa: "Veja só o que aconteceu: nesse momento, acabo de me tornar sobrinho de Maria Antonieta e concunhado de Napoleão. Estou entrando para a História, seu Chalaça! Estou entrando para a História!"

Em síntese, a peça obedece a uma estrutura narrativa em torno da ideia de conspiração e em um ambiente de corrupção, peculato e desmandos, conforme também assinala Oliveira Lima, outro autor provavelmente lido por Magalhães Junior. As discussões palacianas e que envolvem pontos políticos relevantes são particularmente valorizadas pelo narrador: os planos de Carlota Joaquina de se tornar governante do Prata; os de D. João (aclamado rei em 1818), assessorado habilmente por D. Rodrigo de Sousa Coutinho, o conde de Linhares, de manter o Império português (incluindo a América) e de neutralizar as ameaças aos projetos portugueses; a partida da Corte para Portugal, em abril de 1821, e os desdobramentos políticos desses fatos.

Também são ressaltadas as oposições entre os setores da elite brasileira e a elite política e comercial de Portugal, além da crise financeira do Reino exposta, sobretudo, pelos protestos de Carlota Joaquina quanto às restrições às suas rendas em um cenário de fraudes financeiras. As falas de Carlota, na peça, podem ser lidas como metáfora da crise socioeconômica e dos valores morais (parcimônia, fidelidade e justiça) que atravessa a monarquia portuguesa e que é traduzida por expressões e jargões atribuídos ao período pela Historiografia tradicional como: "o Estado perdeu a cabeça", "o príncipe regente é omisso", "a princesa é devassa", "a rainha morreu louca".

Ao final da peça, e após a revelação do crime contra Gertrudes, supostamente a mando de Carlota Joaquina, o rei queima perniciosamente o processo incriminador sobre a mulher em um jogo de astúcia e de conveniência política. Essa atitude poderia ser interpretada no espelho modelar do poder real, como a afirmação da própria ética do rei, do poder eficiente do rei, retirando de uma trama criminosa qualquer possibilidade de intervenção alheia e jurídica. Não por acaso, D. João diz ao ajudante Lobato, na cena em que queima os autos no tocheiro: "O que faço pela primeira vez na minha vida é um atentado à justiça!". Atitude que não seria, nos termos da peça, para livrar Carlota do julgamento e da pena, mas para preservar o Estado e assegurar a sua estabilidade e da dinastia de Bragança.

Também estão sugeridos no enredo dessa comédia os valores que prenunciam a *modernidade* com o domínio da política (como uma técnica social) e com a ampliação da esfera pública e dos seus efeitos. Deus não comparece nesse texto cênico, pois não precisa ser consultado para resolver as querelas entre os homens e o Estado – o pacto entre governantes e governados se operaria a partir da negociação restrita do espaço do próprio poder. A solução do ocultamento daquele crime considerado central visaria impedir reações imprevistas no campo político interno, preservando a Coroa imersa em um quadro de incertezas e de acusações.

Assim, o *sonolento* D. João parecia bem acordado no seu trono – é o que parece acenar o narrador. Nesse retrato cênico, o rei mostra ao espectador que ele intuía alguns riscos de perder o Brasil, ainda que, possivelmente, os "brasileiros" não pensassem em unidade nacional. De todo modo, conseguiu preservar a sobrevivência da sua dinastia e de Portugal nos dois lados do Atlântico.

E, ao final da peça, D. João ainda é apresentado como um governante ciente da alternativa que irá escolher para manter as prerrogativas e os interesses portugueses: passa a coroa ao filho antes de embarcar de volta a Lisboa, mas também não deixa de fazer uma avaliação política e positiva sobre a sua gestão no Brasil. O rei enfatiza seu amparo à cultura no Brasil, protegendo o Real Teatro São João, fundando o Museu Real e instalando o Jardim Botânico na cidade com a aclimatação de espécies vegetais raras e vindas de outros continentes.

Nesse período, a título de nota, livros importados foram isentados de taxas para compor a Biblioteca Real, e o teatro São João passa a ser o maior das Américas, contando com duas loterias anuais para gestão de seus custos, oferecendo 1.200 poltronas e 112 camarotes e com um pano de boca pintado por Jean-Baptiste Debret. Para essas apresentações eram contratados cantores estrangeiros (sobretudo, os italianos) e também recebiam apoios oficiais músicos como o padre José Maurício, Marcos Portugal e o austríaco Neukomm (que faria experimentações com a música erudita e com o lundu).

E se o texto da peça não abarca, evidentemente, alguns dados que pesquisas históricas posteriores e atuais esclarecem sobre o período joanino, é pertinente apontá-los, aqui, ainda que resumidamente: os impactos negativos das altas subscrições voluntárias, a vasta distribuição de comendas, o incentivo à "guerra justa" contra os indígenas (destacando a luta dos botocudos no território mineiro), o suporte financeiro do tráfico negreiro para os custos da Corte – nesses anos, aproximadamente 250 mil africanos chegaram ao Brasil como escravos.

No terceiro ato da peça, entre irônica e aliviada, a, agora, rainha Carlota Joaquina, com o falecimento de D. Maria I, diz: "*Gracias*, quando chegar a bordo, baterei com meus sapatos um no outro, para não levar sequer um grãozinho de areia desta terra maldita!". E pergunta ao filho, Pedro: "Resolveste ficar neste inferno?". O filho diz que sim e completa: "É o Brasil que eu amo [...] vim para aqui menino [...] Foi aqui [...] que meus olhos se abriram para o mundo, para a vida, para o amor [...] eu me sinto mais brasileiro que tudo, eu quero ficar [...] Tenho confiança em mim. Mais do que isso, maior, bem maior, é a confiança que me inspira o destino futuro do Brasil!".

Pelo catálogo original dessa peça – que também contém a transcrição do seu texto –, percebe-se, no final, a ênfase política com a marcação cênica dada pelo narrador: "Ouvem-se acordes do Hino Nacional Brasileiro, que vão crescendo, crescendo, crescendo, até... se fazer ouvir com todo o vigor na hora em que cai o pano! Fim da peça".[35]

Diante desse fecho triunfalista sobre uma suposta ideia de unidade nacional, não há como não associar à peça teatral *Carlota Joaquina* de Raimundo Magalhães Junior, a peça musical *O descobrimento do Brasil*, de Heitor Villa-Lobos, uma "alegoria mítica da brasilidade", que também foi executada no Rio de Janeiro, em 1939, e que, a exemplo das apresentações de *Carlota*, fez parte do calendário cultural do Estado Novo.[36]

Em geral, o conhecimento que boa parte dos brasileiros tem sobre Carlota Joaquina é referenciado por uma trama histórica de enredo alegórico risível, produzido, como já foi mencionado, por uma Historiografia que delineia os estereótipos sobre a sua memória. A participação efetiva de Carlota Joaquina

---

[35] Cf. fotocópia do catálogo original da peça, acervo da Sbat, RJ.

[36] Essa sinfonia de Villa-Lobos, com professores de música e de canto orfeônico formados pelo maestro – para qual evento, dizia-se que ele estaria "regendo a nação" –, foi ovacionada, na cidade do Rio de Janeiro, com milhares de presentes e de ouvintes, com transmissão simultânea pelo rádio.

na política externa portuguesa e na esfera pública como uma personalidade absolutista e, portanto, avessa aos princípios liberais é, em geral, destacada, restando-lhe a *pior* parte nessa trama política.

Quanto a D. João, ainda que sejam igualmente estereotipados seu retrato e seu governo, a sua passagem pelo Brasil merece relevo e interpretações diferentes. Seu governo é associado à independência econômica com novas medidas comerciais e tributárias, ações na direção da cultura e uma astuta política externa, além da manutenção da unidade territorial brasileira. Um dos pontos mais destacados, e que é reiterado pela peça, é a *modernização* do reino do Brasil em sintonia com os interesses do Império português e das elites da terra. E, aqui, se poderia indagar sobre a ocorrência de uma analogia de tratamento entre esse aspecto do Estado joanino e o Estado autoritário, pós-37, que também alardeou seus projetos futuros de transformação do país pela construção de uma ideia forte de *modernização*, conservadora e seletiva, lançando mão, como se sabe, de recursos simbólicos para demarcar, também, o seu lugar narrativo na história do Brasil.

O texto da peça, de fato, não apresenta elementos novos para a compreensão histórica do papel político de Carlota Joaquina; há muitas incorreções, e não se questiona a colonização portuguesa, mesmo que sugira, em brevíssima passagem, algumas de suas características. É possível deduzir que a narrativa da peça tenha se inspirado na bibliografia republicana e positivista, do final do século XIX, para reforçar a legitimidade do novo regime e ridicularizar o anterior, o monarquista. Nesse sentido, como mostra Francisco Falcon, "o discurso histórico/historiográfico que emergiu [do Estado Novo] é um discurso reflexo/refratado, de segunda mão; inteligente, não resta dúvida, mas produto de um hábil manejo ideológico de 'tesoura-e-cola'".[37]

Como documento, o texto permite discutir, como já foi aqui indicado, o problema das fontes – sua seleção e produção, seus usos e interpretações. Contudo, essa narrativa cênica é ainda *pouco* material nas mãos do pesquisador, que precisa se valer do cotejo de outras interpretações, percebendo o quanto de imbricação há entre o tema e os tempos, já que cada tempo presente refaz suas conexões e sua construção interpretativa sobre o passado. Supostamente, o narrador de Magalhães Junior constrói uma analogia tanto para tocar (como ele efetivamente parece fazer) na *modernização* encetada pelo governo português do Brasil-Reino quanto para olhar na direção do seu presente, o período do Estado Novo, associando, portanto, a *modernização* com a ideia de uma nação forte.

A consulta do texto de outra peça de Raimundo Magalhães Junior, *Um judeu*, também encenada em 1939, sobre a vida de Benjamin Disraeli, é fonte

---

[37] Cf. FALCON, F. J. C. História e Cultura Histórica. *Estudos Históricos*, n. 19, Rio de Janeiro: FGV, 1997.

de grande interesse.[38] A publicação do texto dessa peça, então a cargo do jornal *A Noite*, RJ, indica as possíveis relações de prestígio do dramaturgo Raimundo Magalhães, na época, também jornalista desse poderoso vespertino que mantinha uma editora de mesmo nome. Com um prefácio alentado, "Antes da peça", Magalhães Junior informa ao leitor naquela publicação que se inspirara na biografia *La vie de Disraeli*, de André Maurois, e nas *Cartas da Inglaterra*, de Eça de Queiroz, para compor essa narrativa trágica sobre a vida do judeu Disraeli, lorde Beaconsfield – "o poderoso mágico da época vitoriana", como o denomina ironicamente Hannah Arendt.

Ao final desse volume, em "Opiniões da crítica paulista e carioca", são transcritos alguns comentários de críticos e, inclusive, sobre a comédia *Carlota Joaquina*, de Magalhães Junior. Abbadie Faria Rosa, diretor do Serviço Nacional de Teatro, menciona que "*Carlota Joaquina* do teatrólogo solerte confirmou plenamente o meu juízo crítico [pelo] interesse das situações, o retrato dos tipos, o flagrante dos fatos". Para Heitor Muniz, do jornal *A Noite*, a peça "faz subir à cena peças históricas de envergadura, [...] pela segurança da síntese, a concisão, a felicidade da escolha dos episódios dramatizados", e para Mário Nunes, do *Jornal do Brasil*, a comédia revela a "feliz inspiração do autor [em] explorar no teatro, como vem sendo feito no livro e no cinema, com êxito absoluto, a biografia histórica".[39]

No curso das apresentações de *Carlota Joaquina*, pode-se também acompanhar algumas das chamadas para a peça pela imprensa carioca durante a longa temporada de 1939, no Setor de Periódicos da Biblioteca Nacional. Algumas notas breves, publicadas no jornal *A Noite* – feitas ou pelo jornal ou pela própria direção da peça –, sugerem que "os altos risos da platéia" eram sintomas do seu sucesso. Ao ler tais referências, só aparentemente secundárias, é possível pensar sobre as reações do público aos "achaques dos poderosos" que a peça estimulava, assim como às supostas associações feitas pelas plateias entre D. João e o ditador no poder. A silhueta baixa e atarracada, a sagacidade política e mesmo o item enxaqueca seriam umas das pedras do rei português como as de Getúlio Vargas...

Ao se examinar a trajetória profissional de Raimundo Magalhães, um escritor bastante articulado à rede intelectual carioca e "antigetulista ferrenho", com ele dizia à filha, Rosa Magalhães, as indagações não são, contudo, pequenas.

Sem querer indicar eventuais desdobramentos da peça *Carlota Joaquina* para a vida do seu autor, o certo é que, depois daquela temporada, em 1941, Magalhães irá para os Estados Unidos em regime de exílio forçado. É possível que naquele ambiente de censura e de controle ele tenha se utilizado de meios

---

[38] Cf. MAGALHÃES, JR., R. *Um judeu*. Rio de Janeiro: A Noite, 1939. Esse exemplar me foi gentilmente presenteado por Alberto Dines.

[39] *Idem*, p. 143-149.

possíveis para viabilizar o seu projeto com o recurso da caricatura cômica – o que, do contrário, também não atrairia o público nem contaria com a liberação da peça pelo governo. Mesmo que no seu aspecto de fachada a peça exponha a trama de um assassinato, ela não deixa de revelar as contradições do período e mesmo algumas das ambiguidades que, por vezes, são próprias das margens entre o autor e o narrador, ou seja, entre um autor politicamente oposicionista e um narrador irônico e nacionalista.

Os elementos ficcionais da peça também não são menos importantes para sua apreciação crítica. O narrador provavelmente se nutre do ficcional colhido nas fontes historiográficas, ou seja, na "invenção astuciosa" de autores que o subsidiaram ou mesmo naquilo que era próprio do *ato de fingir* diante do que não pode ser corrigido pela apreensão do passado a ser interpretado pelo presente.[40] E, certamente, opera sobre *Carlota Joaquina* as versões daquele processo histórico, lendo e reelaborando o tema por meio de uma síntese parcial, de uma redução que correspondia a um sentido que ele próprio empreende para compor, pela sua experiência e imaginação, aproximações com o seu presente. Esse argumento pode ter permitido ainda ao espectador-leitor, de 1939, a reconstrução daquele enredo no sentido de se mover cognitivamente entre a "autoridade simbólica" da estrutura do texto da peça e o direito de criar uma outra estrutura imaginária sobre o mesmo.

E saltam à flor desse texto, apesar dos problemas e dos equívocos históricos, suas qualidades narrativas pela organicidade da intriga, pela sua coesão entre as camadas superpostas diante do tema da traição que aos poucos são desdobradas, realçando interesses distintos, mas intrincados, além de simulações no interior dos jogos do poder. É um texto paradigmático, alegórico e metafórico, o que possibilita manejos interpretativos importantes. Caso, por exemplo, daquela interrogação bem posta, já referida, que faz o narrador, pela voz de Gertrudes, à rival Carlota: "Quereis afixar um 'P.R.' às costas do meu Fernando?". Da rubrica nas casas desapropriadas no Rio de Janeiro para acomodar os reinóis burocratas (o popular "ponha-se na rua", como se sabe) à mesma marca como provável inscrição no corpo do amante, o narrador manobra ficcionalmente e condensa a significação pela metáfora das duas letras, P.R., para, supostamente, provocar reações com essa enunciação ou com esse artifício simbólico que diz respeito aos usos e abusos da política no período joanino.

---

[40] Cf. STIERLE, Karlheinz. Que significa a recepção de textos ficcionais. *In*: LIMA, L.C. *A literatura e o leitor: Textos de Estética da recepção*. 2. ed. Rio de Janeiro: Paz e Terra, 2002. cit. por HANSEN, J.A Reorientações no campo da leitura literária. *In*: ABREU, M. SCHAPOCHNIK, N. (Orgs.) *Cultura letrada no Brasil: objetos e práticas*. Campinas: Mercado de Letras, ABL; São Paulo: Fapesp, 2005. p. 27.

O teatro abre possibilidades de recriação sobre diferentes espaços e tempos. O elemento histórico exposto no jogo ficcional e enigmático do teatro margeia outras dimensões, incluindo a ação do público, que pode atribuir significados ao que vê, percebe e conecta na encenação da peça. A operação de deslocamentos, de atualizações sobre o suposto acontecido ou vivido no presente é uma das possibilidades da arte cênica e um dos seus efeitos. Aqui, a arte recorta a História (e a memória), oferecendo sua pretensão verossímil, suas versões de mundo. É nesse sentido que o teatro ficcionaliza, atualiza o real e reformula, como arte, o discurso (e o discurso histórico). E, sobretudo, pela comédia, um modelo de representação que pode alçar a ordem do verossímil por meio da ironia, da paródia, do chiste e da pilhéria. Um gênero que pode transpor a realidade imaginada, ganhar as situações enfrentadas no cotidiano e no tempo e, portanto, ir mais fundo, pois a comédia não deixa de ser a intuição do trágico.

Aqui não se trata, evidentemente, de atribuir ao narrador de *Carlota Joaquina* o que ele não diz ou mesmo de ler aquilo que o texto não autoriza. O fato é que uma construção narrativa com bases historiográficas, nesse caso, pode ter alçado a arte cênica e ter tido recepção favorável naquela temporada teatral carioca, de 1939. Esse giro, para o teatro, pode ter libertado o enredo histórico, ampliando as percepções, associações e possibilidades de conhecimento. Pode-se perguntar, então, se o sucesso comentado da peça não se deve também à crítica sobre um poder analogicamente autoritário, além de uma plateia disposta ao riso e ao riso sobre o passado...

Se *Carlota Joaquina* não foge ao então modelo consagrado do teatro brasileiro de comédia, sua *boa* recepção pelo mercado das artes, pelo público, pela imprensa no Rio de Janeiro, nos anos 1930, se explicaria apenas por um fenômeno estético e de entretenimento? Parece arriscado decidir pelo apreço do público devido somente aos bons atores e à montagem cênica bem-cuidada. A autorização oficial, a cobertura da imprensa local (como os jornais *A Noite*, *Jornal do Brasil* e o *Correio da Manhã*), a crítica teatral e o público mobilizado, além das duzentas e cinco apresentações consecutivas da peça constituem indicadores de interesse para se conjecturar sobre um texto que pode ter servido e/ou servir a distintas apropriações.

A análise de *Carlota Joaquina* possibilita entrever, como já foi mencionado, que se trata de uma narrativa informada por meio de uma rede de transmissão de um conhecimento histórico com suas interpretações ligadas à memória histórica e no solo da cultura brasileira dos anos 1930. Se o texto revela as relações com a Historiografia, indica também as zonas de sombra e de silêncios ao privilegiar um "enquadramento da memória" sobre esse período da vida brasileira, concedendo credibilidade e aceitação a essa memória.[41]

---

[41] Cf. POLLAK, Michael. Memória, Esquecimento, Silêncio. *In*: *Estudos históricos*. Rio de Janeiro: FGV, 1989. p. 8-10.

Nessa construção, tal memória seria rearranjada para assegurar sua perenidade, apesar das mudanças, lançando elementos para a constituição e reedição de "futuros" mitos. O mito, como esclarece Roland Barthes, nada esconde porque sua função seria distorcer e não fazer desaparecer; conduzido por um discurso, ele se refaz incessantemente. O mito não é definido pelo objeto de sua mensagem, mas pelo modo como articula essa mensagem, além de conter ambiguidades difusas, como a naturalização dos processos e da própria História, reconfigurando sentidos e significados enraizados socialmente em interesses objetivos.[42]

A narrativa jocosa do texto da peça pode sugerir também um discurso despolitizado na aparência; contudo, ela parece capaz de expor os signos do poder por meio da trama em que o narrador articula a mensagem por modos estratégicos de comunicação e de invenção discursiva. O narrador de Magalhães Junior interpela a História e a memória, recuperando um "arquivo de memória" sobre o tema da família real, supondo-o, possivelmente, conhecido e julgado. Assim, é viável que existisse um jogo de memória em andamento nessa intriga criada pelo narrador, produto de decisões e de escolhas sobre o que narrar em meio a um curso complexo de acontecimentos e de tensões e que, no seu limite, arma um conjunto de sentidos para identidades distintas – os sujeitos históricos, o Estado português e a terra (nação) brasileira.

A peça indica aspectos sobre uma questão temporal importante, pois há uma sobreposição de temporalidades para a sua análise: o seu próprio tempo se refere a um passado que é bem *mais* do que o tempo de seu texto preservado (Sbat, RJ), além da experiência sobre o tempo histórico, vertida para uma dimensão cênica que pode se abrir para recepções distintas, de ontem e de hoje.

Nesses termos, é possível perguntar se a circunstância da peça, hoje examinada, não se converteria em parte da sua própria substância. A peça parece fazer sentido, pois foi encenada em uma temporada de ruptura de sentidos! No momento de grande perplexidade política, diante da dramaticidade moral vivida pelo país (com a ditadura) e pelo mundo conflagrado pelo começo da guerra (com a ditadura e a brutal ocupação da Polônia pelos nazistas), o conteúdo trágico de uma comédia que escancara os jogos do poder pode ter contribuído para suscitar debates e reflexões.

À primeira vista, mesmo que seu texto se restrinja aos acidentes de superfície, às "bolhas",[43] não se deve desconhecer que estes poderiam estar em viva tensão com as espessuras do processo histórico então corrente. Assim, as possibilidades de apreensão do real e de se atribuir significados diante do ambiente político, das circunstâncias históricas, das expectativas,

---

[42] Cf. BARTHES, R. *Mitologias*. Lisboa: Bertrand, 2002.
[43] Cf. DUBY, G. *Idade Média: idade dos homens*. São Paulo: Companhia das Letras, 1989. p. 187.

podem ter se colocado ao leitor-espectador, o que também poderia implicar a ressignificação desse texto, considerando, inclusive, a noção de intervalo entre o texto encenado e a recepção que se preenche de modos variados, ou seja, um intervalo que possibilita historicizar a leitura e correlacionar tempos diferentes.[44]

Para efeito de uma apreciação mais sintética, ainda é possível sugerir dois planos interpretativos e complementares em *Carlota Joaquina*. A comédia apresenta um plano de "superfície", legalizado e aceito pelas normas vigentes do governo. Estava sob o controle do Estado Novo, do Serviço Nacional de Teatro, do Ministério da Educação e Saúde e na mira do Departamento de Imprensa e Propaganda – DIP. Ou seja, a peça nasceu autorizada, de forma arbitrária, como as demais produções culturais do período. E os seus custos, provavelmente altos, com quase duas dezenas de atores, documentos da Biblioteca Nacional, figurinos suntuosos e de época, cenários e iluminação decorriam das condições favoráveis obtidas por Magalhães Junior ou por outros parceiros associados a ele e com o apoio do governo Vargas.

Um outro plano é "subterrâneo" e opera sobre a suspensão daquilo que, no cotidiano, devia ser proibido ou inaceitável, pois se fazia troça com a autoridade, com o poder. O narrador utiliza a crítica de costumes, possivelmente inspirado em comédias de Molière (pela predileção do autor a esse clássico dramaturgo), para zombar do poder autoritário na tradição brasileira e naquela conjuntura nacional pós-golpe, cuja ideia de conspiração, como na peça, envolve a então vida presente. Assim, é plausível pensar que a escolha do tema histórico, por meio de um "teatro de memória", revelava uma possível proposição de se fazer analogias com o cenário político brasileiro.[45]

É nesse sentido que a peça, ao realçar questões sobre a ética, trata também do tema da transgressão no interior do poder por meio de jogos de traição. Esses aspectos articulados aos princípios da legitimidade do poder do Estado, aqui sobre o período joanino, tendiam a se equilibrar precariamente entre velhas e novas conjunturas políticas internacionais – como, feitas todas as ressalvas, a então situação política brasileira de 1939.

---

[44] Cf. HANSEN, J. A. Reorientações no campo da leitura literária. *In*: ABREU, M. SCHAPOCHNIK, N. (Orgs.). *Op. cit.*, p. 25.

[45] Há pontos de convergência entre esse suposto foco de Magalhães com um texto seu, posterior, de crítica literária, sobre um autor de sua admiração, Gaetan Picon (*O escritor e sua sombra*, 1953) – recorte encontrado no acervo do biógrafo, AMLB, Casa de Rui Barbosa, Rio de Janeiro, s/d. Aquele autor considera que a importância de um tema e de uma obra está nos testemunhos que esses oferecem sobre sua época, revelando a sua inserção sociocultural e demais interpretações e sentidos para sua análise posterior.

Também a teatralidade da política é possivelmente denunciada por essa comédia, pois sua leitura deixa entrever que o narrador trabalha com o suposto de que o poder é representação e *performance*, que a maneira da dominação do governante é a teatralização. Além do humor e das zombarias sobre o *establishment*, é possível ler nesse texto a noção de que o poder zomba também de si mesmo como forma de autolegitimação. A rigidez de mando do Estado, as práticas de ritualização do poder de uma Coroa decadente e seus modos íntimos (comer, fazer sexo, arrotar, vestir, gritar, coçar, ter enxaqueca, morrer) contrastam com a elasticidade da sociedade mestiça, representada pelo público, que podia oferecer seu riso como *castigo* a quem lhe recusasse a sua condição de sujeitos sociais de direitos.[46]

A peça de Magalhães Junior exalta ainda a nação brasileira pela sua imaginada gênese e por meio da presença encarnada em um D. Pedro heroico – paradoxalmente, um herdeiro político da mãe. A simpatia, já referida, pelo narrador ao futuro imperador parece ser ainda mais reforçada ao final da comédia, acentuando e destacando o reconhecimento do narrador a D. Pedro como um importante negociador das elites e um dos responsáveis pela Independência, mantendo os elos entre a monarquia portuguesa e o Brasil. O encerramento da peça, por meio de artifícios cívicos, como se viu, configura também uma estudada angulação para excluir o fator Carlota e para se comemorar, afinal, o surgimento da jovem e vigorosa nação brasileira associada ao jovem Pedro.

Ao longo do ano de 1939, ou da temporada dessa peça, e também nos anos subsequentes que coincidiram com a sua volta ao Brasil, em 1944, Raimundo Magalhães Junior se tornará mais conhecido como jornalista, tradutor e dramaturgo. Frequentemente convidado para proferir palestras sobre biografia em instituições culturais e acadêmicas do Rio de Janeiro, inicia, de forma mais sistemática, as atividades de pesquisador de história.[47] E *Carlota Joaquina*, aqui como hipótese, parece revelar a experimentação sobre o que será fortemente desencadeado na sua trajetória intelectual diversificada e no meio cultural em que viveu: a sua iniciação na carreira de "biógrafo da história" – sua pedra de toque.

---

[46] Cf. ESSENFELDER, R. Qual é a graça? *In*: Jornal *Folha de S.Paulo*, Mais! São Paulo, 21/8/05.

[47] A revista *Leitura – Crítica e Informação Bibliográfica*, editada no Rio de Janeiro, 1943, indica, à p. 39, na coluna "Coleção Depoimentos Históricos", uma tradução revista, prefaciada e anotada por Magalhães, do volume *Memórias secretas de D. Carlota Joaquina*, "contendo cartas inéditas e o manifesto com que a princesa se candidatou ao trono da América espanhola".

O tablado – trincheira de Arthur Azevedo

> *"Convence-te leitor: para esses burros,*
> *argumento não há como um sopapo*
> *nem resposta melhor que um par de murros!"*
>
> Arthur Azevedo, 1889.

Arthur Azevedo e sua época, publicado em 1953, constitui o primeiro livro de biografia escrito por Raimundo Magalhães Junior sobre um literato brasileiro.[48] Valendo-se da ocasião do centenário do escritor[49], Magalhães Junior lança o livro no qual faz uma conclamação, dirigida principalmente à Academia Brasileira de Letras, pela reedição da obra de Azevedo, toda ela então esgotada ou impossível de se encontrar "a não ser num ou noutro sebo".[50]

Em 1954, ano seguinte ao lançamento dessa biografia, chega ao Brasil, vindo de Gênova, o cenógrafo e diretor de teatro Gianni Ratto, que exerceria forte presença no meio teatral brasileiro, a partir de São Paulo, onde se radicou. Cinco anos depois, ele fez a montagem de *O mambembe*, de Arthur Azevedo, no Teatro dos Sete, na cidade do Rio de Janeiro (exibida após na capital paulista) com a participação de atores como Ítalo Rossi, Renato Consorte, Fernanda Montenegro e Sérgio Brito.[51]

Gianni Ratto e Magalhães Junior partilhavam da opinião de que o teatro brasileiro, para ser nacional, precisava valorizar autores locais, além de serem imprescindíveis as pesquisas sobre diversos elementos cênicos e sobre a história da dramaturgia no país – posição também defendida por diferentes intelectuais

---

[48] MAGALHÃES JR., R. *Arthur Azevedo e sua época*. Rio de Janeiro: Civilização Brasileira, 1966. Coleção Vera Cruz, v.104. Para esse trabalho, dispusemos da 3ª edição, aumentada e revista pelo autor.

[49] Artur Nabantino Gonçalves de Azevedo nasceu em São Luís, MA, em 7 de julho de 1855, e faleceu no Rio de Janeiro, RJ, em 22 de outubro de 1908. Era filho de Emília Amália Pinto de Magalhães e de David Gonçalves de Azevedo, vice-cônsul de Portugal, na cidade de São Luís. Um dos seus irmãos, o diplomata Aluízio de Azevedo, mais jovem que Arthur, escreveu obras importantes como *Casa de pensão* (1884), *O mulato* (1881) e *O cortiço* (1890), além de algumas peças curtas e novelas.

[50] Na sessão da ABL, de 31 de outubro de 1908, presidida por Euclides da Cunha, com a presença de José Veríssimo, Graça Aranha, Rodrigo Octavio, Filinto de Almeida, Coelho Neto, Alberto de Oliveira, Mario de Alencar, a Academia escolheu uma representação de confrades para acompanhar o enterro de Arthur Azevedo. Nessa mesma sessão, Filinto de Almeida propôs que a Academia coligisse e publicasse as poesias de Arthur Azevedo – projeto que não chegou a ser efetivado – cf. MAGALHÃES JR., R. *Op. cit.*, p. 217.

[51] Cf. MAGALHÃES JR., R. *Op. cit.*, p. 334.

com trajetórias ligadas ao teatro como Oduvaldo Vianna Filho, Dias Gomes, Décio de Almeida Prado e Gianfrancesco Guarnieri.[52]

Magalhães Junior provavelmente insistiu sobre a necessidade da divulgação da obra de Artur Azevedo para contrariar uma tendência, de parte da intelectualidade e do meio editorial, que considerava esse autor menor e pouco representativo. Por defender incessantes revisões dos valores intelectuais, Raimundo Magalhães Junior alertava ainda sobre o que ele chamava de "uma lei aplicada ao meio literário", ou seja, a de que o "destino das novas gerações é mover guerra às antigas para, mais tarde, pagar igual tributo".[53] De posse desse tom aguerrido e polêmico do seu autor, a biografia sobre Arthur Azevedo encontrou ativa repercussão, inicialmente entre setores do teatro, e, recebeu, a seguir, o prêmio Silvio Romero, da Academia Brasileira de Letras.

Já na nota introdutória da obra, de 360 páginas e de 34 pequenos capítulos, consta a assertiva de que o autor (pelo narrador) não pretendeu "uma perfeita ordenação cronológica, mas caminhar através de fatos, seriando episódios em vez de datas" e de que o livro não seria propriamente uma biografia, "nem de um homem nem a história de uma época", mas de "um pouco de cada coisa, mostrando um escritor do povo em relação aos grandes acontecimentos do seu tempo. [...] da campanha abolicionista, do movimento republicano, do Encilhamento, dos pronunciamentos da esquadra e da Revolução Federalista, da consolidação da República [...]". E complementa que, nessa biografia, "quisemos, sobretudo, explicar o escritor, o mais possível, através de suas próprias palavras e das indicações biográficas que deixou em tantos de seus escritos".[54]

Na apresentação da 3ª edição dessa biografia, de 1966, o crítico e editor Joel Silveira, avaliando o seu resultado, diz que o livro é "um pouco de cada coisa", pois "é biografia, é história", por nele se destacarem traços do perfil do biografado e de suas atividades intelectuais e públicas em "instantes marcantes daquela quadra nacional". Valorizando o estilo e a pesquisa contida na obra, o crítico ainda faz um comentário provocativo à narrativa dos historiadores: "Claro, tudo isso são episódios mil vezes já narrados por historiadores, a maioria conspícua e árida". E, sublinha: "Mas na prosa de R. Magalhães Junior, adestrada pela sua fabulosa experiência de jornalista [...], o que já foi tantas vezes contado ganha cores novas, revestindo-se tudo desse encantamento que envolve as histórias que se ouvem pela primeira vez".[55]

---

[52] Cf. revista *Carta Capital*, ano XII, n. 375, São Paulo, 11/1/2006.

[53] Cf. MAGALHÃES JR., R. *Op. cit.*, p. 343.

[54] *Idem*, p. 1.

[55] SILVEIRA, J. orelha, 3ª ed. *In*: MAGALHÃES JR., R. *Op. cit.*

A leitura de *Arthur Azevedo e sua época* sugere que o narrador de Magalhães Junior utiliza dos dados biográficos de Arthur Azevedo para finalidades prosopográficas, no sentido de empreender a construção do perfil do intelectual brasileiro oitocentista, egresso de grupos familiares tradicionais, atuante na vida pública e na rede discursiva da capital federal. O narrador também expõe o seu modo de construção do protagonista como um "herói do combate" no meio teatral e jornalístico do Rio de Janeiro, cediço e provinciano. E marca sua posição em defesa da arte cênica e do "teatro de Arthur" inovador e corajoso.

A montagem dessa biografia sugere pesquisas em uma bibliografia diversificada e afinada com a tradição literária e memorialista como: Ernesto Senna (*Notas de um repórter* e *Rascunhos e perfis*), Luís Edmundo (*O Rio de Janeiro do meu tempo*), André Rebouças (*Memórias e notas autobiográficas*), Machado de Assis (*Crítica teatral*) e Oliveira Lima (*Memórias*). E, ainda, com obras de escritores contemporâneos de Magalhães Junior como Oliveira Lima, Raimundo Menezes, José Maria Belo, Lúcia Miguel Pereira, Luís da Câmara Cascudo, entre outros.

A maior parte da documentação trabalhada por Raimundo Magalhães Junior é constituída de "recortes", como se refere o próprio Magalhães às suas transcrições do material impresso de Azevedo, pela imprensa, como crônicas, sonetos e artigos – além da coleta de algumas notas autobiográficas de Arthur Azevedo publicadas no *Almanaque do Teatro*, editado no Rio de Janeiro. E, conforme as consultas feitas por Magalhães Junior na Biblioteca Nacional e em outros acervos, como o da Academia Brasileira de Letras, o leitor é informado sobre diversos jornais aos quais se ligou Arthur Azevedo na cidade do Rio de Janeiro como: *A Reforma, Diário de Notícias, O País, Diário do Rio de Janeiro, A Gazeta do Vintém, O Mequetrefe, Gazeta da Tarde*, além das revistas *Pena e Lápis, A Vespa, Vida Moderna, O Álbum* e a *Revista do Rio de Janeiro*.[56]

A obra e a vida de Arthur Azevedo são apresentadas pelo narrador por meio de um suposto conjunto coerente armado a partir de fontes, sistematicamente indicadas. O texto informa sobre revisões bibliográficas feitas por meio de estudos desenvolvidos pela ABL e da elaboração de um inventário com a participação de Magalhães Junior, elencando os vários periódicos cariocas em que o biografado ou trabalhou ou participou de conselhos, etc. O biógrafo reitera ainda que Arthur Azevedo deve ter feito revisões na sua obra de modo a torná-la "mais simples e natural" e comenta que, se fossem reunidas todas as suas produções, haveria pelo menos dois volumes alentados, um de versos líricos e outro somente de peças satíricas.

---

[56] A maior parte desses periódicos é de tendência liberal e influenciou os posicionamentos políticos de A. Azevedo. As pesquisas de Magalhães Junior ainda informam sobre outros periódicos nos quais A. Azevedo publicou com certa regularidade como *A Época, O Besouro, O Teatro, Século XX, O Rio Nu* e *Revista dos Teatros*.

Por vezes, o leitor é informado sobre: a perda dos manuscritos do escritor; quando, onde e como Azevedo escrevia artigos, versos líricos, peças satíricas, sonetos anedóticos;[57] as suas preferências intelectuais, seus pseudônimos e seus interlocutores frequentes (escritores e atores); as críticas feitas a intelectuais, políticos e ao imperador, assim como referências sobre parte de sua correspondência – por exemplo, as cartas para a atriz Eleonora Duse, as recebidas do ator Coquelin Ainé e as enviadas para o jornal *Correio da Manhã*, RJ.[58]

Sobre os pseudônimos, um recurso então muito usual entre os escritores, Arthur Azevedo fez largo uso na sua atividade literária e jornalística. Ao longo da biografia, vários desses codinomes são mencionados como: *Ignotus* (jornal *A Reforma*), *Dorante* (folhetim *Bric-à-Brac*), *Eloy, o herói*, *AA*, (esses no jornal *Diário de Notícias* e em revistas como *O Álbum* e *A Vespa*), *Gavroche* (*O País*) e *Frivolino* (jornais *O País* e *o Correio do Povo* e em outros folhetins e revistas), além de *Cósimo, Cratchit, Petrônio, XYZ* (*Revista do Rio de Janeiro*, *O Álbum*) e *Juvenal*. "Basta acrescentarmos às informações que aí estão a de que, incontestavelmente, foi Arthur Azevedo, um dos pioneiros da nossa imprensa literária e ilustrada, da *Gazetinha* ao esforço final de *O Álbum*". O narrador de Magalhães comenta que "hoje, as publicações que fundou ou dirigiu parecem-nos pouco significativas e mesquinhas em seu aspecto gráfico. Mas foram importantes em sua época – em face do atraso de nossa indústria gráfica e do próprio meio em que Arthur Azevedo se agitava" – já que o Rio de Janeiro era "mais que uma grande aldeia com foros de capital e sem a salubridade peculiar as vilarejos..".[59]

Raimundo Magalhães, pelo narrador, faz constar ainda, na bibliografia do volume, que a "correspondência inédita de Arthur Azevedo aos seus parentes do Maranhão" estava "em poder do autor", ou seja, com ele próprio, Magalhães, o que podia associá-lo a um escritor "gaveteiro", alcunha corrente no círculo da Imprensa carioca para nomear jornalistas que detinham informações e documentos alheios. Sobre depoimentos pessoais do biografado, o autor agradece a Aluízio de Azevedo Sobrinho, filho de Arthur Azevedo, pela cessão de uma correspondência e de um soneto, ambos inéditos do pai, o que permitiu ampliar a edição original da biografia com a inclusão do capítulo 31, "A Cigarra faz o elogio da Formiga".[60]

Um traço importante sobre o pesquisador Raimundo Magalhães Junior é o de dar continuidade à busca documental de assuntos e temas referentes ao

---

[57] Cf. MAGALHÃES JR., R. *Op. cit.*, p. 207.

[58] *Idem*, p. 88-91.

[59] *Idem*, p. 252.

[60] Esse capítulo, conforme as referências feitas pelo editor Joel Silveira, é colocado ao final da obra, na edição de 1966; refere-se à correspondência de Arthur a seus familiares; entre outros assuntos, comenta as suas dificuldades profissionais e financeiras.

seu protagonista e à sua produção, mesmo após a publicação de uma obra sobre o biografado, o que pode ser comprovado tanto no caso de Arthur Azevedo como no de Machado de Assis, como se verá. Em *Contos ligeiros*, de 1974, por exemplo, Magalhães Junior faz uma nova publicação, comentada, sobre suas pesquisas mais recentes sobre Arthur Azevedo. Na apresentação desse livro, uma reunião de contos do escritor, Magalhães Junior comenta sobre a possibilidade de outros pesquisadores virem a recolher novos materiais sobre Azevedo, especialmente na imprensa carioca (em *O Século* e no *Correio da Manhã*), o que permitiria a ampliação de estudos sobre a sua obra. Além de reiterar que ele próprio ainda pretendia organizar as obras completas do escritor, para a qual recebera autorização dos dois filhos de Arthur Azevedo, Aluízio Azevedo Sobrinho e Américo Azevedo.[61]

Arthur Azevedo entrou para a Academia Brasileira de Letras, entidade literária e privada, em 1º de dezembro de 1896, ocupando a cadeira de n. 29, como primeiro nome na ata de sua fundação que também recebe as assinaturas de Joaquim Nabuco, Machado de Assis, Lúcio de Mendonça, José do Patrocínio, Olavo Bilac, José Veríssimo, o visconde de Taunay, Filinto de Almeida, entre outros.

Essa referência faz o narrador se estender sobre os antecedentes da criação da ABL, em torno de encontros boêmios intelectuais nos hotéis (como *O Globo* e o *Internacional*) e nos cafés da cidade do Rio de Janeiro (como a *Confeitaria Cailtau*). Alguns de seus membros deixaram registros detalhados sobre essas reuniões, como Araripe Júnior (*Recordações do Clube Rabelais*) e Rodrigo Otávio (*Minhas memórias dos outros*). Em função desses encontros literários e associativos, foi criado também um *Clube Rabelais* para as sessões dos letrados, surgindo daí, em 1895, a iniciativa de instituir a *Revista Brasileira*, fundada por José Veríssimo, que significaria um passo efetivo para a criação, a seguir, da Academia Brasileira de Letras.

Ao defender essa lendária boemia literária carioca, dos fins do século XIX, pelo seu labor na produção de contos, novelas, versos, jornalismo e teatro na vida estreita da província, o narrador reage às associações de desmazelo, estroinice e irresponsabilidade feitas em geral sobre esses letrados.[62] Mas também não deixa de apontar certos comportamentos, como os de Arthur Azevedo, que, embora de presença assídua, nem se manifestava nem discursava na Academia – o que é confirmado pela leitura das atas das sessões da ABL (de sua fundação até o ano da morte de Azevedo, em 1908).[63]

---

[61] Cf. MAGALHÃES JR., R.. *Contos Ligeiros: Arthur Azevedo*. Rio de Janeiro: Bloch Editores, 1974. p. 5-6.

[62] Cf. MAGALHÃES JR., R. *Arthur Azevedo e sua época*, p. 159.

[63] Cf. documentação disponibilizada, por via eletrônica, pela Academia Brasileira de Letras.

A construção narrativa de *Arthur Azevedo e sua época* já indica a presença questionadora de um narrador revisor, construído por Magalhães Junior, em adesão ao postulado sobre os sentidos da existência narrada, por meio do qual biógrafo, narrador e biografado compartilhariam com o leitor significados e impressões. Sugere um suposto interesse para que esse texto biográfico fosse lido e questionado, dada a insistência com que o narrador informa ao leitor o fato de Arthur Azevedo ter deixado outras notas autobiográficas entre diversas anotações e à espera de interpretações.

A narrativa biográfica apresenta também um estilo doravante reconhecível do narrador de Magalhães Junior: estrutura de capítulos curtos e títulos atrativos; entrecruzamento constante de citações; construção de diálogos estratégicos para dar vida e ritmo ao enredo; frequente uso de certas formas verbais e linguísticas para, possivelmente, alçar a *persona* biografada em movimento: "Ia decerto pensando", "talvez tivesse visto", "deve ter trabalhado". Também devem ser sublinhadas as conexões sugeridas em toda a biografia entre vida e História, nos planos individual e coletivo; registros de memórias e de elos temporais entrecruzados.

Essa biografia espelha uma organização e estrutura *novas* com notas de rodapé, ampliando e localizando informações de interesse, além da indicação da bibliografia e das fontes trabalhadas. Esses procedimentos não eram usuais em trabalhos do gênero biográfico no Brasil e, por isso, chama a atenção destacá-los na faina de Raimundo Magalhães Junior assim como nas considerações do biógrafo Luiz Viana Filho, que menciona, no mesmo período, a necessidade dessa prática.[64]

Já no início do livro, o narrador utiliza a expressão "mestre de si mesmo", recurso para nomear e identificar fortemente o biografado, dotado de certa obstinação heroica – como o fará posteriormente nas biografias que escreveu sobre Machado de Assis, José do Patrocínio e outros. Possivelmente para reforçar a imagem do "intelectual desafortunado" – aqui dirigida ao autor e ao protagonista, os quais teriam vencido sozinhos na Capital Federal dos letrados, espaço de confluências e de disputas políticas que enlaçariam a trajetória intelectual desses escritores. O narrador, nessa perspectiva, produz a marca de uma escrita de si, operação mista de identificação, representação e autorreconhecimento pelo "espelho narcísico" – além de revelar sua suposta intenção de produzir uma narrativa retida no tempo, pela evocação e construção de uma memória da *excepcionalidade*.

A biografia sobre Arthur Azevedo sugere também algumas proximidades metodológicas com *A vida de Disraeli*, de André Maurois, lançada em 1945, pela "Biblioteca do Espírito Moderno", da Companhia Editora Nacional – livro de enorme sucesso editorial, também no Brasil, possivelmente por contemplar as

---

[64] Cf. VIANA FILHO, L. *A vida de Rui Barbosa*. Rio de Janeiro: Companhia. Editora Nacional, 1941. p. 299.

consciências românticas e burguesas das elites. É fato que Magalhães reconhece a influência do escritor francês sobre o seu método biográfico, sobretudo, pelos elos traçados entre a vida do biografado e o contexto sociopolítico, como já foi mencionado.[65] As concepções de André Maurois sobre biografia, fontes e as dobras de articulações entre história de vida e História exerceram influência sobre escritores brasileiros do gênero, como Magalhães Junior – amigo e conterrâneo de Rachel de Queiroz, responsável pela tradução da obra de Maurois no Brasil. Veja-se o próprio depoimento do escritor francês: "[...] o objetivo do autor não foi escrever uma vida de Eduardo VII, porém estudar [...] um período recente e notável da história da Inglaterra e descrever [...] quanto permitem os documentos existentes". E enfatiza com nitidez o seu objetivo com *A vida de Disraeli*: além do "mecanismo que fez a guerra e a paz, do qual soberanos, ministros, embaixadores e povos são as rodas e, a ambição, o medo, o orgulho e a coragem os motores".[66]

Não se deve perder de vista que muitas das biografias, desse período, se aproximavam da concepção do "romance de formação", uma forma literária herdeira dos séculos XVIII e XIX, ainda vigente nos planos autorais e editoriais dos anos do pós-guerra, no interior da transição da sociedade tradicional para sua conformação industrial. Como o jornal, o romance também consistia em um veículo literário importante para a difusão do conhecimento, além da observação de que a composição de sua estrutura demandava um projeto narrativo no qual a fruição, o liame ou o jogo entre autor, narrador e leitor seriam componentes imprescindíveis.

Essa primeira biografia construída por Raimundo Magalhães segue certa orientação formal do romance, ainda que compartimentada em capítulos curtos. Parte de sua concepção narrativa sugere um dos elementos psicológicos fundamentais trabalhados pelo romance tradicional, nomeado de *alma*, capaz de dar sustentação ao seu desenvolvimento.[67] Contudo, essa narrativa em foco parece movida por uma perspectiva mais ampla, de fundo social e histórico, no sentido

---

[65] Cf. MAUROIS, A. *A Vida de Disraeli*. São Paulo/Rio de Janeiro: Companhia Editora Nacional, 1945. À p. 284, o autor faz essa argumentação: "Disraeli não era um santo, mas talvez uma personalidade como uma velha 'Alma da Primavera', sempre vencida e sempre renascente; [foi] um símbolo do que pode realizar, em um mundo hostil e frio, uma longa juventude de coração".

[66] Cf. MAUROIS, A. *Eduardo VII e seu tempo*. Rio de Janeiro: Guanabara, 1935. p. 5-6. Na nota liminar dessa biografia, Maurois indica as fontes utilizadas, como correspondências da realeza, documentos cedidos por ocasião do falecimento da rainha Vitória e outros *papéis* nos arquivos do castelo de Windsor.

[67] Cf. MARTINS, W. *Interpretações: ensaios de crítica*. Rio de Janeiro: Livraria José Olympio, 1946. p. 31-32.

de se procurar desenvolver também uma representação temporal sobre o passado tensionada pela relação com o devir, fazendo movimentar o corpo social do protagonista, de carne e osso. Além de estrategicamente pedir tempo ao leitor para a assimilação de uma escolha entrecruzada de informações e de relações que acompanham o curso da trajetória dessa vida narrada de Arthur Azevedo.

Em 1908, Arthur Azevedo foi nomeado diretor do Teatro João Caetano, construído na Praia Vermelha, RJ, como parte do conjunto de edifícios destinados à Exposição Nacional – dali ele orientava a organização de repertórios, ensaios e ainda escrevia a peça dramática *Vida e morte* para ser representada depois naquela inauguração junto a peças de outros autores como Martins Pena, Machado de Assis e Júlia Lopes de Almeida.

O narrador se refere ao traço de "trabalhador incansável" de Azevedo, no capítulo 30, "O homem do realejo e a ária do Municipal", mas, com tom polemista, faz críticas ao apagamento da sua memória e dos fins do Teatro Municipal,[68] que foi construído em 1905 e inaugurado um ano após a sua morte, em 1909, no Rio de Janeiro.[69] Azevedo seria um dos mentores de uma campanha para dotar a cidade de um teatro público, argumentando que "o teatro está no temperamento literário do brasileiro".

A forte expressividade da narrativa sobre o final da vida do protagonista é supostamente manifestada para que o leitor identifique o traço de humanidade daquele retrato construído sobre um protagonista corajoso e de facetas múltiplas. O narrador acena para a necessidade de se preservar a memória de Arthur Azevedo, por meio do inventário de suas práticas artísticas entrelaçadas com a política cuja expressão maior seria, nesse caso, a própria empreitada dessa biografia. E ainda parece que, por meio dessa narrativa, seria possível esboçar uma análise da sociedade brasileira oitocentista, pois o seu protagonista viveu e interpretou aquela experiência histórica.

Chama a atenção no final da biografia o fato de que Arthur Azevedo, muito enfraquecido pela doença, uma osteomielite aguda, ainda mantivesse a força de um criador inquieto e fascinado pelas invenções modernas, de Edson a Lumière, como o cinematógrafo e as outras fabricações modernas – essas que poderiam servir, sobretudo, à arte "sempre aberta do teatro".[70] A "parca" ou a

---

[68] Em 14/7/1949, portanto quatro anos antes de publicar a biografia sobre Arthur Azevedo, Raimundo Magalhães Junior escreveu a crônica "Os quarenta anos do Teatro Municipal", pelo jornal *Diário de Notícias*, RJ, denunciando a crise do teatro no país e a crise no Teatro Municipal, no Rio de Janeiro.

[69] Cf. MAGALHÃES JR., R. *Arthur Azevedo e sua época*, p. 328-329 e 354.

[70] Após a morte de Arthur Azevedo, o *Almanaque Garnier*, de 1910, publicou um artigo intitulado *Machado de Assis, A. Azevedo e João Pinheiro*, de autoria do literato Pedro do Couto. Arthur Azevedo era visto como homem de letras com "vasta popularidade", mas também

morte chega para Arthur Azevedo aos 53 anos de idade, em 22/10/1908, mas mediada ainda pelo "sonho do teatro". Ele foi o principal artífice da construção desse teatro, sobretudo, pelo "milagre da palavra escrita, pelo poder fecundador da sua pena de jornalista e de dramaturgo a serviço da arte e da cultura".[71] E o narrador faz ainda esse comentário, dando notas ao leitor sobre as mudanças em curso: "Em torno dele tudo mudava... E mudava vertiginosamente... Não só mudavam as coisas, as instituições políticas, a fisionomia da sociedade, os homens públicos.... Mudava também o ambiente literário e jornalístico..." E, atinado para as alterações da sociedade, continua: "Fora-se a escravatura, fora-se o Império, fora-se a nobreza forjicada e postiça, fora-se o tílburi... e praticamente também se fora a geração boêmia, a que ele estava ligado menos por gosto pela vida estúrdia – pois sempre fora uma formiga diligente entre cigarras imprevidentes [...]".[72]

No plano geral dessa biografia, o núcleo mais contundente está na importância social e política concedida ao teatro. Pela perspectiva documentarista, ou a partir das fontes pesquisadas pelo autor, o narrador arma uma exposição argumentativa sobre esse tema que atravessa todo o livro, a partir de aspectos ligados à história das artes cênicas, na cidade do Rio de Janeiro, no século XIX.

A ida ao teatro era habitual e um sintoma dos modos urbanos de sociabilidade entre setores sociais do Império brasileiro. Os espetáculos contavam com públicos leais entre as elites e as parcelas médias da população. Na década de 1870, a cidade do Rio de Janeiro vivia um *boom* teatral com o surgimento de muitas casas de espetáculos, colocando-a no circuito teatral mais importante dos trópicos do Sul, igualando-se ao prestígio de Buenos Aires e de Montevidéu, recebendo frequentemente atores e companhias estrangeiras. Além da incorporação de alterações nos processos que moviam o próprio teatro: variedade e amplitude de repertórios, ambientações para espetáculos, discussão sobre as condições do trabalho do ator, crescimento do público urbano e das suas manifestações com relação aos espetáculos. Algumas dessas alterações, ocorridas na Europa seriam percebidas também no Brasil. "Na verdade o que se transformou foi toda a relação entre a plateia e o palco. Antes, a uma sala socialmente homogênea correspondia uma cena relativamente uniforme [...]. Agora esta relação de projeção está rompida [...]". Pois, "diante de um público variado e em constante modificação, a obra não mais possui uma significação externa,

---

sufocado pela sua intensa atividade de comediógrafo. *In*: DUTRA, E. de F. *Rebeldes literários da República: história e identidade nacional no Almanaque Brasileiro Garnier (1903-1914)*. Belo Horizonte: Editora UFMG, 2005. p. 49 e 75.

[71] Cf. MAGALHÃES JR., R. *Arthur Azevedo e sua época*, p. 354.

[72] *Idem*, p. 354.

mas exclusivamente um sentido relativo, vinculado ao lugar e ao momento da ordem que anteriormente regia a troca de relações entre a plateia e o palco".

Na biografia sobre Arthur Azevedo, o narrador, além de indicar algumas mudanças referentes à arte cênica no Brasil, no século XIX, percebe, também, na cidade do Rio de Janeiro, a importância da arquitetura e dos elementos construtivos dos teatros, de planos em geral amplos, fechados o que permitia o acolhimento de um fluxo considerável de pessoas e de extração social diferenciada. E, expandindo o significado desses aspectos, comenta que os apartes, as conclamações e os debates instaurados dentro dos teatros conformavam um vivo e extraordinário espaço público para a sociedade oitocentista.[73]

A biografia destaca recorrentemente as causas públicas defendidas por Arthur Azevedo, incluindo a sua simpatia por Zola e seu *J'accuse!*, de 1898, sobre o caso Dreyfus, sugerindo que o biografado deveria ter lido os resumos da imprensa inglesa feitos por Rui Barbosa sobre o assunto, além de ter se mantido informado pelo noticiário telegráfico – Azevedo passou a publicar, a partir daí, sonetos sobre esse processo injusto contra o capitão judeu e sobre a bravura do escritor Emile Zola. O narrador proclama Arthur Azevedo como um militante atento, um "autêntico forçado da pena, como um verdadeiro galé das letras".[74]

O propósito de se fazer o retrato em papel do biografado revela ainda um traçado ardiloso dessa narrativa, ou seja, o de estreitar arriscadamente a relação entre o biógrafo, narrador e o biografado por um suposto acordo, instituído pelos primeiros ao segundo – e abrindo para o leitor questões e juízos sobre memória, imagem, associação, além de alguns mecanismos possíveis sobre a decifração interpretativa. Nesse caso, a construção de *Arthur Azevedo e sua época* toca também nos claros desse retrato impresso, apontando qualidades e imperfeições humanas, mesmo que chame a atenção a convergência entre eles, biógrafo e biografado, estabelecida pelo narrador, que valoriza sobremaneira as atividades profissionais de ambos como jornalistas, tradutores, cronistas e, sobretudo, como dramaturgos. O narrador entrelaça a vida do biografado em tensão permanente com o ambiente social e político no qual vivia. E, nessa medida, também se ampliam os riscos e os traçados desse retrato, pois ele, narrador, se põe aberto a alguns procedimentos para se construir uma biografia, nitidamente histórica.

Sem deixar de utilizar, como ele próprio sugere, elementos romanceados nessa composição biográfica, incluindo, por vezes, alguns contornos dramáticos, o narrador acompanha, imbuído da noção de que domina, as vicissitudes da trajetória pessoal e pública do biografado, valendo-se de menções e de juízos

---

[73] Sobre a importância social e política do teatro, ver DUARTE, R. H. *Noites circenses: Espetáculos de circo e teatro em Minas Gerais no século 19*. Campinas: Unicamp, 1999.

[74] Cf. MAGALHÃES JR., R. *Arthur Azevedo e sua época*, p. 18.

morais e subjetivos: "um amanuense de carreira [mas] um analista bem humorado das pequenas comédias da vida burocrática";[75] "um homem de família, provedor do lar, uma extraordinária máquina de trabalho".[76]

Empreende o *portrait* de Arthur Azevedo, sempre retocado por meio de acrescidas particularidades e do suposto domínio que pretendia ter da "alma" do biografado: "Era um escritor do povo, nivelado ao povo, ao gosto popular de seu tempo. Não podia, profissional da pena, viver acastelado numa torre de marfim, escrevendo para as elites ou... para o futuro!"[77]. Continua a descrição: "Tinha os instrumentos do seu ofício: a técnica segura, a capacidade de armar cenas e tirar efeitos, o diálogo vivo, natural, popular chispante;[78] o partidário exaltado da dissolubilidade do vínculo conjugal[79] [...]". E ainda: "tinha particular aversão a três coisas: ao suicídio, ao carnaval e ao jogo. Suas crônicas e suas peças martelavam, com certa insistência, essas três teclas".[80]

A construção do protagonista combatente é explicitada também em meio às divergências e trocas de farpas entre revistas de teatro e críticos: "O ano de 1887 foi particularmente interessante para o teatro no Rio, quer pelas novidades da terra quer pela visita do famoso Giovanni Emanuel, o trágico italiano, que aqui vinha colher novos triunfos no grande repertório shakespeariano. Seu nome ocupava a primeira página dos jornais da época, exaltado, glorificado em todos os tons". Diz que o período era de bons tempos; "esses, em que toda gente tratava de teatro nos seus folhetins e alguns desses, como o *De Palanque*, de *Eloy, o herói*, ocupavam, às vezes, nada mais nada menos que meia página de jornal. Para Arthur Azevedo, foi esse um dos anos mais agitados". E explica: "Foi o ano em que deixou de ser chefe de claque, para se converter em empresário de vaias..."[81] [...] Cheio de belicosidade, vive Arthur umas das épocas mais agitadas [...]. Convém não perdermos de vista o fato de que era ele, então,

---

[75] *Idem*, p. 56-60. O narrador faz seguidas referências às atividades de A. Azevedo como funcionário público, que, por um período, foi vizinho de repartição de Machado de Assis, na Diretoria do Ministério da Agricultura. Indica também algumas passagens em que Azevedo manifesta seu tédio para com a burocracia, "um castigo para os homens de espírito e para os artistas".

[76] *Idem*, p. 159. São aqui indicados os casamentos de Arthur Azevedo (o primeiro com Carlota Morais, o segundo com Carolina Adelaide Leconflé); a sustentação de 13 filhos, entre os próprios e os adotivos; as oscilações de perdas e ganhos no teatro e na imprensa carioca.

[77] *Idem*, p. 154.

[78] *Idem*, p. 336.

[79] *Idem*, p. 280. Em 1894, a Câmara votou um projeto do deputado Érico Coelho visando instituir o divórcio no Brasil, contando com as simpatias de Arthur Azevedo.

[80] *Idem*, p. 104.

[81] *Idem*, p. 119

um rapaz de trinta e dois anos de idade, com um caminho aberto a golpes de tenacidade e disposto a manter, a qualquer custo, a posição conquistada". E continua: "No azedume das lutas, está por tudo: o insulto, o pugilato, o duelo. Cada escrito é um desafio [...]. Chega a espantar que tenha saído fisicamente imune de todas essas tempestades. Não é só em prosa que deblatera e promete pancada. Em versos, também, faz a apologia da violência, do desforço físico, das soluções a sopapo".[82]

A mobilização do narrador em torno da construção de um retrato sobre Arthur Azevedo é reiterada em toda a biografia. Em um capítulo de interesse aparentemente secundário, 16, "Alegrias e tristezas de um obeso", tem-se a informação sobre a usual mania coletiva de se colecionar autógrafos, de poetas e artistas, em álbuns e em postais, nas duas últimas décadas do século XIX, na cidade do Rio de Janeiro, conforme a moda francesa. A popularidade de Arthur Azevedo era grande, diz o narrador, e ele não tinha como fugir ao assédio, apesar do seu desgosto com a própria imagem obesa. Acabaria assim participando com seu retrato (com ou sem bigodes) e seus sonetos "Impressões de teatro" e "Uma observação" na venda de cartões-postais. Os interessados escolhiam os cartões em locais de venda – um dos retratos de Azevedo e um dos seus dois sonetos – e, de quebra, podiam ser brindados com o autógrafo do escritor.

O narrador insiste ainda nessa angulação da *persona* de Arthur Azevedo, revelando os "martírios da obesidade" e as tentativas empreendidas para minimizar esses efeitos na sua saúde, como a prática da equitação, no bairro de Vila Isabel, e os tratamentos na estação de águas, em Lambari, MG. Mesmo que secundárias, as informações desse capítulo corroboram a tentativa do narrador de traçar um retrato que ele pretende o mais "realista" possível sobre aquele que "podia sofrer com a sua gordura, como sofreu com o reumatismo", mas, arremata o narrador em argumento compensatório, ou seja, ainda assim ele "sempre procurou fazer rir e sorrir no jornal, na conversa, no livro e no palco. Muita razão teve quem disse que Arthur Azevedo teria graça até colaborando no *Diário Oficial*..."[83].

De acordo com a proposição do método adotado pelo narrador, o protagonista é apresentado e identificado na cena histórica de sua época, imerso nas conexões e tensões sociais, pois as situações descritas na biografia são potencializadas por conflitos permanentes. Os embates narrados e sugeridos no texto revelam posições políticas divergentes nas quais se movem os sujeitos históricos encarnados de ação e de pensamento frente à contingência desses processos sociais.

---

[82] *Idem*, p. 125.

[83] *Idem*, p. 165-186.

A exemplo de alguns raros pressupostos da chamada "arte de biografar" de sua época, o narrador insiste nas ligações permutativas entre a vida do protagonista e a sociedade política como orientação para todo o desenvolvimento da biografia, colocando Arthur Azevedo na cena histórica do seu tempo. Essa opção metodológica, contudo, não era de todo comum nas biografias feitas então, pelo menos até o início da década de 1950, em geral concentradas na *persona* do biografado e no quadro cronológico orientado pelos *événements* da existência narrada e sem conexões esclarecedoras com o contexto histórico.

Na biografia sobre Arthur Azevedo, a trajetória de vida desse protagonista não se move em um quadro cronológico linear nem é orientada sem a presença das contingências do tempo. Tal procedimento parece de acordo com o que viria na Introdução do próprio volume com a informação de que o autor não pretende "uma perfeita ordenação cronológica, mas caminhar através de fatos, seriando episódios em vez de datas".

Para também utilizar um termo do autor, pelo narrador, algumas "louvaminhas" são dirigidas ao protagonista, como nessa menção: "Fazia jornalismo por amor à profissão respeitando os verdadeiros valores, detestava as gralhas, as mediocridades, os *parvenus*, os enfatuados. E não os poupava, zurzindo-lhes o pelo sempre que podia". E o narrador ainda aplaude essa tirada crítico-regionalista de Azevedo: "O Maranhão é o Maranhão, terra [...] que tem produzido belos talentos [...] onde o espírito de iniciativa é incontestável: mas para que esse título de Atenas Brasileira, lembrança exótica de algum hilariante Tartarin? [...] também não perdoo a quem venha me dizer que sou filho da Atenas Brasileira".[84]

As construções do narrador de Magalhães Junior sobre seu "herói do combate", presentes ao longo da biografia, estão provavelmente ligadas a uma proposição romântica salvacionista para retirar então o biografado da sombra e do esquecimento. A vertente romântica (em oposição à virada modernista), no cenário literário dos anos 1950, ainda reconhece nos escritores e nos poetas os porta-vozes das bandeiras reparadoras da justiça, da beleza, do equilíbrio, quando não da ironia, do chiste, da sagacidade – caso da obra e da intervenção política ativa de Arthur Azevedo, conforme o narrador.

Como mostra Antonio Candido, o herói construído pela literatura romântica tem grande energia criativa também na defesa de causas coletivas, chegando a ser portador de uma voz principal (e solitária) e, por vezes, de uma inspiração divina: "É o bardo, o profeta, o guia; por isso a tendência para o monólogo capcioso [...], de palco, em cujo fundo fica implícito o diálogo".[85]

---

[84] *Idem*, p. 25 e 27.
[85] CANDIDO, A . *Formação da Literatura Brasileira*. v. 1, Belo Horizonte: Itatiaia, 1993. p. 25.

Os adversários de Arthur Azevedo, sobretudo na imprensa conservadora – e na qual ele também escrevia (como n'*O País*, no *Diário de Notícias*) – são fartamente mencionados na biografia. Pontuando que "temperamentos satíricos", como o do protagonista, "geralmente não toleram que alguém deles se utilize para alvo de epigramas, como os seus [pois] têm a pele fina",[86] o narrador passa a comentar as querelas de Azevedo nos jornais cariocas. Caso do *Correio da Manhã* e da *Gazeta de Notícias*, com seu editor Ferreira de Araújo; da *Gazeta da Tarde*, com o também editor Ferreira de Menezes; de *A Semana*, com o jornalista Valentim Magalhães; com o cartunista Ângelo Agostini, os escritores Carlos de Laet[87] e Pardal Mallet – aqui um trocadilho de Arthur Azevedo referente ao seu opositor e às penas de escrita Mallat, muito comuns à época, ficaria bem conhecido na imprensa carioca: "Na tua pena mal há e se eu tenho pena mal é". Diante dessas querelas, o narrador faz defesa apaixonada do biografado como "escritor popularíssimo" no Rio de Janeiro: "Muitos lhe criticavam a excessiva facilidade, o tom ligeiro [...], a forma pela qual cotejava a bilheteria dos teatros. [...] Não podia Arthur dar-se ao luxo de desdenhar o leitor comum ou de voltar as costas às plateias populares."[88]

Os atritos, por vezes longamente relatados nessa biografia, podem fornecer uma dupla interpretação. Por um lado, identificam e expõem o ambiente de radicalização política do período em torno das graves questões sociais e econômicas, além dos embates políticos sobre interesses efetivos com a participação de um setor liberal e também republicano bastante combativo pela imprensa. Por outro, sugere a intenção do narrador em marcar uma fisionomia opositora singular do biografado, dotado pelo timbre do humor e da bonomia sarcástica. De todo modo, não deixa de ser pertinente a observação do narrador de que "todos esses homens barulhentos e irritados vão caber, um dia, dentro da mesma academia: Carlos de Laet, Filinto de Almeida, Valentim Magalhães, José do Patrocínio, Arthur Azevedo...".[89]

O capítulo 7, "Vida e morte da gazeta do vintém", é dedicado à popular *Gazetinha*, de grande receptividade entre mascates, costureiras, engraxates, carregadores de rua, além de literatos e políticos. Fundado em 1880, por Arthur

---

[86] Cf. MAGALHÃES JR., R. *Arthur Azevedo e sua época*. p. 120.

[87] *Idem*, p. 122. Há uma nota de Arthur endereçada a Carlos de Laet que denota, em tom belicoso, sua concepção sobre o direito de resposta: "Desafio a V.S. a provar-me que algum dia eu haja 'insultado' alguém nas minhas peças – e quando porventura, esquecido da minha dignidade de homem, eu tenha tido a infelicidade de fazê-lo, aos insultados peço que não me poupem, que me fulminem, que me estrangulem. Estão no seu direito. De V., etc. Arthur Azevedo".

[88] *Idem*, p. 330.

[89] *Idem*, p. 125.

Azevedo e Aníbal Falcão, esse "jornal modesto, de pouco ou mais de palmo e meio, com quatro colunas em cada página", teria feito, segundo o narrador, a grande imprensa dar atenção à miúda, por se constituir da "juventude galhofeira que zomba dos medalhões vazios do seu tempo".[90] O propósito estratégico de Arthur Azevedo pela *Gazetinha* era o de tornar os temas da política imperial assunto de todos e, dessa forma, pressionar decisões políticas comumente impopulares.

O capítulo, iniciado com curiosidades numismáticas e apreciações sobre o contexto histórico, tem, provavelmente, o intuito de permitir ao narrador se apresentar como um "escritor de história", atraindo o leitor para aquele contexto temporal. Valorizando a imprensa "nanica" do Império, como a *Gazetinha* (de um vintém), o narrador dá informações complementares como as de que as pequenas moedas de cobre ainda do tempo do Império não teriam sido retiradas de circulação pela República, mas, sim, pelos ciganos que descobririam que "o seu valor intrínseco era maior que o nominal!". Mas, sobretudo, expande a narrativa para descrever alguns protestos populares, como a Revolta do Vintém, essa contra uma lei sobre o aumento da tarifa dos bondes, a vigorar em janeiro de 1880. A população do Rio de Janeiro, diz o narrador, teria se mobilizado a ponto de 4 mil pessoas tomarem conta de algumas ruas da cidade, capitaneada pela liderança dos republicanos Lopes Trovão e José do Patrocínio, entrando em confronto aberto com as tropas militares, o que resultou numa verdadeira operação de guerra com muitos mortos e feridos – só mais tarde, a lei será revogada. O comentário a seguir visa, também, atualizar o leitor: "Hoje em dia [1953], parece mentira que tenha havido no Rio um motim por causa do aumento de um simples vintém, de uns míseros vinte réis, nas passagens dos bondes". E esclarece: "Tal fato, no entanto, se deu e serviu de pretexto a grande agitação popular nas proximidades da proclamação da República [...] e, hoje, custa a crer que nesta mesma cidade tenha havido uma folha diária ao preço de um vintém. Mas houve".[91]

No capítulo 18, "O poeta envergonhado", o narrador faz a defesa contundente de Arthur Azevedo porque o escritor foi acusado de estar sempre sujeito a restrições e condicionais. Refere ao seu *le coeur sur la main* ou ao homem de coração sensível, à sua personalidade multifacetada como "cronista e burocrata, dramaturgo e jornalista, humorista e crítico teatral, poeta lírico e epigramático". E esse argumento é concluído como se o próprio narrador estivesse fazendo menção também ao autor, Raimundo Magalhães, então chamado por seus contemporâneos de um "intelectual múltiplo": "Arthur Azevedo era uma dessas naturezas que timbram em não se contrafazer e que buscam, antes de tudo, a

---

[90] *Idem*, p. 65-77. A *Gazetinha* foi a primeira folha a divulgar, no Rio de Janeiro, o soneto "Ignorabimus", de Tobias Barreto, da chamada "Escola do Recife".

[91] *Idem*, p. 65.

naturalidade, a espontaneidade, a expressão fluente, sem rebuscamento, sem tormentoso esforço de originalidade ou trabalho beneditino de ourivesaria". E continua: "Isso nos leva à convicção de que teria feito 'mais versos' se fizesse só versos ou 'mais teatro' se fizesse só teatro – nunca à certeza de que teria feito melhores versos, ou melhor, teatro".[92]

Junto a suas atividades no jornalismo, Arthur Azevedo se ligou à tradução. Mas um tradutor de característica singular, pois geralmente ele fazia adaptações no texto, deformando-o, parodiando-o, imitando-o para realçar sua graça, efeitos e vivacidade. Esses procedimentos, segundo o narrador, teriam provavelmente uma razão de ser, pois, em geral, essas traduções visavam ao teatro musicado e popular dos fins do século XIX. Foi com esse espírito que Azevedo traduziu algumas peças de autores como Molière, operetas, dramas e comédias como *La fille de Madame Angot* vertida para *A filha de Maria Angu*, estreada em 1876, e que lhe abriu as portas do teatro carioca. Como um "escritor popularíssimo" nos jornais e revistas do Rio de Janeiro, manteve permanentes ligações com leitores e espectadores das camadas populares.

A escrita imaginada de si, aqui entre autor e narrador, fica nitidamente atestada nas passagens em que o texto procura se reportar à cena teatral do Rio de Janeiro, no século XIX, por meio dos indícios recolhidos na imprensa carioca. O narrador, supostamente guiado pelo autor dramaturgo,[93] imagina e tenta recompor o cenário das salas de espetáculos talvez para seduzir o leitor com dados históricos sobre aquele contexto teatral: "chalaças, patuscadas, borracheiras, vaias – [e, citando Boileau:] *c'est un droit qu' a la porte on achate en entrant...* eram coisas comuns no teatro".[94] Informa ainda que a presença de membros do governo imperial no teatro carioca era habitual assim como o fornecimento de subsídios governamentais às peças, liberando taxas alfandegárias, pagando camarotes – utilizando-se de incentivos das loterias anuais por expedientes sancionados por decretos, práticas que eram mantidas, na capital, desde a criação do Real Teatro São João, no início do século XIX.

E o narrador mostra conhecer, como a dizer ao leitor que conhece, os nomes dos atores e das atrizes estrangeiras, as anedotas e os comportamentos mais corriqueiros em torno dos frequentadores das salas (literatos, parlamentares, artistas, jornalistas, "a gente simples do povo"), além de mencionar a imperial presença de D. Pedro II em passagens descritivas, como nesta: "O Imperador

---

[92] *Idem*, p. 205.
[93] Raimundo Magalhães Junior escreveu mais de 30 peças para teatro e traduziu mais de cem textos de dramaturgia, cf. produção acadêmica do escritor disponibilizada pelo sítio da ABL, disponível em: <www.academia.org.br>. Acesso em: 9 fev. 2013.
[94] Cf. MAGALHÃES Jr., R.. *Arthur Azevedo e sua época*, p. 121.

teatreiro, instalado em seu camarote, não perdia uma récita. Tomava canja no intervalo habitual e aplaudia com a dignidade de um monarca, mas com a sinceridade de um espectador comum [...]". E conclui: "Era uma das suas paixões o teatro e uma atriz de sua admiração nunca fazia um festival sem que, nessa noite, recebesse da parte do Imperador um escrínio [pequeno cofre] com uma pedra preciosa".[95]

Várias passagens conectam com ênfase as ações do biografado com as questões políticas em debate na vida brasileira, possibilitando perceber que essa premissa se torna condição para compor esse retrato em papel do protagonista. A narrativa traça os principais embates nos quais se envolveu, concedendo-lhe a marca de um escritor combatente na praça do Rio de Janeiro para depois situá-lo em curta passagem na Europa, participando o leitor dos seus contatos com nomes da Academia Francesa, como Alexandre Dumas Filho, e com a atriz Sarah Bernhardt – a maior atriz dos Oitocentos para ambos, biógrafo e biografado.[96]

Arthur Azevedo é apresentado fortemente inserido na campanha pela extinção da escravidão no Brasil junto aos artistas de teatro que, antes de 1871 (Lei do Ventre Livre), engrossaram as fileiras contra as posições escravagistas no parlamento nacional. São selecionados e indicados os principais festivais dramáticos que ocorreram na cidade até 1888. Valendo-se do depoimento de André Rebouças, *Diário e notas autobiográficas*, é apresentada a posição combativa dos atores da *Fênix dramática* pela libertação de crianças escravas na sala do Teatro Lírico, RJ, no qual se reuniram cerca de 5 mil [sic] espectadores: "Era patético, mas era humanitário e, sobretudo, servia à propaganda".[97]

Nesse cenário das lutas abolicionistas, Arthur Azevedo escreve a peça *O Liberato*, a convite de Joaquim Nabuco, e que foi apresentada, em 1881, no *Teatro Lucinda*. Aqui, é de se supor que o autor, Magalhães Junior, tenha tido acesso ao texto da peça, pois, mesmo que sem o indicar, o narrador faz uma longa exposição sobre o seu enredo, além de comentários e diálogos provavelmente reproduzidos do texto, que enfatiza partes dos discursos em defesa de um jovem escravo, baseada no texto da Lei do Ventre Livre.[98]

---

[95] *Idem*, p. 85 e 94.

[96] *Idem*, p. 101. Quando a atriz deixou o Brasil em 1893, para voltar em 1906, Arthur Azevedo lhe dedica versos apaixonados, como estes: "[...] Quantos anos tens? / Talvez quarenta e nove ou cinquenta... / Pois bem: eu peço-te, vês? / Quando tiveres sessenta / Volta ao Brasil outra vez... [...]".

[97] *Idem*, p. 131. É também conferido destaque ao gesto da cantora lírica Nadina Bulicioff, de grande repercussão pela imprensa carioca, que entrega uma joia para que o seu valor fosse convertido para a alforria de escravos.

[98] *Idem*, p. 132-134.

Arthur Azevedo também escreve em parceria com Urbano Duarte, em 1882, *O escravocrata*, que teve grande repercussão pelos ataques empreendidos contra os censores a serviço dos senhores de escravos. Contudo, a peça acabou interditada, com seus autores convencidos, afinal, de que ela seria apenas mais uma especulação literária frente às necessidades concretas do movimento pela Abolição, que exigia ações mais eficazes.[99]

Valendo-se das pesquisas de Magalhães na coleção do jornal *O Mequetrefe*, indicadas ao leitor, o narrador apresenta Azevedo integrado à agitação da imprensa carioca, na qual teria tribuna permanente. A sua recusa de participar como jornalista, em 1884, das comemorações sobre o 14 de julho francês, pois o Brasil já teria a sua "Bastilha negra", forma a base para a construção do capítulo também de n. 14 e de mesmo título, "A queda da Bastilha negra".

Aqui, o narrador articula, nos seus termos e nos supostos termos de Arthur Azevedo, vida e contexto, criação artística e participação popular, experimentação cultural, disfarces de autoria e discursos de intervenção aberta do biografado, memória política e a ideia de construção da nação por atores sociais em disputa e confronto. Em resumo, fica patente a elaboração de uma composição poliédrica de arte e de manifesto.

É provavelmente com esse entendimento que esse longo capítulo 14 se torna o mais histórico da biografia. Armado por uma narrativa ágil, situa algumas das ações de abolicionistas como Joaquim Nabuco, o conselheiro Dantas, José do Patrocínio junto a Arthur Azevedo para convencer estrategicamente a princesa Isabel da importância política e humanitária de uma lei erradicando a escravidão no país.[100] Essas ações, somada à combatividade de parte da imprensa, foram fundamentais nesse curso. Mas, pela perspectiva do narrador, a força política e social do teatro é mais significativa; o teatro expunha e divulgava a campanha, formando a consciência abolicionista de grande parte da população carioca.

Também são dedicadas muitas linhas aos relatos sobre alguns acontecimentos anteriores ao 13 de maio de 1888, como as palestras pela causa dos escravos, no Teatro São Luís, onde, aos domingos, compareciam José do Patrocínio, André Rebouças; a execução da *Marselhesa dos Escravos*, regida por Menezes e Souza, em 1884, no Teatro Politeana; as homenagens ao Ceará abolicionista no Teatro D. Pedro II, apesar da reação irada, pela imprensa, de Silvio Romero; as assembleias abolicionistas, das quais participavam Arthur Azevedo e outros no

---

[99] *Idem*, p. 136.
[100] *Idem*, p. 140-148. Nesse capítulo, o narrador inclui, entre outros intelectuais, o *liberal* Machado de Assis, chefe da 2ª Seção do Ministério da Agricultura, Comércio e Obras Públicas, que também apoiava a campanha contra a escravidão.

Recreio Dramático, além de outras reuniões que antecederam à República.[101] O aplauso liberal de Azevedo, pela imprensa, à extinção do Conservatório Dramático, órgão encarregado de censurar as peças teatrais na época do Império é vivamente apoiado por ambos (autor e narrador), pois esse órgão perseguiu Martins Pena, José de Alencar e Arthur Azevedo, especialmente com sua peça *O escravocrata*, em meio às pressões da campanha abolicionista.[102]

A título de nota, na década seguinte, em 1897, outro fato envolveu o Conservatório Dramático e a revista *A Fantasia*, de Azevedo, que passou a ser execrada pelo público com a forte reação dos portugueses estimulada ainda pelos jornais *O Jacobino* e *O Nacional*. Apesar de o escritor deter a nacionalidade portuguesa (vinda do pai) e ter sido condecorado com o grau de cavaleiro da Ordem de São Tiago pelo governo português, *A Fantasia* caricatura o plenipotenciário luso Thomaz Ribeiro (poeta *medíocre* para ambos, biógrafo e biografado) que estava no país, em nome do rei, Carlos I, para reatar os laços diplomáticos entre os dois países. A consequência, diz o narrador, foi uma rara derrota para Arthur no teatro popular da cidade, com as vaias da colônia portuguesa do Rio de Janeiro que agora apoiava Prudente de Morais, *O Pacificador* – mais um cognome, retificado pela Historiografia tradicional e também pelo narrador dessa biografia.

Apesar de importantes, chegam a ser exaustivas as indicações do narrador sobre as pesquisas de Magalhães Junior na imprensa do Império como as contribuições financeiras dos artistas e dos maestros (Carlos Gomes, Arthur Napoleão, Bassi, Henrique Mesquita) para as entidades abolicionistas (a Confederação Abolicionista, a Sociedade Brasileira contra a Escravidão, O Clube Abolicionista dos Empregados do Comércio, a Caixa Libertadora da Escola de Medicina),[103] os eventos teatrais e os principais festivais dramáticos que ocorreram na cidade até 1888. Tal empenho informativo do narrador parece atender ao seu propósito de marcar a modalidade documentarista da biografia que tinha em mãos, diferenciando-a de outras obras biográficas do período.

A estreita relação entre o autor, Raimundo Magalhães Junior, e o teatro é também reiterada quando o narrador avalia que a estreia da revista *O bilontra*, em 1886, de autoria de Arthur Azevedo e Moreira Sampaio, inaugurou um novo período na história do teatro brasileiro pela efetiva repercussão nos meios políticos e jurídicos da cidade do Rio de Janeiro. O narrador considera ainda que a possível participação do público afinado com os propósitos de Azevedo estava, sobretudo,

---

[101] *Idem*, p. 307.

[102] O Conservatório Dramático Brasileiro, RJ, criado em 1843, foi reativado em 1871 e fechado em 1887 – teve toda sua trajetória controlada pelo governo e pela polícia da capital.

[103] MAGALHÃES Jr., R. *Arthur Azevedo e sua época*, p. 135.

no enredo crítico daquela revista, disposta a fazer troça com os poderosos e também por transitar, com ambiguidade criativa, entre o ócio e o trabalho.

O leitor é informado sobre o gênero teatral da revista, constituído de textos curtos, geralmente de um ato e não muito distinto do *vaudeville* – comédia com enredo simples, com cenas e diálogos entremeados por canções e personagens inspirados em tipos populares da vida cotidiana. A partir de meados do século XIX, a revista se consolidou na cena teatral carioca e se firmou como "a revista do ano", uma reunião ou retrospectiva com quadros independentes cuja ligação era feita, em geral, por "um personagem camarada", também chamada de *compère*.

Mas o sucesso de *O bilontra*, em cartaz na cidade por nove meses, ocorreu, para o narrador, por ter parodiado um caso judicial no Rio de Janeiro, em curso efetivo desde 1884, chegando inclusive a antecipar o andamento do processo. Aqui, o bilontra ("um termo que da gíria, passou ao léxico!") era Miguel José de Lima e Silva, um sujeito "vivo como um azougue, esperto como um esquilo", que, se dizendo amigo do diretor da Secretaria do Ministério do Império, extorquiu três contos de réis de um comerciante português de madeiras, o comendador Joaquim José de Oliveira, "conhecido como de pouquíssimas letras", sob a promessa de que ele seria feito barão de Vila Rica. Este, afinal, deu uma grande festa para comemorar o novo título (falso), e nessas circunstâncias, o tratante, ali presente, acabou preso.[104] Não deixa de ser indicativo do tom polemista do autor, Magalhães Junior, quando esse compara, em 1953, pela imprensa, o presidente Café Filho "com a sorte do daquele comendador do Império que receberia o título de uma ordem inventada, uma espécie de Grã-Cruz dos trouxas".[105]

Como a revista expunha o caso para ridicularizar o barão dessa intriga, e com grande interesse e algazarra do público, o réu foi convencido pelo seu advogado de que o processo real não dependia mais dos tribunais, mas do teatro. E os jurados, influenciados supostamente pelos efeitos da revista, terminaram votando pela absolvição do bilontra, já preso havia dois anos.[106]

Mas a revista *O bilontra*, além desse caso, também denunciava crimes contra os direitos humanos, sobretudo, os castigos corporais aplicados aos escravos e, com tal vigor, que sensibilizou um deputado, Inácio Martins, que apresentou um projeto de lei para abolir os açoites, no mesmo período que outro projeto também chegava ao Senado e com o mesmo fim. Em 1886, contudo, esses projetos foram recusados pelo voto de dois parlamentares. Tal fato leva Arthur

---

[104] *Idem*, p. 45-53.

[105] Cf. jornal *Diário de Notícias*, Rio de Janeiro, 6/7/1953.

[106] Esse mesmo caso, exposto pela peça, aparece também como "Processo do Bilontra – Falso Baronato da Vila Rica", em um manual de prática de advocacia, de Alberto de Carvalho, de 1898, sob o título de *Causas célebres brasileiras*.

Azevedo a se indignar pelas colunas de O *Mequetrefe* nesses termos: "O espírito mais embotado recusar-se-á, naturalmente, a crer na existência desses dois homens singulares, que mereciam lhes aplicassem a correção infamante para a extinção da qual não quiseram concorrer com seus votos, aliás, inúteis!"[107]

Os sentidos atribuídos ao teatro, sobretudo, na sua dimensão política e social, são examinados com força nessa biografia. O "teatro de Arthur" como o nomeia o narrador, pode estar associado ao "Teatro a vapor", título metafórico de uma coluna de crônicas do próprio Arthur Azevedo no jornal *O Século*. Pois esse teatro, tal como o percebia Azevedo, representava um condutor social de debates e de propaganda liberal no Rio de Janeiro, na passagem do século XIX para o XX. Um lugar *moderno*, terra-a-terra e transcendente, de exposição de temas latentes e presentes, de controvérsias e de práticas sociais transformadoras.

Como mostra do apreço pelo "teatro de Arthur" ou mesmo de certa "pulsão desejante" pela arte cênica desses parceiros, autor, narrador e protagonista, é formulado nessa biografia um juízo bastante significativo sobre o protagonista, puxado do centro do argumento sobre a importância social e cultural do teatro. Diz o narrador, sobre Arthur Azevedo, com tom fortemente dramático que de sua "escravidão ao teatro engajado do seu tempo, somente a morte o libertaria".

Esse argumento, supostamente central nessa biografia, refere-se à contribuição do teatro para a sustentação política, e também popular, das mobilizações de cunho liberal ocorridas durante o Império, no Brasil. Era nesse espaço cênico que vários setores da população entravam em contato mais direto com algumas das ideias defendidas pelos intelectuais como as causas abolicionistas e republicanas, em fins do século XIX. Não sem razão, alguns comentadores sobre a história do teatro no país chamam atenção para a diversificação das plateias devido também às alterações urbanas que facilitavam o acesso do público às casas de espetáculos, como a expansão das estradas de ferro, ligando o interior com os centros urbanos e também o calçamento das vias públicas.[108]

O teatro era a encarnação emblemática dessa dimensão pública e popular diante do enigma da participação restrita em uma sociedade autoritária, normativa, patriarcal e racista, como a brasileira, na qual haveria uma espécie de "inexistência de povo". O teatro significava o lugar dos discursos e da troca de apartes entre os oradores de diferentes extrações sociais e orientações políticas.

E concordando com o crítico Afonso Schmidt, quando esse se refere à participação ativa dos egressos do meio acadêmico "convertidos à causa dos

---

[107] Cf. MAGALHÃES JR., R. *Arthur Azevedo e sua época*, p. 138.
[108] Cf. DORT, Bernard. *O teatro e sua realidade*. São Paulo: Perspectiva, 1977. p. 94.

escravos", o narrador transcreve parte da crônica evocativa daquele crítico: "De 1870 para cá não terminava espetáculo de gala sem discursos. Falava o empresário, falava a prima-dona, falava o ator cujo nome aparecia em letras grandes no cartaz". E complementa: "por outro lado, na plateia, nos camarotes, até mesmo no galinheiro, homens pálidos, comovidos, batiam palmas, solicitando a atenção da casa e dirigiam palavras exaltadas à assistência. Foi entre esses últimos que brilhou, num curto período, Castro Alves, cantor da América".[109]

Arthur Azevedo é vivamente apresentado pelo narrador como um cético contumaz, um combatente crítico diante de uma ordem regida pelos senhores da terra e da fortuna, oferecendo pelo *seu* teatro uma revirada social por meio da zombaria, da galhofa, do motejo, troçando ruidosamente sobre as marcas e os emblemas sisudos e desiguais desse país "extravagante e pitoresco".

No século XIX, como se sabe, a ida ao teatro conformava também sinais de "distinção social" para uma elite zelosa pela manutenção de modos culturais que a colocavam em sintonia com os valores europeus pelo uso de todo um maquinário simbólico: roupas e de acessórios de luxo como chapéus, leques, relógios-cebolões, lenços, etc. Contudo, a ida ao teatro não era uma prática financeiramente proibitiva aos setores médios da população, devido aos preços geralmente acessíveis dos ingressos – aproximadamente, o preço médio seria de 1.000 réis.[110]

Portanto, um público diversificado lotava, e com bastante regularidade, as várias salas de espetáculos na cidade do Rio de Janeiro. Em geral, esse público incluía a chamada "classe caixeral" ou "a mocidade do comércio", formada pelos trabalhadores nas lojas da cidade e que comumente se envolviam em atritos com a polícia que os chamavam, segundo o narrador, de "patuscos" e "libertinos". Também os estudantes, "os peraltas", formavam outro grupo provocativo, participando dos "quebra" nas ruas da capital para protestar contra a presença coercitiva da polícia nos espetáculos, eventuais aumentos de ingressos, além das disputas políticas derivadas dos enredos dramáticos.

Em razão das suspeições que rondavam o suposto conteúdo libertário das peças e a frequência não uniforme das plateias, esse espaço público para a "grande arte" e para o entretenimento era uma das zonas privilegiadas de controle social, demandando a sua vigilância pela polícia da capital. Por determinação do governo imperial era destacado um corpo de milicianos que, compulsoriamente,

---

[109] Cf. MAGALHÃES JR., R. *Arthur Azevedo e sua época*, p. 129-130.

[110] A título de esclarecimento sobre esse valor, "um mestre-de-obras receberia 3.500 réis por dia; um mestre carpinteiro 3.000 réis por dia [...]; um carroceiro, 1.120 réis por dia [...]. Vê-se, assim, que 1.000 réis não era um preço proibitivo às parcelas mais humildes da sociedade". Cf. SOUSA, S. C. M. de. *As noites do Ginásio: teatro e tensões culturais na Corte (1832-1868)*. Campinas: Editora da Unicamp, Cecult, 2002. p. 128.

assistia a quase todos os espetáculos mantendo guarda nas principais casas teatrais na cidade do Rio de Janeiro.

Das salas de teatro às calçadas, cafés, residências e pensões, esses distúrbios também eram discutidos e comentados com frequência pelos jornais. Gonçalves Dias, como exemplo, critica a ação policial e o "zelo autoritário" da polícia sobre o teatro, no *Correio Mercantil*, RJ, em 14/10/1859: "E este grande número de soldados nos corredores dos camarotes da primeira ordem, como se aquilo fosse um corpo de guarda, de que serve? Esses gritos de arrepiar as carnes, pregões de quitandeiras, assobios e cacarejos que tantas vezes ouvimos nos teatros dramáticos, porque não se proíbem também?"[111]

O narrador de Magalhães Junior revela, como já se disse, as afinidades do autor com a dramaturgia, percebe a importância política do espaço teatral e aponta o inegável interesse desse tema para pesquisas e estudos sobre a sociedade brasileira oitocentista, sobretudo no capítulo 13, "Barricada contra a escravidão". Para ele, a feição diversificada desse público é parte constituinte da base social do teatro no Brasil, uma tradição que devia ser percebida pelos críticos e pensadores como de grande importância para a própria construção e afirmação do teatro nacional. De resto, esse argumento revela uma posição singular no campo dos estudos históricos para a época, como também poderá vir a interessar os historiadores contemporâneos: "Arthur Azevedo, com sua popularidade de homem de teatro e de humorista, além de ter escrito *O liberato*, estava sempre solidário com todas as festividades teatrais e 'benefícios' destinados a angariar fundos para a libertação dos escravos". E, em tom marcadamente enfático, diz o narrador: "Não poderá ser escrita a verdadeira história do abolicionismo no Brasil sem fixar os gestos humanitários de atores e artistas que, pela sua espontaneidade e dramaticidade empolgaram o velho Rio de Janeiro, sendo exaltados pelos jornais e comentados com entusiasmo à calçada da confeitaria do *Carceller* [...].[112]

A biografia sobre Arthur Azevedo não se limita a comentar algumas das peças do autor, pois também são mencionadas as obras de Amadeu Amaral, Martins Pena e José de Alencar que escreveram em favor do abolicionismo e que receberam apoio do então crítico teatral Machado de Assis, o qual, desde 1859, assinava colunas sobre dramaturgia em jornais cariocas como *O Espelho*, *Diário do Rio de Janeiro*, *O Cruzeiro* e *Revista Brasileira*.

As relações entre Machado de Assis e o biografado, por exemplo, eram cordiais, tanto no plano literário quanto no serviço burocrático, pois eram colegas de

---

[111] *Idem*, p. 281.

[112] Cf. MAGALHÃES JR., R. *Arthur Azevedo e sua época*. p. 135.

repartição. A título de nota, o autor Magalhães Junior dedica em outra obra, um capítulo às atividades de ambos, Machado de Assis e Arthur Azevedo, na imprensa e no teatro, destacando a burleta *A viúva Clark*, na qual Machado redigiu a intriga baseada na peça "Quem conta um conto", uma das "mais deliciosas narrativas machadianas publicadas primeiramente no *Jornal das Famílias*".[113]

Ainda que sucintamente, vale entrar em contato, aqui, com parte da crítica de Machado de Assis sobre o teatro carioca, recolhida nas obras completas do escritor, para cotejá-la com a interpretação sobre esse teatro que faz o narrador na biografia sobre Arthur Azevedo. A arte dramática, para Machado de Assis, superior e "eterna", como culto à beleza, "como imã da cena", não acontecia na cidade [do Rio de Janeiro], fora raras exceções! A "ideia desapareceu do teatro e ele reduziu-se ao simples foro de uma secretaria de Estado".[114]

Também Machado de Assis, na companhia de outros letrados, foi um crítico severo do teatro popular, pejorativamente denominado por alguns de "espetáculo de feira", que deixava à margem, como um dos seus equívocos, os gêneros dramáticos mais *nobres* como a comédia e o drama fincados na boa tradição dramatúrgica.[115] "A arte para nós foi sempre órfã [do] caminho certo, estrela ou alvo, nunca os teve. Assim, basta a boa vontade de um exame ligeiro sobre a nossa situação artística para reconhecer que estamos na infância da moral; e que ainda tateamos para darmos com a porta da adolescência que parece escondida nas trevas do futuro." E expõe o escritor: "a iniciativa em arte dramática não se limita ao estreito círculo do tablado – vai além da rampa, vai ao povo. As platéias são aqui perfeitamente educadas? A resposta é negativa. [...]" Para finalmente concluir: "Aqui há um completo deslocamento [...] há entre a rampa e a plateia um vácuo imenso de que nem uma nem outra apercebe".[116]

Machado de Assis reagiu àquele teatro insubordinado no qual se "enterrou o espírito moderno com plateias com espíritos flutuantes e contraídos", barulhentas e debochadas. Por isso, receitava a educação do povo "no caminho da civilização", reiterando que "o teatro é para o povo o que o Coro era para o antigo teatro grego; uma iniciativa de moral e de civilização", pois "a musa do tablado doidejou com os vestidos de arlequim – no meio das apupadas de uma multidão ébria".[117]

---

[113] Cf. MAGALHÃES JR., R. *Ao redor de Machado de Assis*: pesquisas e interpretações. Rio de Janeiro: Civilização Brasileira, 1958. p. 221-222.

[114] Cf. ASSIS, M. de. Ideias sobre o teatro. In: *Obras completas de Machado de Assis: crítica teatral*. Rio de Janeiro/São Paulo/Porto Alegre: W. M. Jackson, 1955. p. 9.

[115] Cf. SOUSA, S. C. M. de. *Op. cit.*, p. 22.

[116] Cf. ASSIS, M. de. Ideias sobre o teatro. *Op. Cit.*

[117] *Idem*, p. 12 e 14.

Sem alargar os comentários sobre essas posições do escritor, é de interesse fixá-la, pelo menos em parte. Ou seja, a avaliação do crítico Machado de Assis, de certo modo, comprova ou corrobora o quadro descrito pelo narrador dessa biografia com relação a esse tablado ativo do teatro, sintonizado com os debates da época e com a presença e participação de grandes plateias. Se Machado de Assis não reconhecia a presença do "verdadeiro teatro" na cidade do Rio de Janeiro, ainda assim não deixa de apreciar algumas de suas virtudes e, nesse caso, suas palavras coincidem parcialmente com algumas das ideias defendidas por Arthur Azevedo, conforme a narrador: "Consideremos o teatro como um canal de iniciação. O jornal e a tribuna são os outros dois meios de proclamação e educação pública. Quando se procura iniciar uma verdade busca-se um desses respiradouros e lança-se o pomo às multidões ignorantes".

Prosseguindo, ele afirma: "A palavra escrita na imprensa, a palavra falada na tribuna, ou a palavra dramatizada no teatro, produziu sempre uma transformação. É o grande *fiat* de todos os tempos. Há porém uma diferença: na imprensa e na tribuna a verdade que se quer proclamar é discutida, analisada, e torcida nos cálculos da lógica". Já "no teatro, há um processo mais simples e mais ampliado; a verdade aparece nua, sem demonstração, sem análise. Diante da imprensa e da tribuna as ideias abalroam-se, ferem-se e lutam para acordar-se; em face do teatro o homem vê, sente, apalpa; está diante de uma sociedade viva". Uma sociedade, diz o escritor, "que se move, que se levanta, que fala e de cujo composto se deduz a verdade, que as massas colhem por meio da iniciação. De um lado a narração falada ou cifrada, de outro a narração estampada, a sociedade reproduzida no espelho fotográfico da forma dramática". E conclui o seu argumento: "É quase capital a diferença. Não só o teatro é um meio de propaganda, como também o meio mais eficaz, mais firme, mais insinuante. É justamente o que não temos".[118]

Acompanhar as ideias republicanas em curso no país é também uma proposição do narrador, que monta uma descrição bastante envolvida com os supostos ânimos políticos, no Rio de Janeiro, às vésperas da proclamação da República.[119] Tais acontecimentos foram "uma surpresa para Arthur Azevedo", ainda que tivesse a companhia frequente de amigos exaltadamente republicanos, caso de Lopes Trovão, José do Patrocínio e Raul Pompéia. O narrador procura focalizar o ambiente intelectual como politicamente instável ainda que parcialmente reverente ao imperador, indicando o clima geral de incerteza aliado à inabilidade política do ministério de Ouro Preto. Percebe também a situação do Exército dividido entre as altas patentes ("uma elite de barões"), com o foco maior das agitações na Escola Militar – citando o aluno Euclides da Cunha, que desacatou o ministro da Guerra, em novembro de 1888 –, e a combatividade

---

[118] *Idem*, p. 18-19.

[119] Cf. MAGALHÃES JR., R. *Arthur Azevedo e sua época*, p. 187-192.

da imprensa ("gemeram os prelos em súbitas demonstrações de simpatia pela causa dos militares", como no *Correio do Povo*).[120]

A efervescência dos meios urbanos com os estudantes (de Direito, de Medicina) e o descontentamento da elite de fazendeiros escravocratas (que abandonaram a monarquia) também são indicados para o desfecho de 15 de novembro. E ao destacar o caráter restrito do movimento, comandado por militares, o narrador conclui, em tom exaltado, inspirado, talvez, na frase atribuída a Aristides Lobo sobre a assistência bestializada à República: "O povo, só o povo, não destrona imperadores!".[121]

Mas, ao se concentrar no biografado – que, para o narrador, "deveria estar no meio daqueles fatos..." –, uma sequência de cenas é imaginada, como num romance, com Artur Azevedo acordado pela notícia da proclamação da República. Em seguida, ele o vê descendo de sua casa na Rua Cassiano, em Santa Teresa, para um itinerário tormentoso e a pé até a Secretaria de Agricultura, Comércio e Obras Públicas, onde trabalhava, atravessando a "cidade formigante" com as tropas de um Deodoro "abatido", mas com "o seu perfil de águia". E, assim, o narrador interroga o próprio protagonista para tentar desvendar mais uma vez o seu perfil político: "E Arthur Azevedo ia-se encafuar no seu posto burocrático, como que indiferente a tudo aquilo. Por descrença na política, por ceticismo larvado, por achar que tanto um quanto o outro regime dariam no mesmo?". E chega a imaginar o seguinte: "Procurando explicar, anos depois, essa atitude, ele só encontrou este motivo, obviamente fraco: 'Senti que o meu lugar era ali'. O espetáculo que contemplou, então, foi o da balbúrdia, da confusão, por um lado, e o da febre de adesismo, por outro". Inquieto, o narrador interroga: "teria ele, funcionário público graduado, à espera de promoção, preferido a discrição do anonimato, pelo temor de sacrificar a carreira? Não é todo impossível". E conclui: "Diante da República, não reagia como um republicano exaltado, nem como um monarquista ressentido. Reagia como uma criatura neutra, como um observador distante. Reagia como um humorista que, entre os dois partidos, preferia o terceiro: o de um ceticismo leve e irônico...". Para o narrador, "sua adesão à República só viria mais tarde, no governo de Floriano, de quem se tornaria partidário fervoroso e renitente. Dentro da pele de Gavroche, sem guardar a imparcialidade dos Flocos, ia enterrando os seus dardos na ditadura de Deodoro". E ainda afirma que os "ridículos do Governo provisório, que não foram poucos [...] eram constantemente glosados pela pena de Arthur".[122]

---

[120] *Idem*, p. 191.

[121] *Idem*, p. 192.

[122] *Idem*, p. 194-197. No início dos anos republicanos, Arthur Azevedo publicou no *Correio do Povo*, com o pseudônimo de Gavroche, um personagem sem simpatia por Deodoro, retratando-o para a posteridade como um velho militar decadente e um "ignorantão".

Um outro exemplo marcante do engajado "teatro de Arthur" e que merece destaque nessa biografia é *O Tribofe*, revista de conteúdo republicano, de 1892. Azevedo escreveu sobre as suas indisposições com Deodoro por este ter formado um ministério chefiado pelo monarquista, o barão de Lucena – qualificado pelos republicanos como o "gabinete dos áulicos". O título, *O Tribofe*, vem da gíria turfista e é associado à trapaça, demonstrando o conteúdo político e republicano da revista, também crítica ao Encilhamento. Passagens da revista são transcritas para marcar, mais uma vez, a natureza desse teatro combativo: "Na política há muito tribofe/ Muito herói que não sente o que diz/ E que quer é fazer regabofe/ Muito embora padeça o país!/ Quem República ao povo promete / e, mostrando-se pouco sagaz / no poder velhos áulicos mete". E, fechando os versos, diz Arthur Azevedo: "Quem faz tribofe, outra coisa não faz [...] Quem fala do seu patriotismo / e suspira por Dom Sebastião / faz tribofe, pois sebastianismo / e tribofe sinônimos são".[123]

E o narrador, revelando adesão a uma biografia de modalidade documentarista, faz esse comentário, identificando na peça o testemunho do ambiente agitado das ideias liberais que aglutinavam alguns intelectuais contra o novo regime, além do próprio Azevedo, que procura lavrar nessa revista os prejuízos que ele teve com a política desvairada do Encilhamento: "É *O Tribofe* o documento da época, no qual espelham as mazelas do ruinoso Governo Provisório que tão mal inaugurou no nosso país, não o regime com que sonhavam os propagandistas republicanos, mas uma ditadura que por pouco não sacrifica a República na estima do povo brasileiro..."[124]

Em "A paisagem perdida", título do capítulo 21, o narrador faz uma apreciação fortemente crítica sobre o Encilhamento, de inequívoco interesse para estudiosos do período, sobretudo, por identificar informações colhidas em pesquisas feitas por Magalhães Junior. Aquela política seria uma verdadeira "orgia nababesca, uma verdadeira saturnal à custa dos dinheiros do povo e da condescendência do Estado [com] a bolsa oficial de vigarices: a feira de pregões do Encilhamento".[125]

O texto procura inserir Arthur Azevedo e o teatro naquela crise. O teatro não fugiu à regra de outros espaços da cidade, pois serviu para o saque de especuladores, representantes de cooperativas fantasmas como a "Cia. Nacional de Teatros" e a "Empresa do Teatro Éden-Jardim". E o próprio Azevedo, envolvido como muitos na crise, pôs, afinal, todos os seus haveres em ações de empresas que faliram rapidamente, além de ter perdido a casa da família, em Santa Teresa, com "sua vista esplêndida sobre a baía da Guanabara", conforme o narrador.

---

[123] *Idem*, p. 204.
[124] *Idem*, p. 242.
[125] *Idem*, p. 237 e 239.

Nos marcos do florianismo, Arthur Azevedo é particularmente apresentado como entregue à paixão política, fazendo uso deliberado da sua posição nas páginas de *O País*, junto a Coelho Neto, Valentim Magalhães e Urbano Duarte. Arthur Azevedo denunciou pelos jornais a revolta da esquadra e celebrou o *Major* já aclamado pelo povo carioca como "o cabloco alagoano com bordados de marechal", defendendo a legalidade do seu governo, apesar do seu caráter despótico e autoritário na perseguição também aos intelectuais – alguns foram presos e outros fugiram, como Olavo Bilac, Carlos de Laet, José do Patrocínio, Rui Barbosa e Guimarães Passos.

O governo de Floriano Peixoto é considerado pelos historiadores como um dos mais complexos períodos da nascente República, especialmente quanto às alterações administrativas que foram empreendidas para desorganizar uma antiga ordem burocrática e parlamentar, sem a consolidação do federalismo e das posições liberais, além do quadro de instabilidade com as revoltas da Armada e a Federalista. Nesse cenário, o governo, com apoio popular, faria alianças controversas com setores das elites civis que acabaram por impor o modelo oligárquico, suplantando a ordem militar – com ressentimentos políticos que ainda se expandiram nas lutas pelo poder na jovem República.[126]

Conforme já foi sugerido sobre os impasses do narrador em seguir as mudanças de posições políticas do biografado, alguns indícios nessa narrativa sugerem contradições e omissões, algumas, supostamente, para não enfrentar as armadilhas dessas alterações de percurso. Seria o caso das posturas libertárias defendidas até então por Arthur Azevedo e sua transmutação rápida em ardente defensor de Floriano Peixoto e de sua política autoritária – por meio de artigos e sonetos que assinou como *Gavroche* em *O País*, órgão em defesa do governante com a alcunha de "Consolidador". A título de nota, é atribuída a Azevedo a revista *O Major*, de 1895, mesmo ano da morte de Floriano, com o objetivo de homenageá-lo, descrevendo apoteoticamente a esquadra legalista que venceu a "esquadra de papelão" dos rebeldes.

Nessa passagem, o narrador oferece ao leitor um painel detalhado das lutas militares na cidade do Rio de Janeiro, mas não interpela nem as razões nem as articulações políticas de Arthur Azevedo, preservando-o politicamente. O resultado dessa montagem entre sujeito e contexto parece por demais evidente e se torna postiço, enfraquecendo a narrativa. Essa manobra também revela os limites e as lacunas do próprio plano narrativo e as relações controversas entre autor, narrador e biografado que, por vezes, poderiam confundir ou mesmo escapar ao leitor. Assim, o narrador tenta resguardar o protagonista com suas simpatias a Floriano: "A seu ver, estava salvando a República ou mesmo corporificando-a em face do reacionarismo monarquista, dos melindres dos fidalgotes navais e das

---

[126] Cf. JANOTTI, M. de L. M. *Os subversivos da República*. São Paulo: Brasiliense, 1996. p. 70.

arremetidas dos federalistas gaúchos, [pois] Arthur Azevedo era antimilitarista e antiguerreiro".[127]

E, sem esclarecer para o leitor de onde se retirou tal "profissão de fé" de Arthur Azevedo, o narrador faz essa transcrição, observando que, "como pacifista, seu lugar não podia ser ao lado dos militares que esmagavam a liberdade e implantavam a justiça, em nome de preconceitos de raça e de religião": "Não sou candidato ao prêmio Nobel, mas declaro que ninguém pode ter maior horror à guerra do que eu. Nunca fui uma fortaleza, nunca estive a bordo de um couraçado. Não posso suportar a vista dessas máquinas de destruição, inventadas para matar [...]".[128]

O narrador também percebe as reações do protagonista com as práticas "escandalosas e degradantes" do então febril mercado do "jogo dos bichos".[129] Talvez por se colocar atento aos prováveis interesses do leitor, pelo fato de esse jogo, na década de 1950 (na qual se publicou a 1ª edição dessa biografia), já constituir referência importante no imaginário e no cotidiano cariocas, faz uma digressão sobre a origem do jogo. Jogo que esteve ligado às maquinações do empreendedor mineiro, e itabirano, João Batista Vianna Drummond, que se tornou barão de Drummond. Sobre este e suas ligações com o visconde de Mauá, como a viagem que teriam empreendido à África, trazendo animais para o Brasil, há um escrito, não publicado, de Carlos Drummond de Andrade. Segundo o poeta, "o jogo do Barão" teria virado moda no Rio de Janeiro e com forte apoio de Joaquim Floriano, que defendia que "enquanto se jogava não se conspirava".[130]

O certo é que Vianna Drummond fundou, em 1888, na sua propriedade, no bairro de Vila Isabel, RJ, um jardim zoológico de padrão europeu, o que lhe rendeu fartos lucros. O narrador comenta sobre a antipatia de Arthur Azevedo ao jogo: "O vício torpe domina!/ Que desmoralização!/ Continua a jogatina / Do barão!". E o narrador assim atualiza o leitor: "Vitorioso em várias campanhas em que se metera, Arthur Azevedo havia de perder irremediavelmente essa. O bicho era um bicho mitológico". E arremata: "Como a fênix lendária, renascia sempre. E ainda aí está, entretido pelos contraventores e pela própria polícia,

---

[127] MAGALHÃES JR., R. *Arthur Azevedo e sua época*, p. 230.

[128] *Idem*, p. 230.

[129] No divertido conto "O Último Palpite", Arthur Azevedo discute, com sarcasmo, a cena doméstica de uma família do bairro carioca do Engenho Velho que só conversava sobre "o bicho que tinha dado e o aquele que ia dar". E até mesmo o chefe da família, ao morrer, em um esforço supremo, sussurrante e último, teria dito então para a mulher: "Joga tudo no cachorro!". Cf. AZEVEDO, A. *In*: MAGALHÃES JR., R. *Contos ligeiros*, p. 43.

[130] Ainda sobre o assunto, ver ANDRADE, Mariza Guerra de. O barão do jogo. *O Trem Itabirano*, ano II, nº. 14, Itabira, 2006, p.14. A referência ao texto sobre o Jogo do Bicho, do poeta Carlos Drummond de Andrade, pertence ao arquivo familiar, em nome do seu sobrinho Virgílio Santos Andrade.

que dele sempre tirou proventos, mais fingindo que o combate do que mesmo se empenhando em combatê-lo..."[131]

Os desdobramentos políticos da guerra de Canudos também ocuparam Arthur Azevedo, que se envolveu, por meio de várias quadras e artigos, na defesa do sertão baiano, valendo-se do seu pseudônimo de *Gavroche*. Segundo o narrador, a imprensa popularizou, no curso da guerra na Bahia, as expressões jagunço, zarguncho e zargunchada, bem no espírito, explica, "das habituais deturpações sertanejas".

Mas, aqui, o narrador, marcando a posição mais progressista do autor, discorda abertamente do biografado por este não ter inteira "compreensão com os caboclos ignorantes, mas bravos que defenderam até o último homem o reduto de Canudos, um exemplo sem paralelo numa luta épica [...] o que Euclides da Cunha qualificou de 'loucura e crime da nacionalidade'".

De todo modo, essa interlocução construída entre autor, narrador e biografado é de interesse, revelando uma disposição argumentativa em colocar o protagonista nos seus termos e de marcar a diferença entre esses. O narrador discute a posição de Arthur Azevedo, que, na sua revista musicada *O jagunço*, estende injustamente esse termo "a todos os que abusam do povo e o exploram, os aproveitadores das situações, os golpistas e encilhadores, como os monarquistas que combatem a República"; e reage a essa afirmativa de Azevedo: "E também a jagunço promovo/ quem, querendo fortuna fazer/ especula com o sangue do povo/ pondo o câmbio a descer, a descer".[132]

Nessa biografia, opera-se reiteradas vezes a difícil mediação entre a vida do biografado e "sua época", esforço que supostamente pretende superar o modelo de uma biografia intimista, e concentrada, sobretudo, na "alma" do biografado. Aqui, a proposição parece procurar por um fio condutor identitário e construído sobre o protagonista que o anela à trama da vida social mais ampla.

A aposta do narrador de Magalhães Junior parece visar o conhecimento sobre um período da história da sociedade brasileira, marcada pelo desempenho ativo de uma elite intelectual de posições liberais, criadora no campo da cultura e que vivenciou experiências públicas comuns como as campanhas abolicionista e republicana, incluindo a sua participação nos debates pela imprensa e na construção de um teatro nacional e popular. Por esses meios, o narrador reconhece, nesse período da história brasileira, o que ele designa de "sementeira das idéias generosas",[133] ou seja, o plantio da ideia de nação.

A concepção narrativa dessa biografia pretende provavelmente adequar-se às exigências e interesses de um leitor moderno, inquieto e propenso a se mover pela

---

[131] Cf. MAGALHÃES JR., R. *Arthur Azevedo e sua época*, p. 286 e 288.

[132] *Idem*, p. 311.

[133] *Idem*, p. 134.

imaginação, sensibilizado por relatos vivos e reatualizados. Nesse sentido, pode-se reconhecer o esforço do narrador ao enfrentar as ambiguidades dos eus criativos e rebeldes do biografado, Arthur Azevedo, nos intrincados labirintos intimistas daquele "espírito inquieto não só sempre alerta, mas arejado e progressista" que expõe os dramas humanos e "as reviradas da fortuna" nos palcos cariocas.[134]

Aqui, o protagonista é retratado em movimento contínuo e no próprio andamento de sua "alma artística irrequieta", integrando-se simultaneamente a vários projetos – como o autor? Como todo personagem épico, esse "herói de combate" é ainda centralizado pelo narrador, por uma escrita que o conecta com a vida pública de uma sociedade em transição do século XIX para o século XX. Destacando a sua voz em "alto brado" satírico – declarações, artigos e versos pela imprensa, textos de peças e de revistas –, o narrador insiste na adesão de Azevedo às ideias liberais que indicavam, sobretudo, uma expressão coletiva de setores daquela sociedade.

Arthur Azevedo e sua época apresenta também o traço narrativo da descontinuidade com capítulos e trechos mais próximos à escrita da História e outros mais informativos sobre a ação intelectual e militante do protagonista, além de destacar, por vezes e com algum excesso, coloquialidades e minudências atritosas do convívio social por meio de informações e de digressões secundárias.

Mas, no intento de se esboçar um retrato em papel de Arthur Azevedo, o narrador vai firmando, em meio a sua trajetória, dois pontos centrais do seu argumento, ao mesmo tempo em que parece deslocá-los para a apreensão e a crítica do leitor.

Um é a forma como ele concebe a biografia, ou seja, uma narrativa associada à escrita da História, pois o seu texto revela, sobretudo em algumas passagens, essa intenção efetiva de não afastar a História do gênero biográfico. Ele aponta para o leitor as evidências de que o retrato histórico do biografado estava implicado na atividade artística e literária de um grupo politicamente liberal e de importância efetiva para a História e a memória nacionais.

Outro ponto está ligado a sua percepção de que o teatro oferece um estoque de fontes documentais de grande interesse para a Historiografia brasileira sobre o século XIX. Essa avaliação do narrador, em sintonia com o autor, Magalhães, pode significar uma positiva antecipação no sentido de chamar a atenção dos historiadores para as conexões a serem pesquisadas e investigadas entre a atividade teatral e o seu meio histórico: as temáticas, a participação popular, a crítica teatral e os desdobramentos desses eventos na vida social, política e cultural da cidade do Rio de Janeiro e do país.

Talvez seja nesse sentido que o crítico e tradutor Paulo Rónai faz uma apreciação sobre essa biografia, apontando para as afinidades intelectuais entre o

---

[134] *Idem*, p. 351.

autor e biografado, incluindo as preferências de ambos pelo teatro: "Em geral, a atitude do nosso autor para com os heróis de suas biografias é de simpatia, mas uma simpatia que [...] nasce do contato cada vez maior com a personagem, seu ambiente, seus problemas, suas crises, seus triunfos ou derrotas". E avalia a biografia sobre Azevedo: "Onde ela jorra mais instintiva é na história de Arthur Azevedo, figura tão exuberantemente humana. É verdade que entre este e o seu biógrafo existe um forte parentesco íntimo, que se manifesta na extraordinária produtividade, na multiplicidade da obra". E, concluindo, diz que é exatamente "no inato amor ao teatro, na preocupação com iniciativas de interesse público, no espírito essencialmente progressista e moderno, capaz de apanhar no ar todas as ideias novas dignas de atenção"[135] que se entrelaçam, nesse livro, as afinidades entre biógrafo e biografado.

Machado de Assis político

> *"Nem tudo tinham os antigos, nem tudo têm os modernos;*
> *com os haveres de uns e de outros,*
> *é que se enriquece o pecúlio comum".*
> Machado de Assis, 1872.

Raimundo Magalhães Junior chegou, provavelmente, à cadeira de n. 34 da Academia Brasileira de Letras, em 1956, também pela publicação pela Civilização Brasileira, no ano anterior, da biografia *Machado de Assis desconhecido*. Um depoimento seu, veiculado nos "Arquivos Implacáveis", de João Condé, revela, contudo, que o projeto desse livro já vinha sendo pensado bem antes com muito entusiasmo pelo escritor. "A admiração pelo escritor Machado de Assis me levou à pesquisa do homem. Repugnou-me aceitar a imagem deformada que alguns biógrafos teimavam em me oferecer. Quis descobrir o outro Machado de Assis que possivelmente existiria, por trás da face de cera, da figura de museu de Mme. Tussaud." E mais: "O 'assunto' Machado de Assis sempre despertou, como disse, grande interesse. Faz quase vinte anos que dele venho me ocupando. Em maio de 1936, publiquei como colaborador no *Diário Carioca*, um artigo em que fixei um depoimento de um dos seus contemporâneos, Bernardo de Oliveira, irmão de Alberto". E em 1941, em São Paulo, na revista *Planalto*, sob a direção de Orígenes Lessa, diz: "Escrevi um ensaio intitulado 'O pensamento político de Machado de Assis' que teve alguma repercussão".[136]

---

[135] RÓNAI, P. R. Magalhães Junior, o biógrafo das letras brasileiras. *In*: MAGALHÃES JR., R. *Poesia e vida de Cruz e Sousa*. São Paulo: Lisa – Livros Irradiantes, 1971. p. XVI.

[136] Cf. MAGALHÃES Jr., R.. Biografia do Livro. Arquivos Implacáveis de João Condé. *O Cruzeiro*, Rio de Janeiro, c. de 1955. Marie Tussaud (1761-1850) inicia sua aprendizagem

Depois, em 28/7/1957, Magalhães Junior declara ao jornal *Correio da Manhã* que o lançamento muito tardio do seu livro se deveu à falta de um editor interessado, mas que o encontrou no amigo Ênio da Silveira, da editora Civilização Brasileira. "Em 1936, publiquei uma série de artigos em que apresentava os resultados de algumas dessas pesquisas. Mas saiu o livro de Lúcia Miguel Pereira. Depois, o de Elói Pontes. Depois o de Augusto Meyer. E outros e mais outros." Assim, diz: "Guardei comigo o que eu sabia. [...] Em *Vamos ler?*, em 1939, eu escrevi com veemência contra os que acusavam o velho Machado, em seu centenário, de ausência de civismo". E, novamente, menciona seu artigo de 1941, na revista *Planalto*, analisando algumas das ideias políticas do escritor: "Tudo isso mostra que um livro desse teor não pode ser resultado de uma improvisação, mas de uma longa sedimentação".[137]

Pela sua pauta usual de escrever mais de uma obra sobre seus biografados, além de artigos pela imprensa,[138] pode-se ver que Magalhães Junior organizou esses volumes sobre Machado de Assis com prefácio e notas: *Contos esquecidos, Contos recolhidos, Contos esparsos, Contos sem data, Diálogos e reflexões de um relojoeiro* – todos em 1956 –; e ainda *Contos e crônicas, Crônicas de Lélio* e os ensaios *Machado de Assis, funcionário público: no Império e na República* e *Ao redor de Machado de Assis: pesquisas e interpretações* – livros publicados em 1958.

O pesquisador Jean-Michel Massa[139] elenca as obras de Magalhães sobre Machado de Assis e aponta alguns equívocos do biógrafo, sobretudo os de ordem cronológica, na organização de contos e crônicas do escritor, mas os minimiza em razão desses esforços e, sobretudo, pela tentativa do biógrafo de reunir a obra ainda dispersa do escritor.

Em 5/3/1966, na coluna "Livros na Mesa", do jornal *Correio da Manhã*, RJ, Magalhães Junior comenta este livro de Jean-Michel Massa, *Dispersos de Machado de Assis*, de 1965: "Malgrado a dureza com que ele me trata em certas passagens

---

na arte de modelar em cera com o médico Philippe Curtius, produzindo diversas máscaras de participantes da Revolução Francesa; depois trabalharia na Inglaterra. Os conceitos técnicos que formulou ainda hoje são lembrados e até utilizaos para conformar moldes de figuras de realezas, artistas e eventuais celebridades.

[137] Cf. MAGALHÃES JR., R., jornal *Correio da Manhã*, Rio de Janeiro, 28/7/1957; esse artigo me seria gentilmente cedido pelo amigo Antônio Martins da Costa.

[138] Cf. acervo AMLB, Casa Rui Barbosa, Rio de Janeiro. Esses textos de Raimundo Magalhães, da década de 1950, discutem, entre outros temas, a questão dos direitos autorais da obra machadiana pertencentes aos editores W. M. Jackson Inc. E merece ainda menção o seguinte artigo do biógrafo, "A juventude de Machado de Assis". *In: Revista Brasileira de Cultura*. Rio de Janeiro: Conselho Federal de Cultura, 1972. p. 119-125.

[139] Cf. MASSA, Jean-Michel. Introdução. *In: Dispersos de Machado de Assis*. Rio de Janeiro: MEC/INL, 1965.

do seu trabalho, não me privo do prazer de dizer que esse volume, de quase 600 páginas, não pode faltar à biblioteca de nenhum machadiano". Afirma que "o volume contém matéria já assinalada pelas diligências de José Galante de Sousa e outros pesquisadores, inclusive por mim, nos diversos livros que consagrei a Machado de Assis". E avalia: "Por muito amplas que tenham sido as pesquisas do professor Massa, noto que faltam, nestes *Dispersos*, muitos dos trabalhos que eu havia coligido. Entre esses, algumas crônicas de *A Semana* [...]. Há assim – para não ir muito longe – bastante a recolher". Finaliza seu depoimento dizendo que "não o digo senão para alertar os pesquisadores que supunham ter sido raspado o fundo do provido alforge machadiano. E não para desmerecer o valioso trabalho de Jean-Michel Massa, que o INL por seu editor, Augusto Meyer, muito acertadamente editou" – contudo, continuaria convencido de que "desgraçadamente, muitas peças parecem definitivamente perdidas, umas parcial, outras totalmente".

Como já foi mencionado, o projeto de Magalhães Junior de escrever sobre Machado de Assis foi permanentemente cultivado ao longo de toda a sua trajetória intelectual. Entre 1980 e 1981, foi editada pela Civilização Brasileira, RJ, sua obra mais ampla e robusta sobre o escritor, *Vida e obra de Machado de Assis*, em quatro volumes com os seguintes e respectivos títulos: *Aprendizado*, *Ascensão*, *Maturidade* e *Apogeu*. Em 2008 – ano do centenário de morte de Machado de Assis –, aqueles quatro volumes escritos por Magalhães Junior, perfazendo um total de 1.624 páginas, foram reeditados pela Editora Record.

E entrevistado pelo jornal *O Globo*, RJ, em 13/9/1981, poucos meses antes de seu falecimento, Raimundo Magalhães Junior, em tom confessional, ainda diz: "Não sei dizer se pararei de escrever. Não posso asseverar se o fantasma de Machado me deixará em paz ou se eu próprio o deixarei sossegado".[140]

Aqui, neste texto, serão examinados aspectos da biografia *Machado de Assis desconhecido*, de 1955, cuja edição encontra-se esgotada, não sendo encontrada com facilidade em sebos e bibliotecas. Contudo, conseguimos cotejar alguns capítulos desse volume, um exemplar pertencente à Biblioteca Central da Universidade Federal de Minas Gerais, com a 3ª edição do mesmo livro que foi novamente revista pelo autor, em 1971, para a publicação da Editora Lisa – Livros Irradiantes, de São Paulo. Para pesquisas referentes e complementares, trabalhamos ainda com a primeira edição de *Ao redor de Machado de Assis*, livro de Magalhães Junior, também publicado pela Civilização Brasileira, em 1958, em cujo prefácio o autor informa a necessidade de ampliar o texto daquela primeira biografia, de 1955, então na sua 3ª edição.

Leitor e admirador confesso de Michel de Montaigne, o biógrafo parece partilhar com aquele da ideia de que o tema do homem era "maravilhosamente

---

[140] Cf. acervo de Raimundo Magalhães Junior, AMLB, Casa de Rui Barbosa, Rio de Janeiro.

vão", além de mutável e diverso. Mas esse posicionamento não o faz recuar, pelo seu narrador, ao se colocar radicalmente contra uma crítica então corrente sobre Machado de Assis. Essa crítica via o escritor com uma "alma gélida" e avessa às sociabilidades. Esse enfrentamento é apresentado na biografia, em várias passagens, como essa: "Machado de Assis tem sido apontado, por muitos, como um homem frio, um ser sem comunicabilidade, como alguém que *não bebeu o leite da bondade humana*. Que há de falso ou de verdadeiro nesta imagem?". E continua o narrador de Magalhães: "Dizem que os personagens explicam o autor... Mas se os personagens explicassem cada autor, que tumulto de paixões contraditórias não teria sido um Shakespeare misto de Otelo e de Romeu, de Falstaff e de Brutus, de Calibã e de Ariel!". E "que alma complexa não teria sido a de Molière, acumulando a agressividade do Alceste de *O misantropo*, a sede de ouro do Harpagão de *O avarento*, a astúcia de Sganarello, os ciúmes de Georges Dandin, a estultícia de M. Jourdain e a hipocrisia de Tartufo!". Dizendo que "um autor pode pintar canalhas, sem ser um deles", o biógrafo cita o Conselheiro Lafaiete Rodrigues Pereira, no texto *Vindiciae*: "O poeta, o romancista, o dramaturgo muitas vezes dão às figuras que criam uma natureza moral, um caráter, um temperamento que são a negação do que eles são." E, continuando, provoca críticos, como Sílvio Romero: "Bem pode, Machado de Assis ser uma natureza doce, compassiva, cheia de benevolência e misericórdia, mesmo para o Sr. Romero e jogar com maestria o ridículo e derramar ondas de pessimismo e misantropia". E finaliza: "Uma coisa é a criação literária ou a atitude intelectual de um escritor, e outra coisa, bem diversa e mutável, é a sua conduta como homem, como pessoa, dentro da sociedade em que se agita".[141]

Mas a tese central da biografia *Machado de Assis desconhecido*, de 358 páginas e 22 capítulos, já desenhada no seu prefácio e expandida em todo o livro, é a participação politicamente ativa de Machado de Assis. Essa participação defendida e explicitada pelo narrador da biografia estava presente na "obsessão literária" do escritor ao definir estratégias narrativas para astutamente praticar a política diante, sobretudo, do reconhecimento crítico de Machado sobre os vícios da classe senhorial brasileira. Hoje, esse argumento não constitui uma nota interpretativa importante sobre a obra machadiana, devido ao conjunto de estudos que abordam esse aspecto – como, entre outros, a obra de Raymundo Faoro, *A pirâmide e o trapézio*, lançada em 1974, que apresenta algumas das ideias políticas do escritor sobre a sociedade do seu tempo, contribuindo para a renovação dos estudos historiográficos e literários. Contudo, aquela perspectiva assumida pelo narrador de Magalhães, na década de 1950, gerou confrontos e disputas entre a crítica literária.

---

[141] Cf. MAGALHÃES JR., R. *Machado de Assis desconhecido*. São Paulo: Lisa – Livros Irradiantes, 1971. p. 88.

Portanto, é nessa vertente revisora que Raimundo Magalhães Junior deve ser situado e recuperado seu esforço de pesquisador e de biógrafo, por atinar, então e quase que originalmente, para as críticas sociais e políticas construídas por Machado de Assis por meio de seus narradores e personagens, capazes de *espelhar* as condições da vida brasileira, incluindo o campo das ideias e das mentalidades em curso no país.

Machado de Assis se forma e se constitui como escritor a partir de uma sólida tradição literária, estrangeira e nacional, o que lhe permitiu, também, segundo o narrador de Magalhães, arquitetar uma narrativa de assinatura própria e singular, por meio da extraordinária imaginação, da construção poética, da ironia e de um repertório de possibilidades muito inteligentes que oferecem, conjuntamente, a fundação simbólica de realidades e de argumentos. O crítico Antonio Candido indica a filiação do escritor a referências literárias nacionais, pois Machado "se embebeu meticulosamente da obra de seus predecessores [...] na orientação de Macedo para a descrição de costumes, no realismo sadio e colorido de Manuel Antonio, na vocação analítica de José de Alencar". Ou seja, "ele aplicou o seu gênio em assimilar, aprofundar, fecundar o legado positivo de experiências anteriores".[142]

Mas o escritor representava e representa ainda uma "presença inquietante" para críticos e estudiosos sobre a sua obra, pois continua um atualista e um contemporâneo de seu tempo. Machado de Assis se mostra interessado em entender a sociedade brasileira e em se orientar literariamente pelos seus traços culturais constituintes – como atestam seus romances e inúmeros contos. Entre outras passagens próximas a essa ideia, veja-se essa citação do narrador: "Se Machado de Assis tem sido frequentemente acusado de não ter participado dos grandes acontecimentos do seu tempo, é que, dentre os que tais coisas dele dizem, uns não tiveram paciência para pesquisar-lhe minuciosamente a vida e a obra". E diz que se "outros não o estimavam, e outros, ainda, é porque à falta de idéias próprias, não fazem mais que repetir mecanicamente os primeiros. Criou-se uma imagem deformada de Machado de Assis, tão deformada que, em verdade, o eminente escritor assumiria, aos nossos olhos, um aspecto monstruoso [...]". E finaliza: "o ausente, o absenteísta, o interiorizado que jamais viu o mundo exterior, esse não passa, no entanto, de mito que não se ajusta às próprias confissões de Machado [...]".[143]

---

[142] Cf. SCHWARZ, R. *Um mestre na periferia do capitalismo*. São Paulo: Duas Cidades, 1990, p. 207-208. Também o escritor mexicano Carlos Fuentes vê Machado de Assis "genialmente inserido" na tradição do romance moderno iniciada por Cervantes (*Dom Quixote de la Mancha*), continuada por Laurence Sterne (*Tristram Shandy*) e por Diderot (*Jacques o Fatalista*) – cf. jornal Folha de S.Paulo, Mais! FUENTES, C. O milagre de Machado de Assis. São Paulo, 1/10/2000.

[143] Cf. MAGALHÃES JR., R. *Machado de Assis desconhecido*, p. 39.

Sobre os julgamentos apressados que envolvem a figura de Machado de Assis, diz que "criou-se a concepção um tanto extravagante do 'bicho de concha', solitário, misantropo, ausente do mundo, habitante de Sírius, fechado em si mesmo, fugindo sistematicamente aos contatos sociais, insensível às expansões do afeto, ao convívio fraternal do espírito". E rebate que nada há de menos verdadeiro como "esse Machado de Assis de trapa, faquirizado e solene, sem pingo de vibração e de calor humano".[144]

São de muito interesse as escolhas que o narrador faz sobre as citações dos textos de Machado de Assis para compor o corpo de epígrafes que abre essa biografia, indicando prováveis convergências entre o autor e o protagonista, além de uma opção metodológica do narrador, mantida em todo o livro, de armar a narrativa com indícios fornecidos pelas fontes documentais pesquisadas e ainda não inteiramente conhecidas. "São migalhas da história [que] devem ser recolhidas. Eu gosto de catar o mínimo e o escondido. Onde ninguém mete o nariz, aí entra o meu, com a curiosidade estreita e aguda que encobre o encoberto. Coisas miúdas, coisas que escapam ao maior número, coisas de míope. A vantagem dos míopes é enxergar onde as grandes vistas não pegam".[145]

Diante da complexidade sobre a descontinuidade também temporal do tempo vivido, dos tempos construídos pela narrativa e pela memória que a biografia quer garantir, o narrador apresenta com confessada segurança a sua própria perspectiva temporal sobre "os tempos de Machado". Afirma que a figura do escritor "se eleva majestosamente em nosso panorama literário à medida que o tempo nos vai dando a perspectiva e o senso dos valores imprescindíveis à formação de juízos definitivos".[146]

Colocando-se como um conhecedor atento da obra e dos passos machadianos, o narrador submete a duração da vida do biografado, de 1839 a 1908, a um tempo cronologicamente ordenado, mas, por uma estudada estratégia para ampliar as chances de mover aquela existência, ele apresenta-a conectada a eixos temáticos. Contudo, esse enquadramento temporal tradicional parece causar dilemas ao narrador, pois ele está diante de um escritor conhecido justamente por ter operado, com outros pressupostos, o conceito de tempo na narrativa. Caso da conhecida inversão temporal que o escritor propõe, genialmente, em um dos seus romances, *Memórias Póstumas de Brás Cubas*, de 1881, fazendo o tempo reviver pelo futuro na voz do seu personagem morto-vivo, metaforizando ironicamente o real e flechando tempos e espaços distintos.

Aqui, não se fará um rastreio do conjunto de todos os procedimentos metodológicos do narrador, pois a pauta dos comentários seria excessiva, incluindo a ocorrência de algumas páginas ociosas ou que pouco acrescentam,

---

[144] *Idem*, p. 275.

[145] *Idem*, p. s/n.

[146] *Idem*, p. 5.

além do excessivo peso de informações, de citações e de certo gosto pela dramatização da vida biografada. Provavelmente, com o interesse e os olhos pousados na História política do país, no século XIX, o narrador escolhe inserir ainda, ao final, um longo e minucioso anexo cronológico, da página 339 à 358 do volume.

Esse inventário – de 19 de agosto de 1838, data do casamento dos pais de Machado de Assis, até 29 de setembro de 1908, data da morte do escritor –, estaciona, de certo modo, a vida do escritor a uma topografia exclusiva, fazendo crer, à primeira vista, que estamos diante da utilização de uma "representação escriturária" do passado, para se reter e se orientar inteiramente por ela – como verdadeiras "autópsias", nos termos de Anatole France.

Nessa operação, são elencadas dezenas de datações sobre nascimentos, mortes, promulgação de leis e de decretos, inaugurações urbanísticas no Rio de Janeiro (aterramentos, serviços de água e luz, bondes), além de fatos da vida artística e literária na cidade, sessões e eleições na Academia Brasileira de Letras, lançamento de jornais, folhetins, revistas, etc. Também são cronologicamente marcadas as edições das obras do escritor (com destaque para a Livraria Garnier) e os cargos que ocupou na administração pública, episódios políticos da Monarquia e dos primeiros anos da República, como os referentes à guerra do Paraguai e à luta abolicionista. E justifica o narrador: "Mostra-nos essa cronologia que tão poderosa manifestação de refinamento intelectual, tão surpreendente organização literária, irrompe em nosso meio numa época em que o Brasil apenas começava a adquirir a ossatura de um verdadeiro Estado [...]". Aqui, "tudo se estava ainda fazendo – ou por fazer – e muita coisa se fazia por imitação, no vão esforço de transplantar para o nosso país o que era moda lá fora, sem atender à índole do seu povo e às diferenciações dos nossos costumes". O narrador acha que "não há porções desdenháveis em sua obra [...] no quadro da época e em relação ao meio em que [seus versos] foram escritos. É essa noção de tempo e de espaço que desejamos suprir com a organização de uma tábua cronológica que os leitores encontrarão no fim deste volume".[147]

A biografia lança mão do recurso mnemônico tradicional da repetição, reiterando em diversas passagens o não absenteísmo do escritor com argumentos pautados em pesquisas na Biblioteca Nacional (seções de manuscritos e de periódicos), papéis do Ministério da Agricultura do Império, arquivos de imprensa, acervo privado do escritor, na Academia Brasileira de Letras, entre outros. Pretende provavelmente apontar e revisar o equívoco sobre interpretações romanceadas de então "tentando enquadrar o escritor num esquema de antemão traçado". Essa aspecto confirma as entrevistas dadas pelo autor, Magalhães Junior, que discute

---

[147] *Idem*, p. 3-5.

o tema em sucessivos artigos, geralmente com tom irônico e irritadiço, como no jornal *Última Hora*, RJ, em que declara que "não precisaria fazer um livro para abrir polêmica sobre um escritor socialmente comprometido".[148]

O amplo material de pesquisa recolhido para estruturar a biografia inclui textos inéditos do escritor, instrumentos de trabalho como a bibliografia sobre Machado de Assis, preparada por José Galante de Sousa (*Poesia e prosa*, de 1955), relações de pseudônimos do escritor pesquisados por Maciel Pinheiro e a fonte epistolar por meio das correspondências mantidas pelo escritor com Joaquim Nabuco, Mário de Alencar e Carlos Magalhães de Azevedo. Os apoios de Clovis Ramalhete, José Galante de Souza e do poeta Carlos Magalhães de Azevedo – "amigo íntimo de Machado e o único sobrevivente do grupo inicial dos 'quarenta' que fundaram a Academia Brasileira de Letras" – e que permitiu a Magalhães Junior consultar as correspondências de Machado de Assis, em poder de Nilo Bruzzi, são também indicados no volume.

As consultas a periódicos nos quais Machado de Assis escreveu são feitas nos seguintes órgãos: *Jornal do Povo, Jornal do Comércio, Gazeta de Notícias, A Semana, Revista Ensaios Literários do Ateneu Paulistano, Atualidade, Diário do Rio de Janeiro, Marmota Fluminense, Revista do Instituto Histórico e Geográfico Brasileiro* – nos acervos da Biblioteca Nacional e no Arquivo Nacional, RJ. Esses textos do escritor foram trabalhados por Magalhães Junior para atribuição de autoria, em função da diversidade de pseudônimos adotados por Machado de Assis em distintas seções literárias dos jornais. Como exemplo, Lélio, em "Balas de Estalo"; Dr. Semana, em a "Semana Ilustrada"; Boas Noites, em "Bons Dias"; Malvólio, em a "Gazeta de Holanda", Policarpo, em "Crônicas do Relojoeiro".

Segundo Magalhães Junior, o recurso do pseudônimo revela a "atitude prudente de Machado diante do ambiente opressivo do Império". A sua pesquisa também alçou textos sem qualquer pista aparente de identificação, exceto nos casos em que se reconheceu a caligrafia do próprio escritor. O biógrafo, pela voz do narrador, refere-se ao trabalho de topografia que realizou sobre os vários endereços de Machado de Assis, na cidade do Rio de Janeiro, buscando relacionar suas atividades nos jornais, na burocracia, nas entidades literárias à proximidade de suas moradias até a última casa, à Rua do Cosme Velho.[149]

Frequentando por muitos anos os arquivos cariocas, Raimundo Magalhães copiava os artigos do escritor, preenchendo vários cadernos para depois

---

[148] Cf. jornal *Última Hora*, coluna "Nas Letras", de Mauritônio Meira, Rio de Janeiro, 25/5/1955. No jornal *Diário de Notícias*, Rio de Janeiro, 9/11/1955, Raimundo Magalhães se ampara em Carlos Drummond de Andrade, "um pesquisador paciente e tenaz", que encontrou mais dois pseudônimos do escritor: "Camilo da Anunciação" (*Jornal das Famílias*) e "Sousa Barradas" (*Semana Ilustrada*).

[149] Cf. MAGALHÃES JR., R. *Machado de Assis desconhecido*, p. 259.

datilografar suas transcrições. Com esse trabalho, atribuiu autoria a dez de seus contos, publicando pela editora Civilização Brasileira uma série de coletâneas de contos, além de crônicas e de peças teatrais – cujos direitos depois passaram à Editora Ediouro, que reeditou posteriormente essas obras, carentes, contudo, de informações e referências mais completas.

De acordo com alguns comentadores, incluindo o próprio Raimundo Magalhães Junior, sabe-se que Machado de Assis publicava em jornais e revistas, entregando todo o material para publicação em forma manuscrita – chegando a tomar aulas de caligrafia para superar os erros nos seus escritos. Alguns editores teriam mantido alguns equívocos de ortografia nas edições, exceção feita, segundo o próprio Machado, ao editor Paula Brito, de quem o escritor era amigo e admirador. Os originais encaminhados à redação passavam para a tipografia, na qual o texto sofria a composição manual (tipos móveis, depois a vapor) para serem revisados. Significativa parte dos contos de Machado de Assis foi publicada em periódicos compostos e impressos na França, cujos critérios, modalidades linguísticas e técnicas eram bastante distintos. De tudo isso, Raimundo Magalhães depreende as distorções e os problemas perpetuados nos seus textos, mesmo naqueles que seriam autorizados pelo próprio autor.[150]

Raimundo Magalhães também expande a consulta de suas fontes por meio da coleta de depoimentos impressos e pouco conhecidos, por exemplo,

---

[150] Machado de Assis publicava contos pela Casa Garnier (que não seria, estritamente, a futura Livraria Garnier), a qual, posteriormente ou após a morte do escritor, vendeu os direitos da publicação à Editora Jackson, que durante muitos anos reeditou os 31 volumes das *Obras completas*, servindo de base para várias outras editoras. Esses dados estão de acordo com as pesquisas sobre as edições da obra de Machado de Assis, de Cláudio Weber Abramo, em Distorções perpétuas, cf. jornal *Folha de S. Paulo*, Mais!, São Paulo, 1/10/2000. Segundo Abramo, a publicação da obra de Machado de Assis pela Editora Jackson foi "a menos confiável de todas no que concerne à fidelidade [...] como serviu de base para inúmeras outras coletâneas, as distorções nela introduzidas se multiplicaram e se perpetuaram. Disso não escapou sequer a edição da Companhia das Letras" (aqui, o pesquisador está se referindo a *Contos – Uma antologia*, de 1998, com 75 contos selecionados e anotados pelo crítico inglês John Gledson, obra em dois volumes, que, positivamente, inclui contos cuja íntegra permaneceu perdida por quase todo um século). Em 1975, apareceram as *Edições críticas de obras de Machado de Assis*, pela Civilização Brasileira e MEC/INL, em 15 volumes sob a responsabilidade da Comissão Machado de Assis, designada pela ABL. Entre os anos de 1980 e 1990, a Livraria Garnier, com a Casa de Rui Barbosa, publicou as obras reunidas em livros pelo autor, além do extenso conto "Casa Velha" com nova fixação de texto (e notas de Adriana da Gama Kury). Em 1997, pela Editora Globo, foi lançada *Obras completas*, para venda em bancas de revistas; alguns pesquisadores chamam ainda a atenção para problemas de revisão e alguns deslizes tipográficos no padrão da edição da Nova Aguilar. Outro autor que faz observações sobre o tema dessas edições é Eduardo de Assis Duarte em *Machado de Assis afro-descendente: escritos de caramujo/antologia*. Rio de Janeiro/Belo Horizonte: Pallas/Crisálida, 2007. p. 11.

o de Joaquim Nabuco (*Minha formação*), em que o parlamentar relembra seus companheiros de luta na causa jurídica da abolição, incluindo Machado de Assis – um pensador liberal, um monarquista amigo dos republicanos, assim como Lúcio de Mendonça, seu parceiro na fundação da Academia Brasileira de Letras.

Quanto ao livro de Raimundo Magalhães Junior, já referido, *Ao redor de Machado de Assis*, com 29 capítulos de temáticas variadas e um apêndice – "Notas de Leitura de Machado de Assis", escritas entre 1910 e 1911, e transcritas da Revista da ABL –, chamam especialmente atenção dois capítulos: "O que liam os personagens de Machado de Assis" e "A intuição cinematográfica de Machado de Assis". Nesses, o seu narrador antecipa, de certa forma, aspectos interpretativos atuais sobre temáticas da História social da leitura, da narrativa e da história cultural, de interesse, inclusive, para os estudos historiográficos.[151]

No capítulo sobre a leitura, por exemplo, são relacionadas, a partir da obra de Machado, dezenas de títulos, como os *best-sellers* do Almanaque *Laemmert*, da livraria Garnier (destacando o livro *Saint-Clair das ilhas*, de Mme. de Mantolieu) e obras de autores bastante lidos na sua época como Walter Scott, Georges Feydeau, Alexandre Dumas pai, Lamartine, Octave Feuillet, George Sand e os brasileiros Macedo e Basílio da Gama. "O estudo em profundidade da obra de Machado de Assis pode levar a conclusões surpreendentes, em campos os mais variados. Por exemplo: a determinação do gosto literário de sua época, através de um recenseamento das leituras de seus personagens de dezenas de romances, novelas, contos e peças de teatro". E continua o narrador: "Machado, minucioso e exato em suas observações, mostra o que eram as leituras das austeras matronas do Império, das moças, e em que consistiam as leituras dos homens [...]. O nosso intuito era apenas recensear por alto as leituras dos personagens de Machado de Assis, ponto de partida para um trabalho que pode vir a ser feito por um especialista [...]".[152]

E, atento às observações sobre a narrativa machadiana também marcada pelo gosto para a encenação estética e dramática, assim como para o cinema, o narrador não deixa de revelar, e isso em meados da década de 1950, uma crítica original: "A ausência do criador de Capitu nas salas de cinema não diminui o interesse que ressalta do exame de algumas passagens de sua obra, à luz da [...]

---

[151] Os livros de Magalhães Junior, *Machado de Assis, funcionário público: no Império e na República* e *Ao redor de Machado de Assis* foram editados pelo Ministério da Viação e Obras Públicas/ Serviço de Documentação, Rio de Janeiro, em comemoração ao cinquentenário da morte do escritor, no ano de 1958. Nessa última obra, merecem destaque as cuidadosas legendas sobre imagens (fotografias, caricaturas e charges), assim como os procedimentos referentes às notas de pés de páginas, em geral, esclarecedoras.

[152] Cf. MAGALHÃES JR., R. *Ao redor de Machado de Assis*, p. 143. Em 1958, Astrojildo Pereira escreveu sobre esse capítulo 10, "Machado de Assis e a Abolição", do livro de Magalhães Junior, indicando o seu tino em detectar a importância do tema da leitura. Cf. PEREIRA, A. *Machado de Assis: ensaios e apontamentos avulsos*. Belo Horizonte: Oficina de Livros, 1991. p. 203-205.

'gramática do filme' ou a 'linguagem do cinema'". E, ainda para o narrador, "o que é verdadeiramente impressionante é que Machado de Assis realiza com palavras verdadeiros instantes cinematográficos, não porque esses instantes se prestassem a filmagens, mas porque antecipadamente usou em tais momentos os meios que o cinema mais tarde viria por em voga". E exemplifica: "Um desses recursos estilísticos, ou 'simplesmente gramaticais' é o *flash-back* [a inversão temporal na narrativa e na cena, recuos utilizados por Machado]. [...] Outro meio muito utilizado é o *srap-book*, o álbum de instantâneos ou de fotografias de famílias, folheado do fim para o princípio [...]". E nota que o escritor, incorporando-se ao personagem [em Brás Cubas], "se mostra por mais de uma vez contente com seu feito", acrescentando que, desse modo, "o livro fica com todas as vantagens do método, sem a rigidez do método", além de utilizar do recurso da animação de figuras inanimadas "para surpresa do espectador [...] como os do apólogo 'A agulha e a linha', aliás filmado por Humberto Mauro, em 1939". E, conclui o narrador: "Não houve outro escritor brasileiro que apresentasse uma gama tão rica de associações e dissociações de imagens".[153]

Na década de 1950, as análises sobre a obra de Machado de Assis variavam muito, incluindo a crítica produzida no campo marxista de cujo exemplo é o texto de Octávio Brandão, que considera o escritor um "'niilista', um 'negativista', um 'anti-humanista', cuja análise é 'frágil e frouxa' [...] algo como o 'psicologismo burguês'".[154] Também em outras obras de alguma repercussão nesse período, Machado de Assis é considerado um escritor alheio à vida social, quando não "indiferente à escravidão", como assinala Leôncio Basbaum: "A literatura é sempre o reflexo de um povo – mesmo quando ela não se ocupa do povo – e de uma época. Se excetuarmos Castro Alves, Bernardo Guimarães [...] pouco ou quase nada resta na nossa literatura de ficção da época, a favor do escravo". E acrescenta Basbaum: "Macedo, como a maioria dos escritores de seu tempo, incluindo Machado de Assis, é completamente indiferente à escravidão, como se ela não existisse. E José de Alencar é francamente escravocrata". Já "Machado de Assis só tomou conhecimento do escravo como assunto para alguns contos, raramente se refere à escravidão com seus planos tétricos e desumanos que, tanto haviam impressionado Castro Alves e Tobias Barreto – em toda a sua imensa bibliografia".[155]

---

[153] Cf. MAGALHÃES JR., R. *Ao redor de Machado de Assis*, p. 241-248.

[154] Cf. KONDER, L. História dos intelectuais nos anos cinqüenta. *In*: FREITAS, M. C. (Org.). *Historiografia brasileira em perspectiva*. São Paulo: Contexto, 2003. p. 369. Ver também BRANDÃO, O. *O niilista Machado de Assis*. Rio de Janeiro: Simões, 1956.

[155] Cf. BASBAUM, L. *História sincera da República*: das origens até 1889. Tentativa de interpretação marxista. Rio de Janeiro: Livraria São José, 1957. p. 289.

Nesse riscado, as pesquisas de Magalhães Junior e de outros pesquisadores chegavam a constituir certa novidade ou mesmo um novo filão na fortuna crítica sobre a obra de Machado de Assis, pois essa era pouco lida e divulgada na década de 1950. Para isso, talvez influenciasse ainda o peso de críticas correntes que consideravam o escritor distanciado das "coisas do Brasil" e mais próximo de autores e de modelos literários europeus. Antônio Olinto, confrade e amigo do biógrafo, diz e relembra que, durante a segunda metade dos anos 1950, Magalhães Junior "tornou-se uma espécie de dono de Machado de Assis no Rio de Janeiro pelos seus méritos como um pesquisador confiável tal a sua faina nos arquivos".[156]

E, sobre esse mesmo período, o narrador insiste que, até então, pouco se conhecia da atividade de Machado de Assis na burocracia: "A maior soma de informações [...] é ainda a que consta das referências em diversos capítulos do livro de Lúcia Miguel Pereira. Não é muito, nem é completo". Citando partes de obras e de artigos de Lindolfo Xavier, de Medeiros e Albuquerque, de José Vieira – textos dos anos 1930 – e os de Peregrino Junior, Mário Matos, Mário Casasanta, Dom Hugo Bressane de Araújo, o narrador de Magalhães comenta a "inconsistência" de uma crítica literária em voga, na década de 1950, pouco conhecedora da obra de Machado, e conclui: "Sendo pouco o que se conhece neste domínio, aqui, também, procuramos lançar luz nova, alargando as pesquisas por outros iniciadas".[157]

Essa biografia assinada por Magalhães Junior dialoga, sobretudo, com a obra *Machado de Assis: estudo crítico e biográfico*, de 1936, de Lúcia Miguel Pereira, que também escreveu *Machado Assis: ensaios e apontamentos avulsos*, publicado em 1955, no mesmo ano em que saiu a biografia sobre Machado de Assis, de Magalhães. Lúcia Miguel Pereira, conhecida autora de matriz católica conservadora, era uma crítica militante de grande prestígio entre os intelectuais brasileiros, sobretudo, pela qualidade literária de seus textos.[158] Raimundo Magalhães a reconhecia como "pioneira nas pesquisas machadianas",[159] pois, se grande parte da obra do escritor era até então desconhecida, também eram francamente

---

[156] Cf. Antonio Olinto, entrevista, em fevereiro de 2004, na casa do escritor, Rio de Janeiro.
[157] Cf. MAGALHÃES JR., R. *Machado de Assis desconhecido*, p. 148.
[158] Lúcia Miguel Pereira (1901-1959), casada com o historiador e biógrafo Otávio Tarquínio de Souza, era considerada por alguns críticos de sua época como uma escritora conservadora, contudo, discute a situação da mulher na literatura e faz a defesa da arte brasileira contra os desmandos da "indústria cultural". Além dos seus estudos sobre Machado, republicou, em 1944, "Casa Velha", um longo conto-romance escrito entre 1885 e 1886 e publicado por Machado de Assis na revista carioca *A Estação*, em 25 episódios.
[159] Cf. MAGALHÃES JR., R. *Ao redor de Machado de Assis*, p. 71. Em *Machado de Assis desconhecido*, Magalhães Junior faz frequentes críticas à escritora, mas destaca a sua contribuição aos estudos sobre a obra do escritor.

insuficientes as pesquisas sobre as relações sociais e políticas estabelecidas por Machado de Assis além de seu ideário político.

Lúcia Pereira, adepta do biografismo intimista e romanceado, retrata Machado de Assis de acordo com essa modalidade interpretativa, com base em elementos psicológicos construídos já na infância do escritor a partir da sua convivência com uma madrinha afidalgada. Machado, um mestiço, tinha, assim, "seu fraco pelas altas rodas", além de uma permanente "falta de inquietação social",[160] tornando-se um "absenteísta",[161] movido pela procura de "maior liberdade interior". O escritor era atormentado e preocupado com o tema da loucura – havendo ainda "nele alguma coisa de refratário à ação do meio, de impermeável, de indestrutível: a vocação de escritor, alimentada pelas tendências mórbidas".[162] Como funcionário público, com a vida "emburguesante", "Seu Machado" se manteve sempre preso às leis, respeitoso aos calhaus de papéis oficiais, "só permitindo a retirada, na sua Diretoria, do retrato do Imperador mediante uma portaria".[163]

Machado de Assis era, para a biógrafa, um autor brasileiro extraordinário que "chegou até a criação de verdadeiros tipos sociais e psicológicos que são nossos, em carne e osso e essas são as criações fundamentais de uma literatura" – concordando com José Veríssimo, que afirma ser a obra de Machado "profundamente nacional, isto é, profundamente representativa da nossa alma coletiva".[164]

O narrador de Magalhães Junior se apresenta crítico e cético e faz seguidas referências às posições de Lúcia Miguel Pereira, incluindo menções polêmicas sobre essa modalidade de biografia, como no capítulo 17, "A influência de Carolina". E diz: "Com ou sem Carolina, Machado teria chegado decerto, até onde chegou. Já não seria pequeno o seu papel, como esposa e companheira, dedicada e fiel, organizando o lar, dando ao escritor a vida metódica e tranquila, que lhe propiciaria atividade tão intensa e tão fecunda". E acrescenta: "Querem, porém, transformá-la numa espécie de *femme savante*, uma Armande ou uma Henriette lusitana, quando não devia ter senão os conhecimentos comuns às moças portuguesas do seu tempo, não das de Lisboa, mas das que habitavam as grandes cidades provincianas. Que era, então, a educação das mulheres portuguesas?". Para o narrador, ela "não diferiria muito a da educação das nossas, da mesma época. Não consta que Carolina Augusta Xavier de Novais tivesse pendores intelectuais

---

[160] PEREIRA, L. M. *Machado de Assis: estudo crítico e biográfico*. 6. ed. São Paulo/Belo Horizonte: Edusp/Itatiaia, 1988. p. 13.

[161] *Idem*, ver o capítulo XV, "Consagração".

[162] *Idem*, p. 153.

[163] *Idem*, p. 208.

[164] *Idem*, p. 291.

tão desenvolvidos que fosse capaz de influir sobre Machado da forma que se tem tentado fazer crer". E conclui: "A influência de Carolina sobre o homem de letras, sobre a arte tão pessoal de Machado de Assis, bem examinada, não passa de uma forjicação encantadora, de amável mito literário...".[165]

A título de nota, nesse mesmo capítulo, o narrador, ainda que sucintamente, também critica o livro de Heloísa Lentz de Almeida, *A vida amorosa de Machado de Assis*, publicado no centenário de nascimento do escritor, em 1938. Considerando o texto "breve e lacunoso", a resistência do narrador é nítida diante desse tipo de narrativa que procura, pela orientação essencialista, a "alma" do protagonista, pondo de lado instigantes questões que envolvem a construção da obra literária machadiana. "Machado de Assis lia para Carolina, capítulo por capítulo, os seus romances e, não raras vezes, era ela quem escolhia os nomes de seus personagens, não raras vezes chorava e intercedia para que fosse melhorado um destino mais trágico... Boa Carolina!". E segue criticando esse texto da autora: "Isto dito assim, sem apoio em fatos ou documentos, dificilmente poderia ser aceito. Onde estão os destinos mudados por decisão de Carolina? Em que romances? Em que contos? Além do mais a Carolina aí pintada seria uma despejada, sem nenhuma capacidade crítica, incapaz de um julgamento literário". E argumenta: "Quanto a batizar personagens, isto não é coisa que um escritor transfira a terceiros, pois há nomes que devem ajustar-se como uma luva às figuras, às profissões, às peculiaridades de seu caráter, à parte que desempenharam nas narrativas". E, complementando: "Existe uma psicologia dos nomes, a que o próprio Machado de Assis alude, em uma de suas crônicas. Pode-se reafirmar que, em geral, os nomes nascem com os personagens, ajudando a modelá-los, a caracterizá-los, a dar-lhes autenticidades".[166]

A relevância de uma biografia sobre Machado de Assis é justificada pelo narrador devido ao desconhecimento de grande parte de sua obra, reconhecidamente vasta e, sobretudo, dispersa em jornais e revistas. Além da necessidade imperiosa de se reparar alguns dos sentidos estéticos, literários e políticos a ela imputados, pois esses "falsos conceitos", segundo o narrador, prejudicam o seu conhecimento e o amadurecimento da crítica praticada no Brasil. Por essas razões, as novas pesquisas que conformam essa biografia são avaliadas como um marco significativo, acreditando, diz o narrador, "ter começado a obra necessária de revisão de julgamentos apressados e de ideias errôneas atualmente em curso".[167] O tom narrativo debatedor e revisionista acompanha

---

[165] *Idem*, p. 261.

[166] *Idem*, p. 262.

[167] *Idem*, p. 261 e 264.

toda biografia dirigida ao leitor, aos representantes da crítica literária e aos (futuros) pares do autor na Academia Brasileira de Letras.

O narrador de *Machado de Assis desconhecido* parece não se apartar também de seu incômodo sobre a acrimônia do crítico Silvio Romero, fixado no Rio de Janeiro, na década de 1880, que investiu com tenacidade contra Machado de Assis, promovendo agitados debates sobre os estudos literários, com alguns intelectuais de prestígio fazendo ou não coro com suas posições.[168]

Em *Machado de Assis: estudo comparativo de Literatura Brasileira*, de 1897, Silvio Romero observa a ausência de uma crítica à obra do escritor (tratado com "tantas provas de admiração, de preito, de louvor, de glória")[169] para depois analisá-la mais sistematicamente na sua *História da Literatura Brasileira*: "Machado de Assis é grande quando faz a narrativa sóbria, elegante, lírica dos fatos que inventou ou copiou da realidade; é menor, quando se mete a filósofo pessimista e a humorista caprichosamente engraçado".[170] Sobre essa querela crítica provocada por Romero, Magalhães contribuiu com o tema da crítica no Brasil, escrevendo artigos para a imprensa, em especial, "Machado de Assis *versus* Sílvio Romero", publicado no *Jornal do Brasil*, RJ, em 21/9/1958, transcrevendo passagens dos revides de ambos os escritores, além das posições da imprensa carioca sobre o assunto, como a *Gazeta de Notícias*, a *Gazeta da Tarde* e o *Jornal do Comércio*.[171]

Para Lúcia Miguel Pereira e Raimundo Magalhães Junior, estudos sobre a obra de Machado de Assis como os de José Veríssimo, de Magalhães de Azevedo, de Alfredo Pujol ("que ouviu alguns amigos do escritor")[172], de Augusto Meyer, do Instituto Nacional do Livro[173] seriam, em geral, ainda insatisfatórios pela limitação das pesquisas. E um atestado da recepção pouco compreensiva

---

[168] Ver outros autores, referência em ABREU, M. de. *Biógrafos e críticos de Machado de Assis*. Rio de Janeiro: Alba, 1939; ROCHA, J. C. de C. (Org.). *À roda de Machado de Assis: ficção, crônica e crítica*. Chapecó: Argos, 2006.

[169] Cf. ROMERO, S. *Machado de Assis: estudo comparativo de Literatura Brasileira*. 2. ed., Rio de Janeiro: José Olympio, 1936. p. 15-16 e 156.

[170] Cf. ROMERO, S. *História da Literatura Brasileira*, 4. ed., Rio de Janeiro: José Olympio, 1949, p. 116.

[171] Cf. pasta de *clipping*, acervo AMLB, Casa de Rui Barbosa, Rio de Janeiro.

[172] Alfredo Pujol também escreveu, como outros (e Magalhães Junior), sobre Francisco de Paula Brito, o primeiro editor de Machado de Assis e, também, o primeiro editor brasileiro, proprietário de uma "loja de livros" muito frequentada pela rede política e intelectual do Rio de Janeiro, entre as décadas de 1840 e 1860.

[173] O livro de Augusto Meyer, *Machado de Assis*, 2. ed., Rio de Janeiro: Organização Simões, 1952, é uma biografia romanceada; um dos seus capítulos, "Autor de si mesmo", possivelmente, teria influenciado o biógrafo Raimundo Magalhães Junior.

a Machado de Assis pode ser identificada no comentário de Gilberto Freyre – encontrado em um recorte de jornal, no acervo de Raimundo Magalhães Junior, no AMBL, Casa de Rui Barbosa, RJ. O texto indica certa caricaturização sobre Machado, então difundida entre alguns intelectuais brasileiros que viam com reservas aquele mulato carioca nascido no morro do Livramento, míope e epiléptico; um autodidata tenaz que tinha aprendido francês na padaria...

Nesse fragmento de jornal, preservado por Magalhães Junior, de autoria de Gilberto Freyre, pode-se ler: "Precisamente esse Machado desconhecido ou misterioso é que acaba de ter o seu mistério reduzido pelo admirável trabalho de pesquisa que [...] realizou com argúcia, paciência e lucidez raras o Sr. Magalhães Junior. O Machado que surge do livro". E, em seguida tem-se: "Não é o inglês mulato de certos retratos mais convencionais do autor de Brás Cubas: é um brasileiro que se anglicizou a ponto de parecer, às vezes, escritor nascido, criado e formado em país boreal".[174]

Mas, como a pena de Machado de Assis poderia ter irrompido, diz o narrador de Magalhães, com seu refinamento intelectual, em um país onde "tudo se estava ainda fazendo ou por fazer" com uma vida cultural provinciana de abandono e de insuficiência? O Brasil oitocentista, atrasado e escravocrata, apenas "estava ainda lançando os fundamentos da nacionalidade" ou "começava a adquirir a ossatura de um verdadeiro Estado". Aqui, eram deficitários o ensino, o teatro e a imprensa – essa com "jornais pequenos, de feição gráfica paupérrima, pouco noticiosos e geralmente prolixos ao tratarem de assuntos políticos".[175] O fluxo efetivo da imigração europeia ainda era incipiente; aqui bem mais importantes do que as nossas leis eram as leis portuguesas – "prevaleciam, em Direito, as Ordenações do Reino". E "muita coisa se fazia por imitação, no vão esforço de transplantar para o nosso país o que era moda lá fora, sem atender a índole do seu povo e às diferenciações dos nossos costumes".[176]

Mesmo que Machado de Assis tivesse feitos versos invocando a bela paisagem do Rio de Janeiro,[177] como em "A Cristã Nova", o narrador se põe convencido de que a Capital Federal perdia parte do seu fulgor diante de mazelas que aquela vida em sociedade imantava a cidade, tratada como "um burgo medíocre". "O Rio de Janeiro imperial era, então, uma cidade que se despersonalizava, que

---

[174] Cf. acervo de Raimundo Magalhães Junior, AMLB, Casa de Rui Barbosa, RJ. O fragmento em questão não informa, infelizmente, jornal e data, mas teria sido preservado, provavelmente, por Magalhães.

[175] Cf. MAGALHÃES JR., R. *Machado de Assis desconhecido*, p. 3.

[176] *Idem*, p. 3-4.

[177] Roger Bastide escreveu um interessante artigo "Machado de Assis, paisagista" publicado na *Revista do Brasil*, ano III, n. 29, Rio de Janeiro, nov. de 1940.

abdicava do direito de ter características próprias, que se afrancesava em tudo por tudo. Comia-se à francesa, liam-se jornais franceses, ia-se a teatros em francês". E "vestia-se à francesa, num mimetismo tão flagrante, tão visível, tão violento, que não nos surpreende que os jovens escritores se tivessem então deixado se afetar por esse espírito de imitação. Vivíamos uma fase de bovarismo social e intelectual, sonhando modelar a vida do Rio de Janeiro pela via de Paris".[178]

A vida parlamentar da cidade, que comandava também o país, era regida por uma oratória decadente, mas coruscante, "saturada de romantismo": "Ai de quem fizesse um discurso sem falar pelo menos nos filhos de Saturno, no sonho de Cambises, na espada de Breno ou no chão estéril em que pisou o cavalo de Átila!".[179]

Esse quadro equivocado, descrito pelo narrador por meio da movimentação política e ideológica das elites do Império, somente seria alterado com a atuação realista do parlamentar Tavares Bastos, que imporia "o exame dos problemas brasileiros com olhos brasileiros", começando "a operar a necessária e já tardia reação contra os velhos padrões de oratória parlamentar e as soluções arbitrariamente transplantadas para o nosso meio".[180] Essa referência louvaminheira – para usar termo do próprio Raimundo Magalhães – a Tavares Bastos, jornalista e membro da Academia Brasileira de Letras, talvez resida na intenção do narrador de ampliar com alguma positividade o cenário político do país, pois ele parece convencido de que o século XIX promoveu alguns intérpretes importantes da chamada "alma nacional".

A superioridade criadora e intelectual de Machado de Assis é reconhecida em toda a biografia. O escritor é nomeado por "operário de si mesmo" e "mestre de si mesmo", ou seja, a partir dos conhecidos bordões utilizados pelo narrador para identificar e construir o seu protagonista – supostamente *espelhado* nas próprias noções do biógrafo também sobre si mesmo. O escritor, produto do seu meio e do seu tempo, é, para o narrador, uma construção incomum do próprio esforço que "modelaria seu espírito ao impulso de uma vontade superior".[181]

---

[178] Cf. MAGALHÃES JR., R. *Machado de Assis desconhecido*, p. 105.

[179] *Idem*, p. 4.

[180] *Idem*, p. 4. Tavares Bastos, 1813-1875, parlamentar abolicionista alagoano é autor de várias obras como *Cartas do solitário* (1862), *A província* (1870) e *Estudo sobre a reforma eleitoral* (1873). Bastos, um admirador da cultura e do sistema político dos Estados Unidos, debateu sobre o federalismo, no Império, defendendo a redução do poder central como ameaça à liberdade que só poderia vingar na autonomia local. Ver também, sobre o assunto, CARVALHO, J. M. Federalismo e Centralização no Império brasileiro: História e Argumento. *In: Pontos e bordados: escritos de história e política*. Belo Horizonte: Editora UFMG, 1998. p. 177-182.

[181] *Idem*, p. 4 e 106.

Também apresentado na biografia como um "autodidata tenaz"[182], o texto da biografia elenca que os principais autores lidos por Machado de Assis são Alfred de Musset ("que ele preferia a Baudelaire"), Jean-Baptiste Molière, Jean Racine, Nicolas Boileau e Victor Hugo. Sobre a publicação de seus versos em francês (cujas citações e transcrições são frequentes na biografia), o narrador justifica que esse procedimento não "parecerá pedantaria indesculpável, manifestação de pacholice mulata ou de risível esnobismo intelectual", pois se trata mais de uma mentalidade geral da sociedade brasileira oitocentista e de um estado de espírito da Corte então instalada no Rio de Janeiro.[183] O narrador enxerga ainda, e de forma um tanto ambígua, um dos lados dessa sociedade desigual, pois, além da sua afetação aristocrática e aburguesada, o Brasil seguia "também modelado pelas forças vivas e tumultuosas do seu povo que só o instinto da nacionalidade haveria de disciplinar nas horas das grandes crises".[184]

Como já mencionado, essa biografia sobre Machado de Assis, de Magalhães Junior, apresenta como argumento central uma reavaliação da sua vivência política por meio de pesquisas e de interpretações sobre diversos textos do escritor e em obras de diferentes autores sobre a vida e a produção literária machadianas. A biografia o vê, principalmente, como um agente intelectual, político, agindo, nos seus termos, no seu presente histórico. Cronista, contista e jornalista, Machado atuou em diversos periódicos; colaborando, no Rio de Janeiro, entre os anos de 1860 e 1870, com as proposições do Partido Liberal; trabalhando partidariamente pelo aparecimento, em 1862, de uma nova folha política, o *Jornal do Povo*; atuando na década de 1880, como na coluna "Bons Dias", na *Gazeta de Notícias* – um jornal considerado bastante avançado para o período.

Nem como funcionário público, supostamente criterioso e comedido, o "cidadão" Machado de Assis perde o traço de suas inclinações liberais que, por vezes, são tingidas de "nativismo", "nacionalismo", ou seja, o escritor não é definitivamente alheio às coisas do Brasil. O narrador argumenta que aquelas condições para um emprego na esfera do governo lhe impuseram, contudo, "o reconhecimento da impossibilidade de vencer na política" diante da mesma "política truculenta da época, em que as demissões de funcionários nem sempre

---

[182] *Idem*, p. 106. O narrador, entre outras passagens, enfatiza a formação intelectual de Machado de Assis, conhecedor das línguas francesa, inglesa, alemã, grega, além do latim; mas o distingue de Taunay e de Nabuco, intelectuais "filhos da elite". Sublinha também a provável influência de Charles de Ribeyrolles sobre Machado, sobretudo, no trato com a cultura e língua francesas.

[183] *Idem*, p. 108.

[184] *Idem*, p. 4.

eram ditadas pelas necessidades da administração ou da moralização do serviço público, mas pelas paixões partidárias desenfreadas".[185]

Chamam a atenção alguns pronunciamentos feitos na Academia Brasileira de Letras, na sessão de recepção a Raimundo Magalhães Junior, em 6/11/1956, que passa a ocupar uma cadeira na casa. Mais do que discursos convencionais e próprios àquela ocasião institucional de congraçamento festivo entre seus membros, algumas falas sugerem os impactos trazidos pelas ideias defendidas nessa biografia: "A Academia é com honra nossa a Casa de Machado de Assis. Mas que Machado de Assis era o gênio tutelar desta Casa? Um Machado de Assis desgraçadamente mutilado. Um verdadeiro aleijão". E se afirma: "O Machado de Assis dos biógrafos era um homem frio, um *iceberg* exótico, flutuando nas ardentes águas deste país ardente. [...] O Machado de Assis que conhecíamos era uma criatura amorfa, com absoluta indiferença pelos acontecimentos do país, insensível às palpitações da nacionalidade". Ou ainda: "O Machado de Assis que conhecíamos era um homem estranho, sem o menor vislumbre de humanidade. Oriundo de negros, descendente de escravos, sem o menor interesse pela propaganda abolicionista".[186]

O livro *Machado de Assis desconhecido* também se estrutura pela recuperação das contribuições de outros autores, estudiosos da obra machadiana e que compartilham das posições do narrador de Magalhães Junior.[187] Caso de Brito Broca, que faz uma observação curiosa sobre o assunto: "Pois será lógico concluir-se de semelhante alheamento um escritor apegado à realidade? Equivaleria a imaginar a obra de Machado de Assis a uma seqüência de visões de ópio".[188]

E em *Machado de Assis: ensaios e apontamentos avulsos*, de Astrojildo Pereira, de 1958, segundo o crítico João Paulo Netto, destacam-se estudos sobre a obra do escritor de grande centralidade pelo fato de o autor ter agarrado a

---

[185] *Idem*, p. 73.

[186] Cf. Discursos Acadêmicos, 1956-1959, v. XV, Rio de Janeiro, ABL, 1969.

[187] Ver "Nota Editorial" e "Estudo Crítico" de Afrânio Coutinho. *In*: *Obras completas: Machado de Assis*, .ª ed., vol. I. Rio de Janeiro: Nova Aguilar, 1979. Coutinho afirma que "as razões para essa exumação da obra esquecida de Machado de Assis quem melhor as deu foi Raimundo Magalhães Junior" e que a tese do apoliticismo e da alienação do escritor foi "definitivamente destruída" pelos trabalhos de Raimundo Magalhães Junior, Brito Broca, Barreto Filho, Astrojildo Pereira, que mostraram a obra machadiana com "um marcado sentido político-social".

[188] Cf. BROCA, B. *Machado de Assis e a política e outros estudos*. Rio de Janeiro: Organização Simões Editora, 1957. p. 14. Na apresentação do seu livro, o autor escreve: "Explicação quase desnecessária – ainda [mais] uma vez Machado de Assis? Advirto o leitor de que os trabalhos aqui reunidos foram publicados na imprensa há uns três anos, antes do inflacionismo machadiano que ultimamente se tem verificado e, sobretudo, antes da obra notável de Magalhães Jr. De qualquer forma, acho que o assunto não se esgotou [...]".

qualidade estética dessa obra e o seu caráter "nacional-popular e revolucionário", de forma pioneira e intuitiva. Para esse autor, intelectual e militante do PCB, uma análise fecunda só faria sentido se consideradas as circunstâncias da vida de Machado de Assis e as da sociedade brasileira, em cruzamento, além de destacar o próprio fascínio pelo escritor, tido como um trabalhador criativo e arguto, pois, sendo o escritor "do povo", "as elites nunca o compreenderam e por isso foi combatido e mal interpretado".[189] Astrojildo Pereira se confessa estimulado, entre outros autores, pela biografia escrita por Magalhães Junior, esse "dono absoluto do adjetivo infatigável",[190] e pela defesa da "ideia de política cultural" na história brasileira, na qual compreende o sentido da própria obra de Machado de Assis. E comenta: "Hoje, o suposto absenteísmo machadiano [...] é coisa a que ninguém mais se apega, a não ser por preconceito. Críticos e intérpretes mais recentes, principalmente Brito Broca e R. Magalhães Junior, demonstram de maneira definitiva que semelhante absenteísmo é uma suposição gratuita, que os textos do escritor desmentem de ponta a ponta".[191]

Um argumento interessante aparece ainda em outra obra de Magalhães Junior, *Ao redor de Machado de Assis*, revelando como o escritor se inteirava da importância histórica de Tiradentes, dedicando-lhe seu entusiasmo político. Segundo o narrador de Raimundo Magalhães, Machado conviveu profissionalmente com Charles de Ribeyrolles, "um tipo romântico", "um panfletário nas barricadas de Paris, em 1848" e autor de o *Brasil pitoresco* – do qual os dois primeiros volumes foram editados entre 1859 e 1861.

Machado de Assis foi seu colaborador nesta obra, e as afinidades entre os dois escritores foram notadas também por Capistrano de Abreu. Um dos méritos de Ribeyrolles, nesse livro, era tratar "com simpatia" o protagonista da conjuração em Minas, publicando no *Brasil Pitoresco* "a bárbara sentença condenatória de Tiradentes". Machado de Assis, assim, teria passado a estimar Tiradentes, além de ter se sensibilizado sobre questões referentes à liberdade religiosa no curso das tensões entre Estado e Igreja. Em uma passagem do livro de Magalhães Junior, *Ao redor de Machado de Assis*, é descrita a estada de Ribeyrolles no Rio de Janeiro, transcrevendo-se partes de seus depoimentos e escritos pela imprensa para concluir que "as ideias de Charles de Ribeyrolles deixaram um sulco profundo no espírito de Machado".[192]

---

[189] Cf. PEREIRA, A. *Machado de Assis: ensaios e apontamentos avulsos*. 2. ed. Belo Horizonte: Oficina de Livros, 1991. p. 225.

[190] *Idem*, p. 222.

[191] *Idem*, p. 75.

[192] Cf. MAGALHÃES JR., R. *Ao redor de Machado de Assis*, p. 31-43.

O primeiro capítulo, "Machado de Assis e o culto cívico a Tiradentes" abre a biografia *Machado de Assis desconhecido* de Magalhães Junior. O tema parece particularmente emblemático por traduzir o fio condutor do livro e alguns dos fins do autor e do seu narrador.

Por meio de uma operação de cruzamentos entre memória histórica e narrativa biográfica, algumas das interpretações então costumeiras sobre a posição política de Machado de Assis são rebatidas, tentando se provar a sua participação efetiva na vida pública brasileira e sua preocupação com o "sentimento de nacionalidade". Essa é uma questão muito cara a alguns intelectuais como Magalhães Junior, na década de 1950, período de intensos debates entre distintos nacionalismos e posicionamentos políticos. Portanto, é possível sustentar que esse achado estratégico do narrador e de forte conteúdo simbólico (interpretar textos de Machado de Assis sobre Tiradentes) é utilizado, sobretudo, para marcar a perspectiva política do escritor, em dia com os debates de sua época.

O narrador encontra em Tiradentes um "herói positivo" ou um "herói republicano" pela eficácia histórica da utilização de sua memória já sedimentada nacionalmente, ligando-a à Machado de Assis. Basicamente, o núcleo da discussão gira em torno da polêmica sobre um monumento erguido a D. Pedro I, no Rio de Janeiro, em 1862, no governo orientado pelos conservadores, chefiado pelo então marquês de Caxias, mas com o vivo protesto dos liberais.[193] Localizando as dificuldades para a reabilitação do "personagem-tabu" da Inconfidência Mineira, o narrador informa que primeiramente aquele foi defendido pelos estudantes paulistas de Direito e depois pelos liberais, que lhe imprimiram "a glória de figura nacional" para ser um símbolo republicano em plena Monarquia – símbolo que também revela como a ideia de nação se construía no Brasil oitocentista.[194]

Em 1862, quando ocorreu a inauguração daquela estátua equestre de Pedro I, a cidade do Rio de Janeiro se transformou em palco de "guerra aberta" com grandes protestos e celeumas. O evento foi coberto pela imprensa com a veiculação de alguns panfletos lidos na antiga Praça do Rossio, que, com a República, passou a se chamar Praça Tiradentes – denominação que, para o narrador, pode ser explicada pela memória daqueles protestos. Como esses versos panfletários e satíricos, atribuídos a Pedro Luis, publicados na *Atualidade*:

> Rasga-se véu! Que aparece?! / Quem é esse cavaleiro/ Que no ímpeto guerreiro / Estende o braço viril? / Não é esse o heróico vulto/ Que a

---

[193] Ver CARVALHO, J. M. Brasil: Nações imaginadas. *In*: *Pontos e Bordados: escritos de história e política*. Belo Horizonte: Editora UFMG, 1998. p. 243.

[194] Cf. MAGALHÃES JR., R. *Machado de Assis desconhecido*, p. 9 e 11.

história tanto apregoa / E o povo inteiro abençoa/ Como o anjo do Brasil? / Não é, não – vergonha imensa! / Nesta quadra corrompida/ Com a fronte envilecida / Sem glórias e sem pudor / O Brasil cruzando os braços/ Dobra os joelhos, contrito / Ante a massa de granito/ Do primeiro imperador![195]

O monumento, que não era de granito, mas de bronze, esclarece o narrador detalhista, foi duramente negado pelos opositores, que reclamavam que ali deveria ser erigido um tributo sim, mas a Tiradentes. Importantes nomes do cenário literário da época se posicionaram, como o jornalista José Maria do Amaral, o "Poeta do Serro", João Salomé de Queiroga, o escritor Bernardo de Guimarães, que fez um hino a Tiradentes.

Machado de Assis escreveu uma crônica, em 1862, no *Diário do Rio de Janeiro*. Parte dessa crônica, aqui transcrita, é reveladora de conteúdos para os "historiadores do futuro" e, também, por se adequar aos propósitos do narrador em situar politicamente o seu protagonista. "Está inaugurada a estátua equestre do primeiro imperador. Os que a consideram como saldo de uma dívida nacional nadam hoje em júbilo e satisfação." Aqueles "que, inquirindo a história, negam a esse bronze o caráter de uma legítima memória, filha da vontade nacional e do dever da posteridade, esses se reconhecem vencidos e, como o filósofo antigo, querem apanhar, mas serem ouvidos". E continua: "Já é de mau agouro se à ereção de um monumento que se diz derivar de desejos unânimes do país precedeu uma discussão renhida, acompanhada de adesões e aplausos". Quanto ao "historiador do futuro, que quiser tirar dos debates da imprensa, os elementos do seu estudo da história do Império há de vacilar sobre a expressão da memória que hoje domina a praça do Rossio". Critica a "imprensa oficial, que parece haver arrematado para si toda a honestidade política, e que não consente aos cidadãos a discussão de uma obra que se levanta em nome da nação, caluniou a seu modo as intenções da imprensa oposicionista". E conclui: "Mas sabe o país o que valem as arengas pagas das colunas anônimas do 'Jornal do Comércio'. O que é fato é que a estátua inaugurou-se, e o bronze lá se acha no Rossio, como uma pirâmide de época civilizada, desafiando a ira dos tempos".[196]

Machado de Assis, diz o narrador, mantém a mesma posição de defesa de Tiradentes por mais três anos, pois ainda em 21/4/1865, o escritor publica um artigo, no *Diário do Rio de Janeiro*, no qual se lê essa passagem: "Os povos devem ter os seus santos. Aquele que os tem merece o respeito da história e está armado para a batalha do futuro. Também o Brasil os tem e os venera; mas, para que a gratidão nacional assuma um caráter justo e solene, é preciso que não esqueça

---

[195] *Idem*, p. 10.
[196] *Idem*, p. 11.

uns em proveito de outros". E "é preciso que todo aquele que tiver direito à santificação da história não se perca nas sombras da memória do povo. É uma grande data o 7 de Setembro, a nação entusiasma-se com razão quando chega esse aniversário da nossa independência. E quem se lembra do 21 de Abril?". E prossegue: "Ora, o crime de Tiradentes foi simplesmente o crime de Pedro I e de José Bonifácio. Ele apenas queria apressar o relógio do tempo, queria que o século XVIII, data de tantas liberdades, não caísse nos abismos do nada, sem deixar de pé a liberdade brasileira". Neste sentido, "a Metrópole venceu a Colônia; Tiradentes expirou pelo braço da tirania. [...] O livro da nação não é o livro de um merceeiro; ela não deve contar só com os resultados práticos, os ganhos positivos; a idéia, vencida ou triunfante, cinge de uma auréola a cabeça em que ardeu". E termina: "A justiça real poderia lavrar essa sentença digna dos tempos sombrios de Tibério; a justiça nacional, o povo de 7 de Setembro, devia resgatar a memória dos mártires e colocá-los no Panteão dos Heróis".[197]

Aquele panteão de heróis inscrito no "livro da nação", referido por Machado de Assis, pode conter ainda, segundo essa biografia, uma alusão implícita a outras personalidades, como o frei Caneca e o padre Roma, ambos acusados de terem "ideias generosas". As "ações patrióticas" de Machado em torno da defesa de Tiradentes não cessam, para o narrador, pois o escritor convoca o Partido Liberal, então no governo, para a "iniciativa de uma reparação [...] em vez de preocupar-se com as questões de subdelegados de paróquias, de influências de campanário" e incita aquele partido a levar o assunto à consideração do Imperador. E, posicionando-se abertamente, argumenta: "Os aduladores hão de ter-lhe lembrado que Tiradentes queria a República; mas o Imperador é homem ilustrado, e há de ver como se distancia dos aduladores o heróico alferes de Minas". Diz que "se os ânimos recuam diante de uma idéia que julgam ofensiva à Monarquia, cabe ao príncipe sufocar os escrúpulos, tomando ele próprio a iniciativa de um ato que seria uma das mais belas páginas do seu reinado. Um príncipe esclarecido e patriota não podia fazer ação mais nobre, nem dar uma lição mais severa".[198]

São feitas referências também a trechos da correspondência de Machado de Assis com José de Alencar, que confiou àquele o encargo de apresentar à "corte literária", em 1868, Castro Alves, recém-chegado ao Rio de Janeiro, trazendo na matula o drama *Gonzaga ou a Revolução de Minas*. Machado aplaude a estreia do escritor baiano no teatro com um tema histórico importante, pois se tratava de recolocar, no curso do regime monárquico, o significado republicano da luta de

---

[197] *Idem*, p. 13.

[198] *Idem*, p. 14.

Tiradentes. Aqui, o narrador, imbuído de propósitos similares, parece fazer, pela citação de Machado, uma recomendação ao leitor, ou seja, que ele reflita sobre uma bela função da arte, a de guardar criticamente a memória. "Resta-nos dizer que, pintando nos seus personagens a exaltação patriótica, o poeta não foi só à lição do fato; misturou, talvez, com essa exaltação, um pouco do seu próprio sentir. É a homenagem do poeta ao cidadão". E conclui: "Mas, consorciando os sentimentos pessoais aos dos personagens, é inútil distinguir o caráter diverso dos tempos e das situações. Os sucessos que em 1822 nos deram uma pátria e uma dinastia, apagaram antipatias históricas que a arte deve reproduzir quando evoca o passado".[199]

Com a percepção de que havia um ambiente político ainda abertamente contrário a Tiradentes, o narrador indica, com o provável objetivo de respaldá--lo, um artigo de Joaquim Norberto, de 1880, na *Revista do Instituto Histórico e Geográfico Brasileiro*. Publicado sob o patrocínio do Imperador, esse texto trata o alferes como "réu infame" e constitui, sobretudo, uma peça de louvores ou um ditirambo à rainha D. Maria I. O narrador também faz menção ao 21 de abril republicano, tornado feriado nacional e sobre a inauguração de uma placa comemorativa com préstitos cívicos, obra do Clube Tiradentes, na antiga Cadeia Velha (depois, edifício da Câmara dos Deputados), RJ – lugar onde o Alferes foi levado para a forca. Insiste que os que tinham se servido de Tiradentes como símbolo de combate já haviam se esquecido dele após o 15 de novembro de 1899. Mas Machado de Assis, em 1893, ainda voltou a reclamar "a dívida da cidadania" para com o alferes mineiro. "Desandei, atravessei o Largo de São Francisco e desci pela Rua do Ouvidor, ao encontro do préstito de Tiradentes. Soube que já não havia préstito. Era pena, esta cidade tem, para com Tiradentes, não só a dívida geral da glorificação, como percursos da Independência." Mas "ainda a dívida particular do resgate. Ela festejou com pompa a execução do infeliz patriota, no dia 21 de abril de 1892, vestindo-se de galas e ouvindo cantar um *Te Deum*".[200]

Nesse mesmo ano de 1892, Tiradentes também foi novamente referido por Machado de Assis em uma crônica. Irritado e perturbado com a insegurança política e financeira do país, faz esse desabafo: "Este Tiradentes, se não toma cuidado em si, termina inimigo público". E o escritor, conforme o narrador, continuaria reclamando por meio da imprensa, de outros assuntos, como das obras urbanísticas no centro da cidade do Rio de Janeiro que destruiriam um cortiço de 4 mil pessoas, em 1893.[201]

---

[199] *Idem*, p. 15.

[200] *Idem*, p. 16.

[201] Cf. LIMA, L. C.. Machado – Mestre de Capoeira In: SECCHIN, Antonio Carlos; ALMEIDA, José Maurício Gomes de; SOUZA, Ronaldes (Orgs.). *Machado de Assis: uma revisão*. Rio de Janeiro: In-fólio, 1998. p. 183-204.

Como suposto desdobramento da tese central sobre o não absenteísmo do escritor, a biografia é também organizada por capítulos essencialmente políticos[202] – cujos temas serão aqui comentados por meio de uma síntese sem corresponder necessariamente à ordem em que aparecem no livro. Algumas passagens, mais longas, são entremeadas pelas citações da obra de Machado de Assis e ambientadas na política imperial, privilegiando, além dos debates pela imprensa, as negociações políticas com a usual oferta e troca de cargos e sobre as quais o narrador faz conexões e interpretações de interesse historiográfico. Como exemplo, a interpretação, a seguir, típica da escrita ágil e jornalística desse narrador sobre alguns dos gonzos da política brasileira: "[uma] maioria de analfabetos, reduzido exercício do voto a uma minoria privilegiada [somado] à desorganização e imperfeição dos partidos, de natureza puramente oligárquica, bem se podendo dizer que havia duas grandes oligarquias, uma no poder e outra aspirando conquistá-lo". Diz que "sabia Machado muito bem o que eram as eleições no seu tempo e como funcionava o critério político, nos reconhecimentos de poderes, em que havia cabimento para as frades mais escandalosas". Machado de Assis "deixou em sua obra elementos para a reconstituição do quadro medíocre da vida pública brasileira do tempo do Império, com suas mentiras eleitorais, seus vícios, violências, facilidades, nepotismos, mesquinharias e vulgaridades". Argumenta que "não tem faltado, no entanto, os que sumariamente o condenam por não descido à planície. Machado de Assis, entretanto, exerceu a seu modo, sem excessos de panfletário, uma atividade que não pode deixar de ser capitulada como política". Pois, "passada a fase do jornalismo liberal, independentemente de grupos e facções, foi, como escritor, um crítico dos nossos costumes e das nossas instituições, um moralista que forcejou para nos abrir os olhos às fraquezas, às contradições e aos vícios que já então maculavam a nossa vida pública".[203]

Por meio de uma narrativa construída por frequentes citações de fontes pesquisadas na imprensa do século XIX como os periódicos cariocas *Jornal do Povo, Jornal do Comércio, Gazeta de Notícias, A Semana, Revista Ensaios Literários do Ateneu Paulistano, Atualidade, Diário do Rio de Janeiro, Marmota Fluminense, Revista do Instituto Histórico e Geográfico Brasileiro*, essa biografia procura se alinhar

---

[202] Esses são os capítulos: "Machado de Assis e a questão Christie"(3); "Machado de Assis e o Imperialismo" (4) ; "Machado de Assis e a guerra do Paraguai" (5); "Machado de Assis e a Política" (7); "Machado de Assis e o conselheiro Zacarias" (8); "Machado de Assis e a Abolição"(10) ; "O burocrata Machado de Assis" (11) ; "O nativismo de Machado de Assis" (15) e "O espírito associativo de Machado de Assis" (19) – além do capítulo (1) sobre a memória política de Tiradentes.

[203] Cf. MAGALHÃES JR., R. *Machado de Assis desconhecido*, p. 86-87.

à modalidade documentarista e colocar o leitor em contato com o tempo do seu protagonista. De olho em quem o leria, o narrador faz seguidas chamadas, para que se perceba, com ênfase, as tendências liberais de Machado de Assis.[204]

E indica também, por meio de notas explicativas, os próprios procedimentos narrativos – que, como os do seu biografado, visam "sacudir" o leitor como a livrá-lo da "modorra romântica e tropical". Exemplos: "A política imperial tinha dessas sutilezas: os presidentes das províncias, para salvar as aparências, não se candidatavam, nas próprias circunscrições que administravam. [Eles se] faziam eleger longe, em lugares remotos, onde nos pleitos a bico de pena tudo era possível aos que se encontravam no poder". Além desta observação: "Citamos estes nomes [Saldanha Marinho, Quintino Bocaiúva, Rangel Pestana, etc.] para que o leitor fixe bem o entrosamento dos mesmos [com Machado de Assis] nos fatos que vamos narrar".[205] E, também, cita os amigos abolicionistas e liberais de Machado como Joaquim Nabuco, Joaquim Serra, Paula Nei e José Bonifácio, o moço, Arthur de Oliveira, apresentando para o leitor aquela rede intelectual dos agentes da "posse da palavra" política. Este exame é circunstanciado pela análise que o narrador faz sobre o que chama de "a flor da inteligência brasileira" que, alçada pelas letras ou pelo jornalismo a algum posto de evidência, será, em geral, aproveitada pelos partidos para comporem o parlamento.

"Se esta não é a posição de um partidário da abolição, digam-me então o que é..." – diz o narrador, colocando o leitor em situação de coautor no tempo narrativo da leitura. Quase todo o capítulo 10, "Machado de Assis e a Abolição", será comentado com transcrição de textos de alguns autores e do próprio Machado, como os versos de "Sabrina", impressos e distribuídos pelo então comitê da imprensa fluminense pela abolição.

O préstito cívico pela abolição se constituiu em um gigantesco cortejo, informa minuciosamente (ou teatralmente) o narrador, precedido de bandas de música e por uma comissão de jornalistas montados a cavalo. A liberal *Gazeta de Notícias* estava representada com três carros com seus principais redatores; no primeiro, Ferreira de Araújo e Machado de Assis. Antes da imprensa, vinha a cavalo, em uniforme de gala, o marechal Deodoro da Fonseca, em nome do exército que agora repelia a hipótese de serem as tropas de linha utilizadas para captura de escravos fugidos. Em crônica de 1893, Machado, que saía às ruas

---

[204] *Idem*, p. 8. Segundo o narrador, Machado de Assis faz constantes referências ao liberal Nunes Machado, um "desaparecido há mais de um século [que] vai caindo no esquecimento [e que foi um] símbolo de luta e coragem para a mocidade liberal do Império". Em 1868, em uma das crônicas da *Gazeta de Notícias* – incluída no volume terceiro de *A Semana*, da edição Jackson –, Machado se reporta ainda àquele liberal, referente aos capítulos de *Um estadista do Império*, que Joaquim Nabuco publicou separadamente na *Revista Brasileira*.

[205] *Idem*, p. 67 e 70-71.

naquele domingo de sol de 1888 para assistir "o único dia de delírio público que me lembra ter visto", confessa, contudo: "Eu o mais encolhido dos caramujos".²⁰⁶

O narrador fornece também as fontes dos contos e crônicas de Machado de Assis nas seções dos jornais como *Gazeta de Notícias*, *Diário do Rio de Janeiro*, *O Cruzeiro*, identificando colunas e textos de que são exemplos "O Caso da Vara", "Pai Contra Mãe", "História dos Quinze Dias", "Balas de Estalo", "Bons Dias", "Gazeta de Holanda" – nos quais, entre outros, a questão do escravismo está efetivamente tratada.

Machado de Assis ingressou na redação do *Diário do Rio de Janeiro*, um órgão liberal e progressista, em 1860, a convite de Quintino Bocaiúva. Esse jornal, "que prestigiava o poder e era por ele prestigiado", recebia orientação política inequívoca de Saldanha Marinho, um jornalista bem-sucedido, amigo de Machado, e que, "por retribuição de serviços", acumulou cargos no governo – como presidente da Província de Minas Gerais e depois da Província de São Paulo. Em função das articulações liberais, na folha *A Opinião Liberal* (ano I, n. 4, de 12/5/1866), dirigida por Rangel Pestana e Limpo de Abreu, o nome de Machado de Assis chegou a constar como candidato a deputado em Minas Gerais – mas foi retirado pela reação contrária do próprio escritor. O narrador entende que Machado de Assis até teria tido alguns solilóquios ao considerar a possibilidade de uma candidatura sua ao parlamento, algo como seus "sonhos vagos que [provavelmente] logo se dissipara ao sol da reflexão ou por decretos de sua timidez. Não se diga que a condição de homem de cor é que o teria dissuadido ou viria a ser um impedimento". O narrador diz que "havia exemplos numerosos no nosso parlamento da ascensão de mestiços e mesmo de negros ilustres. [Mas] continuemos, porém, a nossa colheita de exemplos que evidenciam a absorvente preocupação de Machado de Assis pela política".²⁰⁷

E, confessadamente, confiante em sua própria tese sobre a permanente atuação política do escritor, o narrador conclui: "A deputação é um símbolo da vitória social em quase todos os seus livros!". Examinando ainda a ferrenha crítica social dos seus textos, diz que "em toda obra de Machado de Assis, o único exemplo que volta às costas à política" seria o Luís Tinoco. Esse personagem do conto "O caso do Romualdo", de *Relíquias de casa velha*, seria "o único que se isola por se reconhecer, ele mesmo, 'um ridículo poeta e talvez ainda mais um ridículo orador'. Só ele arrepia carreira e deixa a vida pública".²⁰⁸

E percebe também que talvez não tenha escapado a Machado de Assis, sendo ele um arguto observador urbano dos tipos humanos, o fato de desembarcar, e com

---

²⁰⁶ *Idem*, p. 145-146.

²⁰⁷ *Idem*, p. 80.

²⁰⁸ *Idem*, p. 81.

frequência, na capital, a figura "nitidamente caricatural" do coronel político, vindo de seu latifúndio para experimentar ali a "experiência moderna" que, desencontradamente, vivia o país e sua gente. No conto "Valério" (*Relíquias de casa velha*), Machado de Assis se refere à política impostora praticada pelo coronel Borges – este que não poderia existir nem nos livros de Montesquieu nem nos de Maquiavel. No Brasil, essa figura política teria "outros códigos; a outras leis obedecia. A política do coronel começava no subdelegado e acabava no coronel. Uma remoção de comarca valia para ele um princípio". E "a guarda nacional e a polícia eram para ele toda a opinião pública. Sorria com desdém quando lhe falavam de outras coisas que não fossem estas coisas práticas". Também "escudado no axioma – que diz que a política é uma ciência de aplicação – o coronel tinha mais respeito a um juiz municipal que a um artigo de lei, porquanto a lei era o tema e o juiz municipal a imagem da aplicação".[209]

Citando e recortando textos de Machado de Assis, sobretudo os publicados em jornal, para, supostamente, referendar uma análise mais cotidiana dos acontecimentos políticos da Corte, fazendo reparos ou discordando de obras e de argumentos de outros autores como Lúcia Miguel Pereira e Augusto Meyer, o narrador mostra a posição "simpática" de Machado de Assis ao Fundo de Emancipação. O escritor assumiu, para o narrador, um ponto de vista bastante distinto do discurso dominante que, sistematicamente, depreciava os escravos, os mestiços pobres e a situação de penúria das escravas que, em muitos casos, haviam sido empurradas para a prostituição.

Feita a abolição jurídica da escravidão, o narrador defende que o escritor ampliou o seu pensamento político ou lhe deu um novo rumo, pois satiriza mais fortemente as "normas burguesas vigentes", reclamando da concessão tardia da liberdade aos escravos e da queima dos arquivos sobre o tráfico negreiro. E, no seu último romance, *Memorial de Aires*, de 1908, Machado de Assis intui, aqui conforme Roberto Schwarz, os graves indícios da desigualdade social e observa, com mais desenvoltura crítica, que a liberdade concedida pela lei era insuficiente, pois os ex-escravos e dependentes não se tornaram livres, de fato, sendo também preciso emancipar os brancos pobres em razão do processo de "modernização conservadora" vivido pelo país.[210]

---

[209] *Idem*, p. 75.

[210] Cf. SCHWARZ, R. *Um mestre na periferia do capitalismo: Machado de Assis*. São Paulo: Duas Cidades, 1990. p. 209-213. Com as obras de Roberto Schwarz, incluindo *Ao vencedor as batatas*, de 1977, uma nova e importante matriz interpretativa se somou à fortuna crítica do escritor. Este crítico compreende a obra machadiana pela observação e pelo conhecimento das contradições vivas do contexto social e histórico pelas ideias liberais então proclamadas e em curso no Brasil escravista. Essas reflexões e interpretações favoreceram a aproximação

O narrador dessa biografia comenta também a política, feita na perspectiva dos elos cruzados entre aqueles senhores liberais, de prestígio, que rumariam para o Partido Republicano: "É bem o retrato de uma época confusa, de uma política tão abastardada, que homens que se diziam liberais e até republicanos se colocavam ao lado da escravidão!"[211]

E examina mais de perto a posição de Machado de Assis, "que já era escritor de renome, podendo até prescindir das atividades políticas" e que dizia não frequentar o Paço, mesmo gostando do imperador, porque teria seu posto, ativo politicamente, na *Gazeta de Notícias*. Esse era o jornal brasileiro mais avançado, no período, e que "editorializava quase todos os dias em favor dos escravos" e no qual Machado de Assis examinou aspectos do sistema escravista, incluindo seus instrumentos de violência, as vítimas e os algozes, sem panfletarismo e simplificação, rendendo politicamente um permanente culto à liberdade.[212]

A biografia se detém ainda às mudanças políticas no país, a partir da cidade do Rio de Janeiro, analisando algumas supostas perplexidades que Machado de Assis transferia para os seus personagens, que "vão realmente para a Câmara dos Deputados, ou, na pior das hipóteses, são inculcados como candidatos às cadeiras do parlamento". Mais afeito à observação do ambiente das sessões das Câmaras, o escritor fixa, com grande propriedade e ceticismo, "a mesquinhez da nossa vida pública, os desaguisados, as questiúnculas, as intrigas de campanário"[213] e as formas inaceitáveis de dominação social. "Muitos liberais acompanharam resolutamente Saldanha Marinho, quando este passou a fronteira e se declarou republicano. Machado de Assis não o fez. Ficou onde estava. [...]. Outros liberais, que haviam passado à fronteira, num impulso, irritados com o golpe do Imperador em benefício dos conservadores [...] voltaram atrás". E diz que "esses foram republicanos de um instante, e logo se tornaram às antigas convicções. A atitude de Machado foi diferente. O que fez foi deixar de acompanhar aqueles a quem estava mais ligado nesse partido, na grande dissidência, que terminou em 1870" – quando ocorreu uma cisão declarada e a consequente fundação do Partido Republicano.[214]

Machado de Assis era um escritor consagrado nos círculos literários do Rio de Janeiro, "um general das letras" com três coleções de poesias (*Crisálidas*,

---

entre os estudos literários e os estudos históricos, permitindo ainda um modo de ler, pela literatura de Machado de Assis, a Historiografia sobre o Brasil, no século XIX.

[211] Cf. MAGALHÃES JR., R. *Machado de Assis desconhecido*, p. 84.

[212] *Idem*, p. 82 e 143. No livro *Ao redor de Machado de Assis*, Magalhães Junior faz referências importantes sobre a questão republicana e a posição monarquista de Machado de Assis.

[213] *Idem*, p. 74.

[214] *Idem*, p. 71 e 73.

Falenas e *Americanas*), dois volumes de contos (*Contos fluminenses* e *Histórias da meia-noite*) e quatro romances (*Ressurreição*, *A mão e a luva*, *Helena* e *Iaiá Garcia*). Em 1878, já doente, o escritor se afastou do cargo no Ministério da Agricultura. Nesse período, já bem situado socialmente, estaria maduro, diz o narrador, para iniciar o grande ciclo de seus romances, estendendo-se genialmente sobre o topo da inquietação humana ou dos dilemas humanos como em *Memórias póstumas* (1881), *Quincas Borba* (1891), *Dom Casmurro* (1899) e *Memorial de Aires* (1908).

O breve capítulo 4 da biografia, "Machado de Assis e o imperialismo", atualiza, supostamente, uma questão bastante presente nos debates políticos brasileiros, na década de 1950, sobre as opções do país diante da pressão de forças capitalistas internacionais hegemônicas. Nesse cenário, a proteção da economia brasileira contra "a cobiça imperialista" ou a "garra monstruosa do mercado externo" fazia parte do programa político dos democratas e dos militantes socialistas, caso de Magalhães Junior. Possivelmente incorporando esse ideário nacionalista, o narrador considera "nítido e cristalino" o pensamento político de Machado sobre o tema do imperialismo, pois o escritor reagia ao czarismo que, ao final do século XIX, empreendeu a "russificação da Polônia" por meio de violenta repressão, convertendo-a em província, dissolvendo seu corpo legislativo e impondo a língua russa no país. No Brasil, uma "verdadeira crise sentimental teria se desencadeado no Império" com a participação e o protesto de poetas e de literatos como Pedro Luís (*Os voluntários da morte*) e Machado de Assis, que escreveu sobre o tema em "*Crisálidas*" e em diversos artigos no *Diário do Rio de Janeiro*.[215]

A posição política liberal de Machado com relação à tirania russa na Polônia também foi confirmada na sua defesa ao povo mexicano, pois respondeu ao despropósito dos que haviam justificado a invasão imperialista do México, orquestrada entre Napoleão III e Maximiliano de Habsburgo. Segundo o narrador, um exemplo do posicionamento do escritor sobre o assunto está no volume Crítica Teatral das *Obras completas de Machado de Assis*, pela W. M. Jackson Inc. Editores. De fato, ao final do artigo sobre a morte de João Caetano, Machado se refere a uma ode escrita pelo poeta argentino Carlos Guido y Spano sobre a invasão do México e sobre "o recurso da justiça contra a violação do direito em tempos que mais parecem de ferro que de luz".[216]

Machado de Assis também assina, com o pseudônimo de "O Amigo da Verdade", várias cartas que foram veiculadas no *Diário do Rio de Janeiro*, em

---

[215] *Idem*, p. 33-34. O narrador transcreve o artigo de Machado, do jornal *Diário do Rio de Janeiro* (22/2/1866), "Os polacos exilados", que aparece mais tarde na coletânea, *Poesia e prosa*, organizada por J. Galante de Sousa, publicada pela Civilização Brasileira, em 1957.

[216] Cf. ASSIS, Machado de. Crítica Teatral. *In*: *Obras completas de Machado de Assis*. Rio de Janeiro/São Paulo: W. M. Jackson, 1955. p. 177.

1865, reportando-se às identidades dos governos que devem ser balizadas pela justiça e pela reciprocidade de interesses. Com a palavra, Machado de Assis: "a mania dos tutores de povos é distribuir a liberdade, como caldo à portaria do convento; e a desgraça dos povos tutelados é receber a caldeirada como um favor dos amos, augustos e não augustos". E continua: "Se o meu século aplaudisse a conquista do México, eu não hesitaria em dizer que era um século de barbaria, indigno da denominação que se lhe dá". Pois "é certo que o consentimento tácito das diversas potências que andam a frente do mundo faz desanimar a todo aquele que está convencido do espírito liberal e civilizado do seu tempo".[217]

Sobre as frentes de batalha na guerra do Paraguai, o escritor deu também seu apoio ao Exército brasileiro, aos voluntários e às mulheres dos soldados: "Não tendes uma espada, tendes uma agulha; não comandais um regimento, formais coragens; não fazeis um assalto, fazeis uma oração".[218] Machado, diz o narrador, não podia ser "o ausente", "o interiorizado que jamais via o mundo exterior", pois cuidava do problema da guerra com artigos e também com versos diante da partida semanal de batalhões (de vidas) para o Sul: "A nação foi além do governo, o povo foi além dos homens de Estado" – aqui o narrador informa suas pesquisas em jornais e na Revista do IHGB, tomo 98, vol. 152.[219]

Machado de Assis também chegou a ambientar seus jogos literários nas situações da guerra com o romance *Iaiá Garcia*, os contos "Um capitão de Voluntários" (*Relíquias de casa velha*) e "Uma Noite" (*Páginas recolhidas*), além de fazer versos que constituem a coletânea *Páginas esquecidas*, os quais eram declamados em teatros e salões do Rio de Janeiro – aqui, o narrador afirma que, à exceção de Taunay, nenhum outro seu contemporâneo das Letras se ocupou tanto do assunto da guerra.

A condição de funcionário público de Machado de Assis é um tema muito caro a essa biografia. O escritor ingressou no serviço público pela mão de Zacarias de Góis e Vasconcelos, em 1867, tornando-se amanuense e ajudante da publicação do *Diário Oficial*. Por 35 anos, "servindo a trinta e seis ministros que se alternavam em razão do sistema parlamentarista", Machado trabalhou como oficial de gabinete e secretário de ministros.

O narrador apresenta o protagonista como um funcionário "minucioso, rigorista, cheio de escrúpulos, querendo a perfeição em tudo que fazia, a ponto

---

[217] Cf. MAGALHÃES JR., R. *Machado de Assis desconhecido*, p. 34-38.
[218] *Idem*, p. 43.
[219] *Idem*, p. 43-44. Nessa passagem, é indicada uma nota importante sobre a "Sociedade União e Perseverança", uma organização patriótica, apoiada por Machado de Assis e por outros literatos.

de rascunhar nove vezes seguidas um ofício, um despacho", e diz que muitas controvérsias envolveram aquele seu temperamento recatado e tímido.[220] Essa condição de burocrata teria dado segurança econômica ao escritor, reforçando suas ligações com os companheiros de jornal (como o também ministro Pedro Luís), políticos, juristas e funcionários públicos nas repartições nas quais trabalhou. Em 1871, Machado foi nomeado primeiro oficial do Ministério da Agricultura, Comércio e Obras Públicas e, em meados de 1876, passou a responder pela chefia da sua segunda seção – "um dos mais movimentados [ministérios] da administração do Império", criado desde 1861. Pontuando as diversas atribuições da Diretoria da Agricultura daquele Ministério, comenta o narrador: "estavam-lhe afetas as concessões de serviços públicos: estradas de ferro, gás, esgotos, telégrafos, imigração, colonização, navegação, etc.". E ainda "em sua dependência se encontravam o Museu Nacional [...], o Observatório Nacional, o Imperial Instituto de Agricultura e vários outros órgãos. Uma das diretorias, a do Comércio, estava atenta às exposições internacionais, não perdendo o Império ocasião de exibir os seus produtos em Berlim, Paris, Filadélfia ou Viena". A pasta da "Agricultura era aquela em que Machado se achava lotado, como se diz na linguagem daspiana dos dias que correm. A essa Diretoria da Agricultura estava afeto aquilo que os relatórios ministeriais designavam pelo nome de 'elemento servil'".[221]

Em 1880, o escritor foi nomeado oficial de gabinete do ministro da Agricultura, Manuel Buarque de Macedo, mas, com as reformas administrativas, de 1897, seria afastado sob a alegação de que a sua formação não era compatível com a exigência técnica do cargo, passando a adido da Secretaria da Indústria, ainda que com os mesmos vencimentos e vantagens. Essas alterações no sistema administrativo, como sintomas da pressão do processo capitalista sobre a burocracia, tiveram implicações diversas na vida social e política brasileira. No caso específico da vida do protagonista, esses fatores contribuíram para o seu abatimento, pois ele teria se considerado preterido e incapacitado para novas funções – algumas passagens da correspondência de Machado de Assis com o amigo Carlos Magalhães de Azeredo, em 1898, confirmam essas impressões, segundo o narrador.[222]

Doente pelo agravamento da epilepsia e enfrentando dificuldades no trabalho, foi cogitada a sua transferência para a Biblioteca Nacional como chefe da seção de manuscritos, mas o escritor teria rejeitado o cargo por considerá-lo uma "função eminentemente intelectual". No governo Prudente de Moraes, Machado de Assis retornou como secretário do ministro da Indústria, Viação

---

[220] *Idem*, p. 149.
[221] *Idem*, p.152-153.
[222] *Idem*, p. 169-170.

e Obras Públicas, Severino Vieira e, depois, em 1902, com o ministro Miguel Calmon, assumiu o posto de diretor-geral de Contabilidade. Em 1908, entrou de licença médica do serviço público, no mesmo ano de sua morte.

A biografia retoma mais uma vez o diálogo com o livro da biógrafa Lúcia Miguel Pereira. Neste, no capítulo 10, "Seu Machado", ela se refere ao escritor como um empregado público exemplar,[223] enfatizando os anos de vida estável que o escritor obteve como "um funcionário de boa classe", não mais, portanto, como "um pobre diabo, um operário de talento", passando a ter uma "vida burguesa, emburguesante". Esses aspectos da vida material, segundo aquela autora, lhe teriam facilitado a sobrevivência a ponto de se tornar "Seu Machado" – menção que viria reforçar seu aburguesamento e a distinção social em uma sociedade cindida pelas divisões entre os desiguais. Mesmo assim, a biógrafa percebe nele "alguma coisa de refratário à ação do meio, de impermeável, de indestrutível", orientada pela sua vocação de escritor.

Tais comentários e interpretações são criticados fortemente pelo narrador de Magalhães Junior. Sobretudo pela pena combativa de Machado de Assis na Literatura e na imprensa carioca, que durante anos mapeou, quase que diariamente, com suas colunas e artigos, a vida nacional da perspectiva literária e política.[224] Como funcionário público, a biografia sobre o escritor indica que esse se ocupou de dois assuntos cruciais: o elemento servil e a política de terras. Essas atividades teriam alterado a visão do cidadão Machado de Assis sobre a classe dominadora, escravagista e clientelista – com suas ações, pontos de vista e cacoetes autoritários. E a tal ponto que causaram fortes desdobramentos na própria escrita machadiana, marcadamente eficaz por revelar o fim de uma forma narrativa fixa, expressando--se pelo experimentalismo ficcional sobre uma suposta reprodução do real e propondo ao leitor questionamentos sobre a trama ilusória do poder instituído, além de abrir reflexões sobre contradições do mando senhorial.

---

[223] PEREIRA, L. M. *Op. cit.*, p. 143-154.

[224] John Gledson, em *Machado de Assis*: ficção e história (Rio de Janeiro: Paz e Terra, 1986), afirma que não se debruçou, nesse estudo, sobre "uma massa de detalhes", mas sobre "uma maneira pela qual a visão de história molda os próprios romances" ou de como Machado toma consciência das questões da História ou da relação entre Literatura e História. O autor pontua o seu interesse secundário por temas de cor, classe, doença, defeito físico ou gênio e marca um foco concentrado sobre Machado como pensador e observador – ou seja, "um intelecto poderoso e sutil" que "criou obras cujas tramas são determinadas por verdades históricas". Sobre esse argumento do autor, deve-se ressaltar a importância da sua pesquisa que reúne crônicas e contos de Machado de Assis (como as de "A Semana", na *Gazeta de Notícias*), que se encontravam dispersos ou não publicados na íntegra, caso do conto "Trinta e Uma" (1884) – que somente aparece parcialmente transcrito na antologia organizada bem antes, nos anos 1950, por Raimundo Magalhães Junior.

Assim, Machado de Assis tornou-se um clássico por ter sobrevivido no curso do tempo, por ter estabelecido um diálogo intertextual com a tradição e a invenção literárias de sua época, escapando de algumas prisões literárias convencionais. Por ter feito Literatura e não panfleto; por ter construído uma Literatura que estabelece elos importantes sobre o pensamento e as ideias de seu tempo, articulando essas referências na boca de seus personagens e dando a conhecer algumas das ideias sobre o Brasil. A suposta identificação do indivíduo Machado de Assis com a "classe dominante", quando ele já se tornara um escritor respeitado, na década de 1880, ocorreu, maduramente, pela viva marca do cinismo, da ironia, como em *Memória póstumas de Brás Cubas* (1881), no qual o protagonista se confessa, a exemplo de outros "afidalgados" de sua narrativa, um canalha.

O aspecto *movediço* da escrita machadiana, destacado na argumentação construída pelo narrador de Magalhães Junior sobre o estilo do autor, poderia, talvez, se ligar àquilo que o crítico Luis Costa Lima denomina de "táticas de capoeira" na narrativa machadiana – devido à utilização constante de enunciados marcados por jogos de ironia, sátira e ceticismo.[225] Contudo, o narrador faz a ressalva de que o cidadão Machado de Assis não teria se portado "na vida como na obra", pois cultivou relações políticas amistosas, além de se integrar ao ambiente letrado da época, desenhado, para alguns, por uma névoa retórica com aparência de erudição.

A atuação liberal de Machado de Assis em favor dos escravos em textos legais que embasavam jurisprudências, ações, causas e interesses em litígio é bastante reforçada pelo narrador, sobretudo, no período de crise política entre os conservadores ("os saquaremas") e da ascensão do Gabinete Rio Branco, que aprovou a Lei do Ventre Livre, de 1871.[226] Indicando pesquisar detidamente sobre a História desse período da vida nacional, o narrador da biografia faz sucessivas citações, comentando sobre leis, artigos e publicações na imprensa. E transcreve um longo parecer de Machado de Assis, de 1876, no Ministério da Agricultura, o qual pode revelar o seu permanente trânsito nas questões burocráticas e uma posição aberta ao movimento abolicionista que irá tomar grandes dimensões nas décadas seguintes.[227] Esse longo e criterioso parecer do escritor, feito a pedido

---

[225] Cf. LIMA, L. C. A prova da Verdade *In*: jornal *Folha de S. Paulo* Mais!, São Paulo, 23/07/2006.

[226] Cf. MAGALHÃES JR., R. *Machado de Assis desconhecido*, p.153. A matrícula de escravos tinha por fim fazer um cadastro da população escrava no país e das crianças nascidas de cativos – um dos requisitos da aplicação da Lei do Ventre Livre, de 28/9/1871. A falta da matrícula de escravos nos prazos previstos (que incluíam taxas) significava a sua consequente libertação. O livro *Dom Casmurro*, de 1899, se refere a esse período, traçado por alguns comentadores como fonte literária importante sobre essas mudanças socioeconômicas que afetaram a suposta solidez da elite senhorial.

[227] *Idem*, p. 158-159.

do ministro da Agricultura, Tomás Coelho (envolvido em um ambiente político conturbado no Ministério), refere-se ao caso de um proprietário de escravos, da Comarca de Resende, RJ, que requeria privilégios apesar de não ter feito a matrícula dos seus escravos em tempo hábil, o que ameaçava a sua posse dos cativos. Com o parecer de Machado favorável aos escravos, o proprietário perdeu a ação e os escravos ganharam a liberdade – com esse precedente aberto, diz o narrador, tal fato teve repercussão importante na esfera pública e acabaria tendo o despacho favorável da Princesa Isabel, em 20/10/1876.

Nessa função pública, Machado de Assis era encarregado de disciplinar a aplicação do Fundo de Emancipação, de executar leis referentes à situação dos escravos, de aplicar multas aos transgressores, de dirimir questões sobre matrícula de escravos, pecúlios, registro e guarda de menores, circulares para paróquias (relações de batizados), além de agir "com rigor e cautela", diz o narrador, com os senhores de escravos, pois os deslizes burocráticos serviam de motivo a várias ações contra o Estado. A citação a seguir mostra, também, a vertente documentarista dessa biografia. "Os senhores de escravos eram tratados com o máximo rigor e qualquer deslize servia de motivo a que contra eles se voltasse a ação do Estado. O registro de menores era o espantalho dos escravagistas". Esses "gostariam de fazer com que recuasse todos os nascimentos para data anterior a 28 de setembro de 1871, isto é, para antes da lei do Ventre Livre". O Ministério da Agricultura, Comércio e Obras Públicas "dirigiu-se, em circular, aos vigários de todas as paróquias, pedindo-lhes as relações de batizados, que serviam para levantamentos futuros. Era este o espírito predominante naquele setor da administração do Império".

E aqui, o narrador mostra sua faina de pesquisador: "Folheando os velhos papéis daquelas administrações, deparamos alguns casos que são em verdade comoventes. Um deles, o de uma escrava que em 1878, em três cartas registradas, dirigidas ao ministro da Agricultura, enviara, de Niterói, a quantia de 120$000, para ir constituindo, aos poucos, o pecúlio destinado à conquista de liberdade do seu filho Marcelino". E, para o mesmo fim, "João José Barramos – seria acaso o pai? – envia também 50$000, que o ministro manda entregar ao juiz de órfãos de Niterói, a fim de que este lhe dê o destino conveniente. Enquanto isso, a mãe do moço escravo, a cativa Rufina, continua a ser propriedade de D. Augusta Messeder, abastada proprietária em Niterói".[228]

Transcrevendo, por vezes minuciosamente, trechos de decretos, pareceres, despachos, relatórios e correspondências da rotina do Ministério da Agricultura, o narrador comenta que, no caso das matrículas de escravos, o "relaxamento muito brasileiro que leva tanta gente a deixar para amanhã os assuntos a resolver" seria providencial, pois representava a liberdade para centenas de escravos. De acordo

---

[228] *Idem*, p. 163.

com jurisprudência firmada, as matrículas feitas sem declaração de filiação materna dos escravos ou "com a simples indicação de 'brasileira, desconhecida'", davam causa a ações e decisões judiciárias validando a liberdade a centenas e milhares de cativos.

Aplicando essa "lei de liberdade", como a chamou Machado de Assis, alguns procedimentos do Ministério da Agricultura constituíram, de algum modo, um entrave à manutenção do escravismo. Lavrando pareceres e redigindo avisos, Machado tinha ali, como poucos, um posto de observação sobre os dramas e as misérias do cativeiro, informa o narrador. Assim, lidar com assuntos referentes à escravidão era um dos seus trabalhos de todos os dias na burocracia do governo, até que a lei de 13 de maio viria acabar "com aquele emaranhado de leis e de regulamentos, com todo o detestável papelório".[229]

Quanto aos estudos para a reforma da lei de terras, também uma atribuição do Ministério da Agricultura, Machado de Assis participou da comissão instituída, em 1878, pelo ministro João Lins Vieira Cansansão de Sinimbu. Era necessário elaborar uma nova legislação, dado o anacronismo da lei vigente, de 1850. A proposição nova era a de capitalizar efetivamente a terra por meio de uma política de impostos territoriais, incluindo a venda de terras devolutas, a utilização do instrumento de concessões especiais (a imigrantes e nacionais para ocuparem áreas no interior do país), entre outras medidas. Machado de Assis participou da comissão desses estudos que, mesmo aprovados na Câmara, acabaram emperrados no Senado e se expiraram com a República.[230] De todo modo, o narrador, convencido da relevância das tarefas administrativas assumidas pela Diretoria da Agricultura do Ministério da Agricultura, Comércio e Obras Públicas – ao tempo dos exercícios dos ministros Buarque de Macedo, Pedro Luís, Sinimbu e Tomás Coelho – sugere ao leitor que se considere a importância de se pesquisar esse tema para se conhecer historicamente os embates políticos na esfera governamental, além das questões referentes ao abolicionismo e às concepções sobre o uso e ocupação do solo no Brasil.[231]

Conforme já foi mencionado, Raimundo Magalhães Junior, em 1955, e Astrojildo Pereira, em 1958, desenvolveram pesquisas pioneiras sobre os temas do elemento servil e da lei de terras ligados à vida e à obra de Machado de Assis. Esse aspecto merece relevo de trabalhos mais recentes, pois aqueles temas, conhecidos e pesquisados por alguns poucos escritores, como os referidos, na década de 1950, tornaram-se de grande interesse para os estudos literários e para os estudos historiográficos. E, também, pela importância de se recuperar esse processo interpretativo sobre a obra machadiana por meio

---

[229] *Idem*, p. 161-162.
[230] *Idem*, p. 164.
[231] *Idem*, p. 153.

de buscas e de pesquisas, desejadamente continuadas.[232] A título de nota, na reedição, em 2008, de *Machado de Assis: vida e obra*, de Raimundo Magalhães Junior, e também no prefácio da primeira edição da obra, de 1980, o autor, além de fazer referência às suas pesquisas e aos seus livros sobre esses temas, informa sinteticamente as importantes contribuições de diversos autores a essa fortuna crítica.

"Nos livros de Machado de Assis fervilha um mundo de interesseiros, de velhacos, de fariseus, de hipócritas, de dissimulados, de enganadores"– examina o narrador.[233] E poderia se completar: um mundo urbano em transição, ainda de modos arcaicos e arraigados, de chefias absolutistas e oligárquicas, de elites afrancesadas e resistentes ao próprio país, de "repúblicas" de trabalhadores pobres e de escravos no curso de uma sociedade desigual – e *corrompida* pela sua "impureza mestiça", conforme alguns dos enunciados conservadores nas tribunas daquele período oitocentista.

Com a escrita de Machado de Assis e seus enigmas é como se o Brasil se desse a conhecer aspectos de sua "nacionalidade", de sua imaginação e de sua Literatura. Essa que por um esforço de criação e de superação e pela via estratégica dos seus disfarces revela a "pena da galhofa" e a "tinta da melancolia", dois instrumentos machadianos de ação política. O escritor mostra a sua fidelidade ao homem, pela sua realidade e transcendência, e percebe que, apesar dos avanços econômicos e técnicos, a sociedade brasileira continua tecendo seus males autoritários, violentos e também esnobes. Machado representa uma "singular antecipação" porque narra, pela arte, uma "visão desabusada" da sociedade e da cultura brasileiras. Seria como

---

[232] O livro de Sidney Chalhoub, *Machado de Assis historiador*. São Paulo: Companhia das Letras, 2003, possivelmente filiado também às contribuições de Roberto Schwarz, destaca o escritor como funcionário-público e "historiador", enfocando, entre outros importantes aspectos, a escrita machadiana que revela os confrontos sociais e os mecanismos de poder na sociedade oitocentista brasileira. Nesse estudo acadêmico, não são feitas menções aos esforços pioneiros de autores, como Raimundo Magalhães Junior – ainda que citado na bibliografia e em algumas notas –, que pesquisaram Machado de Assis como servidor público, além de suas posições críticas sobre a ideologia senhorial. Já a síntese proposta por Eduardo Duarte recupera, em parte, a trajetória desses estudos: "A partir dos estudos de Magalhães Junior publicados nas décadas de 1950 e seguintes, a tese do absenteísmo político de Machado de Assis vem sendo relativizada e, mesmo, questionada por críticos como Brito Broca (1957), Astrojildo Pereira (1960), Raymundo Faoro (1976), entre outros. [...] Roberto Schwarz (1977) analisa a inserção histórica da obra, a partir de seus vínculos *estruturais* com o modo de organização da sociedade brasileira do Segundo Reinado. [...]. Por sua vez, John Gledson (1986) demonstra a fragilidade da interpretação absenteísta, mesmo sem dar a ela maior destaque". Cf. DUARTE, E. de A.. *Machado de Assis afro-descendente*. Belo Horizonte: Pallas/Crisálida, 2007. p. 263.

[233] Ver na biografia o capítulo 9, "O bilinguismo de Machado de Assis", no qual o narrador amplia informações sobre uma História da cultura no Brasil oitocentista.

se ele próprio dissesse aos seus leitores e aos leitores do futuro, pelas palavras do crítico literário Roberto Schwarz: "Isso aqui é a barbárie!"[234]

Imbuído de uma perspectiva política para construir essa biografia, pode-se indagar por que o narrador não abordou o ensaio "Instinto de nacionalidade" de Machado de Assis. A análise desse texto importante, de 1873, incluído em Crítica Literária, nas *Obras completas* do escritor, permite se acercar daquilo que José Veríssimo viu como um "salutar alvoroço das letras brasileiras" por abordar os "problemas nacionais" ou os principais temas que animaram a vida intelectual brasileira na segunda metade do século XIX.

Com "muita cor local", esse ensaio de Machado de Assis examina criticamente o caráter da Literatura no Brasil e algumas questões referentes à formação da consciência nacional, propondo que a independência de um pensamento nacional deva se fazer "pausadamente para sair mais duradoura" e como obra de muitas gerações. Ele argumenta que uma "literatura nascente" deve se constituir dos temas ou dos assuntos que lhe oferecem "a sua região" sem, contudo, se empobrecer com "doutrinas absolutas"; propondo exigir do escritor um "certo sentimento íntimo que o torne homem do seu tempo e do seu país, ainda quando trate de assuntos remotos no tempo e no espaço".[235]

Mas também se pode perguntar ao narrador, ao concluir essa biografia, os motivos que o fizeram escolher o tema do capítulo 21, "Machado de Assis e a religião". Neste, acentua-se fortemente o ceticismo das posições do escritor, a sua crise religiosa ("no leito de morte, instado a receber a visita de um padre [...] não quis se render a esses rogos")[236], as suas críticas humoradas sobre a Igreja que o fazia observar o seu "lado externo, a hierarquia, as preeminências, as sobrepelizes, as circunflexões".[237] E ainda algumas de suas posições anárquicas como as expressas pelo narrador de *Memórias póstumas de Brás Cubas*, louvando o "verme que primeiro roeu as frias carnes do meu cadáver".

O narrador interpreta que aquela crise religiosa vivida pelo escritor, já doente e viúvo, estava ligada a uma ideia de morte pressentida, a algum retorno idealizado sobre "a religião da sua infância" menos conturbada ou mais reconfortante e, principalmente, a sua estranheza diante da crise do clero. "O protesto de Machado de Assis é contra o desvirtuamento da Igreja, não contra a Igreja, em si. Critica o papa e o clero, em geral, porque se afastavam de Cristo e se isolavam dos sofrimentos do povo, na pompa, no fausto [...]". E interroga:

---

[234] Aqui somos devedores das ideias de Roberto Schwarz, em seu depoimento sobre a obra de Machado de Assis em um programa veiculado pela TV Câmara, Brasília, setembro de 2006.
[235] Cf. PEREIRA, A. *Op. cit.*, p. 56-59.
[236] Cf. MAGALHÃES JR., R. *Machado de Assis desconhecido*, p. 337.
[237] *Idem*, p. 332.

"Eram palavras de um descrente ou de um crente que não queria ver desfigurado o objeto de seu culto? Parece-nos que é este o caso, principalmente tendo em vista a advertência anterior, de que ferir os maus instrumentos não é atacar os bons princípios". Conclui que "esta é uma fase polêmica de Machado de Assis. Polemiza com os jornais católicos, *A Cruz* e o *Cruzeiro do Brasil*, sem pôr em dúvida a religião, mas desafiando sempre 'o arrojo do clero'" e sustenta que "a pior prosa deste mundo é a prosa clerical".[238]

Ao examinar politicamente a escrita desse autor "encaramujado", o narrador vê que a atitude cética de Machado de Assis exprime os receios sobre as ameaças do futuro: a xenofobia, o racismo e a dominação do mercado. Aspectos que também são observados posteriormente por Astrojildo Pereira, para quem as insinuadas preocupações de Machado traduzem "a dúvida ante as reformas burguesas inconsequentes, ante uma república burguesa altamente comprometida com o latifúndio, ante a contrafação da democracia burguesa".[239]

Apesar de seu *portrait* de homem reservado e cético, Machado de Assis tinha um espírito associativo. E, ao contrário do que se dizia sobre ele, um "extravagante bicho da concha, solitário e misantropo", a sua sociabilidade era alinhavada, de certo modo, por um viés político, como indica a sua participação em grupos, associações e entidades diversas como "Sociedade Petalógica", "Sociedade União e Perseverança", "Instituto dos Bacharéis em Letras" (do Colégio Pedro II), "Ensaios Literários", "Imprensa Acadêmica", "Ateneu Paulistano", "Sociedade Retiro Literário Português", "Arcádia Fluminense", "Clube Beethoven", "Sociedade de Homens de Letras", "Clube Rabelais".[240] Comentando o espírito público e associativo do escritor, o narrador examina também algumas das correspondências de Machado de Assis endereçadas a Lúcio de Mendonça e principalmente a Magalhães de Azeredo em torno da instalação da Academia Brasileira de Letras.

O ceticismo melancólico de Machado de Assis e/ou de seus personagens apontado por essa biografia, escrita nos anos 1950, pode ser compreendido por nós, leitores, como um esforço do seu narrador em alçar o tema do ser ou do modo próprio de existir do ser. Sabedor do inventário partido de suas perdas, esse ser sobrevivente e de engenho criativo faz tentativas para encontrar no mundo da cultura uma ação reparadora. Essa seria o traço cético percebido na prosa machadiana, conformando, entre outros aspectos, diferentes sons e vozes também de denúncias sobre as alarmantes contradições e condições sociais do país. Como quer o narrador, a força de um entendimento radical da sociedade e até de uma descoberta pessoal se completaria na direção do leitor. É pela ironia,

---

[238] *Idem*, p. 323-324.

[239] Cf. PEREIRA, A. *Op. cit.*, p. 229.

[240] Cf. MAGALHÃES Jr., R.. *Machado de Assis desconhecido*, p. 275-298.

pelo convite ao jogo, ao sonho, ao pensamento que esse escritor, imaginativo e desperto, avança pela tradição literária do Ocidente. E ele o faz, provavelmente, no sentido apontado por Carlos Fuentes, ou seja, "a sábia dosagem de ironia que impede que a razão e a fé se imponham como dogmas".[241]

É bastante realçada, nessa biografia, a chamada segunda fase da produção literária do escritor. Considerada libertária e "moderna", o narrador identifica nessa produção esboços de mudanças no curso da "consciência brasileira" então aflorados por setores daquela sociedade. É nessa fase, marcadamente instigante, que seu estilo se tornará mais preciso e capaz de propor algumas esperanças humanas, pois é a do "escritor consciente, que se depurava, que caminhava, com a idade, para uma simplicidade, um despojamento, um aticismo [estilo elegante e conciso; referente aos autores da Ática, Grécia antiga] cada vez maior".[242]

O narrador de Magalhães Junior também parece estar de acordo com a noção benjaminiana sobre a "experiência comunicável", sobre a arte de contar e de contar de novo uma história para que essa seja preservada.[243] Aqui, a narrativa se apresenta expandida, no sentido de que ela resulta também do pensamento do autor, Raimundo Magalhães Junior, e na sua condição de leitor e de pesquisador da obra de Machado de Assis. Pela chave da política, o narrador da biografia procura por um "sentido da vida" e para a vida de seu protagonista, recontando histórias e marcando, com frequentes atualizações, que a passagem do presente para o passado, e vice-versa, se constrói sempre pelas indagações do presente.

O esforço investigativo dessa narrativa biográfica parece se conformar com mais nitidez por sugerir ao leitor que a construção desse texto tem um sentido e uma ordem "comunicável" à vida do protagonista. Ou seja, ao pretender realçar a participação política do escritor, o narrador argumenta que há um sentido político na Literatura e também na Literatura de Machado. E, provavelmente, indica que a sua narrativa é uma operação intelectual refrequentadora sobre o passado nacional mas, sobretudo, refundadora de tradições, de raízes históricas, de interpretações sobre um território e um povo "em formação". Aqui, o narrador não deixa de produzir também seu terreno panteônico com seus mitos e seus heróis – sobretudo no período da publicação dessa biografia, a década de 1950, que ficou conhecida pelas estratégias de reinvenções de símbolos e de lemas sobre a identidade nacional.

Afinado com os pronunciamentos do autor, Magalhães Junior, pela preservação da memória de Machado de Assis, o narrador engendra um "trabalho

---

[241] Cf. FUENTES, C. *Folha de S.Paulo*, Mais!, São Paulo, 01/10/2000, p. 11.
[242] Cf. MAGALHÃES JR., R. *Machado de Assis desconhecido*, p. 114.
[243] BENJAMIN, W. O narrador. In: *Magia e técnica, arte e política*, vol. 1, São Paulo: Brasiliense, 1986. p. 198 e 205.

de memória"[244] como forma de organizar o futuro sobre aquele passado e sem que essa busca se apartasse dos sentidos do presente. Dito de outra forma, a seleção feita pelo narrador sobre a vida e a obra machadianas corresponde, além de seus propósitos e interesses, à utilização *flutuante* dos tempos, recuperando o passado de acordo com as demandas do seu presente.

Mas o deslocamento feito pelo narrador para o passado do escritor ou para os tempos da monarquia brasileira, contudo, não é natural. Essa "escrita de história" não é efetivamente a escrita sobre o passado, é antes uma representação sobre o passado e que pretende dar forma ao passado que o narrador acolhe ou escolhe para construir uma narrativa e uma síntese. Essa escolha metodológica é mediada pela linguagem, pelo traço do narrador de Magalhães Junior e não está isolada de uma "memória coletiva", própria de uma rede discursiva que fixa então alguns dos sentidos identitários e históricos sobre a cultura brasileira. De todo modo, deve ser sublinhado naquele cenário de crítica e de estudos literários a *nova* contribuição de Raimundo Magalhães Junior sobre a vida e a obra do escritor com essa biografia.

No trabalho de lembrar e rememorar, está fixada a noção trágica da perda que as distâncias e as diferenças, irremediavelmente, não podem sanar. Mas é na escrita sobre o passado, sempre indagado, que a memória se põe como parceira ativa na passagem crítica e complexa sobre os tempos, imprimindo sentidos e reatualizando o passado. Sobre o drama de Castro Alves a ser encenado no Rio de Janeiro, na década de 1860, que pretendia contribuir para a exumação de Tiradentes, como vimos, Machado de Assis afirma, com senso político, que a arte deve reproduzir as "antipatias históricas" ao evocar pela memória o passado. Essa citação recolhida pelo narrador vem, supostamente, confirmar a sua própria interpretação sobre a importância da política na arte literária e libertária de Machado de Assis.

Já para a "outra arte", a História, pode-se pensar sobre o problema possivelmente posto para o narrador de Magalhães, ou seja, sobre o desafio de se compor os seus "livros da nação" ao examinar o tema da nacionalidade nessa biografia. Não é de todo improvável que o narrador tenha se deparado, ao se aproximar "da carne e do osso" da vida e da obra do seu biografado, com a inquietação e com a representação não menos complexa do ausente no presente, enigma do trabalho do historiador. De todo modo, ele não parece tocado pela ideia da incerteza que a História, como arma política, estaria lhe impondo, propondo-lhe talvez a sensação de um invasor fracassado diante das armadilhas do passado. A escrita desse narrador extrapola as exigências linguísticas de um autor literato, ela se mostra mais próxima de um narrador documentarista que se põe a *fazer* História, conectando ao seu protagonista os dilemas e as questões do seu tempo e extraindo, de um conjunto de problemas, interpretações sobre a vida e obra machadianas.

---

[244] TODOROV, T. *Les abus de la mémoire*. Paris: Arléa/Seuil, 1998. p. 24-31.

O narrador coloca o leitor diante do terreno plausível de uma memória sobre o Brasil que ele insiste em encontrar até no testamento em Machado de Assis, pelo suposto desejo do escritor de preservar, de registrar e de testar postumamente – conforme o capítulo 20 dessa biografia. Empolgado pelas possibilidades literárias e históricas dos testamentos de Machado de Assis, o narrador vê nesses documentos uma diversidade de temas para serem estudados: uma ideia de memória social e nacional; um inventário de suas últimas vontades; uma peça de dádivas e de pedidos; uma oportunidade de dar bênçãos, de manifestar saudades eternas, de libertar cativos e de fazer promessas póstumas.

O tema da herança ou do legado foi exaustivamente cuidado, pois "os testamentos constituíam um dos arsenais em que Machado de Assis constantemente se abastecia".[245] A biografia convida o leitor a perceber a importância do tema dos testamentos na obra machadiana, já que são numerosos os personagens cujos destinos se modificam para melhor ou para pior, dependendo das disposições testamentárias. E adverte que, nesses enredos literários – que imitam situações de vida –, as preocupações machadianas são mais sociais do que morais, pois o conceito sobre o ato de testar, como um dos privilégios do patriciado, é plenamente assumido pelo escritor. E aqui, o narrador da biografia se alinha mais uma vez ao autor e ao biografado, trazendo a chave de uma memória política para o primeiro plano da narrativa por meio das visadas ativas e também enigmáticas da pena de Machado de Assis, para quem, diz o narrador, "a política é a principal apólice da história".

A obra de arte literária de Machado de Assis, fechada em seu mistério e sucessivamente aberta a várias interpretações, se constitui – também para esse narrador de Magalhães Junior – como uma fonte de "natureza sensível". O narrador insiste no seu sentido ativo para a compreensão das sensibilidades humanas e coletivas e para o exame do universo mental de uma época de trágica e poética atualidade.

---

[245] Cf. MAGALHÃES JR., R. *Machado de Assis desconhecido*, p. 306. O narrador informa que não deixou de examinar o testamento de Machado de Assis, feito pelo próprio, em 1898, referindo-se inclusive às suas controvérsias "secundárias" quanto aos herdeiros.

Magalhães e os estudos históricos

Sobre História e historiadores

> *"Não há livro de história que seja inteiramente inútil e não era sem razão que Montaigne dizia que, nesse gênero de estudos, é necessário folhear sem distinção toda e qualquer espécie de autores, velhos e novos, nacionais e estrangeiros, para aprender as diversas coisas que eles tratam..."*
>
> Raimundo Magalhães Junior, 1958.

Em setembro de 1936, Fernand Braudel proferiu uma conferência, "Pedagogia da História", no Instituto de Educação, SP, promovida pela Faculdade de Filosofia da Universidade de São Paulo. Com prováveis desdobramentos entre parte da inteligência brasileira, mais afeita ao tema, essa conferência foi divulgada pela imprensa, como o jornal carioca *A Noite*.[1] Braudel pode ter ainda provocado o público que o assistia, pois chama a História de "ciência incerta [cujo ensino] deve abandonar a formação do cidadão ideal [...]. A 'viagem histórica' [é] um duro constrangimento se aportar em terras mortas, [...] a realidade da história é feita de coisas concretas e, tenho para mim que eliminar essas sombras de incertezas e de dúvidas da paisagem histórica é desatualizá-la".[2]

Nesses anos, a História ainda ensaiava seu campo disciplinar e de conhecimento, no Brasil, com a criação recente de universidades como a de São

---

[1] Cf. consulta feita ao jornal *A Noite*, exemplares de 20 e 21/8/1936, no Setor de Periódicos da Biblioteca Nacional, Rio de Janeiro.

[2] Cf. BRAUDEL, F. Pedagogia da História (conferência). *In: Revista de História*, da USP, ano VI, n. 23, São Paulo, jul./set. de 1955 – a reprodução do texto dessa conferência é feita pelo editor e prof. Eurípedes Simões de Paula.

Paulo e a do Brasil, no Rio de Janeiro. Ainda era incipiente o delineamento do campo acadêmico do historiador – campo diversificado e de transição entre os autodidatas, os *amateurs* e os profissionais. Evidente que alterações ocorriam, paulatinamente, com o curso do desenvolvimento de pesquisas, publicações de revistas e de obras. E, também, pelos contatos, comumente destacados, entre professores franceses como Henri Hauser, Eugène Albertini, Émile Coornaert, Fernand Braudel, Jean Gagé, que vieram para as Faculdades de Filosofia de São Paulo e do Rio de Janeiro, após a Segunda Guerra, imprimindo diálogos profícuos com a intelectualidade brasileira, apesar das desconfianças do governo aos estrangeiros.

Antonio Candido, reconhecendo a importância desse fato na cena intelectual paulista e nacional, relembra a hegemonia intelectual do grupo de professores "que não falavam português e que nos tratavam como colonizados" – observação partilhada também por Florestan Fernandes.[3]

Em geral, os estudos históricos, entre nós, mesmo que marcados por uma concepção factualista e descritiva (mas nem por isso desimportantes), prosseguiam em meio ao que José Honório Rodrigues nomeia de "uma historiografia arcaica que se repete sem cansaço".[4] E, a depreender dos catálogos de obras editadas, entre as décadas de 1930 e 1940, havia, de fato, um investimento editorial importante sobre estudos ligados a ocupação territorial, administração, economia, biografia, memória e História política nacional.[5]

De perfil diversificado, o então "escritor de história", sem formação acadêmica específica, era um escritor polígrafo, um "homem de letras", geralmente com atividades em política, diplomacia, imprensa, advocacia e ensino. Francisco Falcon corrobora essa posição ao comentar, no texto de resenha sobre o livro de Ângela Castro Gomes, *História e historiadores*, que esses escritores "eram, salvo honrosas exceções de sempre, 'presentistas' competentes na manipulação de biografias, textos e juízos de valor, mas não eram, em geral, historiadores profissionais".[6]

E, ao escritor de História, dedicado a temas afins, eram comumente reconhecidas suas atividades na produção de romances históricos, edição de documentos *raros*, redação de compêndios escolares, além de ensaísta, prefaciador,

---

[3] Declaração de Antonio Candido no documentário sobre Florestan Fernandes, realizado em 2000, São Paulo, exibido pela TV Câmara, Brasília, 2005.
[4] Cf. RODRIGUES, J. H. *Op. cit.*, 1965, p. 16.
[5] Cf. catálogos da Companhia Editora Nacional e da Civilização Brasileira nos quais constam algumas das obras editadas no período.
[6] Cf. FALCON, Francisco José Calazans. História e Cultura Histórica. *Estudos Históricos*. n. 19. Rio de Janeiro, 1997.

organizador de coleções de História, pesquisador em arquivos e bibliotecas –, mas, em geral, pouco afeitos às publicações sobre teoria da História.[7]

Esse perfil ainda se estendia ao escritor interessado em línguas, ritos, festas populares, artes e também à Geografia, pela perspectiva corrente de se descrever o passado na sua dimensão espacial e territorial – a iniciativa cartográfica, de forte conteúdo simbólico, estava assim indissociável das iniciativas do Estado, conclamando o reconhecimento do espaço nacional e operando também uma política de *neutralizar* a inquietação sobre áreas desconhecidas do Brasil.[8]

Um dos méritos do historiador, então bastante destacado, se ligava aos seus dotes literários, pelo seu investimento na estrutura narrativa para conformar um *bom* "estilo histórico" no tratamento de temas relevantes da vida nacional. A Literatura, nessa perspectiva, devia manter a língua em exercício, marcando-a como o patrimônio coletivo da "comunidade imaginada", a nação.

As elites letradas brasileiras e as principais instituições culturais e de ensino no país lidavam, no geral, com estereótipos tradicionais de políticas de memória; discursos recorrentes dos mesmos focos e fatos da História nacional, empenhados nas grandes sínteses da Colônia à República – assertiva que pode ser fartamente comprovada em obras referentes como materiais didáticos, currículos e programas escolares do período.

Os desdobramentos dessas concepções e versões sobre a História brasileira eram conhecidos: a marca da segurança do passado *único* capaz de encontrar as chaves explicativas do presente pela construção de retificações e por meio de um historicismo *passadista*, romântico e imbuído das promessas de continuidade de um tempo a ser revigorado. Revigorado porque a concepção era restauracionista, "o melhor está no passado" – além de se conceber a restauração como progressista por conformar a regressão ao passado, saudada como progresso.

Na Academia Brasileira de Letras, por exemplo, em 1940, Afrânio Peixoto propunha a empreitada de encontrar um romance histórico, *Antônio Ipiranga*, e reunir vinte acadêmicos para compor o perfil daquele herói – mas os originais extraviaram-se, e a proposta seria inviabilizada. Contudo, a iniciativa é importante e sintomática: a Academia se colocava a tarefa de recuperar obras esquecidas e, de acordo com seus critérios, investia também na divulgação de textos para construir uma Historiografia brasileira.

---

[7] Cf. GOMES, A. C. *História e historiadores*, p. 37-38.

[8] Nesse período, ocorreram publicações sobre o território brasileiro (flora, fauna, rios, relevo, clima) e estudos sobre populações brasileiras distanciadas dos grandes centros – como os volumes da "Coleção Brasiliana", da Companhia Editora Nacional. A partir do final dos anos 1930, o mapa do Brasil ou o mapa nacional passou a ser fartamente editado e utilizado nas escolas, após revisões com alterações e escalas mais condizentes.

Bastante significativas também foram as publicações de alguns arquivos estaduais, do Arquivo Nacional e do Instituto Histórico e Geográfico Brasileiro, referendados por uma forte tradição arquivística (e historiográfica) que contribuíram para a constituição de um estoque inventariado de documentos de grande interesse para a pesquisa histórica.

Em síntese, eram cogitados alguns investimentos quanto à relação pesquisa e ensino acadêmicos; à revisão interpretativa por meio de mais informações documentais; à valorização da História (*geral*) do Brasil com o estudo de temas considerados novos e a presença de alguns especialistas nas ciências afins, como demonstram os volumes da "Coleção Brasiliana". Mostra desse esforço foram as contribuições sobre o "estudo do meio" em conjunto com a "História pátria", assim como as narrativas sobre tradições populares (folclore), cronologia, além de temas referentes ao "ser brasileiro", ao caráter nacional, às raízes de nossa formação etc.[9]

É nesse contexto que o prefácio à 1ª edição, de 1933, de *Casa-grande & senzala*, de Gilberto Freyre, pode ser destacado.[10] Entre outros aspectos, Freyre indica (e sugere, como que formando o seu leitor) a tipologia documental ampliada de que se valeu para o estudo em questão e faz um testemunho renovador para sua época. Diz ele: "É pena – seja-me lícito observar de passagem – que algumas revistas de história dediquem páginas e páginas à publicação de discursos patrióticos e de crônicas literárias, quando tanta matéria de interesse rigorosamente histórico permanece desconhecida ou de acesso difícil para os estudiosos".[11]

Alguns posicionamentos institucionais, bastante diferenciados, convergiam ainda para se ir marcando o campo dos historiadores (e da produção historiográfica), no Brasil, a partir dos anos 1940: reformulação de cadeiras do curso de História, definição dos campos das disciplinas História e Geografia, criação de associações de interessados na História Nacional e em bibliotecas, algumas ações preservacionistas desenvolvidas nos arquivos estaduais, além de tombamentos e da proteção a monumentos.

O Museu Imperial de Petrópolis foi criado em 1940 e foi incentivada, com estímulo governamental, a criação de sedes do IHGB nos estados. O Ministério da Educação e Saúde, por meio do Serviço do Patrimônio Histórico e Artístico Nacional, financiava publicações como a *Revista do Patrimônio Histórico*, o *Anuário do Museu Imperial*, as edições do Arquivo Nacional, os *Anais da Biblioteca Nacional*, a coleção *Documentos Históricos*, da Divisão de Obras Raras

---

[9] Cf. GOMES, A. C. *Op. cit.* p. 164.

[10] Cf. HALLEWELL, L. *O livro no Brasil: sua história*. São Paulo: Edusp. p. 371.

[11] Cf. FREYRE, G. *Casa-grande & senzala*. 49. ed. São Paulo: Global, 2004. p. 47. Esse livro foi perseguido pelo governo, tido como "pernicioso", "anticatólico", "anarquista", chegando o autor a perder seu cargo docente na Universidade do Distrito Federal e ser preso, em 1942, entre outras razões, "por escrever contra o escotismo".

e Publicações da Biblioteca Nacional – entre as décadas de 1940 e 1950, foram lançados, entre outros, documentos do Conselho Ultramarinho e da Companhia de Jesus, além de registros fazendários, cartas régias e portarias referentes ao período colonial brasileiro.

Também foram do período as edições da *Biblioteca Histórica Brasileira*, da Livraria Martins, de São Paulo, as *Séries de História* da Academia Brasileira de Letras, as publicações da Sociedade Capistrano de Abreu, entre outras associações privadas envolvidas com a difusão do conhecimento histórico.

Segundo pesquisa na revista mensal *Cultura Política*, do Departamento de Imprensa e Propaganda, do Estado Novo, entre os anos de 1940 e 1944, foram publicados 54 documentos, sendo 24 do período monárquico, em 40 números da revista. Essa pesquisa ressalta a importância que esse periódico conferia à monarquia brasileira, pela construção que teria operado sobre os alicerces teóricos do Estado/nação, mostrando como os ditames intervencionistas do Estado varguista e o seu "projeto estatal-nacional" estavam afinados com a representação do passado brasileiro devido ao seu *exemplo* monárquico.[12]

Nessa operação, estava em pauta a produção de uma versão da História política do Brasil, ancorada na monarquia centralizadora, como se esse período dotasse o país de uma unidade de consciência, possibilitando recriar a nação no presente a partir do seu passado monárquico. Se a centralização política empreendida pelo governo do Império era considerada promissora, foi então retomada, em parte, para se *garantir* o território nacional aos brasileiros – o que pode ser observado, no período, nos programas curriculares, nos compêndios de História, como já referido, e ainda nas obras e publicações oficiais nas quais, entre outras narrativas, a biografia dos "vultos do passado" tinha lugar assegurado.

Se o Império promoveu as bases da construção da nação, a República queria reconhecê-la, otimizar o conhecimento do seu território e manter a sua unidade. Assim, o discurso republicano também comparecia na revista *Cultura Política*, por meio da conclamação da defesa do federalismo e da democracia com mais nitidez, a partir da entrada do país na Segunda Guerra. A História do Brasil era também apresentada como a História de um povo mestiço e pacifista, guiado pelos ideais da liberdade e do ideal republicano – e seria nessa direção, oficiosa, que a escrita da História nacional deveria investir.

Em outra vertente, a nota de apresentação da primeira edição, de 1954, do *Dicionário do folclore brasileiro*, de Luis da Câmara Cascudo, chama a atenção. O autor, um pesquisador que diz "não permitir à imaginação suprir o documento", faz referência a um grande projeto a ser coordenado por ele e por Artur César Ferreira Reis, desde os anos 1940. Seria uma História do Brasil, em 21 volumes,

---

[12] Cf. GOMES, A. C. *Op. cit.* p.181-186.

"cada um escrito por um historiador na província", pela necessidade, se intui, de se pesquisar e sistematizar a História brasileira, então carente de uma síntese atualizada. Augusto Meyer, diretor do Instituto Nacional do Livro, se desinteressou pelo projeto por ser "amplo e copioso", preferindo uma enciclopédia brasileira mais apropriada aos estudos do folclore – um dos mais prestigiados temas da década. Contudo, esse fato não se encontrava isolado de demais interesses historiográficos, ainda que distintos, e fazia coro com a necessidade de se editar novos estudos sobre a História do Brasil.

Um fato que teve repercussão entre os historiadores do Rio de Janeiro, noticiado pelo jornal *Correio da Manhã*, RJ, ao final da Segunda Guerra, em 1944, refere-se à eleição de Afonso Taunay para membro da Associação de Historiadores norte-americanos, em Chicago. Então comparado a Capistrano de Abreu, Taunay foi saudado pelos seus estudos sobre o sertão, as fronteiras, a cafeicultura e o bandeirantismo, e, em torno desse fato, vários historiadores se manifestaram sobre a necessidade presente de ampliar as suas pesquisas – o que seria reiterado, posteriormente, pela recém-editada *Revista de História*, da USP, em 1951.[13]

É relevante, nesse cenário, que já se nomeasse o que devia constituir o historiador *moderno*, ou seja, aquele que não era mais um compilador e um colecionador de fatos, mas um pesquisador original, capaz de manejar documentos e de interpretá-los com "sentido lógico e por meio do método científico". Aqui se deve notar que, em 1915, na posse de João Ribeiro, na Academia Brasileira de Letras, ele fez uma referência muito importante à atribuição de sentidos que o pesquisador empreende para construir suas fontes, orientado pelo seu tempo presente, marcando que a História devia ser norteada por uma "ética da atualidade".[14]

Conforme os discursos proclamados no interior da ABL, entre os historiadores representativos do período, estava Capistrano de Abreu, reverenciado como o maior historiador brasileiro pelo seu "sentimento de nacionalidade", "um exemplo de erudição".[15] Essas recomendações evidenciavam a crença de que a prática da História, posta nesses termos, permitia um desenvolvimento seguro da nação brasileira, permitindo o seu acesso ao rol (e espelho) das nações desenvolvidas. Outro historiador modelar, na avaliação de seus pares, era Octávio Tarquínio de Sousa, pela sua presença na direção da série "Documentos Brasileiros", da Editora José Olympio, de 1939 a 1959, além de suas obras biográficas e históricas, notadamente *História dos fundadores do Império do Brasil*, de 1957, em 10 volumes.

---

[13] Cf. RODRIGUES, J. H. *História e historiadores do Brasil*, São Paulo: Fulgor, 1965. p. 135-141; *Revista de História*, da USP, n. 6, de 1951.

[14] Cf. MAGALHÃES, JR. R. anotação avulsa do autor sobre discursos acadêmicos, ABL, arquivo da ABL, Rio de Janeiro.

[15] Cf. Discursos Acadêmicos, ABL, ano 58, v. 96, Rio de Janeiro, jul./dez. 1958.

Alguns indícios revelam ainda a aposta na produção historiográfica nacional na direção da profissionalização dos historiadores – aspecto que, para alguns intérpretes, não se desvinculava do processo em curso de *modernização* do país. Sobre esse processo de profissionalização do ofício do historiador, Fernando Novais comenta que ele estava associado à nascente academia e que "representou o abandono do ensaísmo, das visadas gerais. Isso ocorreu no Brasil na segunda metade do século passado, a partir da universidade, mas, sobretudo, a partir dos anos 1950".[16]

De todo modo, pode-se elencar algumas das particularidades desse quadro de constituição do campo da História, no Brasil, o que envolvia a discussão da própria natureza desse conhecimento, considerado *menos* científico que outras áreas das Ciências Sociais, da relação profunda e difusa com a memória social, da complexidade das noções de temporalidade, processo, evento, etc. E ainda da forte tradição dos estudos históricos, entre nós, desenvolvida por escritores de diferentes formações, derivando disso uma espécie de culto a um conhecimento histórico, âncora, ou seja, válido igualmente para outros campos do saber.

No âmbito da imprensa carioca, nos anos 1950, artigos de crítica literária e de ensaios, em geral, se destacam estudos históricos coevos, sobretudo, em intercessão com a Literatura. Há referências sobre o problema da imparcialidade e da objetividade nas narrativas históricas e literárias; discute-se, tanto para a "crônica histórica" quanto para a "crônica literária", a eficácia do texto imparcial, cético, capaz de um equilíbrio distanciado e que se mostraria "fugindo ao desmesurado e ao 'tropical'", como diz Carlos Drummond de Andrade.

Gastão Cruls, por exemplo, reagia ao fato de ser chamado de historiador, comentando que a crítica lhe havia sugerido outro título para seu livro, "*História do Rio de Janeiro*" em vez de "*Aparência do Rio de Janeiro*", respondendo: "A armadura seria pesada demais, tolhia-me à liberdade de movimentos".[17] E o próprio Raimundo Magalhães Junior, assim como outros autores, se posicionava, em uma suposta querela pela imprensa, com o seguinte argumento, encontrado em um fragmento manuscrito entre seus diversos papéis: "O historiador não pode ser um panfletário, um agitador, um preconceituoso e um moralista".[18]

Também ecos de debates mais antigos, das primeiras décadas do século XX, na Academia Brasileira de Letras, ainda pareciam bastante ativos, durante os anos

---

[16] Cf. NOVAIS. Fernando. A descolonização da História. *Folha de S. Paulo,* Mais!, São Paulo, 20/11/2005. Entrevista.

[17] Cf. CRULS, G. *Aparência do Rio de Janeiro : notícia histórica e descritiva da cidade*. 2. ed. Rio de Janeiro: Livraria José Olympio, 1952.

[18] Cf. MAGALHÃES, JR., R., pasta de avulsos, imprensa, c. de 1950, AMLB, Casa de Rui Barbosa, RJ.

1940 e 1950. A discussão girava em torno do entendimento de que as *melhores* produções históricas ocorriam quando o seu autor se dedicava à participação política, em contraposição à tendência de que a maior especialização do *métier* do historiador produzia um afastamento inevitável e até necessário da política. Esses posicionamentos, possivelmente, se referiam ao papel dos intelectuais sob um quadro de cerceamento das liberdades pelo regime varguista e aos postulados da História política, centro de grande parte da produção historiográfica brasileira de então.[19]

Alguns membros da ABL, por exemplo, convencidos da necessidade da recuperação do passado nacional, produziam obras de História, de viés político, de grande repercussão à época, caso de Gustavo Barroso, Viriato Correa, Paulo Setúbal.[20] Parece que era também com esse espírito que, em 1941, a ABL – convertendo o passado nacional para o *seu* passado por meio de uma celebração erotizada da própria instituição e supostamente temerosa dos limites simbólicos dos seus imortais –, cogitava realizar filmes sonoros para que os acadêmicos ficassem preservados do esquecimento.[21]

De todo modo, o assunto História e memória sempre rodeava as palavras dos pensadores sociais, mesmo os de diferentes formações. Nos anos 1950, a escrita sobre a História brasileira, em termos marcadamente políticos, era frequentemente veiculada pela imprensa pelos suplementos literários. À História se vinculava também a biografia e, por vezes, o usual embaralhamento entre ambas seria foco de discussões assim como a predominância do gênero biográfico nos compêndios escolares em detrimento do ensino de História.

Escritor de jornal, Carlos Drummond de Andrade parecia sintonizado com o curso dessas polêmicas, na crônica, "Nascimento do Império", publicada no jornal *Correio da Manhã*, RJ, em 17/8/1958, ao fazer essa observação: "A História não nos oferece apenas os 'primeiros planos' de determinados líderes sobre um pano de acontecimentos e situações; é feita de modo a que nem a ação individual seja sobreestimada nem os fatores sociais, que a condicionam terminem por obscurecê-la". E, diz o poeta, "há o cuidado contínuo de estabelecer uma corrente vital entre o homem e a realidade ambiente, aquele influindo e sendo influído, esta modelando e deixando modelar-se pelos *eventful men* e pelos *event-marking men*".

---

[19] Cf. GOMES, A. C. *Op. cit.* p. 123-124.

[20] Ver Gustavo Barroso, *História militar do Brasil* (1955); Viriato Correia, *A marquesa de Santos* (1938); Paulo Setúbal, *O sonho das esmeraldas* (1935).

[21] Caso do acadêmico Oswaldo Orico, que defendia ardorosamente a ideia, imbuído do acerto da proposta preservacionista da instituição – cf. dados colhidos na entrevista citada com o acadêmico Antônio Olinto, Rio de Janeiro, 2004.

Ao final dos anos 1950, o Brasil (com população estimada em 64.678.709 habitantes) já dispunha, entre os seus 2.755 municípios, de 4.934 agências de correio, 3.850 linhas postais, 1.333 agências postais telegráficas e 21 universidades – o que favorecia, substancialmente, o mercado editorial e livreiro.[22] Aqui, e a título de nota, a favorável recepção de livros sobre temas da História brasileira, como os da "Coleção Brasiliana" (Companhia Editora Nacional) evidenciava, por seus autores e obras, que a História do Brasil ganhava destaque efetivo como um empreendimento renovador (subsidiado parcialmente pelo governo federal), buscando traçar a identidade e nacionalidade brasileiras e reorientar o público leitor.

A aceitação da História, do gênero biográfico pelo público leitor, sobretudo a classe média letrada com o seu público escolar (que recebia informações biográficas para o estudo da "História pátria"), deve ser medida, em grande parte, pelos projetos das principais editoras do país. A literatura biográfica e a memorialista, parte constituinte da "cultura histórica", se consolidava, nesses termos e nesse período, assim como uma vertente nomeada de biografia histórica, que não deixava de ser disputada entre escritores de formações distintas.

As biografias escritas por Magalhães Junior constituem um bom exemplo. São obras marcadamente documentaristas – caso também de *Três panfletários do Segundo Reinado* (São Paulo: Companhia Editora Nacional) e de *D. Pedro II e a condessa de Barral* (Rio de Janeiro: Civilização Brasileira), ambas publicadas em 1956. Essa produção foi importante por divulgar alguns textos inéditos, de interesse historiográfico, além de serem construídas narrativas contextualizadas dos protagonistas de acordo com o suposto objetivo do autor de escrever uma História política e cultural sobre o Império brasileiro.

O historiador Ilmar Rohloff de Mattos avalia que "as introduções que [Magalhães Junior] redige para cada um dos três panfletos são preciosas, reunindo informações sobre o que de modo mais tradicional chamamos de contexto que ali se confunde com a vida do redator do panfleto, na suposição de que tais informações ajudam a compreender o texto". Para Ilmar Mattos, "elas o permitem em parte – apenas em parte, porque um contexto que não emana do texto, que não considera as construções recíprocas do autor e texto. Mas talvez fosse querer demais... há cerca de cinco décadas".[23]

Magalhães Junior publicou seus livros principalmente pela Civilização Brasileira e pela Companhia Editora Nacional. Além dos volumes citados, ainda na década de 1950, foram editados *Deodoro, a espada contra o Império* (2 vol. São

---

[22] Cf. Sinopse Estatística do Ensino Superior, 1958/9, Ministério da Educação e Cultura. *In*: POTSCH, Waldemiro. *O Brasil e suas riquezas*, Rio de Janeiro: Fundação Herculano Xavier Potsch, 1960 (edição apoiada pela ABL).

[23] Cf. MATTOS, I. R. entrevista feita, por e-mail, com o historiador, em 11 de maio de 2004.

Paulo: Companhia Editora Nacional, 1957); *Arthur Azevedo e sua época* (Rio de Janeiro: Civilização Brasileira, 1953); *Machado de Assis desconhecido* (Rio de Janeiro: Civilização Brasileira, 1955).

É a partir desse período, como já foi dito, que o biógrafo passou a ser chamado de historiador, em geral pela crítica de jornal que o acompanha, além de seus confrades da ABL. Nos livros do autor, os editores ressaltavam em apresentações (incluídas também nas reedições) o seu papel para a renovação dos estudos históricos. Aqui, o autor, provavelmente imbuído da pertinência de sua obra, reitera a escassez de fontes disponíveis sobre a História brasileira do século XIX, além de edições esgotadas de obras dos *melhores* historiadores nacionais que, conforme Magalhães Junior, eram Joaquim Nabuco, Oliveira Lima, Taunay, Silvio Romero e Oliveira Viana.

Também foi na década de 1950 que as chamadas biografias históricas passaram a ser novamente *autorizadas* pela produção editorial e com recepção assegurada no âmbito da "cultura histórica", conforme, inclusive, referências em publicações oficiais e em publicações acadêmicas. A importância conferida a uma memória *restaurada* inspirou a maior parte das obras do gênero biográfico, no geral de natureza apologética e romântica, ainda que a tendência mais forte, a seguir, tenha sido a inclusão de fontes documentais na biografia, o que levou a se cunhar a expressão "biografia documentarista", reforçando a sua modalidade ou o seu perfil histórico.

A então jovem *Revista de História*, da USP, iniciada em 1950, constitui um marco histórico da produção da historiografia acadêmica no país. Seus editoriais expressam o compromisso com a renovação de pesquisas e dos estudos históricos, incluindo os temas brasileiros. Manteve, no geral, em muitos de seus volumes iniciais, a seguinte estrutura editorial: Conferências, Artigos, Fatos e Notas e Questões Pedagógicas. No número 5, da revista, o professor coordenador, Eurípedes Simões de Paula, comemorando um ano da publicação, indica dificuldades para manter uma revista especializada "num meio cultural ainda não muito desenvolvido como o nosso". Marca então o objetivo da revista em ampliar a veiculação de resenhas bibliográficas (incluindo obras biográficas), além do levantamento de fontes primárias sobre a História de São Paulo.

Também se ressalta, no número 6 da mesma publicação, de 1951, "na moderna produção histórica do Brasil contemporâneo", a presença "dos estudos biográficos", além de se fazer referência aos historiadores-biógrafos mais *antigos*, caso de Tobias Monteiro, Oliveira Viana e Vicente Licínio Cardoso.[24] No

---

[24] Podem ser aqui elencadas as seguintes obras: de Tobias Monteiro, *Pesquisas e depoimentos para a História* (Rio de Janeiro: Francisco Alves, 1913) e *O presidente Campos Sales na Europa* (Rio de Janeiro: Briguiet, 1928; de Oliveira Viana), *À margem da história da República* (Rio

mesmo número, o professor Rodrigues de Mello aponta a complexidade dos estudos sobre a civilização brasileira, a escassez de documentos, melhor, de sua identificação e acesso, indicando temáticas ainda não pesquisadas seguidas de um painel dos então esforços da Historiografia nacional. Colocando-se criticamente contra a tutela intelectual europeia sobre os estudos históricos nacionais,[25] o artigo defende ainda a predominância de um espírito universitário de cultura histórica, como o laboratório de pesquisas do Departamento de História da USP – "de estudos mais em profundidade do que em extensão", quando já "não mais predominam as obras maciças abrangendo largos períodos, como o foram no passado as de Varnhagen, Rocha Pombo e outros".[26]

E, nesse período, foram muito relevantes – por já prenunciar, com certa efervescência, um processo de renovação historiográfica – algumas edições de obras produzidas no solo universitário.[27] Além do *Manual bibliográfico de estudos brasileiros* (1949), uma reunião de artigos de Caio Prado Junior, Sérgio Buarque de Holanda, Otávio Tarquínio de Souza, Rubens Borba de Morais, entre outros, as produções nacionalistas do Instituto Superior de Estudos Brasileiros (Iseb), as publicações da Biblioteca Nacional, do Instituto Nacional do Livro e do Arquivo Nacional. Aqui se iniciou, em 1955, pela Difusão Europeia do Livro, a publicação da coleção francesa, dirigida por M. Crouzet, *História geral das civilizações*, que seria bastante divulgada dada a carência de edições dessa natureza.

Os dois congressos internacionais de História – Paris, de 1950, e Roma, de 1955 – foram particularmente noticiados pela imprensa, além de sua divulgação no círculo acadêmico brasileiro.[28] No de Roma, *mais* substantivo

---

de Janeiro: Anuário do Brasil, 1924; de Vicente Licínio Cardoso), *À margem da História do Brasil* (São Paulo: Companhia Editora Nacional, 1933).

[25] Há indícios de críticas à *História universal*, de Césare Cantu, em 14 volumes, traduzidos e editados no Brasil, em 1946, pela Editora das Américas, São Paulo.

[26] Cf. MELLO, A. R. de. Os Estudos Históricos no Brasil. In: *Revista de História*, ano II, n. 6, São Paulo: USP, abr./jun. de 1951. O artigo destaca ainda os seguintes historiadores pelas suas contribuições significativas aos estudos históricos brasileiros: Afonso de Escragnolle Taunay, Alfredo Ellis Jr., Basílio de Magalhães, Sérgio Buarque de Holanda, Oliveira Viana, Pedro Calmon e Alberto Lamego.

[27] Como exemplos poderiam ser citados: *Coronelismo, enxada e voto*, de Vitor Nunes Leal (1948); *Evolução Histórica Nacional*, de João Cruz Costa (1950) e *O desenvolvimento da cultura do algodão na província de S. Paulo*, de Alice Canabrava (1951); *Os donos do poder: formação do patronato brasileiro*, de Raymundo Faoro (1958). No círculo universitário paulista (USP), foi bastante destacada a produção dos então jovens pesquisadores nos "Seminários de Marx", entre 1958-1964, com a presença de Roberto Schwarz, José A. Giannotti, Paul Singer, Fernando Novais, Ruth Cardoso e Fernando Henrique Cardoso.

[28] A *Revista de História*, da USP, n. 3, de 1950, faz menção ao Congresso de Paris, assinada por Charles Morazé. Sobre o Congresso de Roma ver GLÉNISSON, J. *Iniciação aos estudos*

pela participação de historiadores de diferentes postulações teóricas, destaca-se a necessidade de uma historiografia *engagée*, comprometida com a vida e os problemas do presente. Foram debatidas a complexidade do trabalho do historiador diante da ampliação das fronteiras da História, a pertinência de pesquisas de História comparada, além de ser marcada uma posição crítica frente a uma noção europocêntrica, historicizante e *évènementielle* de algumas obras historiográficas.[29]

Apesar de reconhecer avanços nos estudos históricos de seu tempo, José Honório Rodrigues parece enfático quando comenta que, no Brasil, a pesquisa estava então abandonada, o que explicaria a edição, oportuna, segundo o autor, do seu livro *A pesquisa história no Brasil*, em 1952. Esta obra pode ser interpretada como um esforço inicial do autor (ainda hoje pouco estudado, apesar de lido e consultado) por defender uma prática historiadora reflexiva, a partir do contato com as fontes, melhor, com os "modos de operar" do conhecimento histórico. Seu projeto passou a ser o de criar um Instituto de Pesquisa Histórica para preservar os documentos, buscar o que estava no estrangeiro e proteger os arquivos brasileiros. "Devemos incentivar, organizar e disciplinar a pesquisa histórica, como já o fizeram vários outros povos. Conhecer o que já se fez e propor o que deve fazer é o objetivo deste trabalho." E "atender a estes objetivos significa, no Brasil, restaurar a tradição imperial de cultivo da história, tão abandonada pela República, descuidosa do passado e de suas vozes e tão confiante nas tarefas do momento a tal ponto que o próprio futuro nem sempre foi bem assegurado". Assim, diz o historiador, "o passado só pode ser superado quando suas razões forem ouvidas; de outro modo, ele as reclama".[30]

A título de nota, ao findar a década de 1950, a situação dos cursos de História no país, de acordo com o Anuário Estatístico do Brasil, publicação do IBGE, é assim apresentada: 167 docentes universitários de História, 939 alunos matriculados em cursos de História e 899 alunos matriculados em cursos conjuntos de Geografia e História com a maior concentração de professores e alunos,

---

históricos São Paulo: Difel, 1979. p. 295-341. Há apontamentos de Magalhães Junior sobre o Congresso de Roma, dirigido à Biblioteca Nacional – sugerindo esboço de correspondência a ser enviada; arquivo do autor, Casa de Rui Barbosa, Rio de Janeiro.

[29] Além desses congressos, ocorreram alguns colóquios na Europa, como o IX Encontro, em 1954, em Genebra, com a participação de Sergio Buarque de Holanda (professor na cadeira de Estudos Brasileiros na Universidade de Roma), Lucien Febvre, entre outros.

[30] Cf. RODRIGUES, J. H. *A pesquisa histórica no Brasil*. Rio de Janeiro: INL/Departamento de Imprensa Nacional, 1952. p. 11. O autor produziu obras de referência e de importância para a historiografia e a arquivística brasileiras como *Teoria da História do Brasil* (com edições em 1949, 1957 e 1969).

respectivamente, nos estados de São Paulo, Rio Grande do Sul, Pernambuco, Minas Gerais e Rio de Janeiro.[31]

E, em 1971, a comunicação exposta à XXIII Reunião Anual da SBPC/Anpuh, em Curitiba, PR, pelo professor Francisco Iglésias, relata a situação de precariedade e de timidez das pesquisas históricas no Brasil. Entre alguns dos poucos impulsos renovadores, ele destaca (baseando-se também em José Honório Rodrigues) a concessão de bolsas de pesquisa pela USP, a separação dos cursos de História dos de Geografia e as iniciativas de estímulo à pesquisa em revistas de arquivos públicos, como o Arquivo Público Mineiro, o Arquivo Municipal de São Paulo e o centenário IHGB.

O golpe militar, em 1964, que se abateu com violência sobre a comunidade universitária brasileira com prisões, banimentos e aposentadorias compulsórias em todo o país gerou, também, graves obstáculos às condições de ensino e pesquisa. O Acordo MEC-Usaid, ratificado secretamente pela ditadura militar, em 1967, implantou a reforma universitária, propondo a privatização das entidades públicas de ensino e dissolvendo as organizações estudantis, além de aplicação de métodos de controle e repressão. Mesmo antes da vigência deste acordo, a violenta repressão sobre a Universidade de Brasília, por exemplo, determinou o seu quase desmantelamento institucional.

Nos anos de vigência do AI-5 (decreto-lei 1.077), a censura federal interditou centenas de filmes, peças de teatro, músicas e livros que foram destruídos, incinerados e confiscados. Depoimentos, artigos e estudos já, em parte, conhecidos sobre esse ambiente de fechamento político revelam que o mercado editorial e a produção acadêmica recuaram com prejuízos indeléveis para a irrigação intelectual das Ciências Sociais e da Historiografia no Brasil. Entre a safra magra das edições de obras historiográficas, dos anos 1960, merece relevo o início da publicação da monumental *História Geral da Civilização Brasileira*, dirigida a princípio por Sérgio Buarque de Holanda, uma coletânea de ensaios e estudos mais atualizados e há muito reclamados pelo círculo universitário e a bibliografia brasiliana, de Nelson Werneck Sodré, *O que se deve ler para conhecer o Brasil*.

Não se tratou, aqui, apesar das citações, de elencar a produção historiográfica do período, tarefa *desnecessária* e impossível. Mas seria preciso sublinhar o esforço e a coragem de intelectuais brasileiros, incluindo os historiadores,

---

[31] Cf. *Anuário estatístico do Brasil*, 1958; na Tabela de Educação – "IV Ensino Extra-Primário e Ensino comum, de nível superior e universidades" estão informadas as universidades brasileiras nos estados do Pará, Ceará, Paraíba, Pernambuco (a do Recife, a Católica e a Rural de PE), Bahia, Minas Gerais (e a Rural de MG), Rio de Janeiro (a do Brasil, do Distrito Federal, a Católica), São Paulo (a Católica, a de Campinas e a Mackenzie), Rio Grande do Sul (e a Rural do RGS), p. 401-402.

movidos pela condição de problematizadores da realidade social mesmo em períodos nefastos de repressão política.

Contudo, é incontestável marcar a importância da renovação teórico-metodológica da Historiografia brasileira com obras que se tornaram clássicas, asseguradas por uma perspectiva promissora e por reabrir e instigar a interpretação histórica de forma original. Algumas dessas obras, desde os anos 1930, influenciadas também pelas ideias modernistas, constituem avanço importante à produção historiográfica pela constituição de novos espaços sociais de reflexão acadêmica, pelas proposições em torno do "enigma histórico brasileiro" – o que atestaria, doravante, a permanente rediscussão de obras clássicas como *Casa-grande & senzala*, *Raízes do Brasil*, *Formação do Brasil contemporâneo*, entre outras.[32] "Esses livros romperam com as compreensões anteriores do Brasil que seguiam as receitas naturalistas, deterministas, racistas, etc. São importantes porque disseram, cada um à sua maneira, que o Brasil não tem essência, tem história. Construíram mergulhos originais e pioneiros na história brasileira."[33]

Sobre o campo amplo da "cultura histórica" e no período aqui artificialmente demarcado, entre as décadas de 1930 e 1960, havia evidências de que seriam mantidos alguns trânsitos narrativos entre a História e a Literatura por meio do ensaio, da crônica e da biografia. As produções intelectuais dos então "escritores de história", recebidas naquele passado (recente) por um público leitor em formação e expansão, podem nos apresentar, hoje, indícios importantes para a investigação historiográfica. É nessa perspectiva que a análise dessas narrativas permitem ainda a aproximação com os interesses historiográficos e sociais em jogo, possibilitando esclarecer muito alguns dos sentidos das reelaborações políticas e simbólicas que a "cultura histórica", na qual estão incluídas tais narrativas, ensejava ao colocar a História na esfera pública.

Mas não se pode perder de vista, e em um cenário cultural tão diversificado, as instituições de forte tradição, de solidez corporativa e de intervenção nos principais debates intelectuais também no campo da constituição das Ciências Sociais no país. É o caso da Academia Brasileira de Letras, da qual foi membro Raimundo Magalhães Junior; portanto, algumas de suas posições e as do próprio Magalhães sobre História podem ser aqui indicadas e examinadas.

Movido também pela lei de Augusto Comte – "o amor por princípio, a ordem por base e o progresso por fim" –, o mundo da Academia se orienta por postulações nacionalistas, de cunho romântico e regenerador, na defesa da língua e da Literatura nacionais.

---

[32] Cf. LAPA, J. R. do A. *Historiografia brasileira contemporânea*. Petrópolis: Vozes, 1981. p. 79-89.
[33] Cf. SALIBA, Elias Tomé. Cânone em questão. *Folha de S. Paulo*, Ilustrada, São Paulo, 10/6/2006.

No curso de sua trajetória prestigiosa, e em geral sem registrar confrontos com o pensamento político autoritário, a instituição definia a nação pela sua elite cultural, de lastro e de tradição, e se interessava, conforme os seus objetivos, pelo tema dos problemas culturais brasileiros e pela escrita da "História pátria", empreitada considerada indispensável para possibilitar que o Brasil fizesse parte "do concerto das nações, fortes e desenvolvidas". Essa orientação se deveu, provavelmente, à reação da casa, em fins dos anos 1920, quando setores letrados teriam atribuído à Academia Brasileira de Letras o conservadorismo e o atraso na "condução da cultura brasileira".[34]

Bastante articulada e prestigiada politicamente – com o assento de políticos como acadêmicos, caso de Getúlio Vargas –, a Academia chegou a ser concebida, e parece que o é até hoje, por alguns dos enunciados de seus confrades, como um "intelectual coletivo da nação". Essa orientação inclui o permanente debate sobre língua e Literatura e ainda sobre a inclusão destas como elemento vital para a formação e a composição da nação, cujos fins se relacionam fortemente às práticas de cultivar símbolos, referências e personalidades nacionais.

A mola desse pensamento político da ABL, regido por pressupostos teleológicos, pode ter sido herdadas do romantismo oitocentista, sugerindo adesão, entre outras, às teses também românticas de Herder, que pensa a nação e a pátria, por essa entidade-unidade singular, de afinidade e de solidariedade e com a missão de congregar e forjar o sentimento nacional.[35] Nesses termos, a nação é a tradução de um eu coletivo que já existe nos indivíduos que a compõem. A sua evolução deve prosseguir valorizando a identidade da sua singularidade, as suas matrizes culturais autênticas ou

---

[34] O conjunto patrimonial da ABL é formado pelo tradicional palácio Petit Trianon (Avenida Presidente Wilson, bairro Castelo, RJ), com acervo importante e aberto às visitas públicas guiadas. No prédio anexo, estão a Biblioteca Rodolfo Garcia (informatizada), o Espaço Machado de Assis (com c. de 6 mil documentos, além de objetos que pertenceram ao escritor), o Teatro Raimundo Magalhães Junior, o acervo multimídia e o Arquivo da instituição (formado por documentação textual e iconográfica, além da hemeroteca) e organizado nos padrões da arquivística moderna com a produção de um guia geral, inventários e duas linhas de acervo, o arquivo dos acadêmicos e o arquivo institucional. A ABL tem ainda uma importante linha de produção editorial, promovendo frequentes ciclos de palestras, seminários e exposições.

[35] Johan Herder Gottfried (1744-1803), filósofo romântico alemão, escreveu obras sobre linguagem, alma humana, razão em *Ideias para a filosofia da história da humanidade*. Defensor de fé contra a razão, da imaginação poética, afirma que qualquer período histórico possui uma natureza e um caráter próprios, uma "alma natural", e que o movimento das nações, já presente no seu germe próprio, assim como na alma dos indivíduos, seria regido por uma "bondade inteligente" que percorre etapas distintas para se atingir a razão e a justiça. Cf. COLI, J. A alma brasileira. *Folha de S. Paulo*, Mais!, São Paulo, 27/5/2007.

naturais e que formam a unidade (língua, Literatura, tradições, modos, costumes), expressando a própria "alma nacional", um alicerce que, mesmo diante de grandes mudanças, sempre seria permanente. Há referências a esses pressupostos em pronunciamentos e discursos acadêmicos, registrados e publicados pela instituição, entre as décadas de 1930 a 1950, sugerindo a imposição, só aparentemente convincente, dessa ambiciosa quintessência da "alma nacional" – para tentar entendê-la, é preciso pensar sobre o lugar e o tempo em que essas construções ideológicas se dão.

No final da década de 1950, a ABL discutiu mais insistentemente temas referentes à brasilidade, registradas nas sessões de homenagens e de debates, como em 1959, ocasião em que os acadêmicos pontuaram as distinções sobre "fato histórico" e "fato folclórico". O tratamento interpretativo dado pela casa é de interesse: o primeiro, recupera o passado, salvando-o do esquecimento; o segundo, busca o submerso ou o mais fundo que sobrevive no presente. A Academia também abre uma coluna dedicada aos estudos folclóricos no jornal *A Manhã*, RJ, sobre a constituição da nacionalidade brasileira.[36] Apesar de contar com alguns acadêmicos versados no assunto, como Oswaldo Orico, Afrânio Peixoto e Gustavo Barroso, posteriormente a instituição se afastaria da campanha nacional pelo folclore e proporia um programa de estudos sobre a História do Brasil, oferecendo cursos aos seus confrades, sócios e convidados letrados. Essa orientação se integraria à proposição institucional de reagir às críticas sobre sua atuação conservadora, o que a fez redefinir com mais nitidez a sua "política das letras".

Se a Academia era reverenciada, nem sempre também era poupada e chegaria a ser acusada por manter um quadro de fardões sisudos, vitalícios e invioláveis. As críticas e controvérsias, inclusive entre seus membros, fizeram parte da sua trajetória, oscilando de acordo com as opções e posições políticas, mas, em geral, seus posicionamentos repercutiram, por vezes com força, entre diversos setores intelectuais brasileiros. Carlos Drummond de Andrade, atento observador da cena cultural, faz menções sobre as atividades da ABL, na sua coluna Imagens do Rio, no jornal *Correio da Manhã*, RJ, na crônica, "A Academia trabalha", de 16/1/1954: "Não falemos mal da Academia. Não teria graça alguma. Entretanto, não raro, é a própria instituição que fala mal de si mesma, quando, por exemplo, conta o que fez e fez muito pouco [...] o ano de 1953 foi vazio [além] de coquetéis, viagens, condecorações e promoções". Já o acadêmico Antônio Olinto sugere que, apesar das diferenças, as discussões

---

[36] Manuel Diegues e Artur Ramos, entre outros, escreveram com frequência sobre o tema. Outros intelectuais e pesquisadores universitários, em direções bastante distintas das observadas no período (anos 1950), contribuíram com estudos tendo por base a antropologia e a sociologia, como Darci Ribeiro e Florestan Fernandes.

frequentes "das letras" mantiveram-se imbatíveis com ponto de coesão e de convívio entre os confrades.[37]

De todo modo, é possível pensar, e aqui como hipótese, que os debates então ativos no círculo intelectual carioca, incluindo as intercessões entre Literatura e História pela via também da biografia, teriam estimulado essa iniciativa da casa em refletir, ela mesma, sobre a História brasileira. Desde as gestões dos acadêmicos Barbosa Lima Sobrinho (1953/1954) e Rodrigo Octávio Filho (1955), esses temas se colocavam como uma necessidade, tomando corpo, na gestão de Elmano Cardim (1958), a iniciativa de projetar um curso sobre História do Brasil, além de sua ampla divulgação pela imprensa e nas demais instituições culturais, como a Biblioteca Nacional, RJ, que enviaram representantes.

Para proferir esse curso, com o acadêmico Pedro Calmon (presidente da Casa, em 1945), foi convidado o recém-empossado na ABL Raimundo Magalhães Junior, com o tema referente à Historiografia brasileira. Sua indicação estava possivelmente ligada à recepção de suas obras de biografia documentarista, além de sua participação na imprensa.

Entre outros assuntos, Magalhães escreveu artigos de jornal sobre João Ribeiro, Capistrano de Abreu, a corte portuguesa no Brasil, o processo da independência.[38] A imprensa carioca, em geral, acompanhava seus passos, como se depreende, entre outras, de uma longa matéria, no *Jornal do Brasil*, com título também avantajado "História do Brasil começou com D. João VI, diz o Sr. Magalhães Junior", de 18/7/1958. Nessas linhas, respondendo ao repórter, Magalhães Junior faz uma síntese de sua conferência dada na ABL, reiterando a importância da vinda da corte portuguesa para o Brasil, período que, segundo ele, ainda demandava mais estudos, assim como a própria Historiografia que passaria a ser produzida no país, sinal das mudanças operadas sobre o pensamento dos historiadores. Sua conferência é um apanhado do que foi escrito sobre a História do Brasil, de Robert Southey (1810) a João Ribeiro (1900).

A análise desse texto, de 1958, contém uma possibilidade de leitura, desejadamente mais ativa, sobre comentários, assertivas e digressões que o autor, melhor, o narrador elabora sobre Historiografia, chamando atenção as várias

---

[37] Cf. entrevista com Antônio Olinto, em 7/2/2004, na casa do escritor, Rio de Janeiro.

[38] Esses artigos de Magalhães, respectivamente, foram publicados no jornal *Diário de Notícias*, RJ, 31/12/1949; 29/12/1953 e 8/8/1953; além de outros, no mesmo período, no *Jornal do Brasil*. Pasta de *clipping*, de 20/11/1941 a 30/5/82, AMLB, Casa de Rui Barbosa, Rio de Janeiro. No suplemento literário, do jornal *Diário de Notícias*, RJ, de 03/04/1955, há um comentário importante de Paulo Rónai inicialmente sobre um conto de Magalhães Junior, "D. Zulmira", para depois se estender sobre as suas atividades culturais no Rio de Janeiro, incluindo seus textos de História e de biografia.

vozes convocadas por esse, incluindo a do autor, as dos seus interlocutores e as dos prováveis leitores – de ontem e de hoje.

Por um lado, o tema não está desvinculado do problema temporal e do problema da seleção: estão em diálogo um passado e um presente sobre as diversas interpretações historiográficas sobre o Brasil, trabalhando supostamente para dar sentido ao passado por meio das escolhas que aquele presente produziu. Por outro, o texto está conformado a um lugar institucional e de tradição, a ABL, uma comunidade discursiva com sua particular "política de memória", marcada também por suas posições sobre a formação e a constituição da nação e com alguns de seus membros ligados diretamente à temática da História brasileira.

"Historiadores do Brasil no século XIX" é um texto-síntese, relativamente curto, de 25 paginas, pois seu narrador informa que teria que atender às recomendações para sua publicação pela *Revista da Academia Brasileira de Letras* (vol. 96, anais de 1958, Rio de Janeiro: jul. a dez. de 1958).[39]

O diálogo mais significativo, neste texto, é estabelecido com Silvio Romero e com José Honório Rodrigues, respectivamente, com o crítico literário e com pesquisador coetâneo de História – esse provavelmente próximo para referendar e atualizar as análises construídas pelo narrador.

O tom da narrativa é crítico (ou seria um texto de um crítico), e, na perspectiva já timbrada por Magalhães Junior, traz a marca do revisor minucioso. Lido hoje, não apresenta interpretações inovadoras, mas pode ter suscitado alguns desdobramentos na então rede discursiva para a qual se dirige, além de permitir conhecer, em parte, as proposições do biógrafo sobre a Historiografia brasileira.

O narrador assume aqui uma perspectiva crítica, não deixando de revelar a posição do autor, um pesquisador de História, e as suas opiniões sobre os autores que comenta. É sugerido que ele está ciente sobre os limites da narrativa de uma História científica – tal como era preconizada, no século XIX, pelos esforços de Ranke e de seus seguidores – e que seria necessário ampliar essa escrita, pesquisando um largo espectro de narrativas de literatos, memorialistas e historiadores.

Dois historiadores brasileiros são bastante valorizados neste texto: Capistrano de Abreu e João Ribeiro. E chama também atenção a vinculação metodológica do texto a um conceito de História, que é considerada científica, amparada pelo rigor das pesquisas, pela recuperação e pelo levantamento sistemático das

---

[39] Cf. MAGALHÃES JR., R. Historiadores do Brasil no século XIX. *Revista da Academia Brasileira de Letras*, anais de 1958, jul. a dez., Rio de Janeiro, 1958. Não consta desse texto a bibliografia utilizada pelo autor. O texto dessa conferência na ABL, publicado, por partes, no *Jornal do Brasil*, em agosto de 1958, me foi cedido gentilmente pelo Sr. Antônio Martins da Costa, de seu arquivo particular, na cidade de Itabira, MG.

fontes nos arquivos, pela valorização das chamadas disciplinas auxiliares que dão corpo e credibilidade à disciplina Histórica.[40]

Por um lado, é com esse posicionamento que o texto é construído, pela seleção e pela crítica, elaborando um inventário de historiadores e de obras, tecendo com alguma estratégia da erudição, considerações sobre o que esses autores foram capazes de produzir, ou seja, uma Historiografia fundada pelo uso de documentos escritos e impressos. Por outro, o texto, entre outras, não deixa de possibilitar questões ao leitor por apontar críticas a algumas das obras inventariadas.

A narrativa é aberta com a assertiva de que "o século XIX foi decisivo para a formação da nacionalidade", período em que a vida brasileira experimentou transformações profundas. De forma jornalística é feita uma descrição sobre o que seria "o Brasil antes do Brasil": o panorama seria o atraso, ao contrário da América espanhola com universidades.

Possivelmente, a demarcação temporal e política do texto, a partir do início do século XIX, se coloca fiel ao próprio autor, pois Magalhães não se interessou pelo período colonial, já que não escreveu sobre ele nem produziu uma obra sistêmica sobre a História do Brasil – ainda que sem formular e enfrentar os problemas históricos referentes à condição colonial da terra, pois essas referências ficam suprimidas do texto.

E, apesar de ciente do peso do escravismo moderno (retomado em alguns dos seus livros de biografia cujo contexto é o século XIX), das circunstâncias repressoras impostas à colônia (sem imprensa livre, por exemplo), o texto exclui, de acordo com seu método, obras importantes de períodos anteriores, como as de Pero Magalhães Gândavo, Fernão Cardim, Gabriel Soares de Sousa, frei Vicente de Salvador, Sebastião da Rocha Pita, entre outras.

As incursões prediletas das pesquisas de Magalhães Junior são pelo século XIX ou pelo Império brasileiro. Para ele, "tudo começou com D. João VI, inclusive a própria história do Brasil como nação soberana". A vinda da corte portuguesa é interpretada como "uma decisão a que a sabedoria política e o medo deviam estar por igual associados", o que determinaria, contudo, a organização da capital e da nação, representando o progresso.

Aqui, o narrador, astutamente, introduz o assunto sobre o provável estranhamento da terra para os colonizadores e suscita questões a respeito das narrativas sobre a mudança da corte para o Brasil. Era preciso dizer o que era e significava essa terra; era preciso "que tudo isso fosse contado ou recontado [...] daí as primeiras histórias sobre o Brasil que surgiram, todas elas, é bom notar, escritas por estrangeiros, talvez com uma percepção mais aguda de tal necessidade".[41]

---

[40] Cf. IGLÉSIAS, F. *Historiadores do Brasil*. Rio de Janeiro: Nova Fronteira, Belo Horizonte: UFMG, Ipea, 2000. p. 40-42.

[41] Cf. MAGALHÃES JR., R. *Op. cit.*, p. 43.

O texto, também, é aberto por uma nota ambígua: o nacionalista Magalhães Junior parece saudar o Estado português, pois, com D. João VI, o Brasil entrou na era da "modernização", empurrando a terra para a "civilização", dotando-a de fundamentais equipamentos culturais e administrativos. O narrador, contudo, não explicita quais seriam esses aspectos do governo joanino que teriam "redescoberto o Brasil"; sua posição sinaliza apenas para uma aceitação desse governo, sugerindo um ponto de vista que parece ser o de um estrangeiro "civilizador".

Pensando o dilema do problema da construção da nação, sua posição se revela contraditória ao indicar suas simpatias pela monarquia de D. Pedro II e, também, ao realçar a importância da luta popular e republicana que o faz se posicionar contra o Estado autoritário. Neste particular, tal posição parece partilhada pelo seu confrade no curso da ABL, o historiador Pedro Calmon – "um cortesão radical [que] passou a agradecer ao destino pela transmigração da família real!".[42]

Um aspecto a ser sublinhado na trajetória de Raimundo Magalhães Junior e na sua relação com os círculos dos "escritores de história" refere-se ao seu paulatino afastamento de Pedro Calmon. Ainda que cordiais, as relações entre Magalhães e Calmon teriam se tornado conflitivas pelas frequentes discussões políticas entre ambos. Especialmente movidos pelas posições do primeiro, um socialista, contrário ao civismo subserviente e adversário da memória de Rui Barbosa, bastante cultuada pelo segundo, esse fato contribuiu para afastá-los, conforme o escritor Antônio Olinto.[43]

Raimundo Magalhães se aproximou mais de José Honório Rodrigues, com quem manteve contatos bastante frequentes na BN, no IHGB e na ABL, o que denota sua tentativa de se colocar mais próximo ao campo da Historiografia. A título de nota, Rodrigues também manifesta admiração pelo biógrafo em algumas sessões acadêmicas registradas pela ABL, como na de 28 de abril de 1977, comemorativa dos 70 anos de vida de Magalhães: "A parte biográfica e historiográfica da sua obra [...] é versátil, porque trata as biografias das personalidades literárias como personalidades históricas, não deixando de ver que existem as grandes forças impessoais na história, de modo que toda a sua obra considera esse fato". Ressalta também a sua "contribuição na reedição de textos antigos, como é o caso de *Três panfletários*...[...]. Ele é um biógrafo de uma biografia combativa, ele combate com sua biografia, combate com a sua história. Tem uma visão do presente em face do passado".[44]

---

[42] Cf. REIS, J. C. *As identidades do Brasil: de Calmon a Bomfim*. São Paulo: Editora FGV, 2006, v. 2. p. 68. A obra de Pedro Calmon, analisada por esse autor, é *História da civilização brasileira*, de 1933.

[43] Cf. depoimento de Antônio Olinto, em 7/2/2004, Rio de Janeiro, na residência do escritor.

[44] Cf. *Revista da Academia Brasileira de Letras*, ano 77, v. 133, Rio de Janeiro, Anais de 1977, jan./jun., p. 107.

José Honório Rodrigues expôs, em 1950, algumas teses no Colóquio Internacional de Estudos Luso-Brasileiros, em Washington, EUA, sublinhando que, apesar da existência de obras anteriores de cronistas ("se limitando a descrever a terra sem o método histórico de consulta às fontes escritas e originais e nas tarefas críticas auxiliares"), pouco se tinha feito entre nós até o surgimento da pesquisa histórica com a fundação do IHGB, "inspirado pelos mais corretos princípios que acabavam de ser lançados pela escola alemã". Para esse historiador, agora seria preciso "restaurar a tradição imperial de cultivo da história, tão abandonada pela República, descuidosa do passado e de suas vozes".[45]

O texto "Historiadores do Brasil no século XIX", assinado por Magalhães Junior, parece de acordo com a posição de José Honório Rodrigues. Faz menção à obra de Robert Southey, *História do Brasil*, publicada entre 1810 e 1819, e que teria sido um livro "acidental", diz o narrador, pois foi escrito na esteira da futura *História de Portugal*, de Southey, sob os auspícios do tio, o reverendo Robert Hill – que o patrocinou, de Lisboa, para dar corpo a uma das suas aventuras românticas e de sua geração, ou seja, escrever sobre uma região tropical paradisíaca.

O texto refere-se à provável consulta feita por Southey à *Corografia brasílica* ou *Relação histórica e geográfica do Reino do Brasil*, em dois volumes, do padre Manuel Aires de Casal, autor que fez obra meritória pelo teor da pesquisa e por uma narrativa bem posta, retificando equívocos de alguns antecessores. Contudo, esses equívocos não são mencionados, ainda que o texto não deixe de comentar a prática de muitos escritores, do período, de não indicar as fontes consultadas. É feita uma digressão sobre o escritor James Henderson (*History of Brazil*), que praticava a chamada *petite histoire* e que recolhia, sem critério, o que lhe chegava às mãos, inclusive o anedotário da corte como o referente à Carlota Joaquina. Já a outra observação é de interesse mais interpretativo, como se vê nesse comentário do narrador de Magalhães Junior: "Na verdade, [essas histórias sobre o Brasil são] uma espécie de enciclopédia, em que havia lugar para a geografia, para a história natural, a etnografia, etc. Mais do que uma simples história, havia uma descrição minuciosa do país, da sua flora, da sua fauna, da sua gente, dos seus costumes, de sua produção". E continua: "Basta o título da obra de Aires de Casal para demonstrá-lo. [...] Todas essas obras, como as que se lhe seguiram, tinham um defeito capital: o de serem escritas de um ponto de vista inteiramente lusitano, não levando em conta qualquer outra coisa que não fosse o esforço civilizador português, certamente da maior importância, mas que afinal não era tudo".[46]

---

[45] Cf. RODRIGUES, J. H. *A pesquisa histórica no Brasil* – sua evolução e problemas atuais. Rio de Janeiro: Imprensa Nacional, 1952. p. 11, 25-27.

[46] *Ibidem*, p. 45.

O texto cita ainda os 10 alentados volumes da obra publicada, entre 1820 e 1822, do monsenhor José de Souza Azevedo Pizarro e Araújo, *Memórias históricas do Rio de Janeiro e das províncias anexas à jurisdição do vice-rei do Estado do Brasil*, mais afeita à crônica da Igreja católica, com reedição, em 1945, pelo INL. Aqui, o narrador ganha o sotaque do revisor Magalhães, protestando contra o absurdo do novo título da obra, *Memórias históricas do Rio de Janeiro*, por seu caráter limitante, já que o texto se referiria ao Rio Grande do Sul e ao Mato Grosso. Também discorda de quem vê a obra apenas como "maçudos cartapácios", pois ela tinha interesse para se conhecer a fundação de povoações na região em torno de capelas, de ações de ordens religiosas, etc.

É feita menção mais detalhada ao cônego Luís Gonçalves dos Santos, padre Perereca, com suas *Memórias para servir à História do Reino do Brasil*, de 1825,[47] indicando uma possível conexão desse autor com Machado de Assis, o que não deixa de ser coerente com o fato de que Magalhães é um estudioso da obra de Machado. No romance, *Dom Casmurro*, o personagem Bentinho, já velho, amargurado e cético, manifesta a ambição, após ter escrito a sua história, de estar pronto afinal para escrever uma História dos Subúrbios, do Rio de Janeiro, "menos seca que as memórias do padre Luís Gonçalves dos Santos" (o padre Perereca). Essa curta referência possibilita pensar a respeito de um encontro interessante, pois chama atenção para o narrador de Machado de Assis, Dom Casmurro, que, de algum modo, reflete sobre a escrita da História então praticada no Brasil, em geral, um inventário de fatos, de datas, de monumentos e de personalidades.[48]

Mas parece importante frisar o juízo do narrador de Magalhães sobre a escrita da História. Ele critica o uso do panegírico, reconhecendo que, por vezes, a concepção da História dos autores era separada por um estreito istmo das conclamações e dos louvores – caso também apontado classicamente por Luciano de Samosata sobre um mau historiador representado pelo fantasioso Aristóbulo, que descrevia as façanhas de Alexandre. E conclui o narrador: "Se D.

---

[47] Neste trabalho, foi feita referência da provável utilização dessa fonte por Magalhães, ver o capítulo IV, Retratos Biográficos, sobre Carlota Joaquina.

[48] Cf. *Dom Casmurro* (São Paulo: Abril Cultural, 1981, p. 7), no Capítulo II: "Ora como tudo cansa, esta monotonia acabou por exaurir-me também. [...] Depois, pensei em fazer uma 'História dos Subúrbios', menos seca que as memórias do padre Luís Gonçalves dos Santos, relativa à cidade; era obra modesta, mas exigia documentos e datas, como preliminares, tudo árido e longo. Foi então que os bustos pintados nas paredes entraram a falar-me e a dizer-me que, uma vez que eles não alcançavam reconstituir-me os tempos idos, pegasse da pena e contasse alguns. Talvez a narração me desse a ilusão, e as sombras viessem perpassar ligeiras, como ao poeta [...]". E, ainda, conforme a última frase desse romance machadiano, temos, à p. 174: "Vamos à História dos Subúrbios!".

João VI tivesse o espírito de Alexandre, teria também atirado ao mar o trabalho histórico do padre Perereca, em que a lisonja é tão escandalosa".

Apesar desse exame conciso, o texto demonstra um faro flexível para avaliar, com interesse, os registros sobre a vida social da cidade do Rio de Janeiro, incluindo "as expressões de extrema cortesanice e subserviência" que ajudariam a reconstituir parte da fisionomia da época relatada.

Debret e Rugendas são também destacados por suas contribuições iconográficas – "decerto superiores aos textos" – notando-se, aqui, o valor dessas representações pictóricas para futuros trabalhos dos historiadores brasileiros. A obra do visconde de Cairu, *História dos principais sucessos políticos do Brasil*, em quatro volumes, editados entre 1826 e 1830, merece menção do narrador provavelmente por ter sido produzida pela incumbência de D. Pedro I. para perpetuar a memória dos acontecimentos em torno da Independência.[49]

Outros escritores ou historiadores regionais seguem indicados com sucintas observações sobre o autor e a obra e, em geral, com críticas referentes às abordagens do processo político pelo eventual tom episódico, pela limitação das informações contidas ou pelos métodos inadequados. Nesse rol, estão indicados, entre outros: José Feliciano Fernandes Pinheiro, visconde de São Leopoldo, em *Anais da Província de São Pedro*; Inácio de Cerqueira e Silva, em *Memórias históricas e políticas da Província da Bahia*; João Francisco Lisboa, *História do Maranhão*; Tristão de Alencar Araripe, em *História da Província do Ceará*; Joaquim Norberto de Sousa e Silva, em *História da Conjuração Mineira*; cônego José Antônio Marinho, em *História da Revolução de 1842*; Melo Morais, em *O Brasil histórico*; Joaquim Felício dos Santos, em *Memórias do Distrito Diamantino*; o publicista Justiniano José da Rocha, em *Ação, reação e transação*; o biógrafo João Manuel Pereira da Silva, em *Plutarco brasileiro*.

Sobre esse último, fundador da ABL e senador do Império, a crítica é tácita: "O que sobra da sua obra são apenas algumas páginas do depoimento que oferece sobre sua época nas memórias do meu tempo". E, ao citar os críticos de Pereira da Silva, como Joaquim Nabuco (que lhe fez o elogio fúnebre no IHGB, dizendo que "o lugar de sua obra histórica na posteridade é provisório") e Silvio Romero (que o chama de "mero improvisador"), o narrador constrói uma assertiva bastante reveladora: "Os juízes do presente afinam com os do passado".[50]

---

[49] O texto faz referência ainda ao irmão desse autor, Baltazar da Silva Lisboa, que escreveu *Anais do Rio de Janeiro*, obra em sete volumes, publicada entre 1834 e 1835, que recebeu críticas fortes de Silvio Romero por se constituir apenas de uma história religiosa do Brasil. A obra teria oferecido ainda subsídios a José de Alencar para escrever o romance *O garatuja* e também o poema herói-cômico de Machado de Assis, "O Almada", cf. MAGALHÃES JR., R. *Op. cit.*, p. 48.

[50] Cf. MAGALHÃES JR., R. *Op. cit.*, p. 50.

E esse último juízo parece ser coincidente com o do narrador pelo seu autor, recém-empossado na ABL, em 1956, dialogando com a tradição reverenciada pela Academia. Contudo, esses posicionamentos parecem muito distanciados das atitudes do biógrafo na década seguinte, os anos 1960, em que enfrentaria a ABL, com sua tradicional política de memória e de política sobre a querela que envolveu um dos seus mentores, Rui Barbosa.

Uma entrevista no jornal *Diário de São Paulo*, em dezembro de 1964, dada por Magalhães Junior, é de interesse pelo seu posicionamento, numa conjuntura autoritária de fechamento político e censura. Perguntado se ele não se sentia constrangido, como membro da Academia Brasileira de Letras, por desenvolver no seu livro sobre Rui Barbosa um pesado processo de revisão sobre um dos fundadores da Casa, diz Magalhães: "em primeiro lugar quero dizer que não ingressei na ABL assumindo o compromisso de aceitar como intocável a vida pública e as atitudes intelectuais de todos os seus membros, passados ou presentes". E continua: "a meu ver, Rui não pode ser convertido em um tabu, principalmente por ter sido, além de intelectual eminente, um homem público cujos atos estavam, estão e hão de estar abertos ao exame e as investigações dos pesquisadores. [...] O meu compromisso é com o documento e com a verdade".[51]

Voltando ao texto em questão, nota-se que o narrador de Magalhães Junior concede efetivo valor historiográfico às narrativas de memorialistas, do século XIX, por um duplo entendimento: a valorização dos acervos e dos documentos, a partir do que aqueles autores teriam indicado para compor seus escritos e, também, pelas próprias obras que produziram e que deveriam ser lidas como subsídios para estudos futuros.

Também é bastante destacada a importância de Karl Friedrich von Martius, "um estudioso e um mestre", autor de *Flora Brasiliensis*, e que teve "profunda influência sobre os nossos historiadores por todo o século XIX e também sobre o próprio século em que vivemos". O narrador não vê em Martius um historiador, mas percebe na sua monografia ao concurso do IHGB (salientando aqui a iniciativa do cônego Januário Barbosa e do secretário perpétuo do Instituto) as suas várias contribuições: uma escrita literária e clara, um método, um roteiro de trabalho, uma orientação "oportuna e fecunda para os nossos historiadores".

Para comentar a questão das três raças, o texto faz ainda uma longa citação de José H. Rodrigues, da sua *Teoria da História do Brasil*. Quanto ao IHGB, era de se esperar uma consideração mais encorpada do narrador de Magalhães, se estiver correta a hipótese de que o autor também se baseou em Rodrigues. Contudo, o texto não localiza e nem revela para o leitor o pensamento do Instituto, incluindo algumas de suas teses nativistas, a valorização de uma História feita

---

[51] Cf., pasta 722, 1964-5, arquivo da ABL, Rio de Janeiro.

com documentos e a simpatia de seus membros pelos historiadores românticos e nacionalistas franceses, do mesmo período.[52]

Muitas as linhas são dedicadas à *História Geral do Brasil*, de Francisco Adolfo de Varnhagen, de 1854. Além de fornecer alguns dados biográficos do visconde Porto Seguro, o narrador aponta sua erudição desde alguns de seus trabalhos da juventude como *Reflexões críticas sobre o escrito século XVI* (provando a autoria de Gabriel Soares de Sousa) e *Diário de navegação* (escrito pelo autor e pelo seu irmão Pero Lopes de Sousa).

Também são reservados à obra de Varnhagen vários méritos, apesar de serem apontados alguns equívocos em diferentes edições e de indicar seus críticos como Pandiá Calógeras, João Francisco Lisboa e Silvio Romero. A obra tem, segundo o narrador, um lugar pioneiro pelo conhecimento e pela divulgação dos documentos, pela sua unidade sistêmica, pelo realce da capacidade de trabalho desse autor usuário constante de bibliotecas, cartórios, arquivos e coleções no curso das missões diplomáticas de que participou – afirmando ainda que "ninguém deu tanto apreço ao documento".[53] Mas a crítica sobre Varnhagen também não avança, pois não se comenta sua posição monárquica da qual resultaria a edição da sua obra, seu conservadorismo, seu zelo imperioso pela ordem, seu ponto de vista do colonizador e avesso à presença africana, ou seja, o texto não vai além de marcar a filiação do autor à "escola germânica de interpretação da história".[54]

A seguir, o leitor é introduzido nas considerações a Capistrano de Abreu. A admiração desse por Varnhagen é mencionada, mas ressalvando a crítica forte de Capistrano àquele por ter "desconhecido ou desdenhado o corpo de doutrinas criadoras que, no seu tempo, se haviam constituído em ciência, sob o nome de sociologia" – o que teria impedido que ele visse como se elabora a vida social, as diferentes formações sociais.[55] Aqui, o narrador expande as linhas para tentar interpretar a crítica feita por Capistrano a Varnhagen: "Com o amor ao documento, com o espírito aplicado à investigação de fatos isolados, entendia Capistrano que não se chegaria a uma síntese perfeita. [...] Tendo levado vinte anos a rever, a corrigir, a ampliar, a melhorar a segunda edição da *História geral do Brasil*, Varnhagen acabara por cedê-la ao editor". E continua: "Não houve quem desses maiores exemplos de desapego às recomendações materiais, a não

---

[52] Sobre o IHGB, ver, entre outros, CAMPOS, P. M. Esboço da historiografia brasileira nos séculos XIX e XX. *In*: GLENISSON, J. *Iniciação aos estudos históricos*. São Paulo: Difel, 1983. p. 255-260.

[53] Cf. MAGALHÃES JR., R. *Op. cit.*, p. 54 -55.

[54] *Idem*, p. 55-56. O texto indicaria também as críticas elogiosas a Varnhagen, vindas de José Veríssimo, Oliveira Lima, Rodolfo Garcia, Silvio Romero e João Francisco Lisboa.

[55] *Idem*, p. 56.

ser o próprio Capistrano, colaborador infatigável de obras alheias e para quem eram sempre mais importantes as alegrias das descobertas, a surpresa das revelações arrancadas ao fundo dos arquivos...". Diz que "parecia, aliás, que nele próprio, Capistrano, poderia ser identificado o sucessor legítimo de Varnhagen, porque tinha a mesma paixão do documento, o mesmo entusiasmo de pesquisador". E finaliza: "Estava, além disso, armado de uma teoria sociológica que lhe deviam assegurar superioridades sobre Varnhagen. Mas ficaria no campo das monografias, dos estudos esparsos, nas análises profundas, mas parceladas".[56]

Alguns traços da personalidade de Capistrano de Abreu são destacados como possuidor de uma "cultura invulgar", "leitor infatigável em vários idiomas", "personalidade quase insociável". Há uma manifesta simpatia e afinidade do texto com o historiador cearense e, com humor, também é comentada a conhecida resposta de Capistrano de Abreu ao ser convidado para ingressar na ABL: "A única sociedade a que pertenço, isto mesmo sem ter sido consultado, é a sociedade humana, e dela não tenho que me louvar...". O narrador se diz leitor atento de Capistrano, possivelmente também guiado pela admiração do autor, Magalhães, cujo pai conviveu com aquele historiador na *Gazeta de Notícias*, RJ.

O texto retém alguns aspectos da contribuição de Capistrano de Abreu ao conhecimento sobre o processo histórico brasileiro: o campo da atribuição de autoria, caso de *Cultura e opulência do Brasil por suas drogas e minas*, de André João Antonil; estudos esclarecedores sobre ações do jesuíta José de Anchieta, entre outros. Mas também critica Capistrano por sua "atitude severa [...] ainda que coberta de carradas de razões" por não mencionar a Inconfidência Mineira – que até podia ser "coisa de padres tagarelas, poetas líricos e doutores desocupados" [...] –, mas, a figura de Tiradentes, diz o narrador, resistiria por ter se tornado "lendária", passando a participar da "epopeia brasileira" e isso já seria suficiente para ser discutido pelos historiadores. E, assim, continua: "Capistrano iludiu algumas expectativas. Sendo um dos homens que mais sabiam a nossa história, a muitos espantou que não ousasse escrever uma história geral". E "a decifração das charadas históricas, o desafio do incerto e do não provado obcecavam-lhe a inteligência, desafiando-lhe a atenção, afastando-o das tarefas maiores para as menores, do geral para o particular". Ele, contudo, "dispersou o seu enorme talento em trabalhos fragmentários. Foi um pouco desse amor à charada que o levou, talvez, a aplicar-se com tanto empenho na anotação da *História geral do Brasil* [...] saiu como um verdadeiro cão de fila, ou como um detetive, no encalço desse historiador". E comenta que nos "últimos anos do século passado ele os gastou nesse jogo: pesquisando as fontes de Varnhagen e anotando a *História geral do Brasil*, para, ao fim de tudo,

---

[56] *Idem*, p. 57.

ver quase perdido todo o seu trabalho, no incêndio da Imprensa Nacional, de 1906". E, assim, "teve de recomeçar, desalentado, a tarefa enorme, que não chegaria a concluir, mas encontraria um continuador capacíssimo, o mestre Rodolfo Garcia".[57]

O narrador parece seguir à risca as posições do pesquisador Magalhães Junior, que reagia vivamente, inclusive pela imprensa, às posições controversas e incoerentes sobre Capistrano de Abreu, como a de Silvio Romero, que teria chamado aquele, entre outras, de "um alfarrabista ilusionista". Nesse caso, o crítico se postula, diz o narrador, como um "pontífice máximo da história pátria". E, para o narrador de Magalhães, a crítica historiográfica, rigorosa e profissional, deve ser feita apenas por historiadores.

Nesse sentido, comenta sobre o ensaio de Paul Guérande – *Lamentable Clio*, de 1957 –,[58] autor que sustenta a existência de várias Histórias, conforme a interpretação de seus leitores, afirmando: "Em suma: não há história, há apenas historiadores. Assim como não há crítica, mas críticos..."[59]. Tal assertiva merece atenção por supostamente expressar uma posição do biógrafo contrária a uma História dogmática, oficial, e por perceber uma pluralidade de Histórias – revelando um argumento bastante diferenciado daqueles defendidos por setores da ABL, entre outros.[60]

Se o autor Magalhães Junior, pelo narrador, parece não recusar inteiramente a História científica, além de pensar também sobre a memória histórica, como situá-lo diante dessa própria declaração? É possível pensar que se tratasse mais de uma provocação que, aliás, se enquadrava com facilidade nas suas frequentes "tiradas" de impacto nas matérias, como atestam outros seus textos de crítica, além das referências feitas por alguns de seus pares sobre esse seu estilo peculiar e livre de tratar sobre temas, incluindo o dos estudos históricos.

Deve-se também ter em mira a questão da crítica e dos críticos no cenário carioca de 1958, atravessado por inflexões no clima de debates acirrados sobre a cultura nacional. As repercussões ainda provavelmente vivas na cidade com a Exposição Nacional de Arte Concreta, no ano anterior,[61] os novos ou

---

[57] *Idem*, p. 58.

[58] A edição francesa é da Fasquelle, da Coleção Libelles; Paul Guérande escreveu também *Le petit monde de la Condesse de Ségur*. Paris: Les Seizes, s/d. – livro com boa recepção entre leitores franceses.

[59] *Idem*, p. 59-60.

[60] Sobre a posição de Pedro Calmon na Historiografia brasileira ver REIS, J. C. *Op. cit.*, p. 33-86.

[61] Essa exposição, instalada no prédio modernista do Ministério da Educação e Cultura, reuniu o que havia de mais radicalmente inventivo nas artes plásticas brasileiras como

repaginados suplementos literários do jornal *Correio da Manhã* e do *Jornal do Brasil* colocavam na ordem do dia as discussões sobre o campo da crítica no país.

Raimundo Magalhães Junior, articulado com arcos intelectuais bem mais amplos que os da Academia Brasileira de Letras e desempenhando, por vezes, as funções de crítico literário, pela imprensa, partilhava de encontros frequentes com representantes de um pensamento social progressista pelo convívio com Otto Maria Carpeaux, Franklin de Oliveira, Álvaro Lins, Paulo Rónai, entre outros. Conforme algumas matérias veiculadas pelo *Diário de Notícias* e pelo *Jornal do Brasil*, escreveu sobre o tema, defendendo que a crítica devia ser "rigorosa e densa, sem perder de vista a sua contribuição ao campo das ideias".[62] É também com esse espírito que ele saudaria, em 1958, o crítico literário e seu correligionário dos tempos da Esquerda Democrática, Sergio Buarque de Holanda, por assumir a cadeira de Civilização Brasileira, na Universidade de São Paulo.

Dando continuidade ao painel sobre a Historiografia brasileira que o referido texto propõe, o narrador mantém o padrão de uma escrita entremeada por citações de autores e obras. Comenta a tendência, em voga nos fins do século XIX, de se escrever efemérides como fez Teixeira de Melo em *Efemérides nacionais*, José Pedro Xavier da Veiga em *Efemérides mineiras*, e o barão do Rio Branco em *Efemérides brasileiras*. Sobre esse último, dedica mais linhas pela importância que atribui a sua pesquisa sobre a História militar, além do interesse que poderia despertar nos historiadores do futuro (talvez por isso indique algumas das sucessivas reedições da obra), sem esquecer o fato de o diplomata ter ocupado, como ele, a mesma cadeira, de n. 34, da ABL. Agrega ainda a essa obra de Rio Branco outra, sobre História militar, *A retirada da Laguna*, do visconde de Taunay, escrita originalmente em francês, e, entre outros comentários, faz referências aos demais livros desse autor.

O texto indica também o interesse em investigar autores que "fizeram história sem intenção de fazê-la". Por isso, reconhece a importância do texto memorialístico, citando obras de Joaquim Nabuco – *Minha formação* e *Um estadista no Império* – pela capacidade do autor em formar "um painel magistral da época". Mantém a interlocução com José Honório Rodrigues, para concordar com esse sobre a sua observação de que a obra de Nabuco sugere uma "importantíssima periodização" sobre a História brasileira.[63]

E afirma que, no final do século XIX, foi lançada uma chave de ouro no campo da Historiografia brasileira: o aparecimento da *História do Brasil* – para o curso superior, livro de João Ribeiro, de 1900, de 400 páginas –, "destinado

---

Lygia Clark, Hélio Oiticica, Franz Weissmann, Amílcar de Castro, Volpi, entre outros.

[62] Cf. MAGALHÃES JR., R. anotação manuscrita avulsa, s/d, acervo AMBL, Casa de Rui Barbosa, Rio de Janeiro.

[63] Cf. MAGALHÃES JR., R. *Op. cit.*, p. 62.

a não ser mais que um compêndio para uso de ginásios como o Pedro II [...], mas que representou um grande momento nas nossas letras históricas". O texto faz a defesa desse confrade da ABL e do professor humanista por ter descartado "as velhas interpretações românticas" e apontar novos rumos. O melhor de João Ribeiro, diz o narrador, está, contudo, nas suas próprias palavras sobre o seu livro, denotando também seu interesse crítico pelo problema crucial da cronologia. "Sem embargo da contestação de alguma crítica mal informada, fui o primeiro a escrever a nossa História, segundo nova síntese". E "ninguém, antes de mim, delineou os focos de irradiação da cultura de civilizamento do país; nenhum dos nossos historiadores ou cronistas seguiu outro caminho que o da cronologia e da sucessão dos governadores, caminho seguro, mas falso...".[64]

São também realçadas as contribuições críticas e argumentativas de João Ribeiro sobre o chamado "acaso da descoberta" da terra brasileira, os processos sobre invasões da terra, as insurreições do período colonial, as frentes de povoamento e os fluxos bandeirantes – tudo isso, diz o narrador, "fugindo aos velhos esquemas dos textos didáticos, que não passavam de uma sucessão de datas e de nomes ou de uma série de fantasias líricas e heroicas".

Em um pequeno artigo "O velho João Ribeiro", que Magalhães Junior escreve para o jornal *Diário de Notícias*, RJ, em 31/12/1949, são traçados alguns aspectos do perfil intelectual do escritor. Segundo ele, quem lê o capítulo "Um bilhete sem endereço" de suas *Cartas devolvidas*, percebe o quanto o historiador detestava o jornal por ser um sugador das energias mentais que poderiam ser dedicadas às letras. O que lhe chama mais atenção em Ribeiro é a sua versatilidade, a sua universalidade e a utilidade de seus conhecimentos; diz que seria ele um dos primeiros a comentar as teorias de Freud e de Einstein, no Brasil, ocupando-se também de compreender a obra de Nietzsche, a música de Wagner e dedicando-se às relações da História com a Sociologia e demais ciências.

A ideia, aqui sugerida, é a de que esse texto-conferência sobre Historiografia brasileira representa uma interlocução entre críticos de dentro da própria rede discursiva, representada e legitimada por um dos seus setores, a Academia Brasileira de Letras. Magalhães Junior corrobora essa suposição ao retomar, pelo narrador, a crítica de Araripe Júnior ao livro de Ribeiro (incorporada à sua 2ª edição) e a comenta, indicando querer ouvir o crítico.

O argumento do cearense Araripe Júnior (1848-1911), membro fundador da ABL, se baseia na crítica que faz à História, diz o narrador, "como instrumento de exaltação patriótica ou de lealismo", o que resultou na sua utilização oportunista de acordo com os interesses de cada país e com o grave prejuízo

---

[64] *Idem*, p. 63.

de "deformar a vida dos povos no sentido dos seus ódios ou dos seus entusiasmos". Ele, Araripe, se diz tomado pela perplexidade que, afinal, podia ser compartilhada também com a geração de Magalhães Junior na pós-ditadura e no pós-guerra. "É difícil dizer se o mundo pode dispensar esse, embora velho, conhecido instrumento de civilização, e se esse aparelho de defesa nacional [a história nacional] está no caso de ser abandonado tão cedo para dar lugar a um cosmopolitismo duvidoso, inorgânico". E, "não podendo ser o que Augusto Comte imaginava, não passa, na realidade, do campo de ação em que tripudia o egoísmo feroz de alguns governos e se avantajam os grandes especuladores pertencentes à escola místico-industrial [...]".[65]

Como o narrador de Raimundo Magalhães Junior parece interessado nos prováveis impactos do livro de João Ribeiro (com o prefácio de Araripe Junior), busca informações em Gilberto Amado, *Minha formação no Recife*. Nessas memórias, Gilberto Amado recupera seu primeiro contato com os ensinamentos "desse livro brasileiro" que lhe mostrou que a História "não era mais sinônimo de comemoração cívica, de apologia, de heróis" – conforme os termos que o narrador utiliza para fechar o seu texto-conferência. "Mesmo aqueles que menos relevo lhe concedem, não podem deixar de reconhecer que o livro exerceu enorme influência didática e que, se não contém pesquisas decisivas, apresenta, ao menos, alguns subsídios originais e algumas interpretações felizes". E continua: "Na verdade, cumpriu um belo destino a modesta *História do Brasil*, de João Ribeiro, que dá ainda agora uma prova de robustez e de vitalidade. Uma reedição oportuna converte esse livro afortunado numa das mais recentes novidades editoriais, e no próprio instante em que encerramos esta aula é possível que novos leitores descubram nele aquela mesma vibração [...]". E finaliza: "Feliz, muito feliz é o livro de ensino que, mais de meio século depois de sua primeira publicação, ainda não foi considerado obsoleto, nem se tornou inservível!".[66]

Dessa análise sucinta que faz o narrador de Magalhães Junior sobre a *História do Brasil*, de João Ribeiro, ficam algumas indagações: por que não foram apontadas as ideias republicanas, argumento que parece central na obra? Superando velhos esquemas cronológicos e factuais, por que, ao mencionar a contribuição inovadora desse livro, não se explicita os sentidos dessa inovação? Por que não se ampliam as referências da crítica sobre o livro, além das *Memórias* de Gilberto Amado? Por que não relaciona os estudos sobre filosofia do autor com o "sentidos" que ele atribui à História?[67] Talvez sejam perguntas excessivas para confrontar o narrador

---

[65] *Idem*, p. 64.

[66] *Idem*, p. 65-6.

[67] Sobre João Ribeiro e outros, incluindo o *Almanaque Guarnier*, ver DUTRA, E. de F. *Rebeldes literários da República: história e identidade nacional no Almanaque Brasileiro Garnier (1903-1914)*. Belo Horizonte: Editora UFMG, 2005. p. 215-232.

criado por Magalhães, além dos propósitos práticos do texto (para subsidiar um curso na ABL), o qual provavelmente, não requeria um foco mais reflexivo sobre o tema da Historiografia, ainda que do interesse do autor.

Um aspecto relevante, contudo, diz respeito às preferências intelectuais de Magalhães por João Ribeiro e Capistrano de Abreu, dois autores que revelam suas posições pela perspectiva da mudança na História brasileira e que se posicionam contrários a uma "História oficial". O fato é elogiado pelo narrador em sintonia com Magalhães Junior, que se diz um socialista e que reitera sua simpatia pelo "desvio" desses autores (também retificado em outros artigos pela imprensa). Contudo, nesse texto, o leitor não é informado inteiramente sobre o pensamento de Magalhães com relação a esses historiadores, melhor, sobre aquilo que os aproxima.

Mas esse texto não é, certamente, apenas o que o seu narrador/autor poderia ter escrito. Ele parece mais conformado a um discurso autorizado, performativo, partilhado com outros autores – como alguns dos literatos e confrades da ABL. Esse suposto procedimento autoral coletivo permite pensar a noção de *habitus*, no sentido apontado por Pierre Bourdieu, ou seja, as "maneiras positivamente sancionadas", reconhecidas e legitimadas, que indicam um sistema de percepção e de apreciação de práticas, exprimindo a posição social e o lugar social, organizado e hierarquizado, no qual essas práticas seriam construídas. Pela noção de *habitus*, já que o real é relacional, se configuraria o princípio ativo de unificação das práticas e das representações, sendo possível apreender também esse princípio na unidade de um relato que se pretende totalizante e que reproduz um falar institucionalizado.[68]

O texto assinado por Raimundo Magalhães Junior, de 1955, não deixa de reanimar assim uma posição e um olhar de certo modo constante sobre a Historiografia brasileira, praticada no século XIX, por meio do que ele elenca como as altas expressões dessa narrativa sobre a História. Revela condutas contraditórias de apreciação do tema pelo autor, como se tentou apontar aqui. Se ele defende uma História livre de dogmatismos e uma pluralidade de histórias, ao mesmo tempo afirma, como já mencionado, que "os juízes do presente afinam com os do passado". O autor, Magalhães – animado pelas contribuições significativas de João Ribeiro –, estaria para a mudança ou defenderia a continuidade de uma dada tradição historiográfica?

Pode-se decidir por uma ou por outra possibilidade, tal a carga de ambiguidade do texto. A nossa leitura, indica, além de certo despreparo conceitual do crítico Magalhães, uma possível adesão ao princípio de legitimar marcos historiográficos convencionais, revelando, portanto, muito mais a "distinção social" e a

---

[68] Cf. ACCARDO, A.; CORGUFF, P. *La Sociologie de Bourdieu: textes choisis et commentés*, 2ème edition revue et augmentée. Bordeaux: Le Mascaret, s/d. E, ver ainda, de Bourdieu, *O poder simbólico*. Lisboa: Bertrand/Rio de Janeiro: Difel, 1989.

"comunidade política" de uma rede discursiva que procura reiterar a sua própria dizibilidade (sobre o que ela nomeia e qualifica), promovendo certa identidade para essa Historiografia – um conjunto que se quer coerente, durável e autorizado por meio de autores e obras. Mas é possível pensar ainda, valendo-se de Michel de Certeau, que Magalhães Junior tenha se deparado com esse "fantasma da Historiografia", tal as fendas expostas no seu texto. Aqui, no sentido crítico sobre os alvos da Historiografia, "do objeto que ela busca, que ela honra e que ela sepulta" ou sobre um conhecimento que não deixa de "acalmar os mortos que ainda frequentam o presente, oferecendo-lhes túmulos escriturários".[69]

A análise desse texto sobre Historiografia brasileira, escrito por um narrador crítico sobre os estudos históricos, enseja também algumas questões e problemas teóricos colocados para setores do pensamento intelectual brasileiro nesse período. Algumas posições, mais aguerridas, defendiam a relação do conhecimento histórico com "o presente das reformas" e com "os que marcham ao lado da história".[70] E, como desdobramento desses questionamentos, o gênero biográfico era bastante debatido, confrontando as modalidades romanceadas e históricas.

O fato de a História, como disciplina acadêmica, ainda ensaiar o seu campo disciplinar e universitário, no país, pode ter influenciado, como já se sugeriu, em uma tendência de conformação da biografia na direção dos estudos históricos, além de remarcar uma tradição do pensamento social brasileiro em se constituir nos sentidos apontados também pela História. Se a normatividade do gênero biográfico podia ser histórica, tal como a percebia Octávio Tarquínio de Sousa, além de acenos positivos, pela crítica, à biografia documentarista, a biografia histórica vinha complementar a análise das estruturas sociais e dos comportamentos coletivos, já que, também, era convencionado ou compreendido o trânsito entre a narrativa histórica e a narrativa literária por meio de formas narrativas como o ensaio, a crônica e a biografia.

Contudo, em alguns nichos mais resistentes, a biografia histórica seria vista ainda com desconfiança por conformar uma concepção de história *desviante* ou centrada em protagonismos, pobre, não questionadora – debate que, no período, era presente pela crítica literária bem mais do que pela crítica historiográfica. Alguns críticos combatiam ainda a composição utópica e redutora do retrato biográfico, positivista, sobretudo pelas suas marcas de ligeireza e de leviandade,

---

[69] Cf. DE CERTEAU, M. A operação histórica. In: *A escrita da história*. Rio de Janeiro: Forense Universitária, 2000. p. 14.

[70] Cf. prefácio da coleção "História Nova", do Ministério da Educação e Cultura, com conselho editorial formado por Joel Rufino dos Santos, Nelson W. Sodré, Maurício Martins de Mello, entre outros. Ver também "Cadernos do Povo Brasileiro", da Civilização Brasileira, coleção dirigida por Álvaro Vieira Pinto (Iseb) e Ênio Silveira. Essas publicações foram propostas na década de 1950 e interrompidas entre 1965 e 1966.

apontando para a substituição da montagem da galeria dos ilustres pelo exame, esse sim importante, dos processos históricos.[71]

Raimundo Magalhães, como se viu, se dedicou à biografia documentarista entre as décadas de 1950 e 1960. Suas atividades de pesquisador e de biógrafo estavam relacionadas a algumas de suas proposições nacionalistas e às inquietações políticas desse período tumultuado da vida nacional.

Por ser inquestionável a influência desses elos temporais na obra do escritor, parece-nos pertinente acompanhar, em parte, a reflexão de Paul Ricoeur sobre o impacto do chamado tempo presente na produção do historiador. O "presente de referência" seria o centro da perspectiva temporal, mas existiria "um futuro desse presente, que se faz da espera, da ignorância, das previsões, dos temores dos homens de então, e não daquilo que nós outros sabemos ter acontecido", assim como existiria um passado desse mesmo presente, ou seja, "a memória dos homens de outrora, e não aquilo que nós próprios sabemos do passado deles".[72]

E a análise de algumas das obras de Magalhães Junior indica que essas são norteadas por essa preocupação efetiva. O texto do seu narrador sinaliza a relação temporal com evidência, fornecendo várias pistas ao leitor sobre aquele *seu* tempo e de seus biografados, que viveram, narraram e intervieram. Em outra camada de apreciação, também se observa que a noção de contexto histórico, somada àquela percepção dos tempos em relação, era uma construção muito cara e quase central ao narrador, como se o próprio Magalhães o instruísse sobre esse ponto.

A participação do leitor parece indiscutível nessa armação narrativa, pois geralmente ele é convocado para refazer a *realidade* de vários contextos e enredos com o intuito de localizar e contextualizar o biografado, o que pode indicar uma estratégia narrativa para preencher os vazios documentais sobre o *portrait* do protagonista. As relações entre vida individual e contexto social, permanentes e recíprocas, seriam retomadas com recorrência quase metódica nas biografias de Magalhães por aquilo que Giovanni Levi salientou com pertinência: "As vicissitudes biográficas [devem estar] à luz de um contexto que as torne possíveis".[73]

O narrador de Magalhães parece ainda atinado, interessado em saber que o antes e depois constituem o "horizonte de sentido" de uma narrativa ou o postulado metódico de uma narrativa biográfica, que se quer documentarista ou histórica

---

[71] Cf. *clipping* da ABL, entre os anos 1960 e 1970. As crônicas de Carlos Drummond de Andrade, Otto Lara Resende no *Jornal do Brasil*; a coluna de João Condé no *Correio da Manhã*, de crítica literária, entre outros temas, acompanham criticamente as biografias então editadas no país.

[72] Cf. RICOEUR, Paul. *História e verdade*. Rio de Janeiro: Companhia Editora Forense, 1968. p. 31.

[73] Cf. LEVI, G. Usos da Biografia. *In*: FERREIRA, M. M.; AMADO, J. (Orgs.). *Op. cit.*, Rio de Janeiro: Editora FGV, 1996. p. 176.

e que não estava apartado da experiência histórica, necessária para se produzir, expor e viver a sucessão no curso do tempo, como mostra Reinhart Koselleeck.[74]

Nessa opção por uma biografia de vertente documentarista, à noção de contexto se associa o papel conferido à cronologia – uma reestruturação diacrônica arbitrária –, na qual o narrador, além de pensar a História submetida ou aderida a uma temporalidade cronografada, se vale desse recurso temporal, também estilístico, para clarificar a própria narrativa.

A análise dessa narrativa biográfica permite ver que ela é armada pela consulta a acervos de instituições oficiais centenárias que o narrador faz questão de realçar, assim como certa importância mítica que confere ao arquivo – conforme a impressão que ficou, do autor, entre alguns dos seus contemporâneos na Academia Brasileira de Letras. Nessa escrita, não há também uma posição nítida de enfrentamento aos historiadores, mas é sugerido que a História que se constrói, pela biografia, é armada pelo modo como se operam as fontes, em geral, por uma posição questionadora. Um depoimento de Barbosa Lima Sobrinho, em um artigo de 28/2/1982, "Um país perdulário?", no *Jornal do Brasil*, RJ, em homenagem à memória de Magalhães Junior, dá uma medida da crítica de alguns de seus pares na ABL: "Não tinha tempo para se deter na análise da psicologia das personagens, tantos eram os fatos que reunia, para que deles se extraíssem uma conclusão fundamentada". Raimundo Magalhães "tinha sempre alguma coisa a acrescentar ou a retificar. Como se ele próprio constituísse a recordação de todo o nosso passado, com a incumbência de revelar assuntos e episódios ignorados. Sempre e sempre com uma precisão impecável, como se estivesse apenas lembrando uma pesquisa que acabava de fazer". E, afinal "tudo acabava em alguns aspectos de uma atividade que abarcava todos os assuntos, com a mesma intensidade e a mesma segurança, para nos deixar a impressão de que o dia lhe reservara o privilégio de horas suplementares, que seriam dele e de mais ninguém".

O pesquisador Magalhães Junior transfere para o narrador o gosto pelo documento e o zelo que devota à proveniência das fontes. Seu conceito de documento é, em geral, percebido de forma tradicional, "pré-crítica", ou seja, como repositório definitivo e prova cabal. Em geral, seu conceito de fabricação da fonte não é examinado, assim como não são indicados os elos que tal construção poderia fornecer e articular. A fonte vale para ele como um achado, valendo supostamente por si mesma, por algo que tem uma "função mágica" diante do pesquisador. Contudo, Magalhães parece ter percorrido também as trilhas da inquietação no curso de sua produção intelectual: de obcecado revisor de algumas minudências – posição da qual não recuaria inteiramente, talvez pela

---

[74] Cf. KOSELLECK, R. *Futuro pasado: para una semántica de los tiempos históricos*. Barcelona: Ediciones Paidós, 1993. p. 142.

sua permanente inserção no jornalismo investigativo – passa a questionar os processos da narrativa histórica quando distanciados de um conjunto de relações a serem desvendadas e repensadas.[75]

Jacques Le Goff problematiza questões importantes sobre o *métier* do historiador ao considerar que "é na pressão maior da documentação que o historiador se diferencia do romancista".[76] Lembramo-nos disso também ao reler algumas das obras de Magalhães, como a sua primeira biografia impressa, *Arthur Azevedo e sua época*, de 1953. O biógrafo constrói, sempre que possível, um texto que revela seu afinco à pesquisa documental e deixa clara a sua pretensão de manter a articulação com o contexto oitocentista, melhor, o mundo urbano e político do Rio de Janeiro – em geral, apontando a vida cultural em curso e no entorno dos passos do biografado –, elaborando revisões críticas e interpretações correlatas.

Mas seria possível supor que, no curso continuado da produção de suas biografias documentaristas, ele próprio tenha sofrido aquela pressão, comentada por Le Goff, não apenas pela prática da empiria que sempre o teria acompanhado, mas, principalmente, pela extensão problemática das questões que eventualmente surgiam e que podiam tê-lo apanhado, já que percorreria muitos terrenos cruzados entre formas discursivas distintas, sobretudo, a História e a Literatura.

Também quanto à transferência que se opera "para o âmago da pesquisa, as tensões [criadas] entre narração e documentação",[77] observam-se no seu texto alguns enunciados reveladores do pesquisador atormentado pelas dúvidas narrativas, pelas idas e vindas de argumentos e mesmo pela recorrência à assertivas confessadamente refeitas. O narrador de Magalhães se apresenta como um "escritor de História" impelido para o engate de novas experiências sobre o passado com uma atenção perquiritiva e com uma suposta adesão às aventuras da descoberta – o que parece bem de acordo com uma declaração sua: "Gosto mesmo de pesquisar, de analisar, de achar coisas novas, sobretudo, em assuntos que parecem velhos".[78]

Ainda que enfrentando dificuldades do seu texto, pode-se dizer, como leitor, que o modelo narrativo da sua biografia documentarista não é delineado por um discurso estritamente tradicional, como a de alguns textos biográficos, de sua época, em que, entre outras, a reconstituição da duração temporal da existência é apresentada pelo seu sentido exterior, linear e mesmo exemplar.

---

[75] Nas obras biográficas, *Rui, o homem e o mito* (1964) e *A vida turbulenta de José do Patrocínio* (1969), o narrador de Magalhães faz algumas observações sobre os processos complexos de construção da história, o que sugere sua preocupação mais efetiva com o assunto.

[76] Cf. LE GOFF, J. *Commente écrire une biographie historique aupourd'hui*. Paris: Le Débat, 1989. p. 49.

[77] Cf. GINZBUG, Carlo. *Relações de força*. São Paulo: Companhia das Letras, 2002. p. 14.

[78] Cf. pasta de 20/11/1941 a 30/05/1982, acervo de Raimundo Magalhães, AMLB, Casa de Rui Barbosa, Rio de Janeiro.

Sua narrativa biográfica é encarnada pela ação ativa do protagonista em um anel mais amplo, contextualizado e, por isso, mais compreensiva sobre o vivido social do que explicativa, não deixando de lado o fato de ser questionadora diante dos impasses da própria pesquisa e da montagem dessa narrativa.

Para Paul Ricouer, a História pertence, em todas as suas formas, ao campo narrativo. Buscando construir a relação e a mediação entre tempo e narrativa, ele mostra como o tempo torna-se tempo humano quando se articula no próprio fazer narrativo, fazendo com que a narrativa ganhe sentido e significado por ser uma condição temporal. Aquilo que é narrado, enquanto vivido, se torna humano e, por isso, se torna recebido, partilhado. Haveria, portanto, três planos nessa relação entre tempo e narrativa: uma pré-compreensão (dos marcos temporais, dos elementos simbólicos, etc.), que possibilita ao autor construir uma narrativa que será reconhecida e partilhada pelo leitor; uma configuração da intriga construída pelo autor por meio da sua capacidade de dar forma ao vivido, elaborando uma síntese lógica entre fatores e tempos distintos ("concordância discordante"), criando um significado compreensível e; finalmente, a participação do leitor, que, por sua particular recepção, move ativamente (acrescentando, completando, interpretando) essa narrativa pela sua leitura ou escuta.

Raimundo Magalhães Junior critica a noção de que o acervo da História brasileira, com as ações de sua gente ou de seus processos, estaria enterrado em valas comuns ou em mausoléus silenciosos sobre os quais o tempo não tinha deixado quaisquer vestígios. Ele parece disposto a provar que o vestígio sempre existiu e que, por meio dele, por menor que seja, é possível reformular conceitos e dar a conhecer a historicidade de uma *persona* ou de um acontecimento.[79]

É pela biografia que Magalhães Junior procura reencontrar o núcleo e os elos entre a vida individual e a coletiva – esses "mercados protegidos por suas trocas íntimas e confidentes", como ensina Pierre Bourdieu. Em geral, os textos do narrador de Magalhães Junior escapam de normas tradicionais e arraigadas para a consagração do *portrait* do biografado, fazendo-as vergar, ao contrário, para relações sociais e políticas, além de propor alternativas metodológicas como a ressignificação de fontes e acervos.

Ele trabalha a difícil equação entre o indivíduo e "sua época" ou a narrativa dessa situação sinérgica em que tais elementos, distintos, rebatem entre si as contradições e as possibilidades da ação no marco temporal. E, mesmo que afinado com certo esboço da construção tônica do herói – aquele que é capaz de *inventar* um passado e uma tradição –, seus biografados são traçados como heróis *torcidos* entre *persona* e *pessoa*. A análise da escrita de seu narrador parece, assim, uma empreitada bem mais arriscada, tendo em mira essa observação opor-

---

[79] Cf. *Jornal do Brasil*, As boas biografias de R. Magalhães Junior, Rio de Janeiro, 17/6/1972.

tuna de Carlo Ginzburg: "Para decifrar, temos que aprender a captar para lá da superfície aveludada do texto, a interação sutil de ameaças e medos, de ataques e recuos. Temos, por assim dizer, de aprender a desembaraçar o emaranhado de fios que formam a malha textual destes diálogos".[80]

Mas, mesmo a par da tarefa de desembaraçar as camadas de informações e tornar compreensível a malha dialogável das pistas e dos documentos, pode-se indagar ainda sobre os sentidos de alguns dos procedimentos, recorrentes, do também enigmático narrador de Raimundo Magalhães. Para não deixar pistas de uma suposta interlocução com os teóricos da História e os historiadores? Para construir uma imagem do "escritor de História" original, mesmo não se colocando abertamente como historiador? De todo modo, e aqui na condição de leitor, pode-se indicar uma percepção obtida ao término da leitura dessa narrativa: dela ficam menos o biografado e mais os dilemas do seu tempo social e político.

Quanto ao conceito de *petite histoire*, que de algum modo foi imputado pejorativamente à sua escrita e como prova de uma reação negativa e tardia ao autor, tal rótulo pode sugerir hoje – se marcadas as devidas diferenças metodológicas e conceituais! – uma reorientação da crítica historiográfica à sua biografia pela via da micro-história, em que pese a aparente, mas enganosa, analogia entre os termos "pequena história" e "micro-história".

Se o singular e o geral estão implicados nos elos da História e da vida, as biografias de Magalhães Junior, como as discutidas neste trabalho, fornecem chaves para enxergar cognitivamente aquele anel instigante entre História e biografia. Podem contribuir ainda para a reflexão crítica sobre as generalizações históricas, que, além de não serem seguras, dificultam análises sobre os impactos dos chamados processos gerais sobre as trajetórias sociais dos indivíduos.

A concepção de História de Raimundo Magalhães Junior parece bastante sinalizada por autores franceses – a depreender das citações que faz, como experiente tradutor, de Montaigne, Voltaire e Rousseau –, sobretudo quando analisa a política, as questões éticas mediante o vigor do factual, esse "conjunto emaranhado de equívocos e chances", como ele próprio diz.[81]

Leitor de Proust – o qual Magalhães desejava traduzir com Paulo Rónai –, o biógrafo parece muito influenciado pela leitura de *Proust: portrait of a genius*, livro de André Maurois, editado em 1950. Chega a comentar que aprendera com Proust a valorizar a memória como agente propulsor, a fotografia como documento singular e os ideários "altaneiros e justiceiros dos intelectuais progressistas, do século XIX".[82]

---

[80] Cf. GINZBURG, C. *A micro-história e outros ensaios*. Lisboa: Difel, 1991. p. 209.
[81] Cf. observação feita, em entrevista, por Antônio Olinto, Rio de Janeiro, 7/2/2004.
[82] *Idem*.

Magalhães Junior declara ainda a sua admiração pelos pensadores culturalistas europeus do início do século XX e, em especial, por Benedetto Croce pelos seus esforços para fundar o Partido Liberal, na Itália. Afirma ter aprendido com este a não se descuidar das raízes históricas dos processos sociais comentando, sinteticamente, em um artigo, a sua afinidade com a ideia do filósofo sobre os problemas da liberdade – princípio que devia animar a vida e a História, mas longe do juízo de valor, fonte de embaraços e de problemas.[83] Sobre o tema da subjetividade na História, faz referências positivas a um artigo de Croce, intitulado "Subjetividade e objetividade da historiografia", publicado no jornal *Diário de São Paulo*, em 22/4/1956.

Magalhães Junior reconhece, com gratidão, o seu convívio com Otto Maria Carpeaux, que tinha lhe mostrado a construção de pontes entre diversas esferas da atividade humana, como a estética e a política. Com relação ao marxismo, é possível que tenha incorporado alguns de seus conceitos, ao menos no plano político organizado, ou seja, como militante do PSB. Em uma anotação esparsa, de tom confessional, diz que com sua leitura de Marx (qual?) aprendera que "a realidade nunca é e será a que se apresenta como a mais evidente".[84] E esclarece sua posição: "Sou socialista e sempre fui. [...] Os meus livros não sofrem influência de minha posição socialista. É o historiador um cronista imparcial. Quando escrevo sobre o Império, faço-o como republicano, pois até hoje tudo foi escrito por monarquistas".[85]

Se algumas de suas noções sobre História podem ser alinhadas às proposições gerais da Academia Brasileira Letras – como um "campo de influências" –, é também possível perceber, no curso de sua trajetória, a sua autonomia intelectual frente à instituição, caso dos seus posicionamentos aguerridos em torno dos desdobramentos provocados pelo seu livro *Rui, o homem e o mito* – como já foi apontado.

Como participante ativo da formação de um público leitor em expansão, sobretudo nos anos 1950, por meio de projetos editoriais para os estudos da biografia histórica, pode-se vê-lo por dentro do que constituía a cena da "cultura histórica" brasileira de sua época, mas, jogando, a seu modo, um *plus* no canônico. Se o cânone servia, em geral, para garantir a tradição, amparar uma versão da cultura como recordação iniciadora e um sistema social de referência, pode-se aduzir Magalhães Junior como um intelectual "canônico" e "conservador" – mas ressaltando-se que, aqui, não se pensa o cânone sob a égide de

---

[83] Cf. MAGALHÃES, JR., R., texto com anotações do autor, sem data, sugerindo rascunho de matéria para jornal, acervo do AMBL, Casa de Rui Barbosa, Rio de Janeiro.

[84] Cf. MAGALHÃES, JR., R., anotação à margem de um texto de imprensa sobre o materialismo histórico, sem indicação de autor, periódico e data – acervo do AMBL, Casa de Rui Barbosa, Rio de Janeiro.

[85] Cf. MAGALHÃES, JR., R. jornal *O Estado de S. Paulo*, 13/12/1981 – matéria sobre a morte do biógrafo com diversas declarações do escritor ao longo de sua vida.

uma "burguesia florescente", que imporia o seu modelo interpretativo moderno ao resto do mundo durante o auge do capitalismo industrial e imperialista.[86]

A História, tal como é entendida por Magalhães, parece ser uma ciência reitora entre os diversos campos do saber. Um conhecimento sobre vestígios, um instrumento de controle do passado para instruir o presente, entendido à moda romântica, é o processo que realiza a reflexão sobre a orientação da ação humana no tempo com sua inteligibilidade universal e por meio de um conhecimento que se pretenderia plausível. A História, para ele, também se enlaça com a Literatura; suas biografias espelham, se não uma tensão, uma proximidade entre ambas ou mesmo uma suposição de que a História é parte da Literatura ou é uma arte literária e de que, também, a Literatura estaria na História em forma de linguagem, retórica e leitura. Nesse sentido, fica-se diante do problema das diferentes formas de texto, do manejo e da construção de fontes para a conformação da biografia tal como a entende Magalhães, pois ele parece caminhar na fronteira imprecisa sugerida pela própria biografia documentarista e mais alinhada à História.

O pensamento de Magalhães sobre História parece também conformado a uma posição romântica historicista. Como romântico, assinala a importância da consciência histórica (uma mística da História); dos gênios investidos de uma missão cultural civilizatória (os seus biografados); dos valores desses biografados como atemporais (além do seu presente); da combinação do saber erudito com o saber popular (então chamado de folclore) para a construção do "espírito nacional". Como historicista, pensa sobre o passado do Brasil, notadamente o oitocentista, que lhe parece o mais expressivo culturalmente. Para sua recomposição, vale-se de uma "atitude de historiador" combinada ao seu zelo pelas fontes e pela busca da "verdade histórica". Quer trazer o passado para o presente e apagar o abismo entre o passado e o presente; pois a persistência do passado é fundamental para orientação e referência do presente. Esse passado deve ser cultuado e ser apreendido como o "real perdido" e a "relíquia da verdade", e a História, que explica "todo fenômeno humano", deve ser valorizada, pois a sua reconstrução é um imperativo.[87]

E somente a História parece capaz de explicar a nação brasileira; ela deve ser escrita por um grande esforço de reconstituição do passado, que tem seu estatuto e deve ser lembrado para esclarecer os eventos da nação de modo a reafirmá-la, comemorá-la. O narrador de Magalhães, se estiver correto que ele retoma o desejo do autor em tornar-se um historiador, procura por um sentido

---

[86] Cf. crítica de CARVALHO, B. Robespierre e eu. Jornal *Folha de S.Paulo*. Ilustrada. São Paulo, 4/7/2006.

[87] Cf. REIS, J. C. *História & teoria: historicismo, modernidade, temporalidade e verdade*. Rio de Janeiro: Editora FGV, 2003. p. 214-226.

histórico para o Brasil, a partir do século XIX. Coloca-se disponível para reunir o disperso ou o que se dispersou para interpretar e encontrar a nação brasileira, mas, fazendo essa ressalva: "A tarefa da grande síntese dos acontecimentos, interpretando-os para o esclarecimento dos contemporâneos e da posteridade" deve caber aos historiadores, não a ele, "um pesquisador desinteressado [sic]".[88]

É possível ainda que o conhecimento histórico, em Magalhães, esteja conformado à noção de ciência, capaz de atestar a "verdade histórica"; ele a vê amparada por procedimentos objetivos e sustentada por documentos confiáveis, embora também sugira que a intuição, a imaginação e a subjetividade do pesquisador façam parte dessa operação intelectual. Sem esse conhecimento, integrante do campo da cultura, não seria possível alçar a construção da identidade nacional.

Sua obra biográfica, que é atravessada por energias sociais de repercussão nos círculos institucionais, editoriais e da imprensa de sua época, pode ainda nos enviar algumas questões: que afinidades se teria, hoje, com o impulso criador e investigativo dessa narrativa biográfica? Qual História seria essa que ele conta e como passá-la adiante?

O leitor contemporâneo, ao ter contato com esses textos de biografia histórica, distintos, como os de Octávio Tarquínio de Sousa e de Raimundo Magalhães Junior, pode encontrar subsídios para refletir sobre os esforços desses escritores em produzir uma obra biográfica em interseção com a Historiografia, tendo em mira, sobretudo, os debates profícuos do período, no qual a modalidade documentarista tenta se aproximar dos estudos históricos, ainda que sublinhando, e com relevo, as condições em que essa obra foi produzida e as condições para a sua recepção naquele mercado leitor.

Magalhães Junior parece não se ter se apartado de um dos seus objetivos, ou seja, de fazer uma História da cultura no Brasil, utilizando-se de alguns recursos documentais e narrativos próximos aos incluídos pela Historiografia contemporânea. Parece principalmente interessado no conhecimento sobre o mundo das elites ilustradas. Referindo-se aos elementos históricos para a conformação dos comportamentos políticos dessas elites, movidas historicamente pela perpetuação da sua situação de privilégio, seria do próprio Magalhães o sentimento "de que nunca seria fácil falar dessas elites desmesuradamente caricatas" – algo parecido com o que Darcy Ribeiro chama de a "ruindade brasileira". Pela análise de algumas de suas obras, não deixa de ser notável reconhecer o acentuado tom político do seu narrador, permitindo considerar que ele pretendia um acerto

---

[88] Magalhães Junior faz referência a sua atividade de pesquisador em algumas entrevistas, como no jornal *Correio da Manhã*, em 28/7/1957 e, sobretudo, no prefácio do seu *O Império em chinelos*, Rio de Janeiro: Civilização Brasileira, 1957.

de contas com o presente de sua época pela ponte do passado ou pelo o que ele queria enxergar nesse passado. Nesses termos, uma declaração sua, "politicamente organizada" e repetida nos círculos cariocas de jornalistas e literatos, pode ser reveladora: "Já se faz muito quando se é um socialista convicto em um país como o Brasil".[89]

Diante da leitura da obra biográfica de Raimundo Magalhães Junior, é importante notar a convergência política do seu texto com uma perspectiva mais progressista sobre a História brasileira. Se essa História, cruenta, foi em geral soterrada por biografias sobre pais fundadores e salvadores do "espírito nacional", negociadores e apaziguadores dos conflitos sociais, Magalhães parece contribuir em outra perspectiva: a maioria dos seus biografados, como ele nos faz entender, não teria desertado.

O biógrafo revisor

"O diálogo crítico é sempre feito da coragem intelectual."
Raimundo Magalhães Jr.

Ao longo do processo de produção de suas biografias, percebe-se uma aproximação cada vez mais nítida, na narrativa de Magalhães Junior, entre esse gênero e a Historiografia, tendência não de todo incomum entre alguns escritores polígrafos de sua época, acrescido do fato de ser a biografia então reconhecida como parte do campo dos estudos históricos. E Magalhães assume, crescentemente, certa identidade revisora, notada por seus contemporâneos, mesmo em outras atividades da escrita a que se ligou como o jornalismo, a dramaturgia, a tradução e a literatura.

O tom por vezes burlesco e humorado de sua narrativa biográfica combina-se, paradoxalmente, com a severidade do revisor, sugerindo que equívocos, inconsistências e falhas de interpretações deveriam ser reparadas, além de uma suposta ambição de descrever o "mundo histórico" em pormenores por meio da apresentação, ao leitor, de alguns *tesouros* documentais. Barbosa Lima Sobrinho, seu confrade na Academia Brasileira de Letras, ressalta esse mesmo aspecto sobre o perfil intelectual de Magalhães: "Tinha sempre alguma coisa a acrescentar ou retificar, como se ele próprio constituísse a recordação de todo o nosso passado, com a incumbência de revelar assuntos e episódios ignorados".[90]

---

[89] Cf. depoimento de Antonio Olinto, em entrevista, sobre a posição política de Raimundo Magalhães Junior, Rio de Janeiro, 7/2/2004.

[90] Cf. SOBRINHO, B. L. Um país perdulário? *Jornal do Brasil*, Rio de Janeiro, 28/2/1982. Artigo em homenagem à memória de Raimundo Magalhães Junior e Paulo Carneiro,

"Je n' impose rien; je ne propose rien; j' expose". Essa expressão, atribuída a Lytton Strachey, conhecido autor inglês que teria libertado a biografia dos limites literários vitorianos, é citada por Magalhães Junior em suas anotações provavelmente para sublinhar uma característica essencial que, a seu ver, deveria nortear o gênero biográfico: a precisão na narrativa, estruturada a partir de fontes documentais que permitissem ao biógrafo cumprir o seu primeiro dever, o de expor.[91]

Em uma entrevista, de 1971, ao jornal *Correio da Manhã*, RJ, ele faz esse depoimento: "Sempre fui um grande leitor de biografias. Há quarenta anos começaram a surgir as biografias de André Maurois sobre Shelley, Disraeli – me interessei muito e daí passei para outros biógrafos como Strachey. Descobri que certas figuras brasileiras não eram bem conhecidas por falta de quem as biografasse". Assim, "passei a aplicar o método daqueles biógrafos [...] que era o de eu me preocupar ao mesmo tempo com a figura biografada, com o ambiente da época e com os acontecimentos históricos do seu tempo".[92]

Em 1957, em um curso dado por Magalhães sobre Literatura Brasileira, em Santos, SP, ele próprio oferece um bom exemplo sobre essa sua pena revisora ao se referir a Machado de Assis, que também era um revisor de jornal e que começou traduzindo a obra de Charles Ribeyrolles, *Brasil pitoresco*. Indica outros tradutores dessa obra, como Francisco Ramos Pais, Remígio de Sena Pereira, para concluir que essa tradução é "infame". Outro exemplo está no livro *O esqueleto*, obra atribuída a Aluísio Azevedo, da Livraria Martins Editora, s/d, com prefácio de Brito Broca, pertencente ao acervo da biblioteca da Academia Brasileira de Letras. No volume, riscado e anotado por Magalhães, lê-se: "Este livro não tem uma só linha de Aluísio Azevedo, [a obra] é de Olavo Bilac e Pascoal Mallet [...]. Prefácio totalmente errado, contendo uma falsa atribuição da obra".[93]

Para que possam ser apontadas algumas dos matizes de seu pensamento, Raimundo Magalhães Junior deve ser entendido, claro, no seu tempo. É possível situá--lo, como outros tantos intelectuais coetâneos, em universos intelectuais *fechados*, marcados por pressupostos filosóficos racionais categóricos e possuidores de certa inspiração positivista. O biógrafo revela em passagens de seus livros de biografia, alguns dos paradigmas e dos elos historiográficos sob os quais seu trabalho estaria sujeito, de acordo com a História então praticada e também com as influências que acolhe de obras do gênero biográfico, em especial as de Lytton Strachey.

---

após o falecimento de ambos.
[91] Cf. MAGALHÃES JR., R., pasta de recortes, s/d, AMLB, Casa de Rui Barbosa, Rio de Janeiro.
[92] Cf. jornal *Correio da Manhã*, Rio de Janeiro, 28/2/1971; pasta 722, arquivo da ABL, Rio de Janeiro.
[93] Uma cópia deste livro, *O esqueleto*, me foi cedido, gentilmente, em 22/7/2004, por Luis Antonio de Souza, da Biblioteca da ABL, Rio de Janeiro.

A pesquisa em seu arquivo – cedido pela família após sua morte à Casa de Rui Barbosa, RJ – mostra a coleção de diversos *datiloscritos* com correções manuscritas, de acréscimos ou de cancelamentos de ideias, além de comentários e críticas, possivelmente, a serem sistematizados para artigos na imprensa. Esse conjunto confirma a nossa impressão de sua atenção para o detalhe, seu tirocínio analítico e a força satírica combinada a algum ceticismo, além da dimensão, por vezes hiperbólica, de sua posição revisora.

É possível entrever no escritor uma vontade quase tirânica de escarafunchar vidas e obras para revisá-las e ordená-las – como se, além do texto, o fizesse a si mesmo. Corrigindo e revisando, tentando ordenar o passado, pela narrativa biográfica, há nele um esforço atrás da ideia de construção da nação e da cultura brasileiras, talvez buscando iluminar o seu presente pela exemplaridade de certo passado solar e pela orientação imaginada do que deveria ser o futuro.

Esse aspecto revisor do biógrafo é notado por Maria Helena Werneck, que estudou as biografias, dele e as de outros autores, sobre Machado de Assis, pela perspectiva da crítica literária: "Empurrado pelo avanço da nova crítica, distancia-se da tarefa de processar os escritos de Machado, através de procedimentos obrigatórios do ofício do historiador, tais como exclusão, realce, subordinação, preferindo apresentar-se ora como errata de interpretações anteriores, ora como arquivo completo da obra do escritor".[94]

Parte de um artigo, já citado, do editor e crítico literário Joel Silveira, que acompanhou a trajetória intelectual de Magalhães, no Rio de Janeiro, refere-se, entre outros aspectos, ao seu papel inovador, sobretudo, pela ação de sua pena revisora. "Duvido que alguém possa hoje escrever sobre o Brasil do século passado – o Brasil político e o Brasil literário – sem antes ler as biografias de R. Magalhães Junior. Acham-se hoje incorporadas ao rol de obras de consulta obrigatórias, às quais terão inevitavelmente que recorrer historiadores e estudiosos contemporâneos da vida brasileira". E continua: "O grande mérito de Magalhães Junior reside no seu devotamento à pesquisa com que ele se atira à exumação do que no formidável e desbaratado acervo da história dos fatos e dos homens brasileiros, parecia enterrado em valas comuns ou em mausoléus derrubados e dos quais o tempo não teria deixado qualquer vestígio". Para ele, "de R. Magalhães Junior, ao contrário, se poderia dizer que assumiu entre nós, o papel de biógrafo-revisor por excelência. Não pode de forma alguma ser subestimada a sua decisiva contribuição para o traçado do verdadeiro perfil, do retrato em corpo inteiro e sem retoques da vida brasileira do século

---

[94] Cf. WERNECK, M. H.V. *O homem encadernado: A escrita das biografias de Machado de Assis*. Rio de Janeiro: UFRJ, Faculdade de Letras, 1994 (Tese de doutorado em Literatura brasileira). p. 16.

passado". E, "em totalidade: gente, fatos, costumes, ambiente, tendências políticas e afirmações literárias".[95]

É possível perceber que Magalhães saúda certa tradição da escrita biográfica pelas citações de biógrafos consagrados e de autores clássicos de que faz uso, supostamente para conquistar e reinventar essa tradição, mantendo-a sobrevivente. De início, ele se apoia na tradição biográfica mais antiga, praticada pela inserção *avulsa* de escritores e de ensaístas na pesquisa histórica no Brasil, como Melo Morais (pai), Vieira Fazenda, Alberto Rangel, Viriato Corrêa, entre outros. São em geral escritores de "dotes históricos" que escrevem na imprensa e publicam desde a década de 1920, representantes de uma escrita histórica chamada de vulgarizadora por fazer revelar certas minúcias da vida privada.[96]

Também parecem importantes os estudos biográficos brasileiros, do século XIX, lidos e indicados por Magalhães Junior, como os de Pereira da Silva (1817-1898), *Plutarco brasileiro* (1847), *Os varões ilustres do Brasil durante os tempos coloniais* (1858), os de Joaquim Norberto (1820-1981), publicados nas *Revistas do Instituto Histórico e Geográfico Brasileiro*, nas quais também escreve Francisco Adolfo de Varnhagen (1816-1878) com suas biografias sobre os "homens de letras".[97]

No plano da composição da escrita, há o suposto de que todo *grande* escritor é um leitor da tradição, criando seus predecessores, além de seus interlocutores, como ensina Jorge Luis Borges. O saber-poder de se apossar da tradição coloca-se dentro da própria obra do escritor, e é assim que ele tenderia a ser fisgado por uma "linguagem hegemônica", ainda que não apartado da própria condição de ambiguidade da escrita que constrói e que o coloca, também, aberto à réplica, deixando entrever suas marcas e influências. O texto, por dentro dele mesmo, revela que seu autor não pode ser avaliado sozinho, é preciso situá-lo, conforme Thomas Eliot, entre os outros e entre os mortos – todos escritores. E todo livro é resposta ou réplica que, para ser supostamente apreendida, deve ser lida nas muitas implicações operadas pelo próprio texto.

Raimundo Magalhães Junior traz elementos novos à tradição biográfica brasileira, afinado, em parte, com alguns dos pressupostos do gênero biográfico,

---

[95] Cf. SILVEIRA, J. As boas biografias de R. Magalhães Junior. *Jornal do Brasil*, Rio de Janeiro, 17/6/1972.

[96] Ver de Alberto Rangel, *Textos e pretextos: incidentes da crônica brasileira à luz de documentos conservados na Europa*, de 1926 e, do mesmo autor, *No rolar do tempo – opiniões e testemunhos respigados no arquivo de Orsay, Paris*, de 1937 – de Viriato Corrêa, *Histórias da nossa história*, de 1923; de Assis Cintra, *No limiar da História*, de 1923, além de Vicente Licinio Cardoso, *À margem da história do Brasil*, de 1938 e de Oliveira Lima, *Memórias*, de 1937.

[97] Cf. CANDIDO, A. *Formação da Literatura Brasileira*, v. 1, 7. ed., Belo Horizonte/ Rio de Janeiro: Itatiaia, 1993. p. 344-345 e 370.

em debate, na sua época. Quando retorna ao país, do exílio forçado nos Estados Unidos, em 1944, conforme já mencionado, esse debate era intenso entre os círculos da crítica literária, e ele entra, a seu modo, nessas discussões, comentando, pela imprensa, algumas biografias recentes, como as de Octávio Tarquínio de Sousa. Mas também, como se viu, não se manifesta abertamente nessa polêmica. De todo modo, a sua própria produção biográfica, desde o início – *Arthur Azevedo e sua época*, de 1953 –, sugere uma tentativa de suplantar a modalidade romanceada do gênero biográfico que alguns críticos também denominavam de "a sereia das letras".

Ainda que possivelmente ancorado em dobras históricas e literárias mais *antigas*, Magalhães faz parte dos novos biógrafos dos anos 1950. Empreende um diálogo atualizado com a tradição romântica ou com o rol de interesses e de temas das gerações que o precedem, identificando o que nessa tradição seriam "as melhores matrizes culturais da nação", como ele próprio afirma. A produção dessa elite intelectual, "patriótica e combativa", que ele em parte biografa, deveria ser guardada e preservada em um lugar de memória (e de História) dos brasileiros. É o que parece querer Magalhães Junior com seus livros de biografia.

A função da Literatura ou do romance na biografia, bastante debatida pela crítica mais influente, nesse período, deveria ser também a da exposição dos dramas humanos ou "das reviradas da fortuna" e se constituir de uma leitura íntima da vida do protagonista, traduzindo, nessa visada, certa observação da sociedade. Para Magalhães Junior, o argumento parece ser outro e bem mais específico, ou seja, ele defende que seria pelo fio da biografia que se faria a articulação da vida individual ao chão histórico ("de sua época"), não somente para se conseguir uma visibilidade da História da sociedade, como também para acompanhar a trajetória do biografado. Assim, o fio da biografia permitiria compreender as muitas dimensões da vida social e, particularmente, a construção, pelo campo da cultura, da própria nação.

É importante lembrar que o biógrafo produz intensamente nos anos 1950, período em que a liberdade de imprensa era uma conquista recente na História política brasileira, recém-saída da censura e da ditadura – condição que, inegavelmente, interferiria na escrita de muitos autores. Outro aspecto que deve ser ressaltado refere-se à prática do cruzamento de gêneros narrativos, um sintoma da "escrita do escritor", também nos anos 1950, com implicações na construção dessa narrativa, tocada, como outros gêneros, pela quebra da fé da continuidade do mundo e dos valores universais.

Nesses anos, Magalhães se liga à vertente documentarista da biografia, posicionando-se pela efetiva ultrapassagem do retrato psicologizante do biografado, então recomendado pela modalidade romanceada, para construir as articulações da vida do protagonista com a trama de acontecimentos coletivos ou com "a história da vida passada" – conforme suas palavras. Ou seja, ele procura, nos seus termos, contradizer a narrativa gordurosa e romântica daquela biografia, e por isso é talvez destacado, entre outros escritores, pela crítica jornalística e literária de sua época, como um criador original.

Certamente estimulado pela sua produção intelectual bem divulgada e acolhida, Magalhães se torna um escritor de livros – as biografias não cabem nos jornais! Já no final da década de 1950, passa a ter a posição consolidada como biógrafo e, ao que parece, projeta crescentemente suas expectativas para se constituir como um "biógrafo da História".

Ele produz uma obra biográfica larga, sistêmica, conjugando a vida individual protagonista com a vida social e histórica, a partir de um manancial de fontes e de indícios pesquisados provavelmente de maneira inovadora para o gênero biográfico convencional e então prevalecente no Brasil. Para compreender alguns dos procedimentos metodológicos que adota, é importante destacar, pontualmente, certas características discursivas e de cunho metodológico apresentadas pelo seu texto e algumas de suas contribuições ao campo da biografia histórica.

Os biografados por Magalhães não parecem bonecos que falam pelo narrador; são construídos também por procedimentos empíricos e estão inseridos em um contexto histórico cuja função seria a de frear aquilo que, do contrário, poderia constituir material puramente literário. Esse aspecto, mais acentuado ao longo de sua produção, talvez derive da maturidade do escritor, que faz uma opção pela narrativa histórica, empreendendo também supostas tentativas ou manobras para que se proceder à "morte do autor", aqui no sentido de o autor se afastar, pelo narrador, do personagem que constrói, colocando-se o mais próximo possível do jargão corrente que recomendava "o biografado e sua época".

Seu texto, em geral, se constitui de uma representação escriturária do passado, atravessado pela imaginação, memória e imagem sobre o passado que ele, narrador, repõe, melhor, recompõe, parecendo querer ver e faz ver. O narrador de Magalhães, em 3ª pessoa, funciona como um mestre de cerimônias, um condutor, um *loved frog* – metáfora inglesa para identificar o autor que seduziria o seu parceiro, o leitor. Mostra-se supostamente convencido de que as peças documentais de que dispõe estão ali para corroborar a dimensão da verossimilhança que pretende dotar a História que narra. Nesse riscado, o efeito dessa operação na narrativa é um dos pontos fortes de parte da crítica coetânea que o acompanha, geralmente favorável às suas biografias, considerando-o inovador pela pesquisa documental empreendida – deve ser ressaltado que, nesses mesmos anos, outros biógrafos como Octávio Tarquínio de Sousa e Luis Viana Filho eram bastante elogiados pela crítica brasileira.[98]

O biógrafo parece partilhar, como Sergio Buarque de Holanda,[99] Graciliano Ramos e outros escritores, das lições do modernismo pela linguagem despojada e pela nitidez e precisão do texto. Nesse campo, Magalhães Junior se reporta ao "velho Graça", que só respeitava o substantivo (o adjetivo seria apenas uma "miçanga literária") e que se irritava com as exclamações ("não sou tão idiota para viver me espantando à toa", diz Graciliano).[100] Chama a atenção o uso recorrente que faria Magalhães, pelo seu narrador, da pontuação, no caso, as reticências – as 29 historietas do seu *O Império em chinelos*, de 1957, por exemplo, terminam com esse sinal. Se tal recurso poderia ser interpretado como artifício de "amortecimento e ironia", é possível que também revele uma inquietação historicista do narrador sobre um passado que se prolongaria – aqui, bem ao contrário de Graciliano Ramos, para quem "era melhor dizer que deixar suspenso".[101]

Os recursos estilísticos manejados pelo narrador de Magalhães Junior produzem um trabalho sobre a linguagem, adotando um padrão narrativo moderno, sem excessos, não devendo ser negligenciado seu aprendizado como repórter que, com admiração, concordava com a frase atribuída a Carlos Drummond de Andrade: "O jornalismo é uma escola de clareza da linguagem que não admite preguiça, essa que é o mal do literato entregue a si mesmo".[102]

---

[98] Nas décadas de 1930 e 1940, pode-se fazer alguma menção, ainda que insuficiente, ao rol de algumas biografias noticiadas pela imprensa carioca, além das já indicadas neste trabalho, como as de: FREYRE, Gilberto. *Um engenheiro francês no Brasil*, 1940; MAGALHÃES, Bruno Almeida. *O visconde de Abaeté*, 1939; PONTES, Carlos. *Tavares Bastos*, 1939; SALES, E. Guerra. *Oswaldo Cruz*, 1940; FARIA, Júlio César de. *José Bonifácio, o Moço*, 1944; MOTTA, Cássio. *Cesário Mota e seu tempo*, 1947; DELGADO, Luís. *Rui Barbosa: tentativa de compreensão e síntese*, 1940; MACHADO, Alcântara. *Brasílio Machado*, 1938; FONSECA, Gondim da. *Santos Dumont*, 1940; SENA, Nelson Pereira de. *João Pinheiro da Silva*, 1941.

[99] Em entrevista, nos inícios dos anos 80, o historiador Sérgio Buarque de Holanda faz essa declaração: "O que consegui fazer, mal ou bem, não veio como dádiva milagrosa. Veio como conquista gradual sobre uma fraqueza minha [...] falava e escrevia como se fosse para mim mesmo [...] Só lentamente cheguei a ter uma idéia da necessidade de moldar minha linguagem e de dar-lhe forma cuidadosamente. Tentei fazê-la precisa e expressiva mais do que bonita. Procurei a palavra correta, não a floreada – ou frondosa, mas a exata e incisiva [...] eu tinha que estar vigilante e atento para eliminar a inútil decoração e redundância". Cf. entrevista de Holanda a Richard Graham. Cf. *Hispanic American Historial Review*, n. 62, v. 1, fev. de 1982, p. 3-17 (com tradução na revista *Ciência e Cultura*, n. 34, v. 9, São Paulo, set. 1982).

[100] Cf. OLINTO, A. em entrevista, em 7/2/04, na sua casa, Rio de Janeiro.

[101] Cf. ABEL, C. A. S. *Graciliano Ramos: cidadão e artista*. Brasília, Editora da UNB, 1997. p. 305.

[102] Cf. *Folha de S.Paulo*. Ilustrada. Linhas Incertas, São Paulo, 18/6/05.

O Magalhães jornalista, biógrafo e com dotes de historiador, produz na sua obra versões do mundo, possivelmente imbuído da ideia de que o mundo se daria a conhecer, também, pelas ilusões/ficções que o sustentam. É nesse sentido que faz uma mediação entre História e ficção, aqui no sentido de que o ingrediente ficcional era metáfora, e não reflexo, para se alçar a narrativa sobre a experiência histórica. Essa prática social que organiza discursos, de forma inventiva e por vezes metafórica, possibilita ao seu leitor entrever a realidade viva no texto. Por isso, o narrador arma, relaciona e conclui contra o tempo (que nos desfaz) e contra a vertigem da proximidade da morte (que nos elimina) para tentar provar, supostamente, o que continuaria ou deveria continuar vivo e também a partir do valor concedido à consciência de estar vivo para se escrever uma biografia.

Todas as suas biografias – aqui com ênfase – apresentam um mesmo padrão de estrutura e de montagem, qual sejam, fórmulas para se conceber os títulos dos capítulos, sedutores, e para dar a ideia de que a sucessão de fatos deveria ser controlada com conhecimento do autor. Há nelas um compósito de diálogos imaginados, uma estratégia de ampliar as vozes no texto, entre diferentes agentes históricos – o que faria, presentemente, em função da artificialidade do recurso, o incômodo dos historiadores. Contudo, constituem apenas manobras narrativas supostamente utilizadas para dar credibilidade à História que narra e ao passado histórico que ele busca enxergar e compreender. É a "imaginação criadora", que serve sempre às hipóteses, e que é posta a serviço da sua construção histórica sobre a vida e a época do biografado, junto ao mapa de dados que colhe, e no qual trabalha, para mover o seu narrador e orientar o seu leitor de dentro do próprio argumento narrativo. Ele transcreve relatos de personagens e de fatos para oferecer um complemento ao leitor, a partir de outros relatos superpostos, confundindo deliberadamente memória e invenção. Nesse sentido, faz Literatura, como exaltação da invenção. Mas também freia ou corrige a livre invenção, pois altera a condução do caminho narrativo, oferecendo frequentes indícios documentados do passado que ele interroga do seu presente.

É possível entrever que Magalhães Junior conhecia os textos que circulavam em sua época e que seria usual leitor de enciclopédias, almanaques e obras de referência, pois se vale, com frequência, do recurso da indicação de notas e das citações. Elabora a armação das mesmas no intervalo de descrições, comenta passagens no entorno social da vida do biografado, faz digressões e acréscimos de supostos pormenores na trama subterrânea dos acontecimentos. Em geral, os índices de seus livros de biografia guardam alguma semelhança com o padrão de outras obras do período, como as da coleção "Documentos Brasileiros", da Editora José Olympio, RJ.

Seu texto é, em geral, um compósito pelas prováveis ambições historiográficas do autor, mescladas ao estilo de um narrador ágil e informativo, com ar de reportagem, na qual a clareza seria um valor – decorrência, na certa, da experiência de Magalhães como jornalista. Revela uma prosa culta e receptiva a diversas influências, sugerindo ainda a montagem de um bazar estilístico de recursos arcaicos, tradicionais, contemporâneos, desde resquícios muito literários até o ritmo enxuto e arrojado do texto de jornal, além de boa dose da tradição oral.

Há uma algaravia nesse texto pelas narrativas em coro ou em contraste entre autor, narrador e outros falantes, esses como intérpretes e personagens do cenário (armado) para a História que se imagina contar e por meio da armação de diálogos *vivos* para chamar a presença do leitor, aliás, frequentemente convocado pelo narrador.

Mantém a curiosidade do leitor, indispensável ingrediente para que se estabeleça o comércio da narrativa (esses "mercados protegidos por suas trocas íntimas e confidentes", como nomeia Pierre Bourdieu). Talvez porque perceba que acasos, encontros, desencontros retêm a atenção do leitor, fazendo transparecer as articulações das molas sociais em disputa, manobrando arranjos e opções da vida biografada e, nesse andamento, deslocando-se, o narrador, para dentro das próprias situações que descreve por meio de alusões e de digressões. São desses elementos que parece se servir para construir uma síntese e para que a narrativa biográfica seja aceitável, oferecendo possibilidades de um "seguir reflexivo" pelo leitor, pois parece conhecer o leitor, melhor, ter uma "ideia de leitor", sobretudo, pela relação de simpatia que mantém com aquele. Aqui, é preciso lembrar que a ideia sobre esse público leitor de então é bastante controversa, ainda que esses leitores constituíssem, provavelmente, parte expressiva das classes altas e médias (urbanas e letradas), já que a leitura era banida de grande parte da população do país.

Na sessão comemorativa que a Academia Brasileira de Letras fez dos 70 anos de Raimundo Magalhães Junior, em 28/4/1977 – procedimento institucional comum entre os confrades –, Antonio Houaiss, a partir da leitura da biografia sobre Augusto dos Anjos escrita por Magalhães, faz uma observação referente a sua narrativa combinada à presença do leitor: "Às vezes ousa a hipótese, a inquirição dedutiva, com prudência, deixando ao leitor os elementos capazes de, eventualmente, contestar ou, eventualmente, com ele apurar melhor os fatos".[103]

Evidentemente, o sucesso editorial das biografias de Magalhães Junior não pode ser compreendido isoladamente, ou seja, por elas mesmas. Os leitores, ainda que conduzidos por projetos editoriais estratégicos, estabelecem, como acentua

---

[103] Cf. *Revista da Academia Brasileira de Letras*, anais de 1977, jan./jun., ano 77, v. 133, Rio de Janeiro, 1977. p. 104.

Michel de Certeau, suas táticas de escolha e de leitura como "suas maneiras de fazer, caminhar, ler, produzir, falar", sem que esses possam ser confundidos com os produtos que assimilam, pois eles os reinventam e os recriam por práticas invisíveis e que não aparecem nas estatísticas.[104]

Ou seja, para os processos de recepção, sempre de enfrentamento problemático para o historiador, devem ser consideradas também as operações cognitivas de seus usuários (comumente silenciosas, como as da leitura), já que os leitores são viajantes que praticam também a bricolagem,[105] por meio de um conjunto de práticas para se construir e usar o discurso, mesmo que sujeitos às regras e aos modelos e tensionados entre a liberdade da leitura e a imposição do texto consagrado.[106]

No giro profissional como biógrafo e jornalista, Magalhães Junior publicou frequentemente notas e artigos sobre livros e livros de biografia no *Jornal do Brasil*, *Correio da Manhã* e na revista O *Cruzeiro*, na qual é veiculada a coluna "Arquivos Implacáveis", do crítico João Condé.[107] Nessa mesma coluna, como exemplo,

---

[104] Cf. CERTEAU, M. de. *A invenção do cotidiano: artes do fazer*. V.1. Petrópolis: Vozes, 1994. p. 46. Ainda nesse sentido, Umberto Eco crê que, muitas vezes, o livro seria mais inteligente que seu autor. Segundo ele, "o leitor pode encontrar referências que nem tinham passado pela cabeça do autor; [e conclui:] não acredito que eu tenha o direito de impedir certas conclusões". *In*: Jornal *Folha de S.Paulo*, Mais!, 16/07/2006.

[105] *Idem*, p. 47.

[106] Cf. MONTELLO, J. revista *Leitura – Crítica e Informação Bibliográfica*, ano 1, n. 7, Rio de Janeiro, 1943, p. 11. No artigo "Um romancista no meio do povo", do referido autor, pode-se ler essa passagem: "Em literatura, como nos exercícios de tiro ao alvo, não se acerta, na maioria das vezes, no ponto que se tem em mira. A bala resvala ou foge do alvo, da mesma forma que o livro, escrito para um público determinado, recebe comumente as diferenças ou o descaso desse público. Só há um gênero na literatura que nos permite aquilatar com segurança de sua aceitação ou de sua repulsa por parte da multidão a que se destinou: o teatro. Mas os homens de teatro sabem que não se pode prever, de modo algum, o êxito ou o fracasso de qualquer peça [...] a arte dramática é uma reação do público, condicionada freqüentemente a fatores ocasionais – ao passo que no livro, essa reação é mais pura porque põe em equação apenas o comportamento de um indivíduo. Daí as dificuldades de se saber quando um livro realmente atinge os seus objetivos – alcançando a multidão que lhe presidiu, como alvo inicial – as idéias e a confecção. Porque um livro que sai de uma biblioteca ou de uma livraria – pode ter um, dez ou cem leitores, da mesma forma que pode não ser lido nem mesmo pelo seu comprador, que o trouxe da livraria ou pelo leitor curioso, que o solicitou à biblioteca de seu bairro. Só há um processo capaz de esclarecer sofrivelmente o problema: o questionário, a indagação feita a grupos de indivíduos, as perguntas atiradas à multidão para que esses indivíduos honestamente confessem se tal livro de tal escritor é livro bom ou mal para o seu paladar de público...".

[107] Sobre os "Arquivos Implacáveis" de João Condé, ver VELASQUES, M. C. O baú de João Condé. *Revista de História da Biblioteca Nacional*, ano 2, n. 14, Rio de Janeiro, nov. de 2006, p. 78-81.

Magalhães comenta para os leitores, pouco antes do lançamento em 1955 da biografia que escreveu, *Machado de Assis desconhecido*, o processo de sua construção. Com o título "Biografia do livro", essa matéria apresenta vivo interesse para a crítica sobre o gênero biográfico e para se conhecer mais de perto a avaliação que faz Magalhães Junior do seu próprio trabalho de pesquisa e de criação narrativa.

A armação das biografias que ele escreveu segue, em geral, o esquema tradicional ou uma ordenação temporal convencional: antepassados, nascimento, infância, juventude, maturidade, velhice e morte. Contudo, em termos narrativos, uma cronologia rigorosa não se sustenta ali como regra geral, pois se pode notar a intenção de certo embaralhamento temporal, a partir da introdução do recurso do suspense, por meio do qual o biógrafo pretende prender o leitor pelos diversos itinerários da vida do protagonista. Os marcos temporais procuram entrelaçar, contudo, um equilíbrio sempre problemático entre a vida pessoal e a de grupos, o individual e o coletivo ("o homem e sua época"), a cidade onde vive o biografado (em geral, o Rio de Janeiro) e o país.

O elemento biográfico central, "o vivido", se confunde, em Magalhães Junior, com a História. Seu narrador parece indicar que a percepção e inteligibilidade da História se fazem, mais nitidamente pela narrativa de uma trajetória fortemente incluída na vida social. Assim, trabalha, nos seus termos, a difícil equação entre o indivíduo e a "sua época", ou essa situação sinérgica em que os elementos daquela relação rebatem entre si, revelando contradições e possibilidades na vida em sociedade, que é histórica.

O modo narrativo de suas biografias é também um simultâneo de mistificação e desmistificação, como expressão manifesta da ambiguidade estilística do escritor ou da escrita nada linear de sua prosa e dos objetivos do narrador – entre os confessados e os ocultos. Substitui certa impressão nostálgica sobre o passado, talvez para não revelá-la e, pela ironia, assume um modo possível de se distanciar dos riscos da mistificação do tempo passado supostamente para se colocar como um escritor de História que já disporia de um conhecimento sobre esse passado.

O narrador de Magalhães Junior estabelece um conjunto de enunciados que visa à exploração de uma História de vida possível e que se configura, segundo sua ótica, em um modo próprio e *moderno* de compor o relato histórico biográfico. Em uma anotação avulsa, algo como um esboço ou de um artigo ou de um prefácio, Magalhães escreve que a biografia, tal como o romance de uma vida (sugerindo os termos de Lukács), deveria se constituir em um "espaço de liberdade" – argumento que, se não é explicitado pelo autor nessa anotação, merece, contudo, registro.[108]

---

[108] Cf. MAGALHÃES JR., R., pasta de recortes, s/d. AMLB, Casa de Rui Barbosa, Rio de Janeiro.

A noção de contexto histórico parece uma construção muito cara a Magalhães Junior. As relações entre vida individual e contexto, permanentes e recíprocas, são retomadas com recorrência quase metódica em seus textos, operando o que Giovanni Levi salienta com precisão: "As vicissitudes biográficas à luz de um contexto que as torne possíveis".[109] No geral, são combinadas descrição e interpretação, ainda que por uma concepção quase teatral da narrativa, o que, inferindo, permitiria ao leitor imaginar que o mundo histórico é construído, sobretudo ali, pelo texto, mas também pela interatividade produzida pelo teatro – um palco cênico de ideias e uma paixão assumida de Magalhães.

A sua narrativa biográfica é construída ainda por soluções de continuidade ou de permanência no tempo, elaborando frequentemente a rubrica de uma mesma identidade ou de um mesmo *portrait* para o biografado que permanece *coerente*, apesar das alterações conformadas pela sua existência. O narrador parece ainda imbuído da ideia de que é tarefa do seu leitor (re)narrar o *curriculum* do seu biografado. Daí seu evidente apreço à cronologia – uma estratégia para expor ao leitor (e aos seus pares de ofício) o grande volume de dados e de acontecimentos que teriam sido coletados para armar a História de vida. Por vezes, parece encontrar soluções de ruptura por meio de desvios que alteram a percepção do foco temporal ou mesmo o desenvolvimento da intriga para mover o leitor.

Pode-se dizer a seu favor que coreografa eventos com agilidade, mas sem perder o fluxo narrativo construído para dar vida ao biografado na direção do seu interlocutor-leitor implícito. Frequentemente, essa narrativa assume quase uma coloquialidade sobre um tempo, um lugar e uma vida, estratégia encontrada talvez para garantir, novamente, a presença próxima do leitor, supostamente interessado na História que ele apresenta – estando talvez convencido de que toda palavra é meio do autor e meio do leitor, como é meio de quem fala e meio de quem escuta.

É possível que Raimundo Magalhães Junior tenha mantido certa adesão à ideia romântica de gênio, um emblema de autoridade concedido aos seus biografados. Mas não deixa também de enfatizar – em uma de suas anotações avulsas sobre o problema da memória sobre Rui Barbosa – a eficaz referência do Galileu brechtiano, o qual lamenta a sorte de uma nação que precisa de heróis.[110] Contudo, no rol da tradição brasileira, literária e historiográfica, ele escolheu para biografar autores modelares pela obra que realizaram, contrariando, de certo modo, uma crítica sobre a "memória vencedora" do panteão.

---

[109] Cf. LEVI, G. Usos da Biografia. *In*: FERREIRA, M. M.; AMADO, J. (Orgs.) *Usos & abusos da História Oral*. Rio de Janeiro: Editora FGV, 1996. p. 176.

[110] Cf. MAGALHÃES JR., R., pasta de recortes, s/d. AMLB, Casa de Rui Barbosa, Rio de Janeiro.

Como a reforçar os méritos do biografado que elegia, Magalhães Junior, pelo narrador, utiliza a expressão "mestre de si mesmo", dirigida aos seus protagonistas e que ricocheteia ao longo dos seus livros de biografia. Essa expressão não deixa de sugerir uma problemática identificação do autor/narrador com seus biografados, constrangidos todos a uma versão egotista sobre a sua própria trajetória. Tal aspecto pode ser interpretado ainda como um testemunho sobre um modo idealizado de se conceber a existência na vida social. Se o si "é essencialmente abertura para o mundo [o outro], a sua relação com o mundo é uma relação de concernimento *total*".[111] O "mestre de si mesmo", da forma como aparece no seu texto, anula, provavelmente, a polissemia da alteridade, reduz o outro a uma alteridade aparente, a partir da ideia de que o sujeito, no processo de sua constituição se autorrealiza e prescinde do confronto, do diálogo e da aprendizagem com o outro.

Assim, pode-se apontar a inadequação do narrador ao formular uma noção de alteridade homogenia ou de um *mesmo fraudado* que se contorce em si mesmo sem o auxílio do outro. Nesses termos, o agente-narrador, na biografia, parece enfrentar, de algum modo constrangido, a questão problemática das próprias identidades do biografado que sempre se alteram por serem mutantes. Sobre esse ponto, parece que o narrador é desatento, ainda que por vezes revele impasses diante das mudanças de rotas ou de posições políticas do biografado. De todo modo, o narrador de Magalhães Junior parece manifestar prazer em seguir os passos do biografado, em acompanhar suas descobertas e conquistas, dialogando com o manancial de suas experiências, especialmente quando essas corroboram seus pressupostos sobre a vida do protagonista.

O problema da identidade, muito estudado por Paul Ricoeur, refere-se, entre outros aspectos, às noções de mesmidade e ipseidade, do tempo que não cessaria de se fazer, de se desfazer e do ato narrativo que confere (auto)conhecimento e inteligibilidade ao sujeito que narra e sobre o que narra. O filósofo compreende a identidade flexível entre aquelas noções e sugere a necessidade da superação da manutenção de uma identidade fixa.[112]

Como esse autor nos mostra, "as narrativas literárias e histórias de vida, longe de se excluírem, completam-se [...]. Essa dialética nos lembra de que a narrativa faz parte da vida antes de se exilar da vida na escrita; ela volta à vida segundo as múltiplas vias de apropriação e ao preço das tensões inexpugnáveis".[113] É ainda deste filósofo a contribuição de que haveria um grau adiante em direção ao "princípio estrutural da narrativa". Por isso, seria necessário pensar sobre com quais "recursos

---

[111] Cf. RICOEUR, P. *Op. cit.*, 1991, p. 366 e 371.

[112] Cf. RICOEUR, P. *O si mesmo como o outro*. Campinas: Papirus, 1991. p. 195.

[113] *Idem*, p. 193.

de inteligibilidade a compreensão fundamenta a explicação", e, também, sobre aquilo que faltaria à compreensão e exigiria "o suplemento da explicação", ou seja, sobre o que sustentaria o ato de narrar e seguir uma História por meio de ações que se imbricariam no processo de compreensão e de explicação.

Para Louis Mink – que, segundo Paul Ricoeur, foi um pensador denso nesse debate –, as narrativas são "totalidades altamente organizadas", pois apresentam um caráter sintético, exigem um ato específico de compreensão por meio da natureza do juízo e da função sintética de se "considerar junto" pela função reflexiva que se liga à operação totalizadora.[114] Explicar em História, diz Mink, é relacionar e operar ligações; a imaginação ou reconstrução histórica é tarefa da de uma compreensão *global* num ato de juízo reflexivo, visando a uma apreensão conjunta. A narrativa, "como um todo", sustentaria assim as conclusões – "exibidas pela ordem narrativa, mais que demonstradas" –, e o historiador se proporia a comunicar (universalmente) uma espécie de juízo pela experiência de "ver-as-coisas-junto" por meio da narração, na qual "uma coisa-vem-depois-da-outra".

Assim, o falante – não importando qual o suporte em que se manifesta essa fala nem o campo discursivo no qual essa fala se dá – é um "renarrador", procurando explicar, pela narrativa que fabrica, a reconstituição aproximada das ações humanas no tempo, mas sem uma "concepção ordenadora" que abarque toda a História, pois somente "partes totais" ou sínteses parciais são possíveis, ainda que se aspire à totalidade da narrativa, sempre histórica.

Paul Ricoeur fala também de uma importante operação, qual seja, a da "inteligibilidade retrospectiva", faculdade que é um ato individual do leitor que se entrega à narrativa, com a sua experiência produzida no tempo e no espaço, disposto à marcha de percorrer às avessas a volta do parafuso da compreensão por meio de um "seguir reflexivo", fazendo com que "a história advenha depois que a partida terminou." Ou seja, ao se fazer a operação de repassar a narrativa, ele a reabre por uma espécie de "admiração instruída", que diz respeito ao caráter da compreensão histórica que implica percorrer, reter, reconhecer as etapas da experiência relatada.

É nessa direção ou a partir desses supostos que podem ser comentadas aqui, e na condição de leitor, algumas noções experimentadas ao se findar, por exemplo, a leitura de uma das várias biografias de Magalhães Junior. Dela ficam, em geral, menos o biografado e mais os dilemas do seu tempo social. A História narrada advém de embates pulsantes, revelados pelo narrador, em conexão com o (seu) presente. E fica também a impressão, já mencionada, de que ele certamente compartilharia com o leitor de certas pré-concepções sobre o modo de contar uma biografia.

---

[114] Cf. RICOEUR, P. Em defesa da Narrativa. *In: Tempo e narrativa*, v. 1. Campinas: Papirus, 1994. p. 223.

Magalhães Junior reconhece, na sua época, a necessidade de uma política cultural efetiva para o país. Pela sua atuação pública e política – associações de classe, partido político, representação parlamentar – em meio a um quadro de um nacionalismo florescente no país, entre os anos 1950 e 1960, pensa que a constituição da nação brasileira seria um processo fecundo da vontade transformadora, pela obra da cultura e da luta pela expansão dos direitos sociais. Algumas de suas ideias políticas, plantadas no seu presente, estão expostas nas biografias que escreveu sobre alguns protagonistas políticos e literatos do século XIX.

Por meio dessa empreitada, Magalhães dá continuidade a um projeto sobre o gênero biográfico que seria também o de uma escrita sobre a História do Brasil. Ele reinterpreta essa História à luz da sua ideia de nação, para ele uma ideia ainda embrionária no Brasil, no século XIX, mas que deveria ser reestudada e redimensionada. Seu objetivo é o de fazer uma História da cultura no Brasil, utilizando-se de alguns recursos documentais e narrativos bastante próximos à Historiografia contemporânea.

Interessa-se principalmente pelo mundo das elites ilustradas, do século XIX – e tal escolha não indica uma posição conservadora. O seu alvo, como já mencionado, é a construção de biografias sobre intelectuais desse passado, em geral de extração econômica menos privilegiada ou em decadência, portadores de um déficit social importante, porém, superado pela obra "ilustrada" e "altaneira" que teriam construído. É a contribuição dessas obras e desses criadores que o escritor persegue para a ideia de formação e de construção da nação e da cultura brasileiras.

Uma apreciação mais densa sobre a sua narrativa histórico-biográfica, contudo, apresenta algumas dificuldades para o pesquisador, pois Magalhães Junior não ajuda muito a entendê-lo – como já fizemos menção. Seu narrador opera frequentes procedimentos de *rasura* ou apagamentos com muitos desvãos de escrita, o que torna arriscada a tentativa de estudar a sua obra. Cabe lembrar, ainda que, para a crítica literária, as rasuras desmentiriam trajetórias lineares e denunciariam, mesmo que às avessas, as escolhas de percurso feitas pelo escritor.

É possível que os procedimentos de Magalhães e do seu narrador reflitam um propósito de não deixar pistas sobre concepções de História e sobre o trabalho do historiador. Talvez por ter clareza sobre a sua condição de escritor à margem do campo historiográfico e do âmbito universitário, ele, contudo, pesquisa e escreve sobre a História brasileira e elabora interpretações de interesse para os estudos históricos.

Sua técnica é do "escrito curto", da *short story* ou da *petite histoire* – ou seja, formas narrativas que teriam se emancipado da tradição oral – e de "narrativas palpitantes dentro da melhor tradição maupassantiana", como diz o crítico Paulo Rónai sobre esse biógrafo que "passou a escarafunchar [durante] anos os jornais do Império e da República incipiente" e a "esgaravatar bibliotecas, museus, arquivos e coleções, a confrontar depoimentos, a conjurar mortos e interrogar sobreviventes, a reexaminar opiniões passadas em julgado, igualmente atento à grande História e à história íntima".[115]

Ao acompanhar a trajetória da produção biográfica de Magalhães, é possível sustentar que os livros que indicam mais vivamente a sua maturidade intelectual sejam *Rui, o homem e o mito* (1965) e *A vida turbulenta de José do Patrocínio* (1969).[116]

Sobre esse último livro, publicado pela editora Sabiá, Rio de Janeiro, Luís Pinto faz uma crítica publicada em *O Jornal*, RJ (com a anotação "para os *Diários Associados*"), em 15/4/1970. Sublinhamos a parte que se refere às atividades de pesquisa de Magalhães Junior, uma apreciação, diga-se, um tanto particular desse leitor. "É um livro útil, indispensável mesmo a quem deseja conhecer fases e episódios da história republicana e abolicionista do Brasil. R. Magalhães Junior enfia a cabeça pelos arquivos e arranca coisas velhas as quais se renovam à sua pena e se atualizam. Por isso torna-se um escritor perigoso." Ele "apanha e recolhe as ocorrências. Percorre para isso os arquivos, examina as coleções de jornais velhos e revistas e o apanhado passa a sua análise com cadência nova, para ser levado ao público. Outros pesquisadores tem preguiça de fazer isso. Ele, não". [...] "As nuanças da vida republicana brasileira, as tricas desesperadas dos gabinetes do Segundo Reinado, as descomposturas, as aproximações e desaproximações, os duelos, o espadachim Bilac, tudo serve de tema circunstancial à Magalhães Junior." Para o "feitio de seu estudo, não escapando as sátiras poéticas, a dramatização das potências e o desfecho das separações. O sarcasmo. [...] É um quadro vivo da vida política do Brasil".

Em outra direção, de crítica a Raimundo Magalhães, vejam-se as palavras de Haroldo Bruno, em 1975, no jornal *O Globo*, RJ: "Na medida em que se afasta da cronologia e da descrição linear, Raimundo Magalhães Junior pratica um tipo de biografia cujos limites com ensaio de crítica são quase imperceptíveis, e isso equivale dizer que ele escreve entre nós a biografia como gênero literário superior pelos instrumentos de que se utiliza e pelos fins a que chega". Segundo o autor da matéria, "a projeção do elemento intelectual sobre o puramente biográfico ou do significativo sobre o documental que caracteriza o método de Magalhães, antes repele que atrai". A pesquisa documental "não se encontra em sua fase preliminar e informe de desvendamento e, sim, o suporte de afirmações que envolvem reparos sugere perspectivas mais densas, diversas daquelas aceitas convencionalmente". E,

---

[115] Cf. RÓNAI, P. O biógrafo das letras brasileiras. *Coleção Homens e épocas das letras e artes brasileiras*. São Paulo: Lisa, 1971, p. XII.

[116] Raimundo Magalhães Junior ainda escreveu as biografias de Martins Pena, José Alencar, Olavo Bilac, Augusto dos Anjos, João do Rio e os quatro volumes sobre a vida e a produção literária de Machado de Assis, dos quais o biógrafo não chegou a ver impresso o último volume, publicado após sua morte, em 1981.

"em verdade, toda biografia/ensaio de Magalhães comportando as linhas essenciais de interpretação própria, vêm sempre romper com muito conceito estratificado, com imagens físicas e espirituais impostas pela comodidade da tradição". E finaliza: "Sua valorização seletiva, entrando aí o ensaísta com sua argúcia e o seu espírito inconformista é que implica restauração e descoberta do perfil íntimo e da postura literária do biografado".[117]

O faro de pesquisador de Magalhães Junior é também notável em duas de suas obras que não serão aqui objeto de comentários mais específicos: *Três panfletários do Segundo Reinado* e *D. Pedro II e a condessa de Barral*. Nas biografias, respectivamente, de Francisco de Sales Torres Homem, Justiniano José da Rocha e Antônio Ferreira Vianna, as quais antecedem os panfletos-libelos e constituem o livro *Três panfletários...*, o biógrafo faz um apanhado do perfil humano e político de cada protagonista, amparado em bibliografia corrente e, por vezes, atualizada[118] e pesquisa em acervos citados, como os Anais da Câmara dos Deputados do Império e os anuários do Museu Imperial, Petrópolis.

Os discursos registrados pela taquigrafia, as transcrições de passagens e artigos dos periódicos do Rio de Janeiro, do século XIX, as ilustrações-texto da *Revista Ilustrada* em torno desses protagonistas podem ser considerados fontes inovadoras para uma edição de 1956, além de não se poder negar o seu esforço interpretativo, como nesta sua passagem sobre a referida obra: "A 'Conferência dos Divinos' [Antônio Ferreira Vianna] talvez pareça, hoje em dia, uma página ingênua, senão mesmo de todo anódina, principalmente em face da linguagem atual da nossa imprensa. Todavia, na época em que foi publicada, constituiu um rasgo de audácia". E comenta "que o que tem de realmente importante é o fato de ter sido o marco inicial de uma campanha violenta e tenaz, desferida por Ferreira Vianna, primeiro sob a forma escrita e, mais tarde, sob forma verbal, contra o antigo regime [mesmo que] à sombra do qual viveu durante cerca de vinte anos como homem público, mas com o qual jamais se entendeu nem chegou verdadeiramente a estimar".[119]

No seu livro sobre a correspondência de D. Pedro II à Luiza Margarida Portugal de Barros, condessa do Barral, editado em 1956 pela Civilização Brasileira,[120] com pesquisa desenvolvida sobretudo no Museu Imperial,

---

[117] Cf. pasta 1941-1982, acervo de Magalhães Junior, AMBL, Casa de Rui Barbosa, Rio de Janeiro.

[118] Magalhães Junior cita, entre outros, os seguintes autores: Oliveira Viana, Oliveira Lima, Hélio Viana, Joaquim Nabuco, Silvio Romero, visconde de Taunay, Pedro Calmon, André Rebouças, Ernesto Senna, Lúcio de Mendonça e Osvaldo Orico.

[119] Cf. VIANNA, F. A. Conferência dos Divinos. In: MAGALHÃES, JR., R. *Três panfletários do Segundo Reinado*. São Paulo: Companhia Editora Nacional, 1956. p. 264.

[120] A Civilização Brasileira justificou seu interesse pela edição dessa obra também em razão de o autor já vir publicando, desde 1954, referências a essa correspondência no *Diário de Notícias*, Rio de Janeiro, e em *A Tribuna*, Santos, com repercussão favorável.

Petrópolis, Magalhães se põe seduzido pelo achado "curiosíssimo". Constrói notas que extrapolam o afeto entre os protagonistas, revelado pelas cartas, indicando aspectos da personalidade de D. Pedro II e destacando material de interesse para futuros historiadores. Ainda que a utilização desse tipo de registro não constitua nenhum ineditismo, chama atenção a importância que ele confere à fonte epistolar, uma modalidade da escrita de si, autobiográfica e biográfica, e de interesse para os estudos históricos – nesse caso, para as possibilidades de pesquisa sobre a "intimização" social da Corte, entre outros aspectos.

Magalhães Junior, pelo narrador, não perde tempo diante do material; faz uma biografia sobre a Condessa com frequentes intervenções explicativas, conduzindo seu leitor na leitura documental da vida privada e pública do governante pelas conexões armadas por Barral, uma agente amiga do imperador na Corte e na Europa. Na introdução desse livro, diz o narrador: "As cartas de D. Pedro II à condessa de Barral constituem não apenas documentos históricos interessantes, mas ainda, revelações singularíssimas sobre a vida privada do nosso último soberano". E fornecem "elementos para a compreensão de sua psicologia muito mais ricos e mais autênticos que as biografias, tendentes a exaltar o estadista e a ignorar o homem". Observa ainda: "Como é esta correspondência unilateral, só existindo as cartas do imperador à condessa, e só D. Pedro II aqui se retrata, é de interesse que se faça o levantamento, ainda que sumário e incompleto, da biografia daquela titular".[121]

A História, tal como é entendida por Magalhães, não deixa também de ser uma operação intelectual de controle sobre o passado "para prevenir o presente", conhecido enunciado, à moda romântica, que se pretende capaz de alcançar a ação humana no transcurso do tempo e que ambiciona uma inteligibilidade universal. Portanto, acompanhar o seu método de conciliar História e biografia, supostamente coerente, encarnado e sedutor, e pela via daquele suposto, apresenta obstáculos. Por isso, essa orientação de Carlo Ginzburg permanece ativa: "Para decifrar, temos que aprender a captar para lá da superfície aveludada do texto, a interação sutil de ameaças e medos, de ataques e recuos. Temos, por assim dizer, de aprender a desembaraçar o emaranhado de fios que formam a malha textual destes diálogos".[122]

Ainda hoje, como se procurou argumentar aqui, a obra de Raimundo Magalhães Junior constitui referência importante para se perceber os trânsitos do gênero biográfico e como a narrativa biográfica cede também passagem à narrativa histórica, posição defendida com fervor, no mesmo período, por Octávio Tarquínio de Sousa e pelo crítico Álvaro Lins.

---

[121] Cf. MAGALHÃES, JR., R. *D. Pedro II e a condessa de Barral*. Rio de Janeiro: Civilização Brasileira, 1956. p. 1.

[122] Cf. GINZBURG, C. *Op. cit.*, p. 209.

A obra biográfica de Magalhães, de inquestionável qualidade narrativa, de resto, pode ser reescrita, à medida que é lida pela atividade crítica do leitor. Em geral, essa obra escapa de normas muito arraigadas sobre a consagração do *portrait* do biografado, pois o narrador verga esses retratos, frequentemente, para as relações sociais e políticas e para o campo das ideias, o que conforma um movimento da própria História narrada e da História em sociedade. Contudo, ainda assim, esse narrador tropeça – aspecto que aqui buscamos realçar em algumas passagens – em uma pedra no seu caminho, ou seja, a "ilusão biográfica".[123]

Nesse ponto, talvez se possa pensar em uma enunciação crítica feita pelo ficcionista inglês Julian Barnes, no seu *O papagaio de Flaubert*. O romance trata da mirabolante história de um médico que procura o sentido de sua vida pelos escritos de Gustave Flaubert, tornando-se obcecado por tudo que se refira a esse escritor. Barnes utiliza a imagem da rede lançada para a coleta de dados e para a armação da narrativa que corre o risco de desmanche pela pretensão biográfica: "O arrastão se enche, em seguida o biógrafo o recolhe, escolhe, atira de volta, armazena, corta em filés, e vende. Considere-se, porém, o que ele não pega: é sempre muito mais". E "a biografia se aboleta na prateleira, gorda, digna, aburguesada, jactanciosa e serena: uma vida de um xelim fornece todos os fatos, uma de dez libras, as melhores hipóteses. Mas pense-se em tudo o que escapou e que se foi com a última exalação do biógrafo em seu leito de morte". E finaliza: "que chance teria o mais hábil dos biógrafos contra o biografado que o visse chegando e decidisse divertir-se?"[124]

E que chance teria a biografia? E essas palavras... receberiam um sorriso astuto do biógrafo Magalhães?

---

[123] Cf. BOURDIEU, Pierre. A ilusão biográfica. *In*: FERREIRA, M. de M.; AMADO, Janaína (Orgs.). *Op. cit.*, p. 183-191.
[124] Cf. BARNES, J. *O papagaio de Flaubert*. Rio de Janeiro: Rocco, 1988. p. 41.

Rubricas identitárias sobre o Brasil

> *"Que lembrança darei ao país que me deu*
> *tudo que lembro e sei, tudo quanto senti?*
> *Na noite do sem fim, breve o tempo esqueceu*
> *minha incerta medalha, e a meu nome se ri.*
> *E mereço esperar mais dos outros, eu?*
> *Tu não me enganas, mundo, e não te engano a ti.*
> *Esses monstros atuais, não os cativa Orfeu,*
> *a vagar taciturno, entre o talvez e o se [...]."*
>
> Carlos Drummond de Andrade
> Legado/*Claro Enigma*, 1951.

Nos marcos deste estudo, sobretudo entre as décadas de 1930 e 1960, apontou-se aqui a importância do papel do escritor, na cena brasileira, vista a partir do Rio de Janeiro, por algumas das rotas traçadas por Raimundo Magalhães Junior para produzir a sua obra na qual se incluem as biografias históricas. A perspectiva geral foi a de mirar alguns dos seus alvos propositivos, em meio a reflexões e dilemas por ele enfrentados, mas em relativa sintonia com a rede socioprofissional a que pertencia.

O período, já bem estudado por pensadores das Ciências Sociais, da Historiografia, da Literatura Brasileira e do Jornalismo, mostra-se significativo principalmente pelo processo de paulatina afirmação da profissionalização do escritor no Brasil e, também, pela sua participação na esfera política – processo complexo que envolveu adesão, cooptação e oposição.

Se a rede formada pela intelectualidade carioca era bastante diversa, nesses anos, isso não inviabiliza, com algum esforço, a sua apreciação crítica. Em geral, esses intelectuais tinham perfil humanista, guardando muito da marca iluminista pela adesão manifestada a ideias e princípios universais. Nos traços da sociabilidade política, conformavam, talvez, características parciais do retrato do *antigo* "homem de letras" oitocentista, engajado, sobretudo, pela posse do discurso, nas grandes reformas restauradoras. Não sem motivos – supostamente –, parece notável que um grupo de escritores cariocas, pertencente à elite liberal da cidade, nos anos 1930, se autodenominasse de "mosqueteiros intelectuais" pelo compromisso assumido pela ética na atuação pública.

Contudo, impulsionado por vários fatores, abriu-se um processo de crise e de reflexão sobre a sobrevivência do intelectual e do escritor no Brasil. Tal processo se imbricou na constituição em curso, ainda lenta, de uma sociedade de massas pelo eixo informação-comunicação e com perda gradativa de autonomia da esfera cultural, submetida, supostamente, aos parâmetros de mercado. Além desses aspectos, também influíram as diversas relações dos intelectuais com o Estado autoritário e fortemente intervencionista, aspecto crucial da experiência política da vida brasileira que marca essas décadas. Assim, o curso das lutas pela profissionalização do escritor no Brasil envolveu um repertório de questões e de inquietações trazidas também pelas contínuas mudanças ocorridas no país e próximas aos seus interesses, pondo em jogo, nesse quadro tensionado, a própria legitimidade do papel dos intelectuais.

No período do Estado Novo, esse segmento social se distribuiu, em geral, entre os ideólogos que sustentavam os princípios políticos do regime, os colaboradores que ocupavam ou não cargos na burocracia e os representantes da oposição, politicamente organizados, clandestinos ou não.[1] Se o regime varguista seduziu parte da rede intelectual, nos anos 1930 e 1940, o pensamento socialista também o faria, especialmente entre os escritores assumidamente engajados como Graciliano Ramos, Oswald de Andrade, Raimundo Magalhães Junior, no PCB e no PSB – agremiações que constituíram quase que as únicas alternativas coletivas para a prática política e social mais progressista.

A aproximação com governo ditatorial era contestada ou vista com ceticismo. Discutia-se o reconhecimento da função do intelectual, a institucionalização das práticas de controle e de censura como graves empecilhos para a participação democrática. Contudo, a atitude de aversão ao compartilhamento das ações com as iniciativas oficiais tendeu a ceder pela revisão de algumas posições, sobretudo, quando o governo ditatorial, ao incorporar alguns intelectuais nos seus quadros, passou a dar evidente atenção a projetos culturais. Mas o campo não era homogêneo. As linhas de força se confrontavam, além de se colocar a necessidade de negociação do corpo político com um governo autoritário com graves problemas quanto a sua legitimidade. E esse tema da relação do intelectual

---

[1] Cf. RIDENTI, M. *Em busca do povo brasileiro: artistas da revolução do CPC à era da TV*. Rio de Janeiro: Record, 2000. p. 36.

com o Estado se metamorfosearia em torno de debates que se estenderiam em conjunturas posteriores, incluindo, entre outros, a questão da racionalização burocrática, o que permitiu um novo tipo de dominação com vantagens e regalias na hierarquia burocrática.

Sérgio Miceli aponta *as redes de compromisso* armadas pelos intelectuais no setor público, trampolim para os alicerces das instituições nos quais se localizavam os nichos organizacionais e os "anéis burocráticos", ascendendo ao *status* de elite e, tal como o Estado, considerado acima do social.[2] Alguns temas de alto interesse, como o da nacionalidade, aproximavam parte dessa intelectualidade fazendo-a repensar, pontualmente, sua posição com relação à política – que, para ser eficaz, devia estreitar seus laços com a noção de "consciência nacional".

Para alguns setores, tornava-se aceitável, em meio ao delírio nacional--popular regido pelo regime, o argumento de que, sem a colaboração dos intelectuais, não se faria o pacto entre a sociedade e o mundo da política. Como nota uma historiadora, a singularidade dessa permissão-relação estava no fato de "a política-Estado ter como par complementar os intelectuais, atores e criadores por definição dos bens simbólicos que alimentavam a própria mecânica do funcionamento do poder".[3]

Nesse sentido, os desafios do período quanto à posição ultracentralizadora do governo em um quadro de cooperação, mas também de muita tensão, deixavam entrever um Carlos Drummond de Andrade dividido como nessa sua reflexão irônica sobre as relações civis de muitas nervuras e ambivalências: "O emprego do Estado concede com que viver, de ordinário, sem folga, e essa é condição ideal para bom número de espíritos: certa mediania que elimina os cuidados imediatos, porém não abre perspectivas de ócio absoluto". E continua: "o indivíduo tem apenas a calma necessária para refletir na mediocridade de uma vida que não conhece a fome nem o fausto [...] Observe-se que quase toda a literatura brasileira,

---

[2] Cf. MICELI, S. *Intelectuais à brasileira*. São Paulo: Companhia das Letras, 2001. p. 376-377.

[3] Cf. GOMES, A. C. *História e historiadores*. Rio de Janeiro: FGV, 1999, p.135. É conhecido o vínculo estabelecido entre o Ministério da Educação e Saúde (ministro Gustavo Capanema) e os intelectuais, na construção de uma pioneira política de cultura, com Carlos Drummond de Andrade e Rodrigo Melo Franco de Andrade, no Patrimônio Histórico e Artístico Nacional, Augusto Meyer, no Instituto Nacional do Livro e outros representantes da crítica literária, caso de Alceu Amoroso Lima. Em 1939, Sérgio Buarque de Holanda assumiu a cargo de chefe da Seção de Publicações do INL, onde trabalhavam Mário de Andrade, Francisco Barbosa, entre outros. Alguns intelectuais atuaram em órgãos culturais ligados ao DIP, como Cassiano Ricardo, Menotti Del Picchia, Raimundo Magalhães Junior, Vinicius de Morais, Cecília Meirelles, entre outros. Entre os escritores que resistiram às convocações para cargos, em franca oposição ao regime político, pode-se citar Monteiro Lobato.

no passado como no presente, é uma literatura de funcionários públicos". Mas "seriam páginas e páginas de nomes, atestando o que as letras devem à burocracia, e como esta se engrandece com as letras [...] Há que contar com elas, para que prossiga entre nós certa tradição meditativa e irônica". E "certo jeito entre desencantado e piedoso de ver, interpretar e contar os homens [...] o que talvez só um escritor-funcionário ou um funcionário-escritor, seja capaz de oferecer-nos". Ele "que constrói, sob a proteção da Ordem burocrática, o seu edifício de nuvens, como um louco manso e subvencionado".[4]

Uma das mais fortes orientações oficiais era a de que os diversos gêneros, como a Literatura, a História, a biografia, deveriam participar ativamente da construção da nação por meio da "missão de civilizar" a população brasileira em diáspora ou em abandono. É, portanto, nessa perspectiva que muitos dos escritores polígrafos se encontravam então, e estrategicamente, diante das oportunidades da política – mesmo que sob o Estado ditatorial –, o que podia vir a favorecer o reconhecimento de sua presença e do seu papel.

E, talvez por isso, muitos deles não postulassem, nesses anos, as configurações também ambicionadas, por exemplo, pela Literatura: a ficcionalização, o artifício, a ampliação dos espaços da individualidade e da alteridade. Olavo Bilac, Cassiano Ricardo, José Lins do Rego, Rachel de Queiroz, Jorge Amado, por exemplo, fariam, na década de 1930, uma Literatura classificada de nacionalista.

Fazia parte dos grandes projetos anunciados pelo Estado Novo, de acordo com suas postulações de unidade e de civismo, o investimento no conhecimento histórico, geográfico, linguístico-literário do país, assim como na equação do que se supunha constituir os dilemas da população. Mas um projeto com tal dimensão não estava livre de ambiguidades a partir de um suposto ideário de solidariedade social e ideológica entre setores e grupos heterogêneos perfilados no entorno desse Estado. Esse aspecto, embutido nas palavras de Nestor Duarte, em 1939, podia traduzir tal dificuldade: "O desejo talvez de criar uma nação nos tenham feito esquecer a oportunidade de analisá-la".

O fazer narrativo, se olhado pelas proposições oficiais, era moldado por uma proposta políco-pedagógica para capturar os emblemas nacionais. Quantos aos modelos herdados, Velloso comenta que, durante do Estado Novo, "o Brasil serviu de campo experimental ao saber europeu [...] nossa literatura já nasceria comprometida com uma escala de valores adversa à sua natureza ficcional; racionalidade ao invés de imaginação, sistematização ao invés de invenção".[5]

---

[4] Cf. ANDRADE, C. D. de. Passeios na ilha. In: *Obras completas*. Rio de Janeiro: Aguilar, 1964, p. 658- 659.

[5] Cf. VELLOSO, M. P. A Literatura como espelho da Nação. In: *Estudos Históricos*, Rio de Janeiro, v.1, n. 2, 1988, p. 242.

Contudo, quanto de imaginação e de invenção seria empregado na descrição e racionalização da vida brasileira por meio das obras publicadas no período! Da perspectiva dos interesses do escritor brasileiro, muito mais do que um imperativo ou uma norma oficial a seguir, era necessário demarcar, e demarcar profissionalmente, o espaço literário *legítimo* e em um país periférico como o Brasil – questão já apontada no capítulo "Itinerários de Magalhães". Esse espaço, conforme registros e depoimentos de alguns escritores, também seria percebido como evidências de mudança na vida social, de atualização cultural do país, bastante contrastado diante, por exemplo, da herança dos modelos estrangeiros ainda que em meio às disjunções e oposições no solo literário, pois também não eram poucos os autores interessados em uma Literatura universalista.

Com um ambiente político e cultural propenso a reverberações nacionalistas, por meio da mediação simbólica dos intelectuais, a conformação de diversas narrativas do período como a ensaística, a biográfica, a historiográfica era muito tocada pelas noções de missão cívica e patriótica. As referências não são poucas e são conhecidas. Contudo, os debates se multiplicavam, revelando a existência de tensões no campo do fazer narrativo e também a necessidade de uma reavaliação crítica sobre o problema nacional. Como exemplo, pode ser aqui citada uma formulação da Academia Brasileira de Letras, publicada na *Revista Brasileira*, n. 1, ano 1, de junho de 1941, que recebeu críticas de escritores que diziam não entender a razão do nacionalismo na literatura como recomendava a ABL: "O gênio dos povos e da nação se manifesta por sua Literatura, mais do que por qualquer das outras formas de expressão".[6]

Desde a década de 1950 a meados da década seguinte, a problemática política sobre a sociedade brasileira sustentava e explicava grande parte do debate sobre o nacional e o popular associado, ou não, à ideia de transformação e de revolução. Alguns projetos se tornaram emblemáticos, abrindo importantes rupturas, como os de alfabetização no Nordeste, os de centros populares de cultura incorporando, entre outros novos temas, o morro e sertão. Sobre esses debates e projetos – uma sobrecarga histórica de dilemas e utopias sobre o Brasil –, ainda hoje ecoam narrativas e tensões para as quais a imprensa, a literatura, a discografia, a fotografia, o teatro e o cinema brasileiros constituem fontes de pesquisa de grande importância.

Nesses anos, o que estava em jogo era, de fato, também dilemas profundos sobre o Brasil: concepções políticas sobre o Estado brasileiro, o desenvolvimento nacional (a internacionalização ou a nacionalização da economia), o sistema de representação eleitoral, os direitos sociais e civis, etc. Celso Furtado, no início

---

[6] Cf. ANDRADE, C. D. de. *Conversa de Livraria – 1941 e 1948*. São Paulo/Porto Alegre: Age/Giordano, 2000, p. 71.

da década de 1960, faz uma indagação fecunda, no curso desse processo, sobre as perspectivas em oposição: "Abriremos uma nova fase de transformações qualitativas em nossa formação de nação continental ou caminharemos para uma cristalização da estrutura já estabelecida?".[7]

O alvo era educar o povo pela arte popular e nacional – mesmo que alguns acadêmicos e folcloristas reagissem ao lema "arte para o povo", considerado desnecessário e inútil. As ideias libertárias deviam ser repostas, em grande medida, nos termos críticos sobre conceitos vigentes de cultura e de sociedade brasileiras, e ganharam outro relevo que seria projetado para a década das utopias e da repressão política: os anos 1960. A partir de um imaginado "itinerário intelectual coletivo", promessa do então pensamento social e político, de intelectuais militantes empenhados na conscientização das massas, foram traçadas visões e armas do futuro da democracia para o país – ainda que embaçadas pelas menções do passado.[8]

Se essa era a imaginação brasileira, de si e do mundo, era também a imposição de uma necessidade prática pensada como estratégia política para a tarefa de criação do nacional (ou hegemonicamente nacional) e de interpretação das potencialidades brasileiras que atravessaram esse ciclo das décadas de 1930 a 1960: a atmosfera de constrangimentos e violências do Estado ditatorial, o período nacional-desenvolvimentista, de uma "democracia precária", mas em nada comparado ao que viria, a seguir, com a ditadura militar-civil implantada em 1964 – um novo padrão autoritário e antidemocrático na vida nacional.

É pela perspectiva de certo efeito de fusão entre cultura e política que se pode olhar para a cidade do Rio de Janeiro, bastante modificada, assim como o país, nessas décadas conturbadas por distintos autoritarismos. Diante dos desdobramentos do pós-guerra e do posterior golpe militar, diferentes projetos disputavam a orientação do desenvolvimento nacional que, para alguns setores democráticos, tinha que ser pensado pela já crescente proletarização de camadas sociais dependentes do capital e do trabalho assalariado e pela subordinação dos bens culturais e dos serviços ao mercado.

Foi construída para a cidade do Rio de Janeiro a aura de um novo território inaugural, lugar das vanguardas, das disputas intelectuais sobre a cultura e o mundo brasileiros; um Rio caudaloso de promessas, sintonizado com certo "remédio de viver", também traduzido por um copioso e frenético painel da mundanidade das elites que pensavam um Brasil "que ameaçou ser, mas que não foi".

---

[7] Cf. FURTADO, C. *A pré-revolução brasileira*. Rio de Janeiro: Fundo de Cultura, 1962, p. 107.

[8] Cf. LOWY, M.; SAYRE, R. *Revolução e melancolia*. Petrópolis: Vozes, 1995, p. 44.

Nesse quadro mutável, sob os signos do terceiro-mundismo e também sob o alinhamento a posições conservadoras, emergiram pelos intelectuais e pelos artistas algumas das promessas e das apostas (inacabadas) para o futuro que sublinharam a força reparadora da cultura, o repovoamento da memória e a recriação dos mundos ambivalentes e identitários da vida brasileira.

O Rio de Janeiro, ainda na década de 1960, se mantinha como eixo cultural do país. Mas essa posição deve ser dividida com São Paulo, pois, nas décadas nas quais se situam o Modernismo e o Tropicalismo – com suas devidas diferenças *modernas* –, as duas cidades estavam implicadas, por seus atores sociais da cultura, na busca de experimentações estéticas, de um esforço de atualização histórica, e de reinvenção do construto da identidade brasileira. Tal cenário de efervescência cultural e política no país, observado nessas capitais, se somou à resistência diante da repressão do regime e foi ainda inspirado por setores da imprensa na defesa de um outro jornalismo com matérias complexas e abrangentes, muitas vezes com o texto em primeira pessoa; além de práticas de experimentação e relatos com relação ao fato vivenciado e politicamente engajado.[9] Mas é preciso notar que grande parte dos equipamentos institucionais, criados nesse período, foi alocada na cidade do Rio de Janeiro, como a Embrafilme, a Funarte, a Pró-Memória. Além do tradicional conjunto de bens culturais da cidade, conhecidos "lugares da memória" nacional, parte significativa do acervo cultural brasileiro, já consolidados e prestigiados pela rede intelectual, como a Biblioteca Nacional, o Museu Nacional, o Arquivo Nacional, o Museu de Belas Artes, o Instituto Histórico e Geográfico Brasileiro e a Academia Brasileira de Letras.

Raimundo Magalhães Junior, morador cidade do Rio de Janeiro, atravessou essas décadas, como vimos, em meio a diversificadas atividades profissionais. Integrado à sua geração, melhor, à rede discursiva a que pertencia e que cultivava como um valor, foi um intelectual, como alguns outros, que se batia fortemente pela autonomia e pela liberdade individuais.

"Deixai algum para nós!" é o título de um poema de Magalhães, de 1955, publicado em vários jornais do Rio de Janeiro e, como uma conclamação irônica ou um radar militante, foi impresso também para ser colado nos pontos literários

---

[9] A revista *Realidade* (Editora Abril), lançada em 1966, foi publicada regularmente até 1976. Até 1968, a revista viveu seu apogeu, mas já não possuía a mesma sagacidade após a edição do Ato Institucional nº. 5 (AI-5) em dezembro de 1968, o que impediu que continuasse a utilizar o jornalismo investigativo e inovador em seu discurso. Em 1969, aparece o *Pasquim* (com tiragem de 200 mil exemplares) e outros jornais partidários ou de esquerda que surgiriam a seguir como *Opinião, Movimento, Hora do Povo, Voz da Unidade* e *Tribuna da Luta Operária* (PCdoB), além dos mais antigos, partidários, como *A Voz Operária* (PCB), *Libertação* (AP), *A Classe Operária* (PCB), *Unidade Revolucionária* (MR-8).

e da boêmia carioca. Expressa a batalha nacionalista e desenvolvimentista que então se travava, no país, na década de 1950:

> Esta, a terra prometida
> Vinde judeus, árabes, sírios, armênios,
> Turcos, suecos, finlandeses, tchecoslovacos, alemães.
> Vinde nipões de olhos tortos, catalães, italianos, polacos.
> Perseguidos de todas as terras exaustas do mundo antigo,
> Vinde, que esta é a terra prometida. Vinde.
> Repartiremos convosco nossa paisagem e o nosso pão.
> Apenas, deixai algum para nós![10]

O propósito de Raimundo Magalhães Junior, parece-nos, seria o de escrever sobre a História da cultura do Brasil, contando, ele próprio, com a determinação de se pôr na defesa do patrimônio brasileiro e com a potência de sua escrita anelante, ágil, concisa de repórter experiente, além do faro de pesquisador em diversos acervos documentais.

Fazer biografia, para Raimundo Magalhães, talvez tenha sido o mesmo sobre o qual manifestara Sérgio Buarque de Holanda, em um artigo, de 13/10/1940, publicado no jornal *Correio da Manhã*, RJ, intitulado "A vida de Paulo Eiró", dialogando com as posições do crítico Álvaro Lins. Buarque de Holanda vê posições "distintas e antagônicas" no debate sobre biografia e menospreza a chamada biografia romanceada por enxergar que nessa modalidade "as qualidades próprias do romance e da biografia eram abolidas, em proveito de uma unidade artificial e suspeita".[11]

Para Magalhães, a biografia histórica é feita de empiria (pesquisa, seleção, análise), de arte, "a arte de biografar" (estilo, elegância, sedução), e de uma composição narrativa equilibrada entre "vida e História". É um escritor eficiente; sua narrativa tem perícia porque sabe contar uma história e sabe que a história age, por meio de contingências, nas opções e nas escolhas individuais. Faz sentido ter sido cunhado, por críticos e pela imprensa de sua época, como um biógrafo documentarista. Defendia essa "metáfora da continuidade" da narrativa sob o selo da biografia histórica, e o seu modo de presença como escritor estaria fincado nos memoriais de então sobre a experiência brasileira. Sem dúvida, o maior traço de sua *persona* era de um pesquisador obstinado, de *bom* estilo, ainda que nele o traço literário não seja marcante.

---

[10] Cf. página eletrônica produzida sobre o Raimundo Magalhães Junior pela ABL, no *site* da instituição. Disponível em: <www.academia.org.br>. Acesso em: 12 fev. 2013.

[11] Cf. HOLANDA, S. B. de. A vida de Paulo Eiró *In*: PRADO, A. A. (Org.). *Sérgio Buarque de Holanda: o Espírito e a letra. Estudos de crítica literária I. 1920-1947*. São Paulo: Companhia das Letras, 1996, p. 283.

Mas também estava sujeito, como todo criador, aos dilemas duplicados sobre ele mesmo e sobre sua obra – aqui não deve ficar de fora a expressão "mestre de si mesmo", marca de incontornável presença na escrita do seu narrador que se alonga entre os complexos significados tanto da "bio" como da "grafia". Certa feita, numa roda na Academia Brasileira de Letras, Magalhães desabafou: "Não é extraordinário que sejamos capazes de refazer um autor? Mas por sermos apenas biógrafos? O que isso significa?".[12] O escritor Antônio Olinto, amigo e confrade de Magalhães Junior na ABL, comenta que esse não se manifestava publicamente sobre o aguçado debate entre biografia e História, em meados da década de 1950: "Ele devia saber e ter o que dizer, mas não comentava e ia seguindo, passando horas lendo e copiando na Biblioteca Nacional".[13]

Suas biografias, levadas por distintos narradores, organizam um elenco indiciário, da experiência cultural brasileira, sobre o tema da constituição da nação. Esses protagonistas, como personagens dramáticos, mereceram um retrato em papel de Magalhães e eram, em geral, de extração desafortunada, à margem dos círculos privilegiados, cantantes das *boas* ilusões, dos sonhos da igualdade e da crítica social e política; em síntese, todos eles partidários dos princípios políticos liberais. Como sujeitos históricos, viveram e produziram obras de porte literário e artístico, mas em tensão permanente com a sociedade de seu tempo; por isso mesmo, essas biografias revelaram outro retrato, ou seja, retratos sobre os impasses da condição humana regida pelo mundo da política e da história.

A sua empreitada para abrir essas vidas ao leitor ou ao mundo dos livros teria, provavelmente, o sentido de compor e de sustentar uma rubrica sobre a identidade nacional, pela sua cultura e pela sua História, de acordo com o forte acento nacionalista de Magalhães, um socialista, que conservaria aquele posicionamento até o fim da vida. São inúmeros os exemplos em que o narrador toma para si o ideário liberal dos seus biografados, sobretudo, diante dos impasses políticos vividos pelo autor e pela sua geração, revelando a possível ameaça de princípios liberais e democráticos "na conturbação brasileira", como dizia Magalhães sobre os problemas nacionais.

Magalhães Junior, como se viu, leu os chamados mestres da biografia moderna, Strachey e Maurois. Incorporou alguns dos métodos desses autores, mas ultrapassou a perspectiva acentuadamente intimista e essencialista adotada por eles na narrativa biográfica. Procurando ser fiel aos seus propósitos na escrita de biografias, tentamos, com esta pesquisa, compreender o seu esforço para investigar e estudar a sociedade e a cultura brasileira do século XIX.

---

[12] Cf. anotação manuscrita e avulsa de Magalhães, s/d, acervo do autor, AMLB, Casa de Rui Barbosa, Rio de Janeiro.

[13] Cf. Antônio Olinto, em entrevista, em 7/2/2004, na sua casa, Rio de Janeiro.

Em um artigo, "Loja de Curiosidades", publicado pelo jornal *O Estado de S. Paulo*, de 18/8/1974, Paulo Rónai, que acompanhou a obra biográfica de Magalhães Junior e sobre ela escreveu – especialmente para a publicação da editora Lisa, SP, em 1971, que reuniu parte considerável da história biográfica do autor –, faz importante registro do seu processo de trabalho, nomeando-o como um "historiador dos costumes". Diz o crítico e tradutor: "Historiador infatigável de fatos e de costumes, R. Magalhães Junior nada perde dos achados com que topa no decorrer de suas pesquisas, enquanto elabora suas biografias de escritores e de políticos, guarda as aparas que sobram em sua mesa de trabalho". E "de olhos e ouvidos abertos no meio de uma existência trepidante", o amigo biógrafo "capta e registra o que lhe trazem de notável ou engraçado o dia-a-dia, a leitura do jornal, a conversa com pessoas, a correspondência com amigos e leitores dos quatro cantos do Brasil e o respeito constante de livros, lidos às centenas que não se sabe quanto".[14]

Parece também muito importante fixar novamente o fato, já referido, de que Raimundo Magalhães Junior, como alguns biógrafos, pretendia fazer, pela biografia, a renovação ou mesmo a atualização da narrativa historiográfica, talvez pela crença compartilhada sobre a historicidade dos processos sociais e individuais. Ficam evidentemente em aberto os ecos silenciosos dos historiadores sobre essa produção de biografias históricas, feitas à margem da academia universitária e em um tempo em que a profissionalização do historiador ainda era incipiente.

Já o escritor e lexicógrafo Antonio Houaiss, ao fazer uma reverência ao amigo e confrade Magalhães Junior, em 1982, enuncia premonitoriamente a necessidade de se reabrir a sua obra biográfica: "Raimundo Magalhães suscitava em mim um pouco de inveja. Aquela capacidade de trabalho e de pesquisa me deixavam, às vezes, profundamente invejoso dele. Somos testemunhas do fervor com que ele se deu ao trabalho literário". E "na capacidade que manifestou pela atividade de dramaturgo, de teatrólogo que foi sendo superada pelo aprofundamento do lado biográfico de forma realmente exemplar dentro da historia do Brasil. Esse ponto de fundo é que vai perdurar mais e vai ser exemplo vivo para as futuras gerações".[15]

No caminho narrativo, arriscado, que elenca diversos convidados protagonistas, viventes em alguma região do universo imaginário e também realista da cultura, a narrativa biográfica, como a de Magalhães, teve recepção inconteste no mercado nacional com possíveis implicações na formulação de imagens ou mesmo de modelos de verdade, ainda que imaginários, sobre a memória histórica do país. E, de alguma maneira, a imprensa da época criou sobre aquele

---

[14] Cf. RÓNAI, P. Loja de Curiosidades. *O Estado de S. Paulo*, São Paulo, 18/8/1974. Essa matéria se refere ao lançamento, nesse mesmo ano, da 3ª edição do livro de Magalhães Junior, *Dicionário brasileiro de provérbios, locuções e ditos curiosos,* cuja 1ª edição é de 1960.

[15] Cf. Adeus a Raimundo Magalhães Junior. *Revista da Academia Brasileira de Letras*, ano 82, v. 143, jan./jun., Rio de Janeiro, Anais de 1982, p. 12.

escritor imagens que, possivelmente, se encarregaram de difundir certo perfil desse biógrafo polígrafo veiculando caricaturas sobre ele em jornais de grande circulação como *O Estado de S. Paulo*, o *Correio da Manhã*, o *Jornal do Brasil* (caso das charges sobre Raimundo Magalhães Junior que constam da página 299 e da orelha deste livro). Tomadas como uma "caricatura editorial", de tom e molde humorados, essas charges eram chamadas, nos meios jornalísticos, de *lampoon* e constituem fonte de interesse para a recepção do autor e de sua obra, além de comporem um recurso gráfico fundamental não apenas para estabelecer um diálogo criativo com o leitor, mas para também marcar a liberdade de imprensa.

Dispõe-se, de resto, de restrito material para acompanhar a vida de Raimundo Magalhães Junior. As principais fontes para este estudo vieram da *Revista da Academia Brasileira de Letras* e do seu arquivo, das entrevistas concedidas pelo autor conservadas pelo *clipping* dessa instituição, das entrevistas feitas com sua única filha e com intelectuais que conviveram mais de perto com o escritor. Além do acervo de Magalhães encontrado no Arquivo-Museu de Literatura Brasileira, da Casa de Rui Barbosa, RJ, doado pela sua mulher, Lúcia Benedetti, em junho de 1991. A carta dessa doação é dirigida a Plínio Doyle, diretor da casa, à época, fazendo menção "àqueles que desejando fazer biografia, ensaio ou qualquer estudo possam pesquisar livremente". Esses documentos formam duas pastas de *clipping* e 30 pastas organizadas por assuntos como correspondências, produção intelectual, avulsos, anotações do autor, recortes de jornais, entre outras.

Magalhães Junior registrou, em geral, pouco de si, avesso talvez a autoconsagração. No longo, estudado e articulado discurso de sua posse na Academia Brasileira de Letras, em 6/11/1956, ele faz referências aos representantes literários da terra natal, o Ceará – omitindo o seu núcleo familiar *despedaçado*, mesmo que cultivado e liberal –, ao seu cargo de vereador na cidade do Rio de Janeiro e à sua agradecida admiração por essa cidade, "a metrópole intelectual do país". E, menciona, fartamente, algumas de suas preferências na Literatura e na Historiografia em função de sua entrada naquele portal das letras que, evidentemente, prezaria tais citações. É possível extrair nesse relato uma brevíssima passagem, que nos chamou a atenção pela sua reveladora ambiguidade e ironia. Ele diz que teve esperanças de apresentar a sua candidatura porque "esta Academia tem, por vezes, o gosto dos contrastes e das soluções inesperadas" – aspecto que, possivelmente, guardava inequívocas proximidades com seu espírito progressista, curioso, investigativo e metódico.[16]

O biógrafo Magalhães Junior não recebeu também a sua própria biografia, além de ser escassa a bibliografia sobre o autor, não se dispondo de estudos sobre

---

[16] Cf. MAGALHÃES, JR. R. Recepção aos Sr. Magalhães Junior. *In*: Discursos Acadêmicos. *Revista da Academia Brasileira de Letras*, 1956-1959, v. XV. Rio de Janeiro, 1969, p. 15.

sua produção intelectual bem recebida, no passado recente, pelo mercado editorial e leitor no Brasil.[17] Sobre esse ponto, é de interesse anotar aqui as palavras de João Ubaldo Ribeiro, no discurso de sua posse na ABL, em 8/6/1992. O escritor faz um relato introdutório, conforme norma adotada pela casa, sobre os ocupantes, antes dele, da cadeira de n. 34, como o confrade Raimundo Magalhães. "Alcancei-o, embora nunca tenha estado com ele pessoalmente, na plenitude de sua atividade literária, ouvindo comentários sobre sua prodigiosa capacidade de trabalho, pesquisa e realização." A seguir, João Ubaldo cita o que Viriato Correia disse sobre Magalhães ao recebê-lo na Academia e finaliza: "creio que não se acharão palavras mais apropriadas para resumir a personalidade e a vida desse homem singularíssimo, cuja contribuição para a cultura brasileira ainda não foi adequadamente avaliada".[18]

Como já mencionamos, seguidas vezes neste estudo, Raimundo Magalhães Junior associa biografia e História e como autor faz várias sugestões de que a narrativa que ele enviesa e parceiramente assina com seu narrador é a de um historiador. Diante disso e das análises que fizemos sobre essa narrativa, é possível, como leitor, conceder hospitalidade a esse esforço, pois a sua obra biográfica, nos seus termos, possibilita também esse entendimento.

A biografia devia ser encarnada ou, como ele próprio diz, "encarnada de história". Convencido de que as marcas entre os campos, distintos, da biografia e da História eram bem próximas, Magalhães propõe a aliança entre biógrafos e historiadores. Mas observa, como biógrafo, que, à sua época, os historiadores não *desciam* à vida individual para decifrar retratos de vida e assim compreender o espírito de um tempo, suas ideias, concepções. Arguto, o texto de seu narrador sugere um *destino associado* dessa modalidade narrativa ou a biografia histórica, cabendo ao leitor completar o círculo provocado por essa intercessão, que aqui representamos pela figura do anel no título deste volume.

O anel indica o elo e a marca de um ajuste ambíguo, pois "une e isola ao mesmo tempo". Aqui, essa metáfora é utilizada para servir aos elos próximos entre biografia e História estabelecidos por Magalhães Junior. A posse do anel-aliança pode revelar ainda a união duplicada de um com um outro, mas também isola aquele que possui o anel, avivando uma de suas escolhas

---

[17] Raimundo Magalhães Junior é citado em algumas publicações mais recentes como *Obras completas de Machado de Assis,* 4. ed. da Nova Aguilar, de 1979; Nicolau Sevcenko, *Literatura como Missão;* Sidney Chalhoub, *Machado de Assis historiador;* Ruy Castro, *O anjo pornográfico: a vida de Nelson Rodrigues;* Leonardo Affonso de Miranda Pereira, *O carnaval das letras;* Flora Susseking, *O Brasil não é longe daqui,* entre outros – além de autores contemporâneos a Magalhães, citados na bibliografia deste trabalho.

[18] RIBEIRO, J. U. *In*: Discursos Acadêmicos. *Revista da Academia Brasileira de Letras,* 1994-1997, v. XXVII. Rio de Janeiro, 1998, p. 13.

identitárias. Ou seja, apesar de próximas, biografia não é História e vice-versa. E, sem desconsiderar certa tradição mítica, de alguma utilidade nesse arranjo temático, possuir o anel seria ganhar também a permissão para entrar em cavernas, regiões, moradas – algo como os mundos e os lugares da pesquisa.[19]

Encarnado, esse anel pode ainda provocar, com sua cor, a ideia de que o narrador da biografia histórica procura por uma vida ativa e de labor, por "gente de verdade", pois sua escrita não se move na direção de categorias, estruturas e coadjuvantes anônimos. Trata-se de fazer um retrato da vida humana, mas um retrato *na* sociedade sempre temporal, histórica.

Magalhães assume, pela sua contribuição à narrativa biográfica, um modo de presença próprio na cena brasileira, ainda que compartilhado também entre alguns escritores, acentuando vivamente noções sobre a temporalidade, em permanente transposição do presente para o passado e tudo isso na mira do leitor.

Pode ter razão Joracy Camargo, quando diz: "Como no teatro, a realidade se apresenta ao leitor. [...] Essa é a verdadeira função do escritor, e Magalhães cumpre-a [...] que ainda se dá ao luxo de digressões que não interrompem a emoção provocada pela ação da narrativa, graças à natural habilidade com que disfarça a descontinuidade". E "é justamente nessas fugas discretas – que têm o mérito de situar o leitor num tempo que por ele não foi vivido – que reside um segundo interesse a seus livros".[20]

É possível que a leitura de seus livros nos cause ainda uma forte impressão sobre sua forma de conceber a biografia, a partir de um narrador eficiente e conciso, mas também, por vezes assombrado entre a necessidade de descrever documentos e a sua interpretação. Parece que, posicionado da coxia, esse narrador traz o autor, Magalhães, um "homem de teatro", para construir nessa perspectiva grande parte de sua obra biográfica. De uma coxia metafórica, ele parece espreitar na antessala, ou mesmo entre as sombras, a História brasileira, pondo-lhe luz e relevo por meio de aproximações movidas, também, pela estratégia de encenar o passado para o leitor. Uma declaração atribuída a Magalhães, nos círculos letrados e boêmios cariocas, revela esse aspecto e seu domínio compreensivo: "para contar uma história é preciso se envolver, mas é preciso se afastar".[21]

Seu texto biográfico, sob o ângulo da encenação – "uma linguagem no espaço e em movimento",[22] pode se constituir, nessa medida, uma projeção ardente,

---

[19] Cf. CHEVALIER, Jean, GHEERBRANT, Alain. *Dicionário de símbolos*. Rio de Janeiro: José Olympio, 1997, p. 53-56.

[20] Cf. revista *Para Todos*, s/d.; pasta sem data, acervo de Raimundo Magalhães no AMLB, Casa de Rui Barbosa, Rio de Janeiro.

[21] Cf. depoimento de Antônio Olinto, em 7/2/2004, entrevista na residência do escritor, Rio de Janeiro.

[22] Cf. ARTAUD, A. *O teatro e seu duplo*. São Paulo: Martins Fontes, 2006, p. 46.

ainda que difusa, sobre a Historiografia. E sobre o patrimônio cultural brasileiro, sobre as memórias enquadradas por esse patrimônio e que não oferecem, para trás, certeza alguma. Talvez, por isso, ele pretendesse reconfigurar uma paisagem e um tempo históricos a serem retratados, mas por procedimentos metódicos, algo como uma "voz revisora", mesmo que sujeita a erros e equívocos. Esse tempo imbricado na sorte das vidas que biografou – e eleitas, provavelmente, pela obra literária e política que aquelas produziram –, será medido por um ideário particularmente grato a Raimundo Magalhães e a sua geração, a construção do nacional.

E fica também manifesta a ideia de que essas vidas ou esses homens *do passado*, por ele biografados, somente se tornariam sujeitos – mais do que criadores literários e políticos – se compreendidos pela vida histórica. A História como Historiografia é que lhes amarra à vida coletiva, social e que empresta sentidos identitários à duração temporal que vivenciaram. E, recuperando ainda a noção importante de "vida nacional" e cara à sua geração, o biógrafo a articula às vidas narradas por meio da biografia histórica.

Toda essa movimentação de pesquisa e de labor narrativo de Raimundo Magalhães Junior, aqui, também *personagem*, se dirige, pelo tom que se quer convincente do seu narrador, às supostas reações do leitor de biografia, convidado, como no teatro, à participação de um texto com fundo histórico latente.

A escrita desse narrador, tramada na construção de identidades, não deixa de revelar a complexidade dessa tarefa regida pelo autor não somente pelas diversas biografias que teve de *suportar* pela pesquisa e construção narrativa, mas pelos sentidos que emprestou a esse enfrentamento problemático de ativar experimentos narrativos sobre a cultura brasileira. Talvez tenha sido essa a opção possível encontrada pelo narrador de Magalhães: convidar o leitor para participar da biografia e da História, sentindo, rebatendo, revisando – como ele mesmo o faria, um suposto revisor – nessa "grande quizila e ambigüidade que há entre vivos e mortos, a invenção e o documental, o vivido e o arquivo, o indivíduo supostamente de carne e osso e o personagem".[23]

Em um achado *secundário*, em meio às suas diversas anotações, no Arquivo Museu de Literatura Brasileira, da Casa de Rui Barbosa, RJ, encontra-se essa menção de Magalhães, algo como o seu *leitmotiv* – também confirmado pela memória do escritor Antônio Olinto, da Academia Brasileira de Letras. Em uma das andanças noturnas de ambos por Copacabana, Magalhães, pensativo, lhe confidenciou: "Escrevo biografias porque a vida me interessa e é o meu modo de estudar e de fazer história".[24]

---

[23] Cf. CANÇADO, J. M. *Memórias videntes do Brasil : a obra de Pedro Nava*. Belo Horizonte: Editora da UFMG, 2003, p. 87.
[24] Cf. pasta de Avulsos, s/d, acervo do AMLB, Casa de Rui Barbosa, Rio de Janeiro.

Foi esta a charge que MOURA publicou no **Correio**, com a legenda: "Afinal, o trabalho do R. Magalhães Júnior não é assim tão estafante como pode parecer a muitos"

O que se passa com RMJ? – 4 livros em 40 dias. *Correio da Manhã*. Rio de Janeiro, 28/07/1957.

Referências

Instituições com acervos referentes

Academia Brasileira de Letras, Rio de Janeiro, RJ.

Arquivo Nacional, Rio de Janeiro, Rio de Janeiro, RJ.

Arquivo-Museu de Literatura Brasileira da Casa de Rui Barbosa, Rio de Janeiro, RJ.

Arquivo de Raimundo Magalhães Junior (responsável: Rosa Magalhães, filha), Rio de Janeiro, RJ.

Arquivo Público Mineiro, Belo Horizonte, MG.

Biblioteca Nacional, Rio de Janeiro, RJ.

Biblioteca Pública Estadual Luiz de Bessa. Seção de Obras Raras. Belo Horizonte, MG.

Biblioteca Central da PUC-MG, Belo Horizonte, MG.

Biblioteca da FAFICH/UFMG, Belo Horizonte, MG.

Obras de Raimundo Magalhães Junior★[1]

Artur Azevedo e sua época, 1953.★

Três panfletários do Segundo Reinado. São Paulo: Companhia Editora Nacional, 1956.

D. Pedro II e a condessa de Barral, Rio de Janeiro: Civilização Brasileira, 1956.

O Império em chinelos. Rio de Janeiro: Civilização Brasileira, 1957.

Deodoro: a espada contra o Império. 2 v. São Paulo: Companhia Editora Nacional, 1957.

Antologia de humorismo e sátira, 1957.

Poesia e Vida de Cruz e Sousa★

---

[1] Não constam desta relação contos, crônicas, novelas, peças para teatro, além de outras biografias escritas por Magalhães (sobre João do Rio, Augusto dos Anjos, por exemplo, na década de 1970) e publicações do autor sobre Machado de Assis, na década de 1950, que serão retomadas, em parte, por Magalhães em *Machado de Assis: vida e obra*, 4 vol., publicado em 2008. As obras assinaladas (★) pertencem à Coleção Homens e Épocas das Letras e das Artes Brasileiras. *Biografias de R. Magalhães Junior*. São Paulo: Lisa-Livros Irradiantes S.A., 1971 – com apresentação de Paulo Rónai. Algumas das biografias dessa Coleção foram lançadas por outras editoras, como a Civilização Brasileira, Rio de Janeiro.

*Martins Pena e sua época**
*A vida turbulenta de José do Patrocínio**
*Poesia e vida de Álvares de Azevedo**
*As mil e uma vidas de Leopoldo Fróis**
*Poesia e Vida de Casimiro de Abreu**
*O fabuloso Patrocínio Filho**
*Machado de Assis desconhecido**
*José de Alencar e sua época**
Rui, o homem e o mito. Rio de Janeiro: Civilização Brasileira, 1964.
Dicionário brasileiro de provérbios, locuções e ditos curiosos, 3. ed., Rio de Janeiro: Documentário, 1974.
Olavo Bilac e sua época. Rio de Janeiro: Americana, 1974.
Arthur Azevedo: contos ligeiros. Rio de Janeiro: Bloch Editores, 1974.
Machado de Assis – vida e obra. 4 v. Rio de Janeiro/São Paulo: Record, 2008.

Fontes manuscritas e impressas

- Anuário da Academia Brasileira de Letras, 1957-1959, com anotações de Raimundo Magalhães Junior sobre sua obra e vida profissional, arquivo da ABL.
- Arquivo da Academia Brasileira de Letras, cadeira 34: BR ABL AA MJu, 1958/81, documentos textuais, impressos, *clipping* (*Lux Jornal*) e fotografias; pasta 722 (diversos).
- Correspondência manuscrita e datilografada ao autor da Cia. Editora Nacional; Otto Maria Carpeaux, 1947; Fernando de Azevedo, 1996; Alberto Dines, 1965; Danton Jobim, 1960; Pedro Calmon, 1951; Raul Lima (do Arquivo Nacional, RJ) 1970-1972, Carlos Drummond de Andrade, 1941 e 1956, entre outros, como intelectuais ligados à Sociedade Brasileira de Autores Teatrais - Sbat; de embaixadas do Brasil: Ribeiro Couto, Belgrado; João Cabral de Mello Neto, Barcelona; Murilo Mendes, Roma; José Guilherme Merquior e Antonio Olinto, Londres; Rubem Braga, Rabat.
- Declarações de Raimundo Magalhães Junior sobre sua obra, história e biografia no Brasil: Jornal *Correio da Manhã*, Rio de Janeiro, 28/7/57.
- Fotocópia do catálogo original da peça (incluindo texto completo) *Carlota Joaquina*, de Raimundo Magalhães Junior, de 1939, acervo do Sbat – Sociedade Brasileira de Autores Teatrais, Rio de Janeiro, RJ.
- *Guia geral da Academia Brasileira de Letras*, arquivo dos acadêmicos. Rio de Janeiro: ABL, 2003.
- Índices, prefácios, bibliografia, citação documental, narrativa ficcional e iconografia nas obras de Raimundo Magalhães Junior sobre Deodoro da Fonseca, José do Patrocínio, Arthur Azevedo, Machado de Assis e Rui Barbosa.
- *Inventário do Arquivo Raimundo Magalhães Junior*, série-correspondência. Rio de Janeiro: Arquivo- Museu de Literatura Brasileira/Casa de Rui Barbosa, Rio de Janeiro.
- *Inventário do Arquivo Carlos Drummond de Andrade*. Fundação Casa de Rui Barbosa. AMLB, 2. ed., Rio de Janeiro, 2002, 269 p. (cartas de Raimundo Magalhães Junior a Carlos Drummond de Andrade).

- Matérias (temáticas diversas), de Magalhães Junior, veiculadas nos jornais cariocas, *Diário de Notícias, Correio da Manhã, Jornal do Brasil, O Globo* e nos jornais *Folha do Norte* (Belém, PA), *A Tribuna* (Santos, SP).
- Pasta de *clipping* (1) de 20/11/1941 a 30/5/1982, AMLB/Casa de Rui Barbosa, Rio de Janeiro.
- Pasta de *clipping* (2), sem data, recortes avulsos e sem referência dos periódicos, AMLB/Casa de Rui Barbosa, Rio de Janeiro.
- *Revista IHGB*. Magalhães Junior. José Bonifácio e a Imprensa. Rio de Janeiro: jul./set., 1963, v. 260, p. 204-20.
- *Revista IHGB*. Magalhães Junior. O visconde de Ouro Preto. Rio de Janeiro: out./dez., 1962, v. 257: 62-76.
- *Revista da Academia Brasileira de Letras*. Magalhães Junior, R. Historiadores do século XIX. v. 96, anais de 1958, Rio de Janeiro: jul. a dez. de 1958.
- Termo de doação de parte do arquivo de Raimundo Magalhães Junior feita por sua mulher, Lucia Benedetti Magalhães, ao AMLB/RB, por intermédio do seu diretor, Plínio Doyle, Rio de Janeiro, 6/6/1991.
- MAGALHÃES JR., R. *Um judeu*, Rio de Janeiro: A Noite, 1939.
- MAGALHÃES JR., R. *Arthur Azevedo e sua época*. Rio de Janeiro: Civilização Brasileira, 1966.
- MAGALHÃES JR, R. *O Império em chinelos*. Rio de Janeiro: Civilização Brasileira, 1957.
- MAGALHÃES JR., R. *Rui, o homem e o mito*. Rio de Janeiro: Civilização Brasileira, 1979.
- MAGALHÃES JR, R. *Machado de Assis desconhecido*. São Paulo: Lisa, 1971.
- MAGALHÃES JR, R. *A vida turbulenta de José do Patrocínio*. São Paulo: Lisa, 1971.
- *Memória do teatro da cidade do Rio de Janeiro* – *clipping* e textos, arquivo da Sbat, Rio de Janeiro.

Entrevistas

- Sérgio Fonta, dramaturgo e ator na Sbat, Rio de Janeiro, janeiro de 2004.
- Heloísa Maranhão, escritora, dramaturga, Rio de Janeiro, janeiro de 2004.
- Antônio Olinto, escritor, membro da ABL, Rio de Janeiro, fevereiro de 2004.
- Ilmar Rohloff de Mattos, historiador, Rio de Janeiro, abril de 2004.
- Rosa Magalhães, artista plástica, filha de Raimundo Magalhães Junior, Rio de Janeiro, julho de 2004.
- Luis Antonio de Souza, chefe da Biblioteca da ABL, Rio de Janeiro, julho de 2004.
- Norma de Góis Monteiro, historiadora, Belo Horizonte, agosto de 2004.
- Estevão Dulci, jornalista, Belo Horizonte, setembro de 2004.
- José Maria Cançado, crítico literário, biógrafo, poeta, Belo Horizonte, fevereiro e setembro de 2004, outubro de 2005, março de 2006.
- Alberto Dines, jornalista e biógrafo, São Paulo, novembro de 2005, maio de 2006 e fevereiro de 2010.

Obras de referência

ANUÁRIOS da Academia Brasileira de Letras.
ANUÁRIO ESTATÍSTICO DO BRASIL. Ano XIX. Rio de Janeiro: IBGE – Conselho Nacional de Estatística, 1958.
BURGUIÈRE, André (Org.). *Dicionário das ciências históricas*. Rio de Janeiro: Imago, 1993.
CANDIDO, Antonio. *Formação da Literatura Brasileira*. 2 vol. 7ª ed., Belo Horizonte/Rio de Janeiro: Itatiaia, 1993.
CHEVALIER, Jean, GHEERBRANT, Alain. *Dicionário de símbolos*. 11. ed., Rio de Janeiro: José Olympio, 1997.
ENCICLOPÉDIA de Literatura Brasileira. Afrânio Coutinho e J. Galante de Sousa. São Paulo: Ministério da Cultura, Fundação Biblioteca Nacional, Departamento Nacional do Livro, 2001.
RÓNAI, Paulo. Estudo crítico. O biógrafo das letras brasileiras. In: *Coleção homens e épocas das letras e artes brasileiras*. São Paulo: Lisa,1971.
RODRIGUES, José Honório. *Teoria da História do Brasil (Introdução metodológica)*. São Paulo: Companhia Editora Nacional, 1969.
100 anos de Cultura Brasileira. Ciclo de conferências do I centenário da ABL. Rio de Janeiro: Academia Brasileira de Letras, 2002.

Livros e artigos

ABEL, Carlos Alberto dos Santos. *Graciliano Ramos: cidadão e artista*. Brasília, Editora da UNB, 1997.
ABREU, Alzira Alves de. *A renovação do método biográfico*. Comunicação apresentada no XXIII Encontro Anual da Anpocs.
ABREU, Alzira Alves et al. *A imprensa em transição*. Rio de Janeiro: FGV, 1996.
AMADO, Jorge. *Suor*. Rio de Janeiro: Record, 1987.
ANDRADE, Carlos Drummond de. Canto do Rio em Sol. Lição de Coisas. In: *Obras completas*. Rio de Janeiro: Nova Aguilar, 1979.
ANDRADE, Carlos Drummond de. Mineração do Outro. Lição de Coisas. In: *Obras Completas*. Rio de Janeiro: Nova Aguilar, 1979.
ANDRADE, Carlos Drummond de. *O Observador no escritório*. Rio de Janeiro: Record, 1985.
ANDRADE, Carlos Drummond de. *Conversa de Livraria – 1941 e 1948*. São Paulo/Porto Alegre: Age/Giordano, 2000.
ARENDT, Hannah. *Origens do totalitarismo*. São Paulo: Companhia. das Letras, 1989.
ARTAUD, Antonin. *O teatro e seu duplo*. São Paulo: Martins Fontes, 2006.
ASSIS, Machado de Assis. *Obras completas: crítica teatral*. Rio de Janeiro/São Paulo/Porto Alegre: W.M. Jackson, 1955.
AZEVEDO, Fernando de. *A cultura brasileira*. São Paulo: Melhoramentos, 1967.
AZEVEDO, Francisca Nogueira de. *Carlota Joaquina na Corte do Brasil*. Rio de Janeiro: Civilização Brasileira, 2003.
BACHELARD, Gaston. *A água e os sonhos: ensaio sobre a migração da matéria*. São Paulo: Martins Fontes, 1998.

BARBOSA, Francisco de Assis. (Org.). *Raízes de Sérgio Buarque de Holanda.* 2. ed. Rio de Janeiro: Rocco, 1989.

BARNES, Julian. *O papagaio de Flaubert.* Rio de Janeiro: Rocco, 1988.

BARTHES, Roland. *O grau zero da escrita.* São Paulo: Martins Fontes, 2000.

BARTHES, Roland. *Mitologias.* Lisboa: Bertrand, 2002.

BAKHTIN, Mikhail. *A cultura popular na Idade Média e no Renascimento: o contexto de François Rabelais.* São Paulo/Brasília: Hucitec/UNB, 1987.

BAKHTIN, Mikhail. *Estética da criação verbal.* São Paulo: Martins Fontes, 2000.

BENJAMIN, Walter. O narrador. *In: Magia e técnica, arte e política.* São Paulo: Brasiliense, 1986.

BENJAMIN, Walter. Sobre o conceito de História. *In: Obras escolhidas.* São Paulo: Brasiliense, 1987.

BOBBIO, Norberto. *Os intelectuais e o poder: dúvidas e opções dos homens de cultura na sociedade contemporânea.* São Paulo: Editora Unesp, 1997.

BOLLE, Adélia Bezerra de Menezes. *A obra crítica de Álvaro Lins e sua função histórica.* Petrópolis: Vozes, 1979.

BOSI, Alfredo. O tempo e os tempos. *In*: NOVAES, A. (Org.). *Tempo e história.* São Paulo: Companhia. das Letras, 1992.

BOSI, Alfredo. *História concisa da literatura brasileira.* São Paulo: Cultrix, 1995.

BOURDIEU, Pierre. *O poder simbólico.* Lisboa: Bertrand/Rio de Janeiro: Difel, 1989.

BOURDIEU, Pierre. Campo do Poder, Campo Intelectual e Habitus de Classe. *In: A economia das trocas simbólicas.* São Paulo: Perspectiva, 2005.

BOURDIEU, Pierre. A ilusão biográfica. *In*: FERREIRA, Marieta de Moraes; AMADO, Janaína. *Usos e abusos da história oral.* Rio de Janeiro: Editora FGV, 1996.

BURKE, Peter. *História e teoria social.* São Paulo: Unesp, 2002.

BRAGA, Rubem. *Ai de ti Copacabana.* Rio de Janeiro/São Paulo: Record, 1996.

BRANDÃO, Octávio. *O niilista Machado de Assis.* Rio de Janeiro: Simões, 1956.

BRONCKART, Jean Paul. *Atividade de linguagem, textos e discursos: por interacionismo sócio-discursivo.* São Paulo: Educ, 1999.

CALMON, Pedro. *História da civilização brasileira.* São Paulo: Companhia Editora Nacional, 1933. Coleção Brasiliana.

CAMPOS, Humberto. *Crítica.* 3ª. série. Rio de Janeiro/São Paulo/Porto Alegre: W. M. Jackson Editores, 1951.

CAMPOS, Paulo Mendes. *Os bares morrem numa quarta-feira.* São Paulo: Ática, 1980.

CAMPOS, Pedro Moacyr. Esboço da historiografia brasileira nos séculos XIX e XX. *In*: GLENISSON, Jean. *Iniciação aos estudos históricos.* São Paulo/Rio de Janeiro: Difel, 1979.

CANDIDO, Antonio. Prefácio [Intelectuais e classe dirigente no Brasil]. *In*: MICELI, S. *Intelectuais à brasileira.* São Paulo: Companhia. das Letras, 2001.

CANÇADO, José Maria. *Memórias videntes do Brasil: a obra de Pedro Nava.* Belo Horizonte: Editora UFMG, 2003.

CANÇADO, José Maria. *Os sapatos de Orfeu: biografia de Carlos Drummond de Andrade.* São Paulo: Globo, 2006.

CARVALHO, Maria Alice Rezende. *Quatro vezes cidade.* Rio de Janeiro: Sette Letras, 1994.

CARVALHO, José Murilo de. *Os Bestializados: o Rio de Janeiro e a República que não foi*. São Paulo: Companhia das Letras, 1987.

CARVALHO, José Murilo de. Brasil: nações imaginadas. *In*: *Pontos e Bordados: escritos de história e política*. Belo Horizonte: Editora da UFMG, 1998.

CAVALHEIRO, Edgard. *Biografias e biógrafos*. Curitiba/São Paulo: Guaíra, 1943. Coleção Caderno Azul, n. 12.

CHALHOUB, Sidney. *Machado de Assis historiador*. São Paulo: Companhia das Letras, 2003.

CHARTIER, Roger. Comunidade de leitores. *In*: *A ordem dos livros*. Brasília, Editora UNB, 1994.

CHARTIER, Roger (Org.). *Práticas da leitura*. São Paulo: Estação Liberdade, 1996.

CHARTIER, Roger. *A História cultural entre práticas e representações*. Lisboa/Rio de Janeiro: Difel/Bertrand, 1990.

CHARTIER, Roger. *A Aventura do Livro: do leitor ao navegador. Conversações com Jean Lebrun*. São Paulo: Imprensa Oficial/Editora Unesp, s/d.

CHARTIER, Roger. *À Beira da falésia: a História entre certezas e inquietude*. Porto Alegre: Editora da UFRS, 2002.

CHAUÍ, Marilena. *Brasil: Mito fundador e sociedade autoritária*. São Paulo: Fundação Perseu Abramo, 2001.

CHAUÍ, Marilena. *Conformismo e resistência*. 2. ed. São Paulo: Brasiliense, 1987.

CORRÊA, Viriato. *O País do pau de tinta*. Rio de Janeiro: Civilização Brasileira, 1938.

COSTA, Cristiane. *Pena de aluguel: escritores jornalistas no Brasil, 1904-2004*. São Paulo: Companhia das Letras, 2005.

COSTA, Luiz Edmundo da. *O Rio de Janeiro do meu tempo*. Rio de Janeiro: Conquista, 1957, v. 4.

COUTINHO, Afrânio (Org.). *Machado de Assis: obra completa*. 4. ed., Rio de Janeiro: Nova Aguilar, 1979.

CROCE, Benedito. *A História: pensamento e ação*. Rio de Janeiro: Zahar Editores, 1962.

CRULS, Gastão. *Aparência do Rio de Janeiro: notícia histórica e descritiva da cidade*. 2. ed. Rio de Janeiro: Livraria José Olympio, 1952.

CRULS, Gastão. Biografias. *Boletim de Ariel*. Rio de Janeiro, out. 1936, ano VI, nº. 1, p.1.

DARNTON, Robert. Como andam as coisas *In*: *O beijo de Lamourette: mídia, cultura e revolução*. São Paulo: Companhia das Letras, 1995.

DE CERTEAU, Michel. A operação histórica. *In*: *A escrita da história*. Rio de Janeiro: Forense Universitária, 2000.

DE CERTEAU, Michel. *A invenção do cotidiano: artes do fazer*. Petrópolis, Vozes, 1994.

DOSSE, François. *Le pari biographie: écrire une vie*. Paris: La Découverte, 2005.

DORT, Bernard. *O teatro e sua realidade*. São Paulo: Perspectiva, 1977.

DUARTE, Nestor. *A ordem privada e a organização política nacional*. São Paulo: Companhia. Editora Nacional. 1939. Coleção Brasiliana.

DUARTE, Eduardo de Assis. *Machado de Assis afro-descendente*. Belo Horizonte: Pallas/ Crisálida, 2007.

DUBY, George. O prazer do historiador. *In*: NORA, P. *Ensaios de ego-história*. Lisboa: Edições 70/Éditions Gallimard, 1987.

DUBY, George. Orientações da pesquisa histórica na França, 1950-1980. *In: Idade Média: idade dos homens.* São Paulo: Companhia das Letras, 1989.

DUBY, George;LARDREAU, Guy. *Diálogos sobre a Nova História.* Lisboa: Publicações Dom Quixote, 1989.

DUTRA, Eliana de Freitas. *Rebeldes literários da República: história e identidade nacional no Almanaque Brasileiro Garnier (1903-1914).* Belo Horizonte: Editora UFMG, 2005.

EDMUNDO, Luiz. *A corte de D. João VI no Rio de Janeiro – 1808-1821.* Rio de Janeiro: Imprensa Nacional/Biblioteca Militar, 1939.

FAORO, Raymundo. *Machado de Assis: a pirâmide e o trapézio.* São Paulo: Companhia Editora Nacional, 1974.

FEBVRE, Lucien. *Martín Lutero: un destino.* México/Buenos Aires: Fondo de Cultura Económica, 1956.

FERREIRA, Jorge. URSS: Mito, utopia e história. *Tempo. Revista do Departamento de História da Universidade Federal Fluminense*, n. 5. Rio de Janeiro, Sette Letras, julho de 1998.

FREITAS, Marcos Cezar. *Historiografia brasileira em perspectiva.* 5. ed. São Paulo: Contexto, 2003.

FREYRE, Gilberto. *Casa grande & senzala.* 49. ed. São Paulo: Global, 2004.

FREYRE, Gilberto. *Sobrados e mucambos.* São Paulo: Companhia. Editora Nacional, 1936.

FOUCAULT, Michel. *Verdade e Poder: Nietzsche, a Genealogia e a História. In: Microfísica do poder.* Rio de Janeiro: Graal, 1979.

FURTADO, Celso. *A pré-revolução brasileira.* Rio de Janeiro: Editora Fundo de Cultura, 1962.

GARDINER, P. *Teorias da História*, Lisboa: Calouste Gulbenkian, 1984.

GASPARI, Elio. *A ditadura escancarada.* São Paulo: Companhia. das Letras, 2002.

GAY, Peter. *Uma vida para o nosso tempo.* São Paulo: Companhia. das Letras, 1991.

GINZBURG, Carlo. Sinais: Raízes de um Paradigma Indiciário. *In: Mitos, emblemas e sinais.* São Paulo: Companhia das Letras, 1996.

GINZBURG, Carlo. *Relações de força: história, retórica, prova.* São Paulo: Companhia das Letras, 2002.

GINZBURG, Carlo. *A micro-história e outros ensaios.* Lisboa: Difel, 1991.

GLEDSON, John. *Machado de Assis: ficção e história.* Rio de Janeiro: Paz e terra, 1986.

GOLDEMBERG, Ricardo. A história do fim da análise. *In:* HISGAIL, Fani (Org.). *Biografia: Sistema de cultura.* São Paulo: Haacker/Cespuc, 1996.

GOMES, Angela de Castro (Org.). Qual a cor dos anos dourados? *In: O Brasil de JK.* 2ª ed., Rio de Janeiro: Editora FGV, 2002.

GOMES, Angela de Castro (Org.). *Escrita de si, escrita da História.* Rio de Janeiro: Editora FGV, 2004.

GOMES, Angela de Castro. *História e historiadores: a política cultural do Estado Novo.* Rio de Janeiro: FGV, 1996.

GONÇALVES, Márcia de Almeida. *Em terreno movediço: biografia e História na obra de Octávio Tarquínio de Sousa.* Tese de doutorado. São Paulo: Universidade de São Paulo, 2003.

GUÉRIOS, Paulo Renato. *Heitor Villa-Lobos: o caminho sinuoso da predestinação*. Rio de Janeiro: Editora FGV, 2003.

GUINSBURG, Jáco. *O romantismo*. São Paulo: Perspectiva, 1978.

HABERMAS, Jurgen. *L'Espace public*. Paris: Payot, 1978.

HALBWACHS, Maurice. *A memória coletiva*. São Paulo: Vértice, 1990.

HALLEWELL, Laurence. *O livro no Brasil: sua história*. São Paulo: T.A Queiroz / Edusp, 1985.

HALLEWELL, Laurence. *O livro no Brasil - sua história*. 2. ed. revista e ampliada. São Paulo: Edusp, 2005.

HANSEN, João Adolfo. Reorientações no campo da leitura literária. *In*: ABREU, M.; SCHAPOCHNIK, N. (Orgs.) *Cultura letrada no Brasil: objetos e práticas*. Campinas: Mercado de Letras, ABL; São Paulo: Fapesp, 2005.

HARTOG, François; REVEL, Jacques (Dir.) *Les usages politiques du passé*. Paris: Ehess, 2001.

HARTOG, François. *Régimes d'historicité: Presentisme et expériences du temps*. Paris: Seuil, 2003.

HOLANDA. Sérgio Buarque de. *O Brasil monárquico: do Império à República*. 2. ed. Rio de Janeiro/São Paulo: Difel, 1977, t. II, v. 5. Coleção História geral da Civilização Brasileira.

HOLANDA. Sérgio Buarque de. *Raízes do Brasil*. 26. ed. São Paulo: Companhia. das Letras, 1995.

HOLANDA. Sérgio Buarque de. O atual e o inatual em L. Von Ranke. *Ranke*. São Paulo: Ática, 1979. Coleção Grandes Cientistas Sociais.

HOLANDA, Heloísa Buarque de. *Cultura e participação nos anos sessenta*. São Paulo: Brasiliense, 1985.

IGLÉSIAS, Francisco. *Historiadores do Brasil*. Rio de Janeiro: Nova Fronteira, Belo Horizonte: UFMG, Ipea, 2000.

IGLÉSIAS, Francisco. A pesquisa histórica no Brasil. *In: XXIII Reunião Anual da SBPC/ Anpuh*, Curitiba, julho de 1971, mimeo.

JANOTTI, Maria de Lurdes Mônaco. *Os subversivos da República*. São Paulo: Brasiliense, 1986.

KOSELLECK, Reinhart. *Crítica e crise*. Rio de Janeiro: Eduerj/Contraponto, 1999.

KRAMER, Lloyd S. Crítica e Imaginação Histórica: O desafio literário de Hayden White e Dominick La Capra. *In*: HUNT, L. *A nova história cultural*. São Paulo: Martins Fontes, 1992.

LAPA, José Roberto do Amaral. *Historiografia brasileira contemporânea*. Petrópolis: Vozes, 1981.

LE GOFF, Jacques. As Mentalidades. *In: História: novos objetos*. Rio de Janeiro: Francisco Alves, 1974.

LE GOFF, Jacques. *História e memória*. 5. ed., Campinas/São Paulo: Editora da Unicamp, 2003.

LE GOFF, Jacques. *Comment écrire une biographie historique aupourd'hui*? Paris: Le Débat, 1989.

LE GOFF, Jacques. História. *In*: ENCICLOPÈDIA Einaudi. *Memória-história*. Lisboa: Casa da Moeda, Imprensa Nacional, 1984.

LENHARO, Alcir. *A sacralização da política*. Campinas: Papirus, 1986.

LEVI, Giovanni. *Le passé lointain: sur l' usage politique de l'histoire*. Paris: L'Éditione de L'Ehess, 2001.

LOBATO, Monteiro. *A barca de Gleyre*. v. 2, São Paulo: Brasiliense, 1948.

LORIGA, Sabina. A biografia como problema. *In*: REVEL, Jacques (Org.). *Jogos de Escalas: a experiência da microanálise*. Rio de Janeiro: FGV, 1996.

LOWY, Michel; SAYRE, Robert. *Revolução e melancolia: o romantismo na contramão da modernidade*. Petrópolis: Vozes, 1995.

LUKÁCS, Georg. *A teoria do romance*. São Paulo: Duas Cidades; Editora 34, 2000.

MACEDO, Roberto. *Curiosidades cariocas*. Rio de Janeiro: Alba, 1942.

MACIEL, Luís Carlos. *Geração em transe; memórias no tempo do tropicalismo*. Rio de Janeiro: Nova Fronteira, 1996.

MAINGUENEAU, Dominique. *Termos-chave da análise do discurso*. Belo Horizonte: Editora UFMG, 2000.

MARTINS, Wilson. *Interpretações: ensaios de crítica*. Rio de Janeiro: Livraria José Olympio, 1946.

MASSA, Jean-Michel. *Dispersos de Machado de Assis*. Rio de Janeiro: MEC/INL, 1965.

MATTOS, Ilmar Rohloff de. *O tempo saquarema*. São Paulo: Hucitec/INL, 1987.

MAUROIS, André. *A vida de Disraeli*. São Paulo: Companhia Editora Nacional, 1945.

MAUROIS, André. *Eduardo VII e seu tempo*. Rio de Janeiro: Guanabara, 1935.

MAUROIS, André. *Aspects of Biography*. Translate from the French by Sydney Castle Roberts. New York: D Appleton & Company, 1929.

MÁXIMO, João; DIDIER, Carlos. *Noel Rosa: uma biografia*. Brasília: Editora da Universidade de Brasília; Linha Gráfica, 1990.

MENCARELLI, Fernando Antônio. *A cena aberta: a absolvição de um Bilontra e o teatro de revista de Arthur Azevedo*. Campinas: Editora da Unicamp, 1999.

MERLEAU-PONTY, Maurice. *O visível e o invisível*. São Paulo: Perspectiva, 2005.

MICELI, Sérgio. *Intelectuais à brasileira*. São Paulo: Companhia das Letras, 2001.

MICELI, Paulo. Sobre História, Braudel e os Vaga-lumes. A escola dos Annales e o Brasil (ou vice-versa). *In*: FREITAS, Marcos César de. *Historiografia brasileira em perspectiva*. São Paulo: Contexto, 2003.

MOTA, Carlos Guilherme. *Ideologia da cultura brasileira*. São Paulo: Ática, 1981.

NAPOLITANO, Marcos. *Cultura brasileira: utopia e massificação* (1950-1980). São Paulo: Contexto, 2001.

NAPOLITANO, Marcos. *Seguindo a canção: engajamento político e indústria cultural na MPB (1959-1969)*. São Paulo: Fapesp/Annablume, 2001.

NORA, Pierre. La Notion de "Lieux de Mémoire" est-elle exportable? *In*: *Lieu de mémoire et identités nationales*. Actes de Colloque. Amsterdam: Amsterdam Universty Press, 1993.

OLIVEIRA, Lúcia Lippi (Coord.). *Elite intelectual e debate político nos anos 30*. Rio de Janeiro: Editora FGV-MEC, 1980.

ORICO, Oswaldo. *Rui, o mito e o mico*. Rio de Janeiro: Distribuidora Record, 1965.

ORTIZ, Renato. *Cultura brasileira e identidade nacional*. São Paulo: Brasiliense, 1985.

ORTIZ, Renato. *A moderna tradição brasileira*. 2. ed., São Paulo: Brasiliense, 1989.

ORTIZ, Renato. *Românticos e folcloristas: cultura popular*. São Paulo: Olho d'Água, 1992.

PÉCAUT, Daniel. *Os intelectuais e a política no Brasil*. São Paulo: Ática, 1990.

PEREIRA, Astrojldo. *Machado de Assis: ensaios e apontamentos avulsos*. Belo Horizonte: Oficina de Livros, 1991.

PEREIRA, Lúcia Miguel. *Machado de Assis: estudo crítico e biográfico*. Rio de Janeiro: José Olympio, 1936.

PEREIRA, Leonardo Affonso de Miranda. *O carnaval das letras*. Rio de Janeiro: Secretaria Municipal de Cultura, 1994.

PERRONE-MOISÉS, Leyla. *Texto, crítica, escritura*. São Paulo: Ática, 1978.

PESAVENTO, Sandra Gatahy. *O imaginário da cidade: visões literárias do urbano* – Paris, Rio de Janeiro, Porto Alegre. Porto Alegre: Editora da UFRGS, 1999.

PICON, Gaston. *O escritor e sua sombra*. São Paulo: Companhia. Editora Nacional, 1970.

PIGLIA, Ricardo. Memória y Tradición. *Anais do 2º Congresso da Abralic / Literatura e memória cultural*. Belo Horizonte, 1991.

PIGNATARI, Décio. Para uma semiótica da biografia. *In*: HISGAIL, Fani (Org.). *Biografia: Sistema de cultura*. São Paulo: Haacker/Cespuc, 1996.

POMBO, Rocha. *História do Brasil*. 11. ed. São Paulo: Melhoramentos, 1963.

POMIAN, Krzysztof. *Sur l'histoire*. Paris: Éditions Gallimard, 1999.

PONTES, Heloísa. Retratos do Brasil: Editores, Editoras e "Coleção Brasiliana" nas décadas de 30, 40 e 50. *In*: MICELI, Sérgio (Org.). *História das ciências sociais no Brasil*. São Paulo: Vértice/Ed. Revista dos Tribunais, 1989.

POTSCH, Waldemiro. *O Brasil e suas riquezas*. Rio de Janeiro: Fundação Herculano Xavier Potsch, 1960.

PRADO, Antonio Arnoni (Org.). *Sérgio Buarque de Holanda: o Espírito e a letra. Estudos de crítica literária I. 1920-1947*. São Paulo: Companhia das Letras, 1996.

RAMOS, Graciliano. *Linhas tortas*. São Paulo: Martins, s/d.

RANGEL, Alberto. *No rolar do tempo*. Rio de Janeiro: Revista dos Tribunais/José Olympio, 1937.

RANGEL, Alberto. *Textos e pretextos*. Tours: Tipografia de Arrault e Cia., 1926.

REIS, José Carlos. *A História entre a Filosofia e a Ciência*. São Paulo: Ática, 1996.

REIS, José Carlos. *As identidades do Brasil*. São Paulo: Editora FGV, 2006. 2 v.

REIS, José Carlos. *História & teoria: historicismo, modernidade, temporalidade e verdade*. Rio de Janeiro: FGV, 2003.

REIS, José Carlos. *Wilhelm Dilthey e a autonomia das ciências histórico-sociais*. Londrina: Eduel, 2003.

RÉMOND, René (Org.). *Por uma história política*. Rio de Janeiro: Ed. UFRJ/FGV, 1996.

RIBEIRO, Darcy. *Aos trancos e barrancos*. Rio de Janeiro: Guanabara Dois, 1985.

RIBEIRO, João. *História do Brasil: Ensino Superior*. 17. ed. [1. ed., 1900] São Paulo: Livraria Francisco Alves, 1960.

RICOEUR, Paul. Em Defesa da narrativa. *In: Tempo e narrativa*. Campinas: Papirus, 1994.

RICOEUR, Paul. *La mémoire, l'histoire, l'oubli*. Paris: Ed. De Seuil, 2000.

RICOEUR, Paul. *O si mesmo como o outro*. Campinas: Papirus, 1991.

RIDENTI, Marcelo. *Em busca do povo brasileiro: artistas da revolução do CPC à era da TV*. Rio de Janeiro: Record, 2000.

RIO, João do. *A alma encantadora das ruas*. São Paulo: Companhia das Letras, 1997.

RODRIGUES, José Honório. *História da História do Brasil: a historiografia conservadora*. v. II, t. I. São Paulo: Companhia Editora Nacional/Brasília: IML, 1978-1988.

RODRIGUES, José Honório. *A pesquisa histórica no Brasil*. Rio de Janeiro: INL/Departamento de Imprensa Nacional, 1952.

ROMERO, Sílvio. *História da Literatura Brasileira*. 4. ed. Rio de Janeiro: José Olympio, 1949.

ROCHA, João Cezar de Castro (Org.). *À roda de Machado de Assis: ficção, crônica e crítica*. Chapecó: Argos, 2006.

SALIBA, Elias Thomé. *As utopias românticas*. São Paulo: Brasiliense, 1991.

SALOMÃO, Waly. *Hélio Oiticica: qual é o parangolé e outros escritos*. Rio de Janeiro: Rocco, 2003.

SECCHIN, Antonio Carlos; ALMEIDA, José Maurício Gomes de; SOUZA, Ronaldes (Orgs.). *Machado de Assis: uma revisão*. Rio de Janeiro: In-fólio, 1998.

SETÚBAL, Paulo. *As maluquices do Imperador*. São Paulo: Livraria Carlos Pereira, 1926.

SEVCENKO, Nicolau. *Literatura como missão*. São Paulo: Brasiliense, 1983.

SEVCENKO, Nicolau (Org.). *História da Vida Privada no Brasil*. São Paulo: Companhia das Letras, 1998. v. 3.

SCHWARZ, Roberto. *Um mestre na periferia do capitalismo: Machado de Assis*. São Paulo: Duas Cidades, 1990.

SCHWARZ, Roberto. *Ao vencedor as batatas: forma literária e processo social nos inícios do romance brasileiro*. São Paulo: Duas Cidades, 1981.

SCHWARZ, Lilia M. (Org.). *História da vida privada no Brasil*. São Paulo: Companhia. das Letras, 1998. v. 4.

SIMMEL, Georg. A Metrópole e a Vida Mental. *In*: VELHO, O. (Org.). *O fenômeno Urbano*. Rio de Janeiro: Jorge Zahar, 1979.

SODRÉ, Nelson Wernek. *História da imprensa no Brasil*. Rio de Janeiro: Mauad, 1999.

SOUZA, Jessé de. *A modernização seletiva: uma reinterpretação do dilema brasileiro*. Brasília: Editora da Universidade de Brasília, 2000.

STRACHEY, Lytton. *Rainha Vitória*. Tradução de Luciano Trigo. Rio de Janeiro/ São Paulo: Record, 2001.

TODOROV, Tzvetan. *Les abus de la mémoire*. Paris: Arléa/Seuil, 1998.

TRISTÃO DE ATHAYDE. Biografias. *In*: *Estudos*. 4ª. série. Rio de Janeiro: Centro D. Vital, 1931.

VAINFAS, Ronaldo. Carlota: Caricaturas da História. *In*: FERREIRA, Jorge; SOARES, Marisa C. (Orgs.). *A História vai ao Cinema: vinte filmes brasileiros comentados por historiadores*. Rio de Janeiro: Record, 2001.

VELOSO, Caetano. *Verdade tropical*. São Paulo: Companhia das Letras, 1997.

VELLOSO, Mônica Pimenta. A Literatura como espelho da Nação. *In*: *Estudos Históricos*, Rio de Janeiro, v.1, n. 2, 1988.

VENTURA, Roberto. *Estilo tropical: história cultural e polêmicas literárias no Brasil, 1870-1914*. São Paulo: Companhia das Letras, 1991.

VIANA FILHO, Luis. *A verdade na biografia*. Rio de Janeiro/São Paulo: Civilização Brasileira, 1945.
VIANA FILHO, Luis. *A vida de Rui Barbosa*. Rio de Janeiro: Companhia. Editora Nacional, 1941.
VILAS BOAS, Sérgio. *Biografias & biógrafos: jornalismo sobre personagens*. São Paulo: Summus Editorial, 2002.
WERNECK, Humberto. *O santo sujo: a vida de Jayme Ovalle*. São Paulo: Cosac Naify, 2008.
WERNECK, Maria Helena Vicente. *O homem encadernado: a escrita das biografias de Machado de Assis*. Rio de Janeiro: UFRJ, Faculdade de Letras, 1994 (Tese de doutorado em Literatura Brasileira).
WERNECK, Maria Helena Vicente. *O homem encadernado*. Machado de Assis na escrita de Biografias. Rio de Janeiro: Eduerj, 1996.
WHITE, Hayden. O Texto Histórico como Artefato Literário. In: *Trópicos do Discurso*. São Paulo: Edusp, 2001.
YOURCENAR, Marguerite. *Memórias de Adriano*. Rio de Janeiro: Nova Fronteira, 1980.

Periódicos

Boletim de Ariel. Rio de Janeiro, out. de 1936, ano VI, n. 1.
Jornal *Correio da Manhã*. LINS, Álvaro. Literatura Industrial, Rio de Janeiro, 15/6/1940.
Jornal *A Gazeta*. Denúncia contra Rui agita os meios intelectuais, São Paulo, 11/1/1965.
Jornal *A Gazeta*. SILVEIRA, Ênio. Crítica. São Paulo, 11/1/1965.
Jornal *A Tribuna*. Santos, 31/1/1965.
Jornal *Correio da Manhã*. CARPEAUX, Otto Maria. A rebelião de outras massas. Coluna "Livros na Mesa". Rio de Janeiro, 11/7/1059.
Jornal *Correio da Manhã*. CONDÉ, João. Coluna "Escritores e Livros", Rio de Janeiro, 07/12/1960.
Jornal *Correio da Manhã*. CONDÉ, João, Coluna "Escritores e Livros", Rio de Janeiro, 22/9/1964.
Jornal de Crítica. 2ª. Série. Rio de Janeiro: Livraria José Olympio, 1943.
Jornal *Diário de Notícias*. Rio de Janeiro, 19/3/1945. MALB, Casa de Rui Barbosa, Rio de Janeiro.
Jornal *Diário de Notícias*. Rio de Janeiro, 24/4/1949. MALB, Casa de Rui Barbosa, Rio de Janeiro.
Jornal *Diário de São Paulo*. Máquina de mistificação ao redor de Rui Barbosa. São Paulo, 24/12/1964.
Jornal *Diário de Pernambuco*. 'Rui, o homem e o mito' leva o debate à Academia, Recife, 24/1/1965.
Jornal *do Brasil*. LIMA, Alceu Amoroso. Um país perdulário?, Rio de Janeiro, 28/2/1982.
Jornal *do Brasil*. SILVEIRA, Joel. As boas biografias de Raimundo Magalhães Junior. Rio de Janeiro, 17/6/1972.
Jornal *do Comércio*. Recife, 27/12/1967.
Jornal *Folha de S.Paulo*, Ilustrada. JABOR, Arnaldo. Mulheres estão parindo um novo cinema. São Paulo, 24/1/1994.

Jornal *Folha de S.Paulo. Jornal de Resenhas*. BURKE, Peter. Enredos da história. São Paulo, 03/7/1995.

Jornal *Folha de S.Paulo*, Mais! LUCAS, Fábio. A angústia da dependência. São Paulo, 29/12/1996.

Jornal *Folha de S.Paulo*, Mais! MELLO, Evaldo Cabral de. Raízes da Diferença. São Paulo, 12/9/1999.

Jornal *Folha de S.Paulo*, Mais! Grass e Bourdieu põem a boca no mundo. São Paulo, 19/12/1999.

Jornal *Folha de S.Paulo*, *Mais!* MAMMI, Lorenzo. Uma promessa ainda não cumprida. São Paulo, 10/12/2000.

Jornal *Folha de S.Paulo*, Mais! MELLO, Evaldo Cabral de. Historiadores no confessionário. São Paulo, 24/12/2000.

Jornal *Folha de S.Paulo*, Mais! CANÇADO, José Maria. Expansão do vivido. São Paulo, 28/5/2000.

Jornal *Folha de S.Paulo*, Ilustrada. Tom Zé faz manifesto por desintoxicação em música. São Paulo, 09/1/2001.

Jornal *Folha de S.Paulo*, Mais! ECO, Umberto. A literatura como efêmero. São Paulo, 18/02/2001.

Jornal *Folha de S.Paulo*, Mais! O paraíso redescoberto de Sérgio Buarque de Holanda. São Paulo, 23/6/2002.

Jornal *Folha de S.Paulo*, Mais! MELLO, Evaldo Cabral de. A aventura intelectual de Boxer. São Paulo, 26/1/2003.

Jornal *Folha de S.Paulo*, Mais! BURKE, Peter. A anatomia da biografia. São Paulo, 2/2/2003.

Jornal *Folha de S.Paulo*, Mais! SANTIAGO, Silviano. Caíram as fichas. São Paulo, 25/4/2004.

Jornal *Folha de S.Paulo*, Mais! HOLANDA, Sérgio Buarque, entrevista concedida a um grupo de intelectuais. Acervo do Museu da Imagem e do Som, São Paulo, 8/8/2004.

Jornal *Folha de S.Paulo*, Mais! GALVÃO, Walnice Nogueira. Heróis do nosso tempo. São Paulo, 5/12/2004.

Jornal *Folha de S.Paulo*, Mais! BURKE, Peter. O guerreiro multicultural. São Paulo, 16/1/2005.

Jornal *Folha de S.Paulo*, Ilustrada. São Paulo, 20/3/2005.

Jornal *Folha de S.Paulo*, Mais! ESSENFELDER, Renato. Qual é a graça? São Paulo, 21/8/2005.

Jornal *Folha de S.Paulo*, Ilustrada. Linhas Incertas. São Paulo, 18/6/2005.

Jornal *Folha de S.Paulo*, Ilustrada. COSTA PINTO, Manuel. O demônio da demolição. São Paulo, 5/11/2005.

Jornal *Folha de S.Paulo*, Mais! A Descolonização da História. Entrevista Fernando Novais. São Paulo. 20/11/2005.

Jornal *Folha de S.Paulo*, Ilustrada. PIERUCCI, Antônio Flávio. A invenção do carnaval. São Paulo, 26/2/2006.

Jornal *Folha de S.Paulo*, Ilustrada. SALIBA, Elias Tomé. Cânone em questão. São Paulo, 10/6/2006.

Jornal *Folha de S.Paulo*, Ilustrada. CARVALHO, Bernardo. Robespierre e eu. São Paulo, 04/7/2006.

Jornal *Folha de S.Paulo*, Mais! ECO, Umberto. Um sonho de 15 milhões de cópias. São Paulo,16/7/2006.

Jornal *Folha de S.Paulo*, Ilustrada. ASCHER, Nelson. Impasses da intelectualidade. São Paulo, 21/8/2006.

Jornal *Folha de S.Paulo*, Ilustrada. COELHO, Marcelo. Folclore, gramofone e euforia. São Paulo, 23/8/2006.

Jornal *Folha de S.Paulo*, Mais! PÉCORA, Alcir. Erudito dissonante. São Paulo, 07/2/2010.

Jornal *O Jornal*, Rio de Janeiro, 17/1/1965.

Jornal *O Estado de S. Paulo*. RÓNAI, Paulo. A loja de curiosidades. São Paulo,18/8/1974.

Jornal *O Globo*. OLINTO, Antônio. Porta de Livraria. Rio de Janeiro,15/2/1965.

Jornal *O Globo*. BRUNO, Haroldo. Onde o crítico completa o biógrafo. Rio de Janeiro, 21/9/1975.

Jornal *O Jornal*. PINTO, Luís. José do Patrocínio vivo. Rio de Janeiro, 15/4/1970.

Jornal *O Trem Itabirano*, n. 4, Itabira, novembro de 2005.

Revista da Academia Brasileira de Letras. v. 96, Discursos Acadêmicos. Rio de Janeiro, jul./dez., 1958.

Revista da Academia Brasileira de Letras. v. XV, Discursos Acadêmicos. 1956-1959, Rio de Janeiro, 1969.

Revista da Academia Brasileira de Letras, ano 77, v. 133, Rio de Janeiro, jan./jun., anais de 1977.

Revista da Academia Brasileira de Letras, ano 81, v. 142, Rio de Janeiro, jul./dez., anais de 1981.

Revista da Academia Brasileira de Letras, ano 82, v. 143, Rio de Janeiro, jan./jun., anais de 1982.

Revista da Academia Brasileira de Letras, v. XXVII, Discursos Acadêmicos. 1994-1997, Rio de Janeiro, 1998.

Revista *Carta Capital,* ano XII, n. 367, São Paulo, 09/11/2005.

Revista *Carta Capital,* ano XII, n. 375, São Paulo, 11/1/2006.

Revista *Ciência e Cultura*, n. 34, v. 9, São Paulo, set. 1982.

Revista de História, n. 62, VILLALTA, L. C. Carlota Joaquina, Princesa do Brazil: entre a história e a ficção, um romance crítico do conhecimento histórico, São Paulo, 2004.

Revista do Brasil, ano III, n. 29, BASTIDE, Roger. Machado de Assis, paisagista. Rio de Janeiro, nov. de 1940.

Revista do Brasil, ano 1, n. 1, Rio de Janeiro: Secretaria de Ciência e Cultura da Prefeitura do Município do Rio de Janeiro, 1984.

Revista Civilização Brasileira, n. 2, São Paulo, 1965.

Revista Encontros com a Civilização Brasileira, RESENDE, Otto Lara. Uma pena que vale a pena. Rio de Janeiro, v. 6, 1978.

Revista *Estudos Históricos*, v. 1, n. 2, VELLOSO, M. P. A literatura como espelho da nação. Rio de Janeiro, 1988.

Revista *Estudos Históricos*, vol. 7, n. 13, WHITE, H. Teoria Literária e Escrita da História. Rio de Janeiro, 1994.

Revista *Estudos Históricos*, n.19, FALCON, F. J. Calazans. História e Cultura Histórica (resenha). Rio de Janeiro, 1997.

Revista de História. ano II, n. 6, MELLO, A. R. Os Estudos Históricos no Brasil. São Paulo: USP, abr./jun. 1951.

Revista de História, ano VI, n. 23, São Paulo, Universidade de São Paulo, jul./set. 1955.

Revista de História da Biblioteca Nacional, ano 2, n. 14, VELASQUES, M. C. O baú de João Condé, Rio de Janeiro, nov. 2006.

Revista do Instituto Histórico e Geográfico Brasileiro, FAZENDA, José Vieira. Antiqualhas e Memórias do Rio de Janeiro, Rio de Janeiro: Imprensa Nacional, 1927.

Revista Italiana de Sociologia, CROCE, B. La storia considerata come scienza, ano VI, fasc. II-III, Roma, s/d.

Revista *Leia*, Quanto vale um escritor? São Paulo, ano XI, n. 138, 1990.

Revista *Manchete*. nº 184, Rio de Janeiro, 29/10/1955.

Revista *Nossa História*. MOREIRA, V. M. L. Utopia no Planalto. ano 2, nº 23, Rio de Janeiro, set. 2005.

Revista *O Cruzeiro*, Arquivos Implacáveis de João Condé, Rio de Janeiro, 1954-1956.

Revista *Tempo*, LINO, S. C. A tendência é para ridicularizar ... Reflexões sobre cinema, humor e público no Brasil. Departamento de História da Universidade Federal Fluminense, v. 5, n. 10, dez. 2000, Rio de Janeiro: 7 Letras, 2000.

Varia História, n. 27. MALERBA, J. Em Busca de um Conceito de Historiografia. Belo Horizonte: Departamento de História. Fafich, UFMG, jul. 2002.

Este livro foi composto com tipografia Bembo e impresso
em papel Pólen Soft 80 g/m² na Gráfica Paulinelli